한국
근대사 5권
산책

한국 근대사 산책 5
ⓒ 강준만, 2007

초판 1쇄 찍음 2007년 11월 12일 • 초판 7쇄 펴냄 2020년 1월 9일 • 지은이 강준만 • 펴낸이 강준우 • 편집 박상문, 김소현, 박효주, 김환표 • 디자인 최진영, 홍성권 • 마케팅 이태준 • 관리 최수향 • 펴낸곳 인물과사상사 • 출판등록 제17-204호 1998년 3월 11일 • 주소 서울시 마포구 양화로 7길 4(서교동) 삼양E&R빌딩 2층 • 전화 02-325-6364 • 팩스 02-474-1413 • 우편 (134-600) • www.inmul.co.kr • insa@inmul.co.kr • ISBN 978-89-5906-075-7 04900 [978-89-5906-070-2(세트)] • 값 13,000원 • 이 저작물의 내용을 쓰고자 할 때는 저작자와 인물과사상사의 허락을 받아야 합니다. 파손된 책은 바꾸어 드립니다.

한국 근대사 산책

5권

교육구국론에서 경술국치까지

강준만 지음

차례

제1장 다시 타오른 애국계몽운동의 불길
교육만이 살 길이다 ●9   스티븐스 저격사건 ●24
『해죠신문』『신한민보』의 활약 ●30

제2장 국채보상운동의 좌절과 유산
국채보상운동의 좌절 ●37   국채보상운동의 유산 ●51
최초의 근대 잡지 『소년』의 창간 ●58

제3장 한말 의병운동의 종언
순종의 경상 · 평안 · 황해도 답사 ●67   간도에 관한 청일협약 ●74
호남의병의 와해 ●82   『대한민보』『경남일보』의 창간 ●94

제4장 사회진화론 · 영웅숭배주의 · 문약망국론
사회진화론의 융성 ●103   영웅숭배주의의 유행 ●113
문약망국론과 운동회 붐 ●119

제5장 **애국과 매국의 몸부림**
 안중근의 이토 히로부미 처단 •127 이완용 내각과 일진회의 '매국' 경쟁 •139
 이재명의 이완용 암살 시도 •146

제6장 **망국 직전의 생활문화**
 영화의 폭발적 인기 •155 연극의 인기와 풍기 논란 •162
 개신교의 백만인 구령운동 •172 철도 · 시계가 불러온 시간개념의 변화 •186

제7장 **518년 만에 멸망한 조선**
 일제의 강점 •199 토사구팽 당한 이용구와 일진회 •217
 신문과 민족주의의 탄생 •223 고종 · 대한제국을 어떻게 평가할 것인가? •236

맺는말 '조선왕조 500년 신화'를 넘어서 •247

주 •311 참고문헌 •338 찾아보기 •369

제**1**장

다시 타오른 애국계몽운동의 불길

01

교육만이 살 길이다

학회의 국민 계몽활동

1906년 4월 대한자강회의 설립 이후, 애국계몽운동으로서의 학회 조직은 계속됐다. 1907년 7월에는 고정주 등 전라도 지식인들을 중심으로 한 호남학회와 충청도 지식인들을 중심으로 한 호서학회가 조직됐다. 이어 1908년 1월에는 지석영·유성준·이상재·정교·유근 등의 기호흥학회(畿湖興學會)가, 3월에는 남궁억의 발기로 강원도 지식인들을 중심으로 한 관동학회와 경상도 지식인들을 중심으로 한 교남학회(嶠南學會, 또는 교남교육회)가 조직됐다. 그리고 서우학회(西友學會)는 1908년 1월에 한북흥학회(漢北興學會)를 통합하여 안창호·이동휘·박은식·유동설·최재학 등을 중심으로 한 서북학회(西北學會)로 개편됐다. 이들 학회는 강연회와 토론회 등을 통한 국민 계몽활동과 더불어 학교 설립에 주력했다.[1]

이런 학회의 설립과 활동엔 지역 간 경쟁의식도 작용했다. 앙드레 슈미드는 "누가 가장 계몽되었는가 하는 측면에서 다른 지역에 대한 우월감이 우회적으로 표출되고 있음을 알 수 있다. 해당 지역과 주민과 단체가 민족주의 프로젝트에 가장 기여한 바가 크다는 것을 서로 과시하는 것이다"라며 다음과 같이 말했다.

"일례로 『서북학회월보』는 민족의 창시자들과 서북지역이 특별한 관계를 맺고 있음을 뽐내며 서북학회 구성원들이 가장 진보했음을 내세워 다른 지역의 독자들을 향해 은근히 으스댔다. 중앙 일간지들은 동일 지역의 과거 기록 또는 한반도 내 다른 지역과의 비교를 통해 한 지역의 개혁 수준을 언급하곤 했다. 이를테면 평양은 책과 신문이 가장 많이 팔리고, 학교를 제일 많이 세운 지역으로 칭찬받았다."[2]

안창호의 신민회 활동

일제의 탄압이 가중됨에 따라 비밀단체 형태의 정치사회운동도 전개되었는데, 가장 대표적인 것이 1907년에 4월에 결성된 신민회(新民會)였다. 1907년 2월 미국에서 귀국한 안창호가 국권회복을 위한 실력배양 필요성을 역설하는 강연회를 열고 동지를 모으면서 만든 조직이었다. 이에 동의한 윤치호를 회장으로 하고 안창호가 부회장, 그 밖에 양기탁·전덕기·이동휘·이갑·이승훈 등 언론인·군인·산업인 등이 중심이 되었다.[3]

신용하는 신민회를 이룬 5개 국권회복운동 집단으로 대한매일신보사, 상동교회와 그 부설기관인 청년학원, 의병활동보다는 실력양성을 내세운 무관(武官), 평안도 상인·실업가, 미주 공립협회 등을 들었다.

안창호는 일제의 탄압이 가중됨에 따라 1907년 2월 미국에서 돌아와 국권회복을 위한 실력배양의 필요성을 역설하는 강연회를 열고 동지를 모으면서 신민회를 만들었다.

회원 수는 1910년까지 약 800명이었다.[4]

신민회라는 명칭의 유래에 대해 강재언은 "아마도 양계초가 개개인의 '자신(自新)'으로부터 '유신(維新)'의 길을 말한 '신민설(新民說)'로부터 채택된 것인 듯하다"고 추정했다.[5] 정용화는 "신국가, 즉 근대 국민국가를 건설하기 위해서는 무엇보다 근대 시민으로서 인민이 새롭게 거듭나야만 한다고 생각한 것"으로 보았다.[6]

당시 안창호는 여러 단체에서의 웅변과 연설을 통해 실력양성론을 역설하면서, 기독교 구국론을 역설했다. 이 시기의 연설에서 안창호는 "기독교는 만국의 통교(通敎)라 기독교를 믿으면 적이 없다. 그리고 부득이하여 국(國)의 독립을 '의뢰'치 않으면 아니 될 제에는 세계 최

강의 국에 의뢰할지"라고 주장했다.[7]

신민회는 비밀조직으로서 비밀 유지를 위한 세심한 주의를 기울였기 때문에 일본 관헌조차도 그 실체를 1911년에서야 알게 됐다. 당시의 애국계몽운동은 안창호를 비롯하여 서북인들이 주도했는데, 운동 방식엔 지역적 차이가 있었다.

한 일본 관헌은 "남방(삼남)인은 나라가 망한 것을 한탄하고, 제국의 곡식을 먹지 말고 제국의 다스림에 복종하지 말라고 한갓 비분강개하기는 서북인들을 능가하는 실정이지만, 국권의 회복에 이르러서는 허무맹랑한 몽상과 다름없다"라며 다음과 같이 말했다.

"서북인은 그 강개가 오히려 남방인보다 더함에도 불구하고 언어나 거동을 조심하여 오로지 광명을 기독교에 의해 발견코자 전심하고 있다. 남방인들은 총독이나 기타 인사에게 당당히 서명한 서면을 보내어 국권의 반환을 외치고, 그것이 실현 불가능함을 알고도 그렇게 행동하며, 마치 죽은 자식의 나이를 세는 것과 같은 어리석은 작태를 연출하고는 의기양양함에 반하여, 서북인은 이 같은 서명을 관헌에게 보내는 일은 거의 하지 않는다. 하물며 당당히 서명까지 한 서면 같은 것은 말할 나위도 없다. 서면의 격문을 배부하여 배일자(排日者)로 드러나 관헌의 주목을 받게 되고 진퇴를 구속받아 드디어 무성무위(無成無爲)로 되고 마는 어리석음을 서북인은 진작부터 깨닫고 있었다. 그런데 이 현상은 아주 최근의 일만은 아니다. 러일전쟁이 한창일 때부터 한국이 망하게 된다고 배일사상을 맹렬히 고취하고, 민심을 동요케 하고 나아가 보호조약이 성립됨에 민심을 비등케 하여 조약 파기를 부르짖으면서 가두에서 소란을 피우고, 각국 공사관에 격문을 보낸 것도 거의가 모두 남방인이었으며, 서북인의 맹동은 거의 보기 드물었다. 특히 평안도인 중에는 이 같은 사람은 한 사람도 없다는 사실은 당시를 알고 있는 사람들이라면 단언할 수 있는 것이다."[8]

강재언은 위와 같은 지적에 대해 "한국인의 민족성에 대한 비열한 중상을 거둬낸다면, 사태의 일단을 정확히 파악하고 있는 것"이라며 다음과 같이 말했다.

"말할 필요도 없이 남부지방의 유생들이 격렬한 격문을 내붙이고 일본의 침략책동을 규탄하고 대중을 궐기시켜, 그 일부는 반일의병투쟁에 선도적 역할을 했다는 사실은 그 나름대로 과소평가될 수 없는 중요한 의미를 갖는다. 그러나 그것이 상당히 동기주의적(動機主義的)인 현재형(顯在型)의 운동이었다는 사실은 부정할 수 없다. 거기에 비하여 서북지방의 운동은 아주 실질주의적인 잠재형(潛在型)의 운동으로 일본 관헌의 무력적인 우세만으로는 억압할 수 없는 성격의 것이었다."[9]

남강 이승훈의 오산학교 설립

신민회도 설립 직후부터 교육구국운동을 표방하고 나섰다. 신민회의 첫 학교는 남강 이승훈 등이 중심이 되어 1907년 12월 24일 평북 정주에 세운 오산학교다. 사환으로 출발해 자수성가한 사업가가 된 이승훈이 오산학교를 세울 결심을 한 건 안창호의 연설 때문이었다고 한다.

이승훈을 감동시킨 안창호의 연설 대목은 "나라가 없는 민족은 세계에 상놈이요, 전 민족이 다 상놈이 되거든 당신 혼자 양반이 될 수가 있겠소?"라는 구절이었다. 이승훈은 이 말을 듣고 더 들을 필요가

신민회의 첫 학교는 남강 이승훈 등이 중심이 돼 1907년 12월 24일 평북 정주에 세운 오산학교다. 사진은 1회 졸업생들과 오산학교를 세운 이승훈(1864~1930)의 모습이다.

없다 하여 강연장을 뛰쳐나와 당장 머리를 깎고, "여주 이가가 다 상놈인데 혼자 양반이 될 수가 없듯이, 우리 민족이 다 상놈인데 여주 이가만이 양반이 될 수 없으니 대한 민족 전체가 양반이 될 도리를 하여야 한다"고 결심하게 됐다는 것이다.[10]

이와 관련, 김윤식은 '연설의 감염성'에 주목했다. 그는 "서양의 문명개화 사상을 민중에게 소개하는 방식이 연설을 통해 행해졌다는 것은 개화기의 한 특징을 잘 드러낸 것이라 할 만하다"라며 다음과 같이 말했다.

"연설은 무엇보다도 논리가 아니며 더구나 사색과는 거리가 멀다. 연설은 목소리이며 외침이고 따라서 여지없는 선동이며 일종의 감정이다. 감정은 말의 억양을 동반하며, 두루마기와 양복의 차림에서 그 억양은 흔들린다. 극언하면, 연설엔 연설자의 배우적 성격이 첫째 조건으로 부상된다. 무슨 수법을 쓰든 상대방을 설득시키는 일이 우선한다. 자연, 과장된 표현이 알게 모르게 스며든다. 저도 모르게 흥분 상태로 빠져든다. 그 상태는 선동의 경우와 그리 다르지 않다."[11]

그랬다. 선동이 없인 일어서기 어려울 정도였다. 너무도 절망적인 상태에 놓여 있었기 때문이다. 이 일화가 말해주듯이, 당시 가장 강력한 커뮤니케이션 수단은 연설이었다. 『대한매일신보』 1909년 1월 16일자에 따르면, 당시 연설회의 규모는 성대했으며, 방청객의 수는 1000명에서 2000명가량을 넘나들었고, 입장권도 연일 매진이었다.[12]

신민회는 그 본부를 대한매일신보사에 두었으며, 양기탁을 비롯해 대한매일신보사 사원들이 조직의 핵심을 이루었다.[13] 『대한매일신보』는 논설과 잡보는 물론 독자기고나 광고까지 가용한 지면을 총동원했는데, 1907년에 실린 「고(告) 전국동포」 제하의 최승호라는 독자의 기고는 당시의 분위기를 잘 설명해준다.

"아! 슬프구나! 대한 동포여, 무릇 나라가 흥성하지 못함은 백성의 무지 때문이며 백성의 무지는 청년자제의 배우고 못 배움에 까닭이 있다. 그러하니 나라의 흥업 기초는 청년자제의 배움 여부에 달렸음이 명백하도다. 오늘 우리 대한 형편을 생각건대 눈으로 차마 볼 수 없으며 입으로 차마 말할 수 없도다. 그래서 분통터지는 기분을 이기지 못해 몇 자 적어본다."[14]

기독교 사립학교 붐

1908년 9월 안창호는 윤치호 · 이종호 등과 함께 평양에 대성학교를 설립했다. 『대한매일신보』가 적극 돕고 나서 성금이 답지했다.[15] 대성학교는 1911년에 일어난 '105인 사건' 때 폐교당했지만, 신민회가 세운 '모범' 학교로서 이 학교를 모델로 하여 여러 학교들이 세워졌다. 『대한매일신보』는 오산학교와 대성학교 외에도 이동희의 강화 보창학교, 안중근 의사 3형제가 설립한 진남포 삼흥학교, 여운형의 광동학교 등 잇따른 학교 설립 소식을 전하며 그때마다 찬사와 기대를 보냈다.[16]

구국운동 차원에서 전개된 설립 붐에 따라 사립학교는 한때 3,000~4,000에 이를 정도였다. 1908년 8월 '사립학교령'에 의해 그 수가 줄어들긴 했으나 1910년 5월 현재 학부대신의 인가를 받은 사립학교의 수는 모두 2,250개교였다.[17]

특히 종교계 사립학교가 많았다. 선교사들에 의해 세워진 학교는 1907년 초등교육기관이 654개, 학생 수 1만 7,036명이었으며, 중등 이상의 교육기관이 18개교에 학생 수 1,591명이었다. 당시 일반 관·

평양 대성학교. 1908년 9월 안창호는 윤치호·이종호 등과 함께 평양에 대성학교를 설립했다.

공립학교가 60개교에 1만 914명의 학생이 공부하고 있었던 것과 비교하면 기독교가 교육에서 큰 비중을 차지했다는 걸 알 수 있다.[18]

1910년 2월 현재 종교계 사립학교는 모두 801개교로, 천주교 46개교, 불교계 5개교를 제외하면 모두 개신교계 사립학교였다. 이를 다시 교파별로 나누어보면 장로교계 501개교, 감리교계 158개교, 기타 개신교 교파계 91개교 등이었다.[19] 이에 대해 백낙준은 한국 개화기의 기독교는 "종교로서보다는 위대한 교육자로서 환영되고 있다"라고 주장했다.[20]

기독교 사립학교 붐과 맞물려, 크리스마스도 주요 행사로 자리 잡아가기 시작했다. 『대한매일신보』 1908년 12월 25일자는 "오늘은 구세주 탄일인고로 상오 십시반에 아주개 대일 구세군영에서 정령 허가

두 씨가 동부인하고 연설한다하고 대광교 천변 대이 구세군영에서 정위 반우거 씨가 동부인하고 연설한다더라"라고 보도했다.[21]

관·공립학교는 비난의 대상

사립학교의 애국열은 뜨거웠다. 이만규는 "시골서 일어나는 소학교에 교원이 모자라는 곳에는 서울에 있는 중학교 졸업생 혹은 재학생들이 보수를 받지 않고 일선에 나선 병사와 같은 기개로 고난을 겪어가며 교육에 몸을 바쳤다"며 다음과 같이 말했다.

"1908년에 보성중학교 4학년생 안상덕과 김기수가 당시 의병 때문에 치안이 어지러운 경상도에서 위험을 무릅쓰고 학생을 가르치다가 의병에게 피살되어 서울의 각 학교 학생회 장(葬)으로 성대한 장례식을 행한 것이 그 실례의 하나이다. 그때의 학생의 분위기는 졸업 후 월급의 고하를 생각에 두지 않았고, 상급으로 진출하여 개인의 출세를 꾀하는 이기적 행동보다는 배운 그대로 목전에 닥친 국가 건설에 몸을 던지는 것을 가장 고귀한 일로 알았다."[22]

반면 관·공립학교는 비난의 대상이었다. "공립은 정부를 위한 학교로서 정부의 이익 때문에 교육을 시키는 것이요, 사립은 민중을 위한 학교로서 우리들의 이익 때문에 교육을 시키는 것"이라는 생각이 널리 퍼져 있었다. 이만규는 그 이유로 네 가지를 들었다.

첫째, 그때는 을사조약이 체결된 뒤이므로 백성이 정부를 신뢰하지 아니하여 정부는 조선을 위한 정부가 아니라 일본의 괴뢰로 여겼던 까닭에 정부가 직할하고 교원이 관리로 된 관·공립을 싫어했다.

둘째, 학부와 관·공립학교에 일본인이 들어와 학교 계획과 학생

교양을 주장했는데 이때부터 벌써 백성들은 모든 방면에 있어서 일본인을 의심하고 악마와 같이 싫어하는 감정이 차 있었던 까닭에 관·공립을 싫어했다.

셋째, 이상의 두 가지가 관·공립을 비난하는 원인의 큰 것이었고 그 밖에도 일본어를 많이 가르치는 것, 한문을 줄이는 것 따위의 교과목에 대한 비난도 상당히 많았다.

넷째, 계몽기의 교육은 교육을 시키는 자나 교육을 받는 자가 다 구교육 시대의 사상을 벗어버리지 못했다. 그리하여 어학이나 법률이나 급히 소용되는 기술교육, 즉 모두 관리로 채용될 인물을 양성한 것이니 그때의 교육은 곧 관리양성이 목적이었다. 그러나 이 각성기의 교육은 국민교육으로 발전했으므로 소학교와 중학교가 쏟아져 나왔고 벼슬을 우습게 알고 국가를 위한 민간사업을 중하게 여기는 사상이 늘어갔다. 더욱 벼슬을 우습게 여긴 이유는 그때의 벼슬아치는 친일파로 지목을 받게 되는 까닭이었다.[23]

한성고등여학교의 설립

바로 그런 이유 때문에 그렇게 교육 붐이 이는 가운데에도 여전히 관립학교에서는 여학생을 구하기 어려웠다. 그래서 교장이 직접 학생 스카우트에 나서야 했다. 1908년 5월 한성고등여학교(지금의 경기여고)의 설립 당시에도 교장 어윤적은 호별 방문을 하며 직접 학생을 구했고, 학생들의 이름도 학교에서 일일이 지어 명부에 올렸다고 한다.[24]

이만규는 "이때의 많은 사립여학교와 오직 하나인 관립여학교는 다 같이 한국 여자를 위한 교육기관이지만 그 숨어 있는 정신은 서로 아주 달랐다. 대개 사립은 서양풍이요 관립은 동양풍이며, 사립은 미국 문화를 관립은 일본 문화를 모방하고 있었으니 여자를 해방시키려는 강한 정신은 관립이 사립을 따를 수가 없었다"며 여자의 해방을 반대하는 양반식 가장이 선호한 한성고등여학교의 문제를 다음과 같이 지적했다.

"설립 초기의 큰 문제는 여학교의 교사가 양반집의 인물이 아니면 양반집에서 딸을 학교에 보내지 않을 것이니 재봉 교원 같이 불가불 여자를 채용해야 하는 과목의 교원도 반드시 양반집 여자를 써야 한다는 것이다. 그러나 그때 양반집 여자로서 이 일을 맡을 만한 이가 없는 것이 문제였다. 마침내 교원을 얻기는 했다. 그러나 장독교(가마의 일종)를 타고 출근하지 않으면 안 될 사정이므로 장독교 속에다 몸을 감추어 가지고 학교를 왕래한 것이 처음 그 학교에 취직한 여교원이었다. 이러한 역사를 가진 한성고등여학교가 일제강점기의 경기고등여학교로 된 것이다. 이 학교가 생겨난 처음부터 관존민비(官尊民卑)와 봉건적 사상에서 출발하여 끝끝내 이 탈을 벗을 기회가 없었다."[25]

일본 유학생의 활동

일제는 '사립학교령'을 통해 학부대신의 인가를 받도록 요구하고 검인정 교과서만 쓰게 하는 등 통제를 벗어나 있는 사립학교를 탄압하기 시작했으며, 한국인이 고등교육을 받는 것도 원치 않았다. 1905년 2월 통감부 산하 교육 담당 고문으로 부임한 누사하라 히로시는 한국인에겐 "고등교육이 전혀 필요 없다"고 잘라 말했으며, 이런 생각이 이후 일본 정책에 반영됐다.[26]

그런 취지하에 1907년 일본이 만든 유학생 규정은 관비 유학생의 학력 자격을 강화하고 학비를 삭감한다는 내용을 담았다. 또 관비 유학생은 물론 사비 유학생도 품행과 수업 상태를 조사한다는 내용도 포함됐다. 물론 이는 한국인의 일본 유학을 억제하기 위한 것이었다.[27]

일본인 신문인 『경성신보』는 1908년 2월 29일자 사설 「무익한 유학생」을 통해 "한국인은 아직 전혀 근대적 교육을 받을 만큼 발달하지 못하고 있으며 …… 그들의 두뇌는 일본의 가마쿠라시대(12세기 말~14세기 초) 정도에 머물러 있다"며 "한국 유학생은 쌍방에 유익함은 없고 해악만 끼치므로 그 무용(無用)의 장물(長物)에 비용을 들이는 것은 어리석은 짓"이라고 주장했다.[28]

1908년 무렵 도쿄에는 사비 유학생의 증가로 800명에 이르는 한국인 유학생이 있었다.[29] 최초의 유학생 단체로 태극학회가 1905년 9월 유학생 대상의 일본어강습소 개설을 계기로 성립하여 1906년 8월 학회지 『태극학보』를 창간했다. 창립회원 48명 중 대부분이 황해·평안양도 출신이었는데, 당시 유학생들 사이엔 지역감정이 만연해 있었다. 이에 문제의식을 느낀 유학생들은 1906년 9월 유학생들의 대표기구라 할 수 있는 대한유학생회(회장 최린, 부회장 박승빈)를 결성했다.[30]

대한유학생회를 결성하게 된 또 다른 배경은 도쿄부립제일중학교 교장이 『호치신문』과의 인터뷰에서 한국 유학생들에 대한 비하 발언으로 인해 빚어진 사태였다. 교장은 한국 유학생들이 게으르고, 강인함이 부족하며, 과학과 수학 같은 근대 학문은 학습능력이 떨어진다고 주장했다. 이에 유학생 60명이 반발하고 동맹 자퇴를 결행했는데, 긴 협상 끝에 주동자 10명을 제외한 대다수의 학생들이 수업에 복귀했다.[31]

그러나 최남선을 주필로 해서 1907년 3월 창간호를 낸 『대한유학생회학보』는 3개월에 걸쳐 세 차례 발행되는 데 그쳤다. 이후 통합 학회를 만들기 위한 유학생들의 노력은 1908년 대한학회의 창립으로 이어졌다. 기관지로 『대한학회월보』를 발간하고 국내에 한성회라는 별도의 후원모임을 두었다. 한성회에는 박은식·이상재·김규식·윤치호 등 국내 자강계몽운동의 명망가 다수가 발기인으로 참여했지만, 태극학회가 참여하지 않아 빛이 바래고 말았다. 아마도 대한학회는 기호지방 출신이 주축이기 때문이었을 것이다.[32] 태극학회 회원은 280명, 지회 회원까지 합하면 600명이 넘었고, 1908년 6월 말 당시 전체 일본 유학생의 40퍼센트 이상이 태극학회 회원이었다.[33]

일제의 사립학교 탄압

일제는 1909년 2월 '기부금품모집취체규칙'을 공포해 기부금이 중요 운영자금이었던 사립학교에 큰 타격을 준 데 이어 4월에 '지방비법'을 공포하여 지방재산과 시장세 및 잡세에 의존하고 있던 지방 사립학교들을 폐교로 몰고 갔다. 1909년 5월까지 인가 신청을 한 1,824개교 가운데 337개교만을 허가하고 930개교는 불인가 처분, 나머지는 보류 조치했다. 이런 사립학교 탄압으로 1908년 8월부터 1910년 5월까지 전국에서 폐교된 학교는 일반 학교 263개교, 종교 학교 155개교, 총 378개교에 이르렀다.[34]

사립학교령이 규정한 규모에 미치지 못했거나 설립인가를 신청하지 않은 학교까지 감안한다면 실제 사립학교 수는 5,000여 개교 이상이 되었을 것으로 추산됐다. 특히 평안도와 황해도 지역이 활발했다.

1910년의 경우 황해도는 평안남도 428개교와 평안북도 377개교에 이어 세 번째로 많은 260개교에 이르렀는데, 인구수에 비하면 가장 많은 사립학교들이 설립된 셈이었다. 이때의 상황을 한 선교사는 다음과 같이 묘사했다.

"우리는 지금 교육혁명의 진행 중에 처해 있다. 기독교나 비기독교 기관을 막론하고 학교들이 하룻밤 사이에 생기곤 한다. 관찰사가 학교를 시작하고, 군수가 학교를 세우고, 면장이 학교를 시작하고, 동장이 학교를 세우고 있다. …… 선생 한 사람을 놓고 서로 빼앗아가려 한다. 봉급이 올라갔고, 평양 숭실학교 졸업생이 때를 만났다. …… 교육 관념이 크게 달라지고 초빙하는 교원형도 변하여지니 구식 서당의 위신이 떨어지고 한문과 서양 과학의 지식을 겸비한 선생들만이 자리를 차지하게 되어 있는 현상은 참으로 흥미 있는 일이다."[35]

이러한 사립학교 설립 붐은 정치활동이 금지된 상황에서 취해진 새로운 민족운동의 방법이었다. 그러나 모든 운동이 다 겉과 속이 같은 것만은 아니었던 것 같다. 『황성신문』 1908년 4월 25일자는 "오늘날 한국에서는 누구나 '애국심, 애국심'을 외쳐댄다. 그러나 애국의 혼이 과연 어디에 존재하는가를 발견하는 일은 또 다른 문제다"라고 꼬집었다.[36]

02

스티븐스 저격사건

장인환·전명운의 스티븐스 저격

1908년 3월 일본 통감부의 외교고문 스티븐스(Durham W. Stevens, 1851~1908)는 일본의 한국 지배가 정당함을 홍보하고 미국의 반일감정을 무마하라는 지시를 받고 미국으로 향했다. 샌프란시스코에 도착한 스티븐스는 3월 21일 기자회견을 갖고 "일본이 한국을 보호국으로 삼아 한국에 유익한 바가 많다"며 "한국민은 일본의 보호정치를 환영한다"고 주장했다.[37]

이 같은 내용은 미국 신문에 보도돼 재미교포 독립운동가들의 격분을 샀다. 공립협회 회원들은 스티븐스가 머문 페어몬트 호텔로 찾아가 발언 내용 취소를 요구하며 항의했다. 그러나 스티븐스는 오히려 "한국에는 이완용과 같은 충신이 있고 이토 히로부미와 같은 통감이 있어 한국인들은 행복하다"는 등의 망언을 계속했다. 이에 대표들 중

STEVENS IS DEAD; JAPANESE MOURN

American Diplomat Succumbs to Wounds Inflicted by Korean Fanatic.

OPERATION WAS NECESSARY

Concern Over His Death in Japan Is Considered Remarkable—Advocated Restriction of Immigration.

SAN FRANCISCO, March 26.—Durham White Stevens, the diplomat who was shot by the Korean, In Whan Chang, Monday morning, died late last night at the St. Francis Hospital after an operation which disclosed a more serious condition of his wounds than had been apprehended by the surgeons.

At his bedside, besides the doctors, was the Japanese Consul General, Chozo Koike.

"This is most unfortunate, a great loss to Japan, Korea, and this country," were his words as he left the hospital.

Until yesterday morning every hope had been entertained for Mr. Stevens's recovery, but at 10 o'clock symptoms of inflammation appeared. At 6 o'clock he was taken to the operating room and placed under an anaesthetic. Only once during the evening did Mr. Stevens show any signs of returning consciousness. He died shortly after 11 o'clock.

Mr. Stevens leaves two sisters in Atlantic City, who were informed of his death last night. Consul General Koike reported the death to his Government.

In Whan Chang, the Korean, when informed of the death of his victim, received the news with manifest delight.

장인환(왼쪽 위)과 전명운(왼쪽 가운데)은 일본의 한국 지배가 정당하다는 스티븐스(왼쪽 아래)의 기자회견에 격분하여 1908년 3월 23일 스티븐스를 저격했다. 두 의사의 의거는 항일독립운동사에 특별한 의미의 성과로 기록되고 있다. 스티븐스가 사망했다는 소식을 전하는 1908년 3월 27일자 『뉴욕타임스』 기사.

한 사람이 그를 구타하고 의자를 집어던지는 등 육탄전이 벌어지기도 했다.[38]

3월 23일 스티븐스는 샌프란시스코 오클랜드 역 구내에서 장인환·전명운 두 애국지사의 총격을 받았다. 두 사람은 처음부터 같이 행동한 게 아니라 서로 모른 채 각각 거사에 나섰다. 먼저 전명운이 권총을 쏘았으나 불발되자, 장인환이 다시 3발을 쏘아 2발은 스티븐스의 가슴과 허리를 관통했고 나머지 한 발은 전명운의 어깨에 맞았다. 스티븐스는 병원에 옮겨진 후 사망했다. 저격 후 장인환은 "나는 한국 국민의 이름으로 스티븐스를 쏘았다. 그는 보호조약을 강제로 맺게 함으로써 나의 강토를 빼앗았고, 나의 종족을 학살했기에 이를 통분히 여기어 그를 쏜 것이다"라고 말했다.[39]

의병투쟁에 미친 영향

어깨에 부상을 당한 전명운은 3월 27일 병상에 누운 채 살인미수 혐의로, 장인환은 계획에 의한 일급 모살 혐의로 각각 샌프란시스코 경찰법원에 기소됐다. 3차에 걸친 예심을 마치고 6월 27일 전명운은 증거 부족으로 석방됐으나 장인환은 8개월 동안의 재판 끝에 12월 23일 '애국적인 발광(發狂) 환상에 의한 2급 살인죄'로 판정, 극형은 면하고 이듬해 1월 2일 열린 언도공판에서 금고 25년형을 선고받았다. 장인환은 1919년 1월 17일 가출옥으로 석방됐으며 1924년에서야 자유의 몸이 됐다.[40]

정운현은 "전·장 두 의사의 의거는 항일독립운동사에서 특별한 의미의 성과로 기록되고 있다. 우선 두 의사의 '스티븐스 처단'은 국내 민족진영에 활기를 불어넣어 일시 수세에 있던 의병투쟁을 공세로 전환시켰다"며 다음과 같이 말했다.

"또 두 의사의 의거·재판을 모두 독립전쟁의 일환으로 국내외에 인식시켰다는 점이다. 의거 이후 전 의사는 러시아령 연해주로 망명, 현지에서 안중근 의사와 교유한 적이 있는데 전 의사의 의거 이듬해인 1909년 안 의사의 이토 처단은 전 의사의 영향을 받은 결과라는 주장도 있다."[41]

사건 당시 미국에서 공부하고 있던 이승만은 장인환과 전명운에 대한 미국 변호사의 통역을 맡아달라는 요청을 거절함으로써 교민사회의 비난을 받았다. 학생 신분이며 기독교도로서 살인자를 변호할 수 없다는 이유를 들었다고 한다.[42]

이승만의 학업

이승만은 강연으로 생계를 유지하고 있었다. 그의 1906년 1월치 일기에는 여덟 번 강연을 하고 다닌 내용이 적혀 있으며, 이해에 무려 서른여섯 번이나 강연을 하고 다녔다. 이승만은 이처럼 바쁘게 강연을 하고 다니는 동안에 아들 태산을 잃는 아픔을 겪어야 했다. 태산은 박용만을 따라 미국에 온 지 여덟 달 만인 1906년 2월 25일 디프테리아에 걸려 필라델피아 시립병원에서 숨을 거두었다.[43]

이승만은 1907년 6월 조지워싱턴대학을 졸업하고, 이어 하버드대학의 석사과정을 1년 만에 마치고, 유니언신학교에 잠시 다니다가 프린스턴대학으로 가서 1910년 6월 국제정치학으로 박사학위를 2년 만에 취득했다. 6월 14일 거행된 졸업식에서 총장 우드로 윌슨(Woodrow

Wilson)은 이승만에게 박사학위를 수여했다.[44]

이승만의 박사학위 논문 제목은 「미국의 영향을 받은 중립론」이었다. 이한우는 "이 논문의 완성은 그의 생애 전체에서 본다면 실천을 위한 준비기가 끝났다는 뜻이다. 그런데 과연 이만한 학문적 성취를 기초로 다진 정치인이 국내는 말할 것도 없고 세계적으로도 얼마나 있을까"라고 긍정 평가했다.[45]

유영익은 개화기 미국에 유학했던 한국 지식인은 모두 합쳐 70명 미만으로 그 가운데에 가장 많이 알려진 인물은 유길준 · 서재필 · 윤치호 · 김규식 · 신흥우 등이라며 다음과 같이 말했다.

"이 박사는 이들 선구자보다 뒤늦게 도미 · 유학하였지만 발군(拔群)의 학력을 쌓았다. 그는 동시대의 다른 유학생들에 비해 더 유명한 대학을 다녔고 또 최초로 국제정치학 분야에서 박사학위를 따냈기 때문에 군계일학(群鷄一鶴)격이었다고 하겠다. …… 미국 대학에서 2년여 기간에 인문 · 사회과학 분야의 박사학위를 취득한 사람은 한국인으로서 이승만이 최초일 뿐 아니라 미국인으로서도 극히 드물다. 19세기 후반과 20세기 초에 걸쳐 일본과 중국에서 우리보다 먼저 수많은 유학생을 구미에 파견했지만 그들 중에 이 박사의 학력에 필적할 인물은 그리 많이 배출되지 않았다."[46]

주진오는 하버드 · 프린스턴과 같은 명문대를 "1년 만에 석사, 2년 만에 박사를 초고속으로 마쳤다는 것은 경이로운 일일 수밖에 없다"며 그 '경이'의 배경에 대해 다음과 같이 말했다.

"더욱이 이미 알려져 있듯이 그의 성적은 결코 우수한 것이 아니었다. 그런데도 그가 빨리 졸업할 수 있었던 비결은 무엇보다 그의 배짱이었다. 그는 하버드에 입학할 때 보낸 지원서에서 자신은 조국에 돌아가서 할 일이 많으니 2년 안에 박사학위를 달라고 했다. 그러면서, 실제로 그랬는지는 알 수 없으나, 조지워싱턴대학에서는 조기 학위 취득이 가능하다고 주장했다. 결국 낙제를 함으로써 석사를 받지 못했으나 1909년 다시 한 과목을 이수한다는 조건을 지켜 석사학위를 받은 것이다. 프린스턴에 입학할 때도 그는 2년 안에 박사학위를 주지 않으면 차라리 뉴욕에 머무르면서 조건이 더 유리한 컬럼비아대학에 입학하겠다고 으름장을 놓았다. 그런 허풍이 통할 수 있었던 이유는 한국의 선교지로서의 유망성과 그를 위한 한국인 일꾼을 자기 대학에서 양성했다는 기록을 갖고 싶었기 때문이 아닌가 생각된다."[47]

03

『해죠신문』 『신한민보』의 활약

블라디보스토크의 『해죠신문』 창간

1860년대 러시아 지역으로 이주하기 시작한 한인들은 어려운 여건 하에서도 서로 도우며 살고 있었다. 엔 파세킨은 1904년에 출간한 『아무르의 한인들』에서 한인들에 대해 다음과 같이 말했다.

"한인들의 가장 긍정적인 면은 친척과 늙은이, 이웃 등 같은 동포에 대한 존경의 표시와 같은 성을 가진 먼 친척들까지도 같은 공동체라는 의식이 강하고 서로가 돕고 보호해주며, 이러한 좋은 감정으로 자기 친척들뿐만 아니라 모든 사람들에게 이렇게 잘 대해주는 것이다. 이러한 한인들의 관습은 문명화된 민족들보다도 더 우수해 보이는 점이다."[48]

1908년 연해주 한인은 4만 5,397명, 러시아인은 38만 3,083명이었는데, 이주 한인 중 1910년에 러시아에 귀화한 한인은 1만 4,799명

이었으며, 비귀화 한인은 3만 6,655명이었다.[49]

러시아 지역 한인들은 1905년 을사조약 체결 이후 일제와의 항일투쟁에 돌입하면서 언론활동을 전개했다. 1908년 2월 26일 연해주의 블라디보스토크에서 일간으로 창간된 교포 신문『해죠신문(海潮新聞)』은 장지연을 주필로 영입해 같은 해 5월 26일까지 총75호를 간행하면서 3개월로 단명했지만 러시아 지역 한인들이 간행한 최초의 신문이었다. 또한 이 신문은 일본의 압력을 받은 러시아 당국에 의해 폐간된 해외 최초의 순한글 신문이 되었다. 경영난으로 폐간되었다는 설도 있다. 이후 1908년 11월 18일『대동공보』가 창간되었으며, 이 신문은 1910년 9월 1일까지 2년 동안 간행되었다.[50]

이범진의 후원과 안중근의 기고

아관파천을 주도했고 1900년 이래 주러 한국공사였던 이범진(1852~1911)은 1904~1905년 러일전쟁 당시 러시아에 각종 정보를 제공하는 등 러시아의 승리를 위해 노력해 러시아 정부로부터 성 스타니슬라브 1급 훈장을 탄 친러파였다. 그는 그 후에도 헤이그 밀사를 후원하는 등 계속하여 러시아를 통하여 한국의 국권을 유지하고자 했으며, 애국계몽운동 차원에서 민족의식 고취를 위한 신문 간행의 필요성을 주장했다.[51]

이범진은 이 같은 시대적 배경을 바탕으로 창간된『해죠신문』에 편지를 보내 신문 간행을 축하하는 한편 재정적인 후원을 했다.『해죠신문』은 국내에도 전달되어 동포들의 민족의식을 고양시키는 데에도 큰 기여를 했기 때문에 국내에서 발매가 금지되기도 했다.[52]

이범진은 1908년 러시아 연해주 크라스키노에서 최재형·이범윤·엄인섭·안중근 등을 중심으로 조직된 대표적인 의병조직인 동의회(同義會)에 그의 아들 이위종과 장인인 놀켄 남작(바레리안 카를로프 놀켄)을 파견하는 등 의병활동도 지원했다.[53]

1911년 1월 13일 이범진이 국권피탈에 울분을 느껴 자결할 당시 7만 루블가량의 거액을 갖고 있었는데, 그의 유언으로 미주 지역 한인들에게 1만 500루블, 블라디보스토크 한인들에게 3,000루블이 기증되었다.[54] 당시 러시아가 비밀첩보원에게 매월 제공하던 돈이 600루블 수준이었으니, 꽤 큰 돈이었다.

박환은 이런 사실들을 거론하면서 "그는 아관파천을 주도하며 한국의 이권을 러시아 측에 넘긴 부정적 인물로서 주로 묘사되고 있"지만 "최근(2003년) 러시아 외교 사료관 및 일본 외무성 자료관에서 새로이 발견된 자료들은 이범진이 단순한 친러파가 아닌 항일독립운동가였음을 분명히 입증해주고 있다"고 평가했다.[55]

1995년 4월, 안중근이 이토 히로부미를 처단하기 1년 반 전인 1908년 당시 『해죠신문』에 쓴 기고문 원문이 국내에서 처음 공개됐다. 이 신문의 1908년 3월 21일자에 안응칠이라는 이름으로 기고한 글에서 안중근은 "우리나라가 오늘날 이 지경에 이른 것은 다름 아니라 불합병(不合病)이 깊이 든 연고"라며 "사람마다 마음과 육신을 연합하여야 능히 생활할 것이오, 집으로 말하면 부모 처자가 화합하여야 능히 유지할 것이오, 국가는 국민 상하가 상합하여야 마땅히 보전할지라"며 온 국민의 화합을 강조했다.[56]

『해죠신문』, 『신한민보』의 국내 유입

일제 통감부는 1908년 4월 29일 이완용 내각으로 하여금 '신문지법'을 개정해 한국에서 발행되는 외국인의 신문까지도 발매·반포 금지 또는 압수할 수 있도록 했다. 신문지법의 개정은 『대한매일신보』를 탄압하는 것이 근본 목적이었으나 반일 논조의 해외 교포 신문들이 국내에 유입되는 것을 막자는 속셈도 포함된 것이었다. 이 법의 개정 이후 『대한매일신보』는 한일병합 직후 통감부에 매수되기까지 국한문판 스물네 차례, 국문판 스물한 차례의 압수를 당했으며 두 차례 정간 처분을 받았다.[57]

이 신문지법의 개정으로 미국에서 발행되던 『신한민보』, 블라디보스토크에서 발행되던 『해죠신문』 등과 같은 신문들의 국내 배달이 금지되었다.[58] 『신한민보』는 1908년 미국에서는 매일 500부씩 발행되었고, 하와이에는 100부가 배달되었으며, 한반도에는 3,000부의 복사본이 배달되었다.[59]

『신한민보』의 '국민혁명론'

『신한민보』 편집자들은 점점 더 한반도의 상황에 좌절하면서 국내 거주자들의 애국심 자체를 문제 삼기 시작했다. 『신한민보』 1909년 2월 17일자는 독립은 단지 북아메리카 대륙·하와이·블라디보스토크의 해외 동포들만의 '책임이 아니'라고 주장하면서 내국인들이 국가수호의 책임을 회피했다고 비난했다.[60]

전에는 한국으로 돌아가는 걸 당연하게 여겼던 『신한민보』 편집자들은 이제 다른 목소리를 내기 시작했다. 『신한민보』 1909년 4월 14일자는 "창경궁은 이제 감옥이 되었고, 우리의 국토는 도둑맞았으며, 일본인들은 우리 국민들을 죽이려 한다"며 "그대에게 여전히 조국이 있다고 생각하는가? 그대에게 여전히 고향이 있다고 생각하는가?"라는 절망적인 질문을 던졌다.[61]

급기야 『신한민보』 1909년 8월 4일자는 '국민혁명'을 암시하기에 이르렀다.

"저 영국 국민이 국왕을 시살한 것은 무도불법한 사적을 후세에 유전코자 함이 아니라 국민의 권리를 세우고자 하여 부득불 행한 일이요. …… 우리 한인이 저 만급지옥을 벗어나서 남과 같이 한번 살아보고자 하는 관념이 있거든 국민을 연구하여 권리와 의무를 실행할지로다. 국민의 권리를 실행할 때에 영국 국민의 부월을 모방함도 가하고 미국 국민의 공화정부를 모방함도 가하고 일본 국민의 막부 전복을 모방함도 가할 것이요."[62]

이에 대해 강만길은 "국외에서 발간된 신문이지만 국내에 들어와서 적잖은 영향을 주었으나 때가 이미 너무 늦었던 것이다"며 "대한제국이 멸망하고 우리 역사가 식민지로 전락하게 된 가장 큰 역사적인 원인은 역시 국민주권이 달성되어야 할 역사단계에 그것이 달성되지 못한 데 있는 것이 아닌가 한다"라고 평가했다.[63]

제2장

국채보상운동의 좌절과 유산

01

국채보상운동의 좌절

이완용·송병준·이용구의 친일 계보

1908년 6월 이완용 내각 개조가 있어 담당부서가 약간 변동되었다. 내부에 송병준, 탁지부에 임선준, 군부는 그대로 이병무, 학부도 그대로 이재곤, 법부에 고영희, 농상공부에 조중응 등이었다. 이에 강동진은 "이토의 주된 목적은 무능한 임선준 대신 무지막지한 송병준을 내부대신으로 기용하기 위해서였다"며 "이것은 날로 앙양되는 반일의병투쟁과 반일애국운동에 대한 철저한 탄압과 친일매국단체 일진회를 전적으로 이용하자는 이토의 의사표시였다"라고 했다.[1]

송병준이 내부대신이 된 사연은 좀 복잡하다. 당시 송병준은 통감부와는 멀어지고 이완용 일파와는 갈등을 빚고 있었다. 일진회의 이용가치가 떨어졌기 때문이다. 이들의 배경 계보를 따지자면, 이완용은 일본 정부, 송병준은 일본 군부, 이용구는 천우협 쪽이었다.[2]

송병준과 이완용 일파와의 갈등은 출신 성분에 크게 기인했다. 서영희는 "일진회가 구래의 양반 지배질서의 철저한 해체를 지향한 데 비해 이완용을 비롯한 대관들은 일진회를 하층 무뢰배 출신이라 냉소하였고, 통감부도 이에 동조하면서 일진회 측 불만이 고조된 것이다"라며 "날로 높아가는 회원들의 불만으로 더 이상 조직을 운영할 수 없다고 판단한 일진회 지도부는 이완용 내각과 통감부를 상대로 특단의 조치를 도모하게 되었다"라고 했다.[3]

그 특단의 조치가 바로 송병준의 내각 사직이었다. 이완용 내각을 흔들어 이토마저 물러나게 하자는 속셈이었다. 이토에 불만을 느낀 일본 내 군부 강경파가 있으니, 승산이 전혀 없는 게임은 아니었다. 이에 이토가 송병준을 강력 설득했고, 그 결과 송병준은 사직 대신 내부대신으로의 전임을 택한 것이다.[4]

일제의 『대한매일신보』 탄압

일제 치하 내내 국토 침탈의 앞잡이 노릇을 한 동양척식주식회사가 설립된 건 1908년 12월 28일이었다. 일본 의회가 1908년 3월 '동양척식회사법'을 통과시키자 『대한매일신보』는 곧바로 반격했다. 논설 「동양척식회사 설립문제」(1908년 4월 24일)에서 『대한매일신보』는 "겉모습을 보면 개명사업인듯 하나 내용을 심리하면 한국인의 생사를 제어하는 문제"라고 비판했다. 이어 독소 조항을 조목조목 지적한 뒤 "1000만 환 자본으로 대한 삼천리 토지와 이천만 인민을 차례로 사들여 소유권을 장악하려 함"이라고 그 흉계를 폭로했다.[5]

일제는 베델과 『대한매일신보』가 계속 반일 논조를 펴자 영국 정부

동양척식주식회사. 일제는 토지와 자원을 수탈할 목적으로 1908년 12월 28일 동양척식주식회사를 설립한다. 『대한매일신보』는 이에 대해 "겉모습을 보면 개명사업인듯 하나 내용을 심리하면 한국인의 생사를 제어하는 문제"라고 비판했다.

를 상대로 공격적인 외교 공세를 펴 베델을 다시 영국총영사관 재판정에 세우는 데에 성공했다. 베델에 대한 2차 재판은 1908년 6월 15일부터 3일 동안 서울의 영국총영사관에서 열렸는데, 상하이 고등법원에서 파견된 판사는 이 재판에서 베델에게 3주일간의 금고형과 6개월간의 근신을 언도했다.[6] 당시 『런던 데일리 메일』의 특파원이었던 F. A. 매켄지는 후일 이 사건을 다음과 같이 평가했다.

"베델의 재판은, 어떤 사람들에게는 시시하게 보일지는 모르겠지만, 영국의 언론 자유에 대한 금세대 최악의 타격이었다. 그러나 재판 절차가 산만했던 탓으로 이 사건의 심각성을 느끼는 사람은 아무도 없었다."[7]

베델이 상하이에서 복역 중일 때, 일제는 1908년 7월 12일 신문 제작을 실질적으로 총괄하던 양기탁을 국채보상운동 수집금 일부를 횡령했다는 조작된 혐의 내용으로 고소 및 구속했다. 양기탁이 국채보상운동지원금총합소의 회계를 겸임하고 있는 걸 노려『대한매일신보』와 국채보상운동 양쪽을 다 함께 공격하겠다는 생각으로 가한 탄압이었다.[8]

영국은 베델의 공판 때 증인으로 출두한 양기탁에 대해 일제 통감부가 어떠한 방해나 탄압을 하지 않겠다고 영국과 약속을 한 걸 문제삼고 나섰다. 이런 외교전 덕분에 양기탁은 9월 29일 증거불충분이라는 이유로 무죄 선고를 받았다.[9]

국채보상운동의 내부 문제

『대한매일신보』를 비롯한 신문들은 국채보상운동을 열렬히 전개했지만, 이처럼 양기탁에 대한 일제의 탄압이 시사하듯이 이 운동은 일제의 탄압으로 도중에 좌절되고 말았다. 그러나 내부적인 문제도 없지 않았다.

황현은『매천야록』에 "서울 사람들은 국채금총합소를 설치하여 김종한을 회장으로 추대하였으나, 그 후 얼마 안 되어 비리 사실이 드러나 윤웅렬을 그의 대직으로 임명하였다"고 썼다.[10] 김종한은 일진회에 가입한 사실이 알려졌고, 국채보상기성회 총무 오영근이 보상금을 횡령한 혐의가 드러나기도 했다.[11] 이런 문제 때문이었는지『황성신문』은 대한매일신보사 내에 설립된 국채보상지원금총합소에 대한 부정적인 견해를 표명하고 독자적으로 이 운동에 참여했으며, 양기탁의 구속 때에도 이를 방관했다.

이와 관련, 조항래는 "국채보상운동이라는 민족적인 당면 과제를 놓고도 전국적인 통일조직 체제를 이루지 못하고 독자적인 입장에서 분파작용을 하였던 것은 마침내 이 운동 전개에 장애를 초래하는 결과를 가져와서 결국 국채보상운동을 좌절시키는 일제의 마수가 침투할 수 있는 소지를 마련하여 주었던 것"이며 "이 운동의 주체 측의 일관성 없는 지도원리도 운동의 효율적 전개를 마련하지 못하였"다고 지적했다.

"사실 국채보상운동은 처음부터 국채보상을 위한 의연금 갹출만을 강조했을 뿐이고, 이것을 어떻게 관장하여 어떤 방식으로 일본에 보상한다는 그 구체적인 방안을 마련하지 못했으며, 일제의 탄압책동과 국내의 분파세력에 대한 대응도 마련하고 있지 않았다. 따라서 이 운동이 전국적으로 전개되어 온 국민이 이에 적극 참여하자 일관된 지도원리의 부족으로 이를 수렴하지 못했으며, 특히 이 운동의 파괴를 꾀하는 일제의 탄압책동과 국내의 분파세력에 직면하자 우왕좌왕했던 것이다."[12]

이상찬은 "국채보상운동 지도부에는 전·현직 고위 관리와 개화파 인사가 다수 참여하고 있었다. 문제는 이들이 바로 국가를 위기 상태로 몰고 간 장본인들이거나 일본으로부터 들여온 부채에 의해 직접적으로 혜택을 받은 사람들이란 점이었다"며 다음과 같이 주장했다.

"특히 상당수가 친일 성향인 개화파 인사 중 상당수는 일본의 침략 과정에 부를 축적하였거나 출세한 인물들로 일본으로부터 빚을 들여오는 것에 대해서도 별로 거부감을 느끼지 않았다. 오히려 이들은 일찍부터 문호 개방과 일본의 메이지유신을 모델로 한 근대화를 주장해왔기 때문에 차관을 들여오는 것을 근대화라고 반색했다. 결국 개화파의 근대화론은 일제의 침략을 묵인하는 것이었고, 그 결과 대한제국은 일본의 식민지가 돼버렸다."[13]

일본에서 발행된『외교시보(外交時報)』는 1908년 9월 무렵까지 접수된 의연금의 총액이 기대한 액수의 100분의 1에도 미치지 못했다고 썼다. 이에 정진석은 "사실이라면 그 액수는 13만 환이 못 되었던 셈이다. 그러나『외교시보』는 이 운동을 평가절하하기 위한 의도가 있는 것 같으므로 액면대로 믿기는 어렵다. 여러 자료와 상황을 종합하면 전체적인 모금 총액이 20만 환이 넘지 못했던 것은 확실하고 16만 환에서 19만 환 정도였을 것으로 추산된다"고 했다.[14]

베델의 사망

베델은 상하이에서 형을 복역한 뒤 다시 서울로 돌아와 2차 재판 직전에 휴간했던 영문판『코리아 데일리 뉴스』를 1909년 1월 30일부터 속간하는 등 예전과 같은 활동을 다시 시작했다. 그러나 그로부터 3개월 후인 5월 1일 그는 서른여섯의 젊은 나이로 갑자기 죽고 말았다. 사인은 심장마비였는데 재판과 금고형에 따른 긴장과 과로가 큰 영향을 미쳤다.

그는 마지막 숨을 거두면서 "나는 죽더라도 신보는 영생케 해 한국 민족을 구하라"는 유언을 남겼다. 베델의 그런 한국 사랑은 그가 강한 민족주의 정서를 갖고 있는 웨일스 출신이라는 사실과 관련이 있는 걸까? 베델의 한국 사랑과 반일정신은 매우 투철해 한때 미국의『워싱턴 포스트』는 "『대한매일신보』의 통감부에 대한 공격을 중지시킬 수 있는 방법이란 베델을 암살하는 길밖에 없을 것"이라고 쓰기도 했다. 베델의 장례식은 동대문 밖 영도사에서 수천 명이 모인 가운데 성대히 거행되었

『대한매일신보』 사장 시절의 베델 모습. 베델은 1909년 5월 1일 서른여섯의 젊은 나이에 죽었다. 그는 "나는 죽더라도 신보는 영생케 해 한국 민족을 구하라"라는 유언을 남겼다.

으며 그의 시신은 양화진(서울 합정동) 외국인선교사묘원에 묻혔고 그의 공적을 기리는 사람들의 성금에 의해 1910년 묘비가 세워졌다.[15]

베델이 출옥했을 때 상하이에 거주하는 한인들은 그의 출옥을 축하하는 파티를 열었는데, 그때 그 자리에 우연히 참석한 장지연은 베델과 밤새 통음(痛飮)하며 나라의 운명을 걱정했었다. 베델이 사망하자 장지연은 베델의 비문에 이때의 사정을 다음과 같이 적었다.

"내 일찍이 상하이에서 그를 만나 날이 새도록 함께 통음할 적에 비분강개하야 그 뜻이 매우 격렬하더니 이제 공의 묘를 위하여 글을 쓰게 되매 허망한 느낌을 이기지 못하겠도다. 이제 명(銘)하여 가로되 드높도다 그 기개여 귀하도다 그 마음씨여. 아! 이 조각돌은 후세를 비추어 꺼지지 않을 지로다."[16)]

한일병합이 되자 일제는 베델의 묘비문에서 장지연이 지어 새긴 비문을 깎아버렸다. 현재 깎아버린 비문 앞에 다시 세워진 비문은 1964년 4월 편집인협회가 중심이 돼 전국 언론인들이 성금을 거둬 세운 것이다.

2004년 6월 24일 '베델 선생 서거 95주년 기념대회'가 서울 마포구 합정동 양화진외국인선교사묘원 공원에서 열렸다. 베델선생기념사업회(회장 진채호)가 주최한 이날 행사에서 대회장으로 추대된 단국대 이사장 장충식은 "베델 선생은 양기탁·박은식·신채호 선생과 민족정론지 『대한매일신보』를 창간, 일제 침략의 부당성과 만행을 세계에 폭로하고 한국민의 가슴에 독립운동정신을 새겼다"고 추모하면서 "선생은 단순한 언론인이 아닌 우국지사로 칭송해야 한다"고 강조했다. 『대한매일신보』를 계승한 『서울신문』 사장 채수삼은 추념사에서 "선생이 『트리뷴』지 특파원을 도와 고종의 밀서를 영국에 보낸 결과 을사조약의 강제 체결을 만방에 알린 것은 한 편의 드라마"라면서 "『서울신문』은 뿌리가 되는 『대한매일신보』의 창간 100주년을 맞은 올해 구국 독립정신을 되살리는 데 노력해나갈 것"이라고 말했다.[17)]

『대한매일신보』의 몰락

베델은 2차 재판을 받기 전인 1908년 5월 27일 『대한매일신보』의 발행 및 편집인의 명의를 베델의 비서로『코리아 데일리 뉴스』의 편집일을 보던 영국인 알프레드 만함(Alfred Weekley Marnham)으로 바꿨다. 그래서 베델이 죽은 다음『대한매일신보』는 만함이 맡아서 운영했다. 이후『대한매일신보』의 배일(排日) 논조는 크게 둔화되었는데, 여기엔 당시 헨리 콕번의 뒤를 이어 서울 주재 영국총영사 대리를 맡은 아서 레이(Arthur H. Lay)가 큰 역할을 했다.

레이는 만함에게 '자기가 읽지도 못하는 글자로 발간되는 신문'에 주의를 기울이도록 수시로 경고했다. 만함은 자신이 마치 '화산 위에 서 있는 사람같이' 불안하다고 고백하며 그 경고를 받아들였다. 만함의 건강이 악화된 데다 채권자의 독촉이 심해지자『대한매일신보』는 1910년 6월 14일 이 신문사에 근무하던 이장훈에게 인수되었는데, 이것은 병합을 앞두고 통감부가 외국인 소유의 신문을 정리하는 조치의 일환이었다.[18]

즉, 통감부는 한일병합이 성사될 때까지『대한매일신보』의 매수를 비밀에 붙여둔 채 발행인 및 편집인의 명의만 대한매일신보사의 한국인 사원 이장훈으로 바꿔놓은 것이었다. 양기탁은 발행인 및 편집인의 명의가 이장훈으로 넘어가자 자신이 이 신문에서 손을 뗐다는 광고를 게재하고『대한매일신보』를 떠났다.[19]

『대한매일신보』는 베델의 신문?

정진석은『대한매일신보』의 창간을 고종 또는 민족진영이 주도했다는 주류 견해에 이의를 제기했다. 그는 "민족의 운명이 위급한 상황에 처했던 국난의 시기에 창간된 최대의 항일 민족지를 외국인의 주도로 발행했다는 것은 우리의 정서와 자존심이 쉽게 받아들이기 어려운 일이다. 그러므로 베델을 고용 사장으로 초빙했을 것이라는 가설은 학문적인 객관성에 우선하여 언제나 정서적인 지지세력을 확보하고 있다"며 "그러나 나는 신문을 창간하고 경영한 주체는 어디까지나 베델이라는 입장을 더욱 확고히 갖는다"고 주장했다.

정진석은 "고종이나 민족진영의 자금 지원이 있었지만, 그것이 신문 발간의 계기가 된 것은 아니라고 보는 것이다. 고종은 베델만이 아니라 한국인이 발행하는 『황성신문』이나 『제국신문』에도 때때로 내탕금(內帑金, 조선시대에 왕실의 재물을 넣어두던 창고인 내탕고에 넣어두고 임금이 개인적으로 쓰던 돈)을 지급했고 심지어는 한국 침략을 위해 일본인이 발행하는 신문에까지도 내탕금을 지급한 적이 있었으며, 1906년 6월에는 일본인이 발행하던 『대동신보』에 궁내부 건물을 하사하였다"며 다음과 같이 말했다.

"베델에 대한 지원도 처음에는 그와 같은 수준에서 크게 벗어나지 않았다. …… 그는 다만 상업적인 차원에서 이윤추구를 목적으로 신문을 창간했다. 그러나 일본이 나가모리를 내세워 황무지개간권을 요구할 때에 주한 일본공사관과의 마찰로 점차 일본과는 갈등관계가 심화되었으며 반면에 한국인들과 고종의 측근들은 그를 신뢰하기 시작하였다."[20]

임헌영은 정진석의 견해를 수용하면서 한 걸음 더 나아가 "참 묘한 것은 이 신문에는 충군(忠君)의식이 없다는 거예요. 지식인에 대해서도 그리 과대한 기대를 하지 않고요. 이 점이 다른 신문과 완전히 달랐어요"라면서 다음과 같이 주장했다.

"이 베델의 정체는 무엇일까요? 영국 사람이 이국에 와서 멸시와 탄압을 받으면서까지 일본을 비판하고 내각을 폭도라고 했으니, 왜 그랬는지 궁금하지 않습니까? 베델이 왜 그렇게 했을까요? 그건 바로 1905년 일본과 영국이 맺은 동맹(영일동맹) 때문이에요. 일본과 영국이 국가 단위에서 동맹을 맺어 식민지를 서로 용인해주기로 한 조약이었는데, 사실 영국 정부의 속셈은 다른 데 있지 않았나 싶어요. 영국은 한반도가 최소한 중립으로 남아 있기를 바랐고, 그것이 당시 영국을 비롯한 유럽 제국주의의 바람이었어요. 이런 논조는 그 일환으로 나오지 않았을까 해석할 수 있습니다."[21]

윤치호의 국채보상운동·베델 비판

윤치호는 훗날 자신의 일기(1921년 2월 4일자)에서 국채보상운동과 베델에 대해 오늘날의 주류 견해와 전혀 다른 주장을 폈다. 그대로 다 믿을 수는 없겠지만, 윤치호의 주장도 참고해보는 게 좋겠다.

윤치호는 "이 운동은 들불처럼 번져나갔고, 우리 민족이 이성적이기보다는 감성적이라는 사실을 다시 한 번 증명했다. 당시 존재했던 『제국신문』『황성신문』『대한매일신보』등 여러 신문사에는 여기저기서 성금이 답지했다. 특히 베델이라는 영국인(유대인)이 사장으로 있는 『대한매일신보』는 반일로 유명해서, 조선인 대중으로부터 가장 많은 신뢰와 성원을 받았다. 사람들은 대한매일신보사에 각기 다양한 액수의 돈을 보냈다. 아녀자들은 패물을 보내기도 했다. 그러나 사람들이 1300만 환이라는 액수를 거둔다는 게 너무도 엄청난 일이라는 걸 알게 되면서 운동 열기는 점차 식어갔고, 성금도 점차 기대에 못 미치게 되었다"며 다음과 같이 주장했다.

"이에 국채보상금총합회가 구성되었고, 우리 아버지가 위원장에 선출되었다. 대한매일신보사에 답지한 8만여 환의 성금 가운데 2만 환이 국채보상금협회에 인계되었다. 이 돈을 안전하게 보관하기 위한 조치였다. 우리 아버지가 자기 명의로 영수증을 써주었다. 얼마 못 가서 모금된 돈이 목표치에 턱없이 모자랄 뿐만 아니라, 설령 부채를 다 갚는다 하더라도 정부가 또다시 빚을 지는 걸 막을 도리가 없다는 사실이 분명해졌다. 이제 남은 2만 환을 가지고 뭘 할 것인가가 문제였다. 그러는 동안 베델은 높은 이자를 받고 투자해주겠다는 구실로 아버지를 설득해 2만 환을 타냈다. 베델은 1만 6000환으로 수안금광회사의 주식을 사들이고, 4000환은 마틴이라는 프랑스인에게 꿔주었다. 1909년 여름 일본인들이 아버지에게 이 돈을 요구했다."[22]

이어 윤치호는 "우리 아버지가 곤경에 처하게 되었다. 베델은 아무런 허가 절차도 밟지 않고 조선인들이 맡긴 거액의 돈을 빼돌렸던 것이다. 우리 아버지를 그런 식으로 속여먹다니 베델이란 인간은 정말 비열한 작자였다. 난 그에게 투기를 하려고 모은 게 아닌 돈으로 주식을 산 이유가 뭔지, 그리고 수안금광회사가 망할 경우 어쩔 셈이었는지 물어보았다. '어쨌든 그 돈으로 조선인 일꾼들을 먹이고 입혔을 거 아뇨?' 이것이 조선의 친구라는 작자의 뻔뻔한 대답이었다. 내가 그 돈을 갚느라 상당한 곤욕을 치렀다"며 다음과 같이 주장했다.

"아버지가 베델의 정직과 공평무사함을 과신한 나머지 큰 위험에 빠졌던 일, 그리고 내가 그 2만 환을 갚기 위해 온갖 모욕을 감수해야 했던 걸 생각하면, 베델의 비열함과 뻔뻔함에 입을 다물 수가 없다. 결국 일본인 당국자들이 그 돈을 가져갔다. 그 돈이 어떻게 되었는지는 아무도 모른다. 조선인들은 그 돈으로 뭘 얻었나? 그들은 더 가난

해졌고 더 서글퍼졌다. 그러나 더 현명해지지는 않았다."(1921년 2월 8일자 일기)[23]

국채보상금 처리 문제

윤치호의 일기가 시사하듯이, 나중에 모은 돈을 처리하는 문제가 대두되었다. 그래서 국채보상금처리회가 생겨났다. 1910년 1월 5일 유길준이 회장직을 수락, 활동을 개시했다. 4월 16일 흥사단 사무실에서 개최된 총회엔 각 지방 대표 115명이 참석했는데, 여기서 국채보상금을 사범교육 강화에 이용하기로 방침을 정했다.[24]

심산 김창숙은 자서전에서 경술년(1910년) 봄에 단연회 모금을 처리하는 모임이 서울에서 열려 자신이 성주군 대표로 참석했다고 밝혔다. 이 회의에 300여 명이 참가해서 저마다 처리할 방법을 제안하여 중론이 통일되지 않았는데, 일진회 대표 김상범이 전국에서 모금한 돈을 전부 중앙에 집결시킨 다음 각 정당의 감독을 통해 처리하도록 할 것을 역설하고 나왔다. 이에 김창숙은 다음과 같이 큰 소리로 외쳤다고 한다.

"이 돈을 전부 중앙에 모아두고 정당이 관리하는 것도 벌써 위험한데 더구나 일진회 매국 역당에게 맡겨서야 되겠는가? 국채를 상환하지 못할 바에는 차라리 교육기관에 투자해서 인재를 양성하는 것이 옳다. 나는 귀향하는 길에 우리 군에서 모금한 전액을 사립학교 기금에 충당시키겠다."

그리고 김창숙은 곧 탈퇴 성명서를 제출했는데, 그렇게 해서 만든 학교가 바로 성명(星明)학원이었다.[25]

한일병합이 되자 국채보상금처리회는 명칭을 '교육기본관리회'로 바꿔 활동했는데, 『매일신보』 보도에 따르면, 1910년 12월 15일 윤웅렬(윤치호 아버지), 양기탁 등이 보관하고 있던 보상금 4만 2,000여 환이 경무총감부로 강제 이관되었다.[26]

02

국채보상운동의 유산

국채보상운동은 '여성운동의 효시'

국채보상운동은 여성운동이기도 했다. 이 운동은 전국 각지에 30여 개 여성단체를 조직하는 것으로 발전했다. 국채보상을 위해 1907년 2월 23일 최초로 조직된 여성단체인 대구 남일동의 '남일동패물폐지부인회'는 이 중대한 국가사업인 국채보상운동에 남자들이 여성을 제외하고 있는 데에 격분해 전국 여성을 향해 분발하여 일어날 것을 촉구하는 경고문을 돌림으로써 결성됐다. 이는 곧 부인들이 지닌 반지·목걸이·팔찌 등을 의연금으로 내놓는 운동으로 발전했다.

박용옥은 여성단체들 중 양반이나 유지 부인이 17개, 첩실이 4개, 기독교 부인이 4개를 조직한 데 비해 기녀가 만든 단체가 10개였으며, 또한 여성들이 낸 의연금 액수가 평균 40~50전인 점으로 보아 가난한 서민 여성들이 적극 참여했음을 알 수 있다고 말했다.[27]

기녀들은 고아나 이재민 같은 소외된 사람들을 돕는 일에도 누구보다 열심이었다. 박정애는 "이런 활동은 물론 애국심에서 비롯된 것이었지만, 여기에는 민족운동에 누구보다도 앞장서 참여함으로써 '민족'의 일원으로 인정받고 싶은 욕구도 깔려 있었다"고 보았다.[28]

박용옥은 "국채보상운동에 대한 여성의 참여는 한국 근대 여성운동사에서 볼 때 획기적인 의미를 갖는다"며 다음 세 가지를 지적했다.

"첫째, 국권 수호라고 하는 국가의 중대사에 여성 자신이 자발적으로 참여함으로써 남자만이 독점하였던 정치사에 여성도 참여하게 되었다는 점이다. 둘째는, 남자 찬성원(贊成員)의 지도 아래 진전되던 개화기 여성운동에서 탈피하여 이제 여성이 독립적으로 거국적 운동에 참여할 수 있게 되었다는 점이다. 30여 개의 국채보상여성단체는 한결같이 여성 스스로의 힘으로 발기·조직되어 활동하였다. 셋째는, 남녀동권의식의 적극적 발전이다. 종래 개화사상가들은 남자 편에서 여성들에게 남녀동권(男女同權)을 주어야 한다고 주장하였다. 남자 편에서 주는 식의 남녀동권 관념이 완전히 깨진 것은 국채보상운동에서이다."[29]

고미숙은 "국채보상운동은 경제적 측면에서는 거의 성과가 없었다고 해도 무방하지만, 여성들을 민족적 주체로 자각시키는 데 결정적인 역할을 했다는 점에서는 성공적이라 할 만하다"며 "그것은 여성들이 다수 참여했다는 점에서뿐 아니라, 여성들의 목소리가 다채로운 층위에서 언어화되었다는 점에서 특히 그러하다"고 평가했다.[30]

정현백은 "여성에 의한 국채보상운동이 지닌 더욱 중요한 의미는 우리 역사상 최초로 아래로부터 올라오는 자율적인 여성운동의 효시라는 점"이라고 평가했다.[31]

1998년에 되살아난 국채보상운동

1907년의 국채보상운동이 약 90년 후인 1998년 초에 되살아났다. 당시 한국은 이른바 'IMF(국제통화기금) 환란'을 맞아 최악의 상황에 처해 있었다. 1998년 초 시점에서 총외채는 국민총생산 4000억 달러의 37퍼센트에 달하는 1500억 달러였다.[32] 1996년까지 7~9퍼센트에 이르던 경제성장률은 1998년에는 마이너스 7퍼센트로 떨어졌고, 2~3퍼센트였던 실업률은 9퍼센트로 치솟았으며, 근로자들은 평균 9퍼센트 임금 삭감을 했다.

그런 우울한 상황에서 탈출하기 위한 자구책으로 촉발된 '금 모으기 운동'이 결합되면서 'IMF 민족주의'라 해도 좋을 정도의 민족주의적 열기가 한국 사회를 휩쓸었다. 그러나 그와 동시에 세계화는 피할 수 없는 대세라는 점에서 세계화와 민족주의의 충돌 지점이 여기저기서 나타나게 되었다.

1998년 초부터 금 모으기 운동이 시작되었다. 『경향신문』 1998년 1월 6일자에 따르면, "각 가정의 장롱 속에 있던 금붙이가 대기업들의 금고로 몰리고 있다. 5일 업계에 따르면 대우는 주택은행, 고려아연 등과 함께 금 모으기 운동을 벌여 최근 이틀 동안 1465명으로부터 금반지, 행운의 열쇠 등 99.27킬로그램의 금을 모았다. 삼성물산은 지난달 31일 종무식 현장에서 503명의 직원들로부터 10.3킬로그램의 금을 수집했다."

1998년 1월 12일 전국 106개 시민·소비자·농민·종교단체와 각계 인사들은 서울 명동 대한YWCA 2층 강당에서 '외채상환 금 모으기 범국민운동' 발대식을 갖고 외환위기 극복을 위한 대대적인 금 모으기 캠페인에 돌입했다.

IMF 환란에서 벗어나기 위한 자구책으로 1998년 초부터 시작돼 한 달여 만에 243만 명이 참여한 '금 모으기 운동'은 90년 전인 1907년의 국채보상운동을 방불케 했다.

발대식에서 김수환 추기경은 "종교 · 지역 계층 간의 갈등과 차이를 떠나 국민 모두가 자기희생과 고통분담으로 '사랑의 길'을 가야만 경제난국을 극복할 수 있다"며 동참을 호소했다. 송월주 조계종 총무원장은 '국민에게 드리는 호소문'을 통해 "미증유의 국난에서 벗어나기 위해서는 구한말 선조들이 국채보상운동을 벌였듯이 장롱 속 금을 꺼내 외채를 갚는 일에 온 국민이 나서야 한다"고 촉구했다. 발대식이 끝난 직후 참여단체 대표와 회원들은 1층 농협 명동지점으로 가 금반지 · 금목걸이 등을 내놓고 통장을 받거나 3년 만기 국채로 교환할 수 있는 위탁증서를 받았다.[33]

이날 상오 발대식이 끝난 직후 김수환 추기경은 '행운의 열쇠' '금거북'과 신자가 기증한 금반지, 금십자가 등 142.58그램의 금을 내놓았다. 송월주 조계종 총무원장이 "성물인 십자가까지 내놓아도 되느냐"고 묻자 김 추기경은 "예수님은 몸도 바쳤는데 나라를 살리는 일에 십자가를 내놓는 것은 당연한 것 아니냐"고 대답, 시민들로부터 박수를 받았다.

'연예인 농촌돕기운동본부' 또한 소속 회원들과 함께 금 모으기 운동에 참여했는데, 연예인들이 방송대상에서 받은 금메달 등을 갖고 나와 눈길을 끌었다. 연예인 농촌돕기운동본부 사무국장 맹호림은 1996년 KBS방송대상에서 우정상으로 받은 금메달을 내놓으며 "뜻 깊은 일에 쓰게 돼 아까운 생각이 들지 않는다"고 말했다. 1996년 미스코리아 진 이은희는 아끼던 금목걸이를 내놓았다.

영동농협 부녀회원인 박경자(56, 강남구 개포동)는 "나라가 어려움을 이겨내는 데 조금이라도 보탬이 됐으면 한다"며 "나오지 못한 주부대학 동창생들의 금까지 걷어 왔다"고 말했다. 농협 명동지점에는 금을 현금이나 채권으로 교환하려는 시민들이 몰려 직원들이 바쁜 하루를 보냈다. 명동지점 계장 임철현은 "금 모으기 운동에 국민들의 호응이 이렇게 클 줄 몰랐다"며 "우리 국민의 애국심을 보니 IMF체제 극복도 더 빨라질 것 같다"고 말했다.[34]

243만 명이 참여한 '금 모으기 운동'

1998년 1월 23일 경기 성남시 새마을운동중앙연수원 제3강의실에선 전국 50여 학교에서 모인 65명의 초등학생이 '국제통화기금(IMF) 시대에 대한 우리의 결의'를 발표하며 생일잔치를 반납하겠다며 다음과 같은 뜻을 밝혔다.

"백범 김구 선생의 어머니 곽낙원 여사께서는 생신날 미역국을 끓여 드시라고 독립투사들이 모아드린 돈으로 무기를 사서 아들에게 주며 '내가 배불리 먹을 한 그릇의 미역국보다 이 총 한 자루가 독립을 앞당기는 데 더 필요하다'고 말씀하시지 않으셨습니까."

전날 백범기념관을 다녀온 어린이들의 목소리에는 독립투사의 비장함까지 담겨 있었다. 서울 상은초등학교 6학년 학생 최윤영은 "텔레비전과 신문에서 우리나라에 금이 약 3000톤이 있다고 하던데 현재까지 금 모으기 운동으로 모인 양은 1000톤이라고 합니다. 도대체 나머지 금은 어디에 있는 거죠"라고 말했다.[35)]

1998년 2월 3일 5개 금융기관이 모은 금은 모두 16만 4543.9킬로그램으로 달러화로 환산하면 대략 20억 달러에 육박했다. 금융기관들이 범국민적인 금 모으기 운동에 나선 지 불과 한 달여 사이에 모두 243만 2,129명의 국민들이 동참한 결과였다. 실제로 통상산업부가 발표한 1월 중 수출입 동향에 따르면 금 모으기 운동을 통해 수출된 금은 5억 8000만 달러치로 16억 달러의 흑자를 내는 데 결정적인 기여를 했다고 한다.[36)]

1998년 이상찬은 「국채보상운동과 IMF '금모으기운동'의 허구성」이라는 논문에서 두 운동에 대해 비판적 자세를 취했다. 그는 1907년의 국채보상운동은 해명되어야 할 몇 가지 문제를 가지고 있다며 다음과 같이 주장했다.

"첫째, 담배를 끊고 모은 돈으로 과연 외채를 다 갚을 수 있는가? 즉 담배를 끊어서 돈을 모으는 것이 올바른 방법인가의 문제이다. 둘째, 외채를 갚는 데 왜 일반 국민이 나서야 하는가의 문제이다. 셋째, 어떤 방법으로든 누가 갚든 간에 외채를 갚기만 하면 국권을 회복할 수 있었는가 하는 것이다. …… 수많은 의병들이 목숨을 바쳤어도 얼마 안 있어 일본에 '병합' 당하고 말았는데 별다른 고통을 치르지 않고서도 국권을 다시 찾을 수 있다고 생각했다면 그것은 웃음거리에 지나지 않는 것이다. 차라리 담배 끊은 돈을 의병들의 군자금으로 대주었다면 어땠을까?"[37]

국채보상운동은 '한국 엔지오 운동의 역사적 뿌리'

2007년 1월 12일 국채보상운동기념사업회는 국채보상운동 100주년을 맞아 "을사늑약 후 일본 군용담배가 우리 시장을 어지럽히는 것을 막고 나라 빚을 갚자는 차원에서 시작된 단연운동은 당시 국채보상운동으로 확산됐으며, IMF 외환위기 때는 금 모으기 운동으로 강력하게 분출됐다"면서 "이같이 뜻깊은 단연운동을 기리기 위해 대구를 중심으로 대대적인 금연운동을 펼 계획"이라고 밝혔다. 그러나 100년 전이나 IMF 때처럼 경제가 위기 상황이 아니기 때문에 돈을 모으지는 않고 정신력 강화와 건강증진 차원에서 금연운동을 끌어 갈 예정이라고 했다.[38]

2007년 2월 21일 대구 도심에 자리 잡은 국채보상기념공원에서 '국채보상운동의 현대적 의의'를 주제로 열린 학술토론회에 참석한 아름다운재단 상임이사 박원순은 "국채보상운동은 우리나라 기부문화의 효시이며 오늘 우리에게 값진 교훈을 던져주고 있다"고 했고, 환경재단 대표 최열은 "한국 엔지오 운동의 역사적 뿌리이며 경제정의를 추구하는 운동으로 재현되고 있다"고 주장했다.[39]

03

최초의 근대 잡지
『소년』의 창간

육당 최남선의 활동

일제의 언론탄압이 심화되는 가운데서도 1908년 11월 1일 근대적 체제를 갖춘 우리나라 최초의 잡지가 창간됐으니, 그게 바로 육당 최남선(1890~1957)의 『소년(少年)』이다. 『소년』보다 2년 앞서 발행된 최초의 독립된 소년 잡지로는 『소년한반도』가 있었으나, 이는 1907년 4월까지 모두 6권을 발행하는 데에 그쳤다.

'우리나라에서 발행된 잡지로 최초의 것'은 감리교파 선교사 올링거(F. Ohlinger)가 1892년 1월에 창간해 1년간 발행한 영문 잡지 『코리언 리포지터리』이지만,[40] 경영면에서나 편집면에서 체계가 잡힌 데다 우리나라 사람이 발행했기에 『소년』은 우리나라 최초의 종합 잡지로 간주되고 있다. 1911년 5월까지 모두 23호가 발행된 『소년』은 그런 이유로 1966년 이래로 이 잡지 창간일을 '잡지의 날'로 정해 기념하

1908년 11월 1일 창간된 『소년』은 근대적 체제를 갖춘 우리나라 최초의 잡지로 1911년 5월까지 모두 23호가 발행됐다.

고 있다.[41]

중인 출신인 최남선은 1904년 황실 특파 유학생 시험에 합격해 50명의 유학생단에 포함돼 일본 유학을 했다.[42] 최남선은 서울에서 한약방을 경영하는 부유층 출신으로 최연소·최고점으로 합격했다. 그는 고관 자제들이 중심이 된 유학생들의 행태에 실망해 중도에 돌아오고 말았다.

장석주는 "국비 유학생들은 모두 도쿄부립 다이이치중학에 특대생으로 편입학한다. 일본 측은 처음에는 조선 상류 계층의 자제로 구성된 국비 유학생들을 정중하게 대접한다. 그러나 유학생 가운데 일부는 얼마 못 가서 아무런 수치심 없이 무례하고 천박한 행동을 일삼게 된다"며 다음과 같이 말했다.

"밤이면 기숙사 방이 있는 2층에서 아래층으로 내려오는 것이 귀찮아 2층 창문을 열고 바깥에 오줌을 누기 일쑤이고, 배가 고프다는 핑계로 기숙사 식당에 몰래 내려가서 음식을 도둑질해 먹기도 한다. 학교 당국은 반장인 최남선을 대표로 불러 꾸짖고 모욕한다. 그러나 유학생들의 몰지각한 행동은 점점 심해져서, 유곽 출입을 하다가 성병에 걸린 몇몇이 일본말 잘하는 최남선을 앞세워 병원까지 찾게 된다. 열네 살 나이의 그는 마지못해 따라나서지만 낯이 뜨거워 차마 통역을 하지 못하고 기숙사로 돌아와서 혼자 울곤 한다. 괴로움을 참다 못한 소년 최남선은 결국 석 달 만에 어머니가 위독하다는 핑계를 대고 서울로 돌아오고 만다."[43]

최남선은 나이 열한 살이 되는 1901년 『황성신문』에 「대한흥국책」이라는 글을 투고했으며, 잠시 중학교를 일본 유학으로 다녀온 후 1905년에는 『황성신문』에 기고한 글이 필화사건을 일으켜 1개월가량 구류되기도 했다. 그는 재차 일본 유학을 했다가 1907년 귀국하면서 인쇄기구 일체를 들여와 '신문관'이란 출판사를 차렸다. 국민계몽운동의 필요성을 역설하며 아버지를 설득하자 돈과 건물을 내줬다고 한다.[44]

최초의 신시(新詩) 「해에게서 소년에게」

그러나 『소년』은 창간 당시 최남선 혼자서 만든 잡지라 독자는 30~40명에 지나지 않았다. 독자가 적은 데 대해 최남선은 "목을 놓아 울지 않을 수 없었다"고 통탄했다.[45] 창간 1주년 후엔 200여 부까지 발

행했으며, 폐간된 1911년에는 약 1000부에 이르렀다.[46]

다른 주장도 있다. 임종국은 "당시 『소년』은 매월 2000부 내지 2500부를 발행했으며, 이것이 매진되어서 책방에 책이 없을 때가 허다했다고 하는데, 그 무렵 신문의 발행부수가 한껏 많아야 1000부였다는 사실을 생각할 때 잡지 2000부는 실로 경이적인 발행 부수가 아닐 수 없었다"라고 했다.[47]

『소년』은 안창호가 창설한 청년학우회의 기관지 성격을 갖고 있었다. 청년학우회는 비밀 결사인 신민회의 표면 운동의 하나로 전개된 청년운동으로, 중앙위원장은 윤치호, 중앙총무는 최남선이 맡았다.[48]

최남선은 『소년』 창간호에 한 일본인 지리학자가 우리나라의 지도를 토끼 형상처럼 생겼다고 말한 것을 반박하는 의미에서 우리나라의 지도를 호랑이로 고안하여 그렸다. 이에 『황성신문』은 대한지도를 천지간 동물 가운데 가장 용맹한 호랑이 모습으로 비유한 것은 "국민의 지기(志氣)를 배양하고 국가의 지위를 존중케 하는 자료가 될지로다"라고 논평했다.[49]

최남선이 창간호에 발표한 「해에게서 소년에게」는 최초의 신시(新詩) 또는 신체시로 거론되기도 한다. 이광수는 자신이 아는 한에서는 조선에서 새로운 시, 즉 서양 시의 본을 받은 시로 인쇄가 되어서 세상에 발표된 것으로는 맨 처음이라고 평가했다. 바이런의 번안 시에 가깝다는 평가도 있다.[50]

그러나 임헌영은 "「해에게서 소년에게」 그게 뭡니까? 신체시의 효시라고 떠들어대고 대학입학시험을 위해 달달 외워야 하는데, 이 강의를 위해서 최남선의 글을 탐독해보았더니 뭘 전달해주고자 하는지 그 구체적인 실체가 하나도 없어요"라면서 다음과 같이 주장했다.

"'처얼썩 처얼썩 척 쏴아아/ 때린다 부순다 무너버린다' 하고 읽고는 파도가 뭐다, 소년이 뭐다 하는 식으로 말할 뿐이지 정작 그 시의 의미를 정확히 해석하는 사람은 지금 우리나라 문학사에 한 사람도 없습니다. …… 좌우간 다른 사람들이 잘 모르게끔 만드는 데는 천재적인 사람이 육당 최남선입니다."[51]

『소년』이 젊은층에 인기를 끌게 되자『대한매일신보』는 이듬해 4월 18일자 논설「소년잡지를 축함」을 통해 "바라건대 이 잡지가 한국 소년의 용감심을 키워내는 그릇이 되고 한국 소년의 인내성을 고무하는 군악이 되며 한국 소년의 자신력을 배양하는 양곡이 되며 한국 소년의 깨치지 못한 머리를 부수는 큰 도끼가 될지어다"라고 격려했다.[52]

톨스토이 열풍

『소년』은 춘원 이광수 등이 가세해 1908년 말부터 1910년 말까지 서양의 문학과 문화를 왕성하게 번역·소개했는데, 이 잡지가 가장 깊은 존경을 표한 작가는 레프 톨스토이(Lev Nikolaevich Tolstoi, 1828~1910)였다. 최남선과 이광수 모두 톨스토이의 지지자였지만, 최남선은 톨스토이를 다만 선각자로 본 반면, 이광수에게 톨스토이는 숭배의 대상이었다. 김윤식은 "박애주의·비폭력주의·무저항주의, 이것이 바로 톨스토이주의이며 춘원이 평생을 두고 매달렸던 사상의 하나였다"며 "춘원은 기댈 곳 없는 고아였던 것이다. 그가 기댈 곳은 그러니까 저 추상적인 동학이라든가, 예수라든가, 톨스토이였다"라고 했다.[53]

『소년』 1909년 7월호는 톨스토이가 깊은 병이 들었다는 '놀라운'

소식을 접하고 「현 시대 대도사(大導師) 톨스토이 선생의 교시(敎示)」라는 글을 권두에 게재했다. 이 글은 톨스토이를 '현 시대의 최대 위인' '그리스도 이후의 최대 인격'이라 극찬하면서 다음과 같이 그의 업적을 찬양했다.

"톨스토이! 이것이 별것이 아니라 자모음을 결합한 심상(尋常)한 네 글자라. 그러나 한번 무엇하고 불러볼 때에 대강 그의 행사를 아는 사람은 다 숭고하고 장엄하여 입으로 말하기도 어렵고 붓으로 그리기도 어려운 특별한 감동이 일어나지 않을 이 없으니 그는 무슨 까닭이뇨."[54]

1910년 11월 20일 "세상에 앓는 사람들이 많은데 왜 내 걱정만 하느냐"라는 한마디를 남기고 톨스토이가 숨졌다. 당시 오산학교 교사였던 이광수는 학생들과 톨스토이 추도회를 열었다.[55]

또 1910년 12월에 간행된 『소년』은 톨스토이의 죽음을 기리는 일종의 특집호를 꾸몄는데, 이 특집호에서 최남선은 「톨스토이 선생을 곡함」이라는 제목으로 모두 72연에 이르는 '8·5조' 장시를 게재했다. 이 추도시에서 최남선은 "그 생각이 움직이면 비단이 되고/ 그 먹똥이 떨어지면 구슬이 되니"라고 극찬했다.[56]

이와 관련, 정선태는 "이렇게 해서 '그리스도 이후의 최대의 인격'으로 추앙받는 톨스토이가 본격적으로 한국의 독자들 사이에서 그 영역을 넓혀가기 시작했다. 여기에는 한국 근대 최고의 작가 이광수의 영향도 적지 않았다. 톨스토이를 정신적 스승으로 섬긴 그의 많은 글들이 톨스토이의 인도주의적 사상에서 감화를 받은 것이라는 점은 잘 알려진 바와 같다"며 다음과 같이 주장했다.

"따라서 도스토예프스키·투르게네프·고리키·고골리·체호프 등 기라성 같은 러시아 작가들과 함께 소개된 톨스토이가 그 어느 누구보다 폭넓게 이 땅의 독자들의 정신을 사로잡은 이유가 무엇인지에 대한 대답 하나를 최남선이 주도하고 이광수가 뒷받침한『소년』에서 찾을 수 있다고 해도 큰 잘못은 아닐 것이다. 지금까지 계속되고 있는, 다른 '세계적 작가'들을 능가하는 톨스토이의 열풍을 목격하면서 감수성 역시 '보이지 않는 권력' 또는 '역사적으로 만들어진 권위'에 기대고 있다는 생각을 지우기 어렵다. 그 권력과 권위의 기원을 찾아 정당성을 재확인하는 작업, 그것은 바로 새로운 작가를 발견하는 일과 그다지 다르지 않을 것이라고 말하면 지나친 비약일까?"[57]

제3장

한말 의병운동의 종언

01

순종의 경상·평안·
황해도 답사

일제의 보호권 과시 이벤트

순종은 즉위 1년여 만인 1909년 1월 7일부터 12일까지 경상도, 1월 27일부터 2월 3일까지 평안도·황해도 일대를 돌아봤다. 이토가 "한국에 대한 일제의 보호권을 과시하는 동시에, 앙양된 한국민의 반일 감정을 무마해보려는" 목적으로 꾸민 이벤트였다.[1]

1월 7일 첫날 밤은 대구에서 묵었다. 황제를 모시고 내려간 정부 고관들 중엔 밤새도록 요정에서 기생을 불러놓고 주연에 빠진 자도 많았다. 풀어놓은 밀정들을 통해 이 정보를 들은 이토는 그 다음 날 수상 이하 수행원 전원을 집합시켜놓고 다음과 같은 '일장 훈시'를 했다고 한다.

"어젯밤의 제군들의 행동은 이름을 밝히지는 않겠으나, 최고 고관의 지위에 있는 자까지도 자기의 중책을 잊고 기생집에서 밤새는 줄

개성 만월대를 찾은 순종. 순종은 즉위 1년여 만인 1909년 1월부터 2월까지 이토 히로부미와 함께 경상도·평안도·황해도 일대를 돌아봤다. 조선 왕조 500년 만에 처음 왕이 궁을 벗어나 돌아본 것이었으나 이미 왕이 통치하는 땅이 아니었다.

모르고 놀았다는 확증을 나는 쥐고 있다. …… 금후 두 번 다시 어젯밤과 같이 태만하고 근신하지 않는 행동을 하는 자가 있을 때는 단연코 상당한 처분을 할 생각이다. 이 일이 밖으로 새어나가 신문에라도 난다면 왕실의 위신에도 관계되어 이번만은 덮어두니, 제군들은 절대로 비밀로 해주기 바란다."[2]

강동진은 "괴뢰화된 정부의 고위 관리직에 있다는 것 자체도 부끄러운 일인데 침략자 이토의 '훈시'까지 받고 있으니"라고 개탄하면서 "그중에도 송병준은 9일 일행이 부산에 도착했을 적에도 술에 만취되어 일본 옷을 입고 황제의 숙소에까지 나타나 여관(女官)들에게 욕설을 퍼붓는 등 행패를 부렸다"고 했다.[3]

이 같은 일은 남한지방 순행 2주일 후 서북지방 순행에서도 계속 나타났다. 이토의 오만방자함도 마찬가지로 드러났다. 그는 평양 공회당에 한국인 수천 명을 강제 동원시켜놓고 벌인 강연회에서 "한국은 극도로 쇠약하여 절대로 자립할 가망이 없다"고 말하면서도 "일본은 절대로 한국에 대하여 침략적 야심은 갖고 있지 않다"고 주장했다.[4]

철저히 연출된 시각적 스펙터클

권보드래는 "국세(國勢)를 떨치는 왕이 아니라 날로 쇠잔해가는 국가를 상징하는 왕으로서, 외국 군대와 매국(賣國) 대신들에 옹위되어 나아가는 순종의 모습은 분루(憤淚)를 흘리게 하는 것이기도 했다"며 다음과 같이 말했다.

"황제를 영접하기 위해 나온 학생들에게 일장기를 들게 한 방침도 이런 반응을 촉발하였다. 통감부에서는 총 1만여 개에 이르는 일장기를 만들어 연로(沿路)에 태극기와 함께 달라고 지시한 바 있었다. 그러나 대부분의 지역에서는 이를 단연히 거부하였다. 지방 관리가 일껏 달아놓은 일장기는 백성의 손에 끌어내려졌고, 평양에서는 교주(校主) 안창호가 시달림을 받는 가운데서도 대성학교 학생들이 일장기 들기를 거부해 주목을 끌었다. 일본에서는 통감 이토 히로부미를 예우하기 위해서라도 일장기를 들어야 했으니, 일본이 사실상 한국의 종주국인데 어찌 국기는 거부했냐느니 설왕설래가 많았으나, 아직까지는 한국이 태극기를 '당당한 국기'로 자랑할 수 있었다. 그러나 500년 만에 처음 왕이 궁성을 벗어나 돌아본 땅은 이미 왕의 통치하에 있는 땅이 아니었다. 처음으로 황제의 시선이 미친 땅은 1년여 후면 '일본'

으로 등록될 땅, 실질적인 '남의 땅'이었다."⁵⁾

이 이벤트는 일제의 한국 통치를 긍정적으로 묘사하기 위해 연출된 것이었다. 김려실은 "철도를 이용한 이 일본식 순행에는 한국인 학교와 일본인 학교의 학생, 일본 적십자사 사원, 애국부인회 회원, 관공서 직원 및 각 단체 대표가 동원되어 한국과 일본의 국기를 교차해서 흔들고 만세를 부르면서 황제를 봉영했고 또 봉송했다. 국가주의적 패전트(pageant, 장대한 볼거리)를 연출하고자, 황제가 가는 길마다 순행에 동행한 악대가 음악을 연주했고 밤에는 제등 행렬이 이어졌다"며 다음과 같이 말했다.

"'한황폐하 서북순행 계획'(『통감부문서』 제9권)을 보면 이 순행은 철저히 시각적으로 스펙터클하게 연출되었다는 것을 알 수 있다. 양 민족의 통합된 모습을 보여주고자 사전에 고용된 사진사와 촬영기사들이 순행에 동행하여 그 광경을 기록했다. 교토 요코다상회의 활동사진사 후쿠이 게이치 외 세 명이 기록한 필름은 그해 5월에 일본 적십자사와 애국부인회 주최로 한국에서 상영되었다. 그리고 일본에서는 〈한국일주〉라는 제목으로 6월 1일 도쿄 간다의 긴키칸에서 상영되었다."⁶⁾

일제의 범죄즉결령

일제의 '조선 먹어치우기'는 서서히 각종 통계로도 나타나기 시작했다.

1908년 전국 각 항구에 입항한 선박은 모두 8,511척으로 이 가운데 72퍼센트인 6,116척이 일본 선박이었다. 각 항구에 세운 일본인 상사(商社)는 143개나 되었으며 이들의 자본금은 모두 1억 5100만 엔에 달했다.⁷⁾

1909년 1월 말 한국 정부 관리로 발령받은 일본인은 2,480명에 이르렀다. 이 가운데 466명은 직급이 높은 고등관이고 나머지 1,164명은 판임관이었다. 부서별로 보면 재무 관련 사무를 쥐고 있던 탁지부가 962명으로 가장 많았고, 법부 393명, 내부 373명, 농상공부 206명, 학부 106명, 궁내부 27명 순이었다.[8]

일제가 1909년에 반포한 범죄즉결령은 경범죄의 경우 재판절차 없이 경찰이 직접 처벌할 수 있도록 했다. 1905년 무렵 일본 도쿄에서는 순사 1명이 600명을 담당한 데 비해 서울에서는 순검 1명당 129명을 맡을 정도로 엄격한 통제정치가 실시되었다.[9]

그런 통제정치의 앞날을 예상했던 걸까? 일제는 1908년 10월 21일 서울 서대문에 '동양 최대·최신 규모'를 자랑하며 경성감옥을 신축했다. 경성감옥을 비롯해 전국에 8개의 감옥을 새로 세우면서, 수감 인원 300여 명에 지나지 않던 감옥의 규모를 경성감옥 500여 명을 비롯하여 수천 명을 수용할 수 있도록 넓혔다. 이는 일제가 의병 '토벌'에 나서면서 체포된 의병들을 수감하기 위해서였다. 실제로 1908년의 수감자 수는 2,000여 명으로 급격히 늘어났고, 이듬해에는 6,000명을 넘어섰다.[10]

대한제국 당시 최대의 부패 관리

조선의 몰락은 개화기 초기에 맹활약했던 민영익의 타락으로도 나타났다. 민영익은 자신이 추진한 친러정책이 원세개(위안스카이)에게 발각되어 조선을 떠난 뒤 중국에서 인삼 무역을 하고 있었다. 물론 정부의 특혜를 받아 하는 일이었다.

갑오개혁기에 정부 재정 부족의 해결책으로 탁지아문에 부속되었던 홍삼전매권이 1897년 궁내부로 이관되자 내장원은 관영회사로 삼정사를 설치하여 직접 홍삼전매사업을 운영했다.[11] 고종은 1907년 국채보상운동과 헤이그 밀사 사건으로 퇴위하기 직전 홍삼수출권을 민영익에게 위탁하면서 판매 이익금의 일정액을 황실에 납부하도록 조처했다. 이후 어떤 일이 벌어졌는가? 박성수는 "대한제국 당시 최대의 부패관리는 누구였을까. 아마도 국가전매사업인 홍삼의 판매대금을 착복한 민영익이 꼽힐 것이다"라며 다음과 같이 말했다.

"민영익은 홍삼 판매대금으로 일약 갑부가 돼 중국 상하이의 프랑스 조계(租界)에 큰 저택을 마련하고, 청국 여인을 첩으로 맞아 호화로운 생활을 하고 있었다. 그때 민영익의 재산은 약 150만 환으로 추산됐다. …… 게다가 민영익은 홍삼 판매대금을 아예 황실에 입금하지 않았다. 민영익이 홍삼판매권을 위임받은 이래 지불하지 않은 금액은 금화(金貨)로 무려 600만 환. 이것은 1907년 한국 수출총액의 3분의 1에 해당하는 어마어마한 금액이었다."[12]

반면 정옥자는 "그가 상하이에 칩거한 것은 국제 무역도시로 변화하는 그곳에 서화를 생업으로 하는 예술인들이 모여들고, 그의 재정적 기초인 홍삼 판매도 용이했기 때문이다. 그는 이곳에서 시·서·화를 벗삼고 중국의 지식인들과 교류하면서 망해가는 조국과 무너진 가문의 영광에 대한 울분을 삭였다"며 다음과 같이 말했다.

"1909년 안중근 의사가 을사조약의 원흉 이토 히로부미를 뤼순에서 저격 살해하고 체포되자 홍삼 무역으로 예치한 자금 4만 환을 들여 프랑스와 러시아 변호사를 동원하여 석방운동을 벌였지만 그 노력도 수포로 돌아가고, 1910년 8월 22일 한일합방으로 이름만 남아 있던 조선은 일본에 강제로 병합되고 말았다. 이로부터 민영익은 망국의 통분을 술로 달래며 4년여를 괴로워하다가 1914년 이역만리에서 한 많은 일생을 마감하니 55세의 한창 나이였다. 그의 유해는 중국 여인에게서 얻은 아들 정식과 본국에서 달려온 동생 민영기·민영선 등에 의해 상하이에서 고국으로 운구되어 경기도 여주군 가남면 안금리 선영에 안치되었다."[13]

당대의 기록은 박성수·정옥자의 다소 상반되는 견해 중 박성수의 견해에 가깝다. 매천 황현은 『오하기문』에서 "민영익은 갑신년부터 중국을 두루 돌아다니고 홍콩에서 하는 일 없이 놀고 있었다. 임금이 여러 번 불렀지만 돌아오지 않은 지가 벌써 7, 8년이 되었고, 나라를 위해 만리 밖에서 노력한다고 거짓말을 하면서 국고를 탕진하여 재정을 더욱 어렵게 만들었다"고 썼다.[14] 또 『대한매일신보』 1909년 1월 7일자는 "민영익 씨 들어보소. 국가 승평할 때에는 임의대로 집권하고 있다가 일이 있을 줄 미리 알고 해외국에 피신하였으니 …… 벼슬 주신 천은(天恩)을 깊이 생각할지어다"라고 풍자했다.[15]

1884년 미국과 유럽 순방을 마치고 귀국 후 "나는 암흑세계에서 태어나 광명세계에 갔다가 다시 암흑세계로 돌아왔다"고 고백했던 민영익이 아니던가. 그렇게 충격적인 자극을 받았던 그가 그런 모습이 되었다는 건 25년 동안을 허송세월로 보낸 조선의 슬픈 운명을 상징하는 것은 아니었을까?

02

간도에 관한 청일협약

간도의 역사적 기원

1909년 9월 일본은 베이징에서 '간도에 관한 청일협약'을 체결하면서 남만주철도부설권과 무순 탄광 개발 등 4대 이권을 얻는 대가로 두만강을 국경으로 인정해버림으로써 청에 간도의 소유권을 넘겼다. 전문 7개조로 구성된 간도협약은 간도의 조선인 거주 지역을 동만주의 동남부 일대로 한정시킴으로써 간도의 범위가 바뀌어 축소되는 계기가 되었다.[16]

박선영은 "중국에서는 간도라는 지명은 조선과 일본에서 의도를 가지고 만든 명칭이라고 보아 이를 사용하지 않고 주로 옌지(延吉)라고 한다. 따라서 간도의 유래도 창작설 내지는 날조설이 주를 이루고 있다"며 다음과 같이 말했다.

"중국에서 생각하는 간도의 유래는 첫째, 1903년 간도관리사로 파견뎄던 이범윤이 만들었다는 설이다. 지린(吉林) 지역 옌지, 허룽현(和龍縣) 일대에 조선인이 월경하면서 그 지역을 간토(墾土)라고 했는데 1881년 조선인들이 함경도 종성 북쪽 두만강의 섬을 개간한 후 간도(間島)라고 했다. 간도와 간토는 발음이 비슷해 점차 간도로 불리게 됐다. 이범윤은 가강(假江)·강통(江通)이라 부르던 것을 간도라고 보고 했다. 중국에서는 이 지방을 옌지(延吉)라고 하는데 연기 같은 것이 항상 끼어 있다 해서 연집강이라고 불리다가 옌지로 변한 것으로 봤다. 둘째, 일본인 날조설이다. 이 지역은 자연 조건·지형·지리·정치 변화로 인해 일찍이 간도(墾島)·강동(江東)·간동(干東)·북간도(北間島)·간도성(間島省) 등으로 불렸다. 일본이 대륙으로 진출하면서 두만강 대안지역과 그 북쪽을 간도라 부르면서 간도 명칭이 공식화됐다고 이해했다. 셋째, 조선인 창작설이다. 대만 중앙연구원의 장촌우(張存武)는, 1877년 지방관이 종성과 온성 사이 두만강 가운데 땅을 개간토록 허용해 간도라 불렀는데, 후에 종성·회령·무산·온성 4읍의 백성들이 간도 이북지역으로 개간해 나가면서 그 부근 지역을 전부 간도라 불렀다고 했다. 이는 조선인이 하이란하(海蘭河, 해란강) 혹은 포이합도하(布爾哈圖河)를 토문강 혹은 분계강으로 이해해 간도설이 나왔으나 이것은 단지 전설에 속할 뿐이라고 했다."

이어 박선영은 "그러나 한국에서 이해하는 간도는 중국에서 이해하는 것보다 역사적인 의미가 훨씬 크다. 한국에서는 간도를 '墾島' '艮土' '閑土' '間島' 등으로 불렀다. 간도라는 명칭은 1388년 명조가 동북 지방을 평정한 후 동만주 지방에 눌간도사를 설치해 그 산하에 여러 위(衛)를 두고 다스린 데서 비롯됐다는 설도 있지만 대체로 다음 설이 유력하다"며 다음과 같이 말했다.

"첫째, 언어학적으로 신주(神州) 또는 신향(神鄕)이라는 뜻을 나타내는 감터에서 연유한다. 고구려 수도였던 환도(丸都)도 이런 뜻과 관련이 깊다. 둘째, 조선 태조의 고조부 목조가 원으로부터 벼슬을 받아 다스리던 두만강 북쪽지역 알동(斡東)에서 간도로 바뀌었다고 한다. 셋째, 1885년 감계사 이중하의 보고에 의하면, 간도 또는 간토라는 것은 샛섬 또는 샛땅이라는 뜻으로 두만강 중간에 있는 섬을 그렇게 불렀으나 온성·경원·경흥 대안지역도 간도라 불러 이 지역 전체를 간도로 부르게 됐다고 한다. 넷째, 간도 또는 간토라는 말은 개간한 땅이라는 뜻으로 써왔고 간도(艮島)라는 말은 축인(丑寅) 방향에 있는 땅, 즉 동북지방의 땅이라는 뜻이라고 한다. 다섯째, 조선 사람 손으로 개간했기 때문에 간도(墾島)라 하며 또 한국 영토에서 가장 북쪽에 있다고 해서 간토(艮土)·곤토(坤土)라고 표현했다."[17]

재(在)만주 조선인 20만 명

장지연의 『대한강역고』(1903) 출간 이후 간도 문제엔 어떤 변화가 있었던가? 간도관리사 이범윤은 사포대(私砲隊)를 배경으로 청국 관리들의 횡포에 적극적으로 대항했으며, 한국인 이주민들에게 청국 관리에게 조세를 바치지 말도록 포고하고, 이를 어기는 자는 체포하거나 다른 지역으로 추방했다. 그리하여 청국 관민들은 이범윤을 호랑이보다 더 무서워했지만, 이는 외교분쟁으로 발전하여 청국 정부는 한국 정부에 이범윤을 퇴거시킬 것을 요청해 왔다. 1904년 6월 15일에 양국 정부 사이에 '한청변계선후장정(韓淸邊界善後章程)'이 체결되어 한국 정부가 간도지역에 대한 청국의 관할권을 인정함으로써 국경분쟁은

간도 용정의 전경. 일제는 '간도에 관한 청일협약'을 체결하면서 남만주철도부설권과 무순 탄광 개발 등 4대 이권을 얻는 대가로 청에 간도 소유권을 넘겼다.

마무리되고 말았으며, 이에 따라 1905년 이범윤에게는 철수명령이 내려졌다.[18]

1907년 조선인 이주자가 7만 7,000여 명에 달하자 일제는 조선인을 보호한다는 명목을 내세워 1907년 8월 간도지방(용정촌)에 통감부 임시 파출소를 설립해 이들을 영토 확장의 첨병으로 이용하고자 했다.[19] 일본은 간도에 임시 파출소를 설치한 뒤 '간도는 일본의 지배를 받는 한국의 영토'라고 인정했으나 1909년 태도를 돌변해 청과 문제의 간도협약을 체결했던 것이다.[20]

1860년 무렵부터 1908년 무렵에 이르는 50년 사이에 재(在)만주 조선인의 누적 인구는 대략 20만 명에 달했다.[21] 1894년 재만조선인 총수 6만 5000명(간도 3만 5000명, 타지방 3만 명) 중에서 함경도와 평안도 등 북부 조선 출신자의 비중이 90퍼센트였으나, 간도협약 다음 해인 1910년에는 전체 10만 9,000명 가운데 북부 조선 출신자 비율이 80퍼센트 이하로 떨어졌다.[22]

일제강점 후 새로운 갈등

일제강점 이후 새로운 양상의 갈등이 나타나게 되었다. 구대열은 "중국이 한인들의 간도 이민을 강력히 저지하지 않고 묵인한 것은 한인들이 주로 황무지 개간과 농업에 종사하여 경제적으로 기여하며 또 순종적이어서 중국 사회에 별다른 문제를 일으키지 않았기 때문이다"며 다음과 같이 말했다.

"그러나 합방 이후 중국인들은 한인들의 태도가 무례해지고 과거에 비해 완전히 공격적으로 변했다고 인식하게 된다. 한인들은 이제 일본 시민이 되었다는 점을 뽐내며 양국인들 간에 문제가 생기면 일본의 도움을 청할 것이라고 위협하면서 중국인들에게 반항하고 또 모욕하는 사례가 빈번해진 것이다. 이들은 이제 만주가 일본의 영토가 될 것으로 믿으면서 중국인들에게 우월감은 아니더라도 평등의식을 갖고 이때까지는 생각지도 못했던 영향력을 행사하거나 남용하려 했다. 미국의 한 보고서도 과거 한인들의 유화성은 사라졌으며 이제 자만심이 오만에 가까울 정도로 이들의 태도가 바뀌었다고 지적하면서 이것은 미국의 남북전쟁 후 흑인들이 자신들의 중요성을 의식하게 된 것과 유사한 현상이라고 논평하고 있다."[23]

일본은 이런 갈등을 이용하려 들었다. 1910년 12월 16일 러시아 소모프 총영사의 외무부 비밀 지급전보에 따르면, "일본은 조선인들을 청국, 그리고 압록강변 및 간도로 이주하도록 부추기고 있다. 일본은 이 지역 4곳에 영사관을 설치하고 일본 국민으로서의 조선인 이주자들을 통해 세력을 확장시킨다. …… 일본의 의도를 뒤늦게 파악한 청국이 조선인들을 추방하기에 이르렀다. 일본 측 통계에 의하면 1910년 한 해 동안 약 10만 명의 조선인이 이주해왔고 전체 이주자는 20만 명을 넘는다. 청국이 조선인을 추방하려하자 일본은 조선에 사는 4만 명의 화교를 추방하겠다고 맞대응했다. 현재 이 문제로 청일 양국이 협상중이다."[24]

청일 두 나라의 국경분쟁을 지켜본 러시아는 일본이 간도를 전략적 목적으로 이용할 걸 우려해 가능하면 간도가 청국 영토로 남아있기를 희망했다.[25] 만주의 한인 문제를 둘러싼 청일 간의 갈등은 이후 한인들에게 큰 시련을 안겨주게 된다.

신채호 · 대종교 · 이범윤의 활동

신채호는 1910년경부터 만주 회복의 시나리오를 적극적으로 개진하기 시작했으며, 또 1910년 만주에서 창설된 대종교 단체는 해외 이민들의 조직적 거점으로 기능하면서 한국사에서 만주가 중심 무대를 구성한다는 발상을 적극 피력했다.[26]

이범윤은 1905년에 내려진 철수명령에 불복하고 스스로 조직한 충의군 '사포대'를 이끌고 두만강 건너 연해주에서 의병활동을 벌였다. 이후 이범윤은 이동휘 등과 국내 진입을 계획하는가 하면 대한의군부를 조직해 청산리대첩에도 직간접적으로 참가했다. 유병탁은 이범윤의 최후에 대해 다음과 같이 말했다.

"1940년 10월 20일 서울 마포구 공덕동 39번지에서, 이범윤은 조국의 해방을 보지 못하고 숨을 거둔다. 일본 형사들의 감시 탓에 주변에 알리지도 못하고 장례는 조용히 치렀다. 민족을 위해 일생을 투신한 애국지사의 안타까운 죽음이었다. 1968년 이범윤은 서울 동작동 국립현충원 애국지사 묘역에 안장됐다. 하지만 이는 허묘다. 이범윤의 유해는 장례를 치르고 화장됐으며 자손들도 수습된 곳을 알지 못한 까닭이다."[27]

1948년 제헌국회는 헌법을 기초하면서 "대한민국의 영토는 한반도와 그 부속도서로 한다"는 영토 조항을 넣었는데, 이에 대한 논의 끝에 채택한 한반도라는 명칭은 간도까지 포함하는 개념이었다. 그러나 당시 대한민국 주권이 실효적으로 작용하는 범위는 38도선 이남이었고, 북한은 1962년 중국과 국경 조약을 체결하면서 간도 영유권을 포기했다. 현재 한국 영토는 조선왕조, 그리고 대한제국의 영토보다 축소되어 있는 것이다.[28]

동북공정과 '간도 되찾기 캠페인'

2004년 중국의 동북공정(東北工程)이 불거지면서 다시 간도 문제가 주목을 받았다. 동북공정은 2002년 2월부터 추진된 중국사회과학원 산하 '중국변강사지연구중심'의 중대 과제로서 중국 동북지역의 역사와 현황에 관한 대형 학술과제를 의미한다. '동북변강역사여현상계열연구공정(東北邊疆歷史與現狀系列研究工程)'의 줄임말이다. 동북공정이 가장 중점을 두는 것은 고구려 역사를 중국사로 편입시킴으로써 조선족을 통제하는 것이다.

박선영은 동북공정의 핵심은 고구려사 문제가 아니라 한중(韓中) 변경문제, 즉 간도 영유권 문제라고 주장했다. "중국은 간도를 항상 주시하고 있으며 동북공정도 바로 이런 이유에서 시작됐다"는 것이다.[29]

2004년 초 시사주간지 『뉴스메이커』는 '간도 되찾기 캠페인'을 벌였다. 이 캠페인이 시작된 이후 SBS 텔레비전 〈그것이 알고싶다〉가 2004년 1월 17일 '조선족 사회가 무너지고 있다'라는 주제로 간도문제를 다뤘으며, EBS 텔레비전 〈PD리포트〉가 2004년 1월 29일 '동북아 역사전쟁'을 통해 백두산과 간도 영토 문제를 보도했다.[30]

경희대 명예교수 김찬규는 간도협약에 앞서 1905년 11월 17일에 체결된 을사조약에는 일본이 조선의 영토를 처분할 수 있는 권한을 인정한 규정이 없으며, 또 설사 영토처분권이 인정됐다고 하더라도 을사조약 자체가 무효이기 때문에 간도협약은 원천적으로 무효라고 지적하면서 "정부와 국민은 간도협약의 문제점을 제대로 인식하고 자손에게 부끄럼이 없도록 현명하게 대처해야 할 것이다"라고 주장했다.[31]

03

호남의병의 와해

1907~1911년 의병 14만 명

1905년의 '을사조약'을 계기로 전국적으로 다시 전개된 의병투쟁은 1907년 7월의 고종의 양위와 그해 8월의 군대 해산을 계기로 더욱 치열하게 확대되었다. 의병투쟁에는 유생·농민·포군을 비롯하여 해산된 군인들과 광부 등 광범위한 계층이 참여했다. 이들 의병부대는 산악지대를 근거지로 하여 일본군 수비대를 습격하고 철도와 전신선을 파괴하는 등 치열한 투쟁을 전개했다. 일본군 통계에 따르더라도 1907년 12월부터 1909년 6월까지의 약 1년 반 동안(1909년 1월 제외)에 의병이 일본군과 교전한 횟수는 무려 3,714회에 이르며, 연인원 12만 1,360명의 의병이 이에 참전했다.[32] 의병활동이 가장 활발했던 1907~1911년에 활동한 의병 수는 총 14만 명 정도로 추산되었다.[33]

의병을 토벌하기 위해 출동한 일본군의 행패는 전국적으로 심각했

의병을 토벌하기 위해 출동한 일본군은 전국적으로 파괴를 일삼았다.

다. 농민들의 소나 말을 강제로 징발하여 탄환과 군수물자를 실어 나르고는 한 푼의 운임도 지불하지 않기가 예사였다. 또한 밤중에 마을에 갑자기 침입하여 마구 총을 쏘아서 이에 놀란 부녀자가 뛰쳐나가다가 탄환에 맞아 즉사하기도 하고, 멋대로 민가에 침입하여 부녀자를 겁탈하고 개와 닭 등 가축을 약탈해 가기도 했다. 그리하여 "미친 개의 눈에는 몽둥이만 보인다더니 개명하였다는 일병의 눈에는 의병만 보이나 보다 하며 방금 농사 방극(方極, 몹시 바쁜 때)에 산에서 절초도 못하고 나물도 못하여 먹으며 폐농도 하고 굶어 죽을 수밖에 없다"고 한탄할 만큼 일본군에 대한 원성이 자자했다.[34]

그러나 한탄과 원성만으론 살 수 없는 법. 정확한 시점은 알 수 없지만, 의병들이 일제와 싸울 때 민중들은 '새타령'을 불렀다.

"남원산성 올라가 이화문전 바라보니/수진이 날진이 해동청 보라매 떴다/보아라 종달새/이 산으로 가며 쑥꾹쑥국/저 산으로 가며 쑥국쑥국/어야허 어이야 디야허 등가 내 사랑이라"

김삼웅의 해설에 따르면, 여기서 말하는 '남원산성'은 '남은 산성(山城)' 곧 일제가 지배하지 못한 의병 주둔지, '이화문전(梨花門前)'은 '이왕문전(李王門前)'으로 조선왕조, '수진이(사냥매) 날진이(야생매) 해동청 보라매는 모두 한국의 전통적인 사냥매로 의병, '종달새'는 민중, '쑥국'은 수국(守國) 즉 나라를 지키는 것, '어야허'는 조상신이나 호국신, '등가(登歌)'는 궁중의 종묘악으로 일종의 왕조시대 애국가를 뜻한다.

김삼웅은 이것을 정리하면 '새타령'은 "의병 진지에 올라 삼천 리 강토를 바라보며 의병들의 활동을 목격하다. 민중들아 보아라. 이 산에서도 의병들이 나라를 지키고자 일어서고 저 산에서도 일어선다. 열성조(列聖朝, 여러 대의 임금들 시대)여! 함께 애국가 부르며 나라 지켜나가세"의 의미라고 했다.

이어 김삼웅은 "국운이 풍전등화와 같을 때 애국지사들이 호국의 의지를 담아 부르던 이 노래가 원래의 애국정신은 잃어버린 채 단순히 '새타령' 정도로 불려지고 있는 것은 안타까운 일"이라고 개탄했다.[35]

헌병대·헌병보조원의 악명

스티븐스 암살사건을 계기로 의병전쟁은 더욱 확대되었다. 이에 일본은 1908년 5월 경기도·충청도와 강원도 일부 지방에 제6사단의 보병 제23연대를, 서울·평안도·황해도에 제7사단의 보병 제27연대를 각각 파견하여 의병 탄압에 '전력을 경주'하였다. 이에 따라 의병활동이 크게 위축되었다.[36]

의병활동의 위축엔 정규부대 못지않게 헌병대의 활동도 큰 요인이었다. 원래 전신선과 철도 수비, 군사경찰의 임무를 맡았던 임시헌병대는 1903년 12월 러시아와의 긴장국면이 조성되자 '한국주차헌병대'로 개편되었으며, 을사조약이 체결된 직후인 1906년 2월에는 군사경찰 이외에 치안유지 임무까지 헌병대에 부과되었다.

한국주차헌병대는 1907년 10월 본부를 경성에 두고 7개 분대(서울·부산·영산포·평양·함흥·간도 용정촌·천안)를 전국에 배치하여 치안유지 활동에 주력했다. 통감부는 의병 탄압의 전초기지 역할을 수행하는 분견소를 1906년 3월 34개소에서 1907년 말 460여 개소로 늘려 2400여 명의 헌병을 배치했다. 1908년 6월엔 한국인 헌병보조원 4,200여 명을 모집해 1908년 9월까지 헌병 1명에 2~3명씩 배치했다.[37]

한국인 헌병보조원은 "각지의 악소배(惡少輩)들로 몇 푼 안 되는 돈을 받고 양민을 무고히 죽이고 숙원을 갚았으며 동리를 겁탈하여 사복을 채웠"기에,[38] 이는 사실상 한국인들 사이의 이간질 효과를 낳았다. 또한 일제는 밀정 조직을 광범위하게 운영했다.

2002년 공개된 러시아 비밀문서에 따르면, "간도의 일본 총영사관에는 비밀첩보과가 있다. 그 과에는 일본인, 청국인, 그리고 한인이 암약할 것이다. 통감부와 헌병사령부 소속의 밀정만도 약 760명에 이른다. 이들의 주요 임무는 의병을 추적하는 것이다. 밀정 중에는 여성도 있는데 대부분 기생이다. 벌써 많은 의병을 경찰에 밀고하였다."(1909년 10월 23일 소모프 총영사가 외무장관에게 보낸 비밀보고서)[39]

일제의 '남한대토벌작전'

전국적으로 의병활동이 크게 위축되었지만, 동학농민전쟁의 투쟁경력을 갖고 있는 호남지방의 의병만은 꾸준히 세력기반을 유지하고 있었다. 1908년 각 도 의병의 전투상황을 볼 때 호남이 전국 대비 전투횟수 25퍼센트, 전투 의병수 24.7퍼센트를 점했으며, 1909년엔 전투횟수 47.3퍼센트, 전투 의병수 50.1퍼센트를 점했다. 이에 보병 2개 연대로 편성된 일본군 사령부는 1909년 9월 1일부터 약 2개월간 '남한대토벌작전'을 지휘하며 호남의병을 철저히 탄압했다.[40]

남한대토벌작전에서 '남한(南韓)'은 한반도 중부 이남지역을 지칭하는 것이 아니라 전라남도 지역을 의미했다.[41] 일제는 전라도의 경제적 가치에 주목하는 동시에 전라도의 기(氣)를 꺾기 위해 사실상 '대토벌'을 넘어서 '소멸'을 감행했다. 홍영기는 일제가 지칭한 '남한폭도대토벌작전' 대신에 '1909년 호남의병대학살사건'이라 바꾸어 부르는 것이 타당할 것이라고 했다.[42]

홍영기는 "일제는 전라도 주민들이 청일·러일 전쟁 시 일본 군대의 용감한 활동을 직접 보지 못했기 때문에 그들을 과소평가한다고 판단하였다"며 다음과 같이 말했다.

"더욱이 전라도 주민들은 임진왜란 당시에 왜군을 격퇴한 사실에 대한 자부심이 강해서 일제의 침략을 좀처럼 인정하려 하지 않는다고 보았다. 따라서 일제는 전라도의 산간벽지에서 연해 도서에 이르기까

'남한대토벌작전'에 끝까지 저항하다 체포된 호남의병장들. 일제의 '남한대토벌작전'으로 인해 2,000여 명의 의병이 사상하거나 투항해 호남의병은 와해되고 말았다.

지 완전히 유린함으로써 전라도의 모든 주민들로 하여금 '일본군의 용감한 무위(武威)에 경탄(驚歎) 진율(震慄)케 해서' 일본군의 역사적 명예 회복과 제국의 위신을 확보해야 한다고 공언했다. 호남의병을 진압하기 위한 일제의 군사작전은 제국주의의 정치·경제적 침략과 수백 년 전의 복수심까지 결합됨으로써 이미 잔학성이 예고된 것이었다."[43]

'남한대토벌작전'에 대해 황현은 "사방을 그물 치듯 해놓고 촌락을 수색하고 집집마다 뒤져서 조금이라도 혐의가 있으면 죽였다. 그래서 행인의 발길이 끊기고 이웃과의 연락이 두절되었다. 의병들은 삼삼오오 도망하여 흩어졌으나 몸을 감출 데가 없어 강자는 돌출하여 싸우다 죽었고 약자는 기어 도망가다가 칼을 맞았다"고 했다.[44]

이 '남한대토벌작전'으로 인해 2,000여 명의 의병이 사상하거나 투항함에 따라 호남의병은 사실상 와해되고 말았다. 한말 의병운동은 1894년 일본군의 경복궁 점령 직후부터 시작돼 의병장 채응언이 체포되는 1915년 7월까지 지속되었지만, 호남의병의 와해는 조선에서 조직적인 항일무장투쟁이 끝났음을 의미하는 것이었다.[45]

일본군 보고에 따르면, 1907년에서 1913년까지 일본군과의 전투가 2,869회, 의병 전투자가 14만 2,000명, 1907년 8월에서 1909년 12월 말까지 일본군에 의해 사살당한 의병 수가 1만 7,000여 명, 부상자가 수가 3만 6,770명에 이르렀다.[46]

의병운동인가, 의병전쟁인가?

의병운동인가, 의병전쟁인가? 조동걸은 '의병전쟁'이라 불러야 하는 이유에 대해 다음과 같이 말했다.

"전쟁은 원래 국가 간의 무력충돌을 말하므로, 전쟁 의사를 결정할 당국의 대내적인 결정 절차에 따른 충돌이어야 국제법상 전쟁이라고 인정된다. 그러한 결정 절차를 밟지 않은 일부 무장부대 간의 충돌은 사변이라 하는 것이 일반적이다. 그렇다면 한말 의병도 일부 무장부대에 지나지 않았다고 생각할 수 있다. 더구나 대한제국이 엄연히 존재하였고 전쟁 의사를 결정한 국왕과 정부가 전쟁 의사를 결정하지 않았다면 전쟁이라고 말할 수 없다고 할 수 있을 것이다."[47]

이어 조동걸은 "1904년 한일의정서가 체결되면서 대한제국의 국왕과 정부는 민족의 의사를 대변할 처지에 있지 못하였다. 따라서 전쟁 의사도 결정할 처지가 못 되었다. 그럴 때 민족의 의사를 결정하는 것은 제도권의 형식적 당국자가 아니라 민족 자체인 것이다"라며 다음과 같이 주장했다.

"일제 침략에 항거한 의병운동이 민족운동의 주류를 형성했고, 의병의 의지가 민족의 양심과 의지를 대변했다고 믿는다. 그러므로 의병운동을 민족의지를 표현한 성격의 호칭인 의병전쟁이라고 한 것이다."[48]

오영섭의 민중주의사관 비판

의병운동 또는 의병전쟁의 성격에 대해선 오늘날에도 열띤 논쟁이 벌어지고 있다.

오영섭은 "현행 근현대사 교과서의 의병 서술은 인민대중의 반봉건·반침략 활동이 역사발전을 선도했다고 하는 이른바 민중주의사관에 일정 부분 영향을 받았다"며 다음과 같은 세 가지 문제를 제기했다.

"첫째, 국망기에 대표적 평민 의병장들은 그들의 신분이 평민에 속했다고 하더라도 그들이 의병장에 오르는 과정과 그들이 벌인 의병활동의 전 과정이 반드시 평민적인 것은 결코 아니었다. 차라리 평민의병장과 고종 세력과의 관계를 파헤치는 것이 평민 의병장의 실체를 제대로 파악하는데 유익할 것이다. 둘째, 평민 세력의 반침략 세력으로서의 정통성을 강조하기 위해 평민 세력과 양반 세력의 갈등을 강조한 주장들은 다소 사실에서 벗어나 있다고 생각한다. 셋째, 한말 의병운동에 참여한 민중층은 포군층과 농민층으로 대변되는데 대체로 그들은 경제적인 동기에 따라 의진에 참여했다는 점이다."[49]

오영섭은 "한말 의병운동 당시 대표적인 평민 의병장들은 고종 세력과 밀접한 연계하에 활동하였다"며 다음과 같이 주장했다.

"평민 의병장을 대표하는 신돌석·안규홍·홍범도·채응언 등은 모두 고종 세력으로부터 지도나 후원을 받았다. …… 개별 의병장의 신분상의 평민성만을 가지고 그들의 의병운동의 성격을 평민적으로 단정하는 것은 매우 단선적인 역사해석이다. 차라리 고종 세력의 근왕성과 평민 의병장의 평민성을 아울러 고려하는 것이 한말 의병운동의 실체를 제대로 파악하는 첩경이라고 생각한다."[50]

오영섭은 의병 참여 동기에 대해선 다음과 같이 주장했다.

"대체로 고종 세력에게는 친일 세력을 축출하고 전제황권을 회복하려는 정치적 동기가, 유림층과 해산 군관에게는 강렬한 의리심과 애국심에 따라 일본 세력을 물리치려는 사상적 동기가, 평민층에게는 의병에 참여하여 급료를 받으려는 경제적 동기가 보다 강하게 작용하였다. 따라서 저명한 항일의병장 · 일부 척사 · 혁신 유림 · 전직 군관 등 비교적 사상성과 애국성이 투철했던 우국지사들을 제외할 경우, 상당수 의병 세력들은 다소간 생존권 확보 차원에서 거의 활동에 동참했을 가능성이 크다."[51]

의병정신은 '충군애국론에 기반한 의리심'?

오영섭은 의병운동의 무력 기반은 포군이었으며, 이들은 자신들이 지닌 전투력에 따라 대가를 받는 용병 성향의 구식군대였다는 점을 강조했다.[52] 예컨대, 호남의병장 가운데 최익현은 포수들에게 하루에 40전 즉 한 달에 12냥 정도를 급료를 지급했다는 것이다.[53]

오영섭은 "후기 의병기에 병사층은 해당 의진의 자금 사정에 따라 대략 한 달에 12~40냥 정도를 받았다. 근대식 무기로 무장한 해산군인들은 이들보다 많은 급료를 받았을 것이다"며 다음과 같이 말했다.

"이와 관련해 영국 기자 맥켄지는 자신이 원주에서 만난 6명의 의병 중에 3명은 고용병인 '품팔이꾼'이었으며, 의병장은 각지의 부호가 희사한 군수전으로 병사들을 모은다고 하였다. 병사층의 급료와 군수비 마련 문제는 한말 의병운동 당시 수많은 군소 부대들이 어찌하여 친일적 관군과 일본군에 대한 공격보다도 지방관아 및 친일파 등에 난입하여 그들로부터 군수전을 탈취하는데 주력했는가 하는 의문에 대한 해답을 제시해준다. 이처럼 군자금이 있어야만 병사를 모아 의병부대를 결성할 수 있는 메커니즘이 작용하고 있었기 때문에 향촌사회에서 인적·물적 자원을 동원할 수 있는 고종 세력이 의병운동에 깊숙이 영향을 미칠 수밖에 없었던 것이다."[54]

또한 오영섭은 "을미의병기에 의병 세력은 평민 세력인 동학군과 일부 애국적인 개화지식인을 가차 없이 처형했는데, 이러한 처사는 그들의 순수한 구국 의지를 희석시킨 부정적 측면이 아닐 수 없다"며 다음과 같이 주장했다.

"을미의병의 활동을 일방적으로 찬양하는 것은 동 시기에 발생한 동학 세력과 개화 세력의 개혁운동을 애써 무시해버리는 몰역사적인 결과를 초래하게 된다. 그리고 현재 의병 연구자들은 1908년 이후에 1~20명의 무리로 요호층(饒戶層, 부유층)과 친일파를 대상으로 토색활동을 벌여 의병인지 화적인지 구분하기 어려운 소규모 무장부대들을 모두 의병으로 간주함으로써 의병 참여세력의 외면과 성격을 넓게 잡고 있는데, 이러한 해석은 의병운동의 실상이나 성격을 파악하는 데 별다른 도움이 되지 못한다고 생각한다."[55]

오영섭은 "엄밀히 말해 이른바 의병정신이란 평민 병사층의 민중성이나 반제의식을 가리키는 것이라기보다는 전사·옥사한 항일의병장들과 척사·혁신유림 및 해산 군관들의 충군애국론에 기반한 의리심을 가리키는 것으로 이해해야 한다"고 결론 내렸다.[56]

김상기·구완회의 반론

이에 대해 김상기는 "고종이 일정 부분 역할을 한 것은 인정해야 하지만, 그렇다고 그것을 너무 부각시키는 것은 그들을 의병 주류 세력으로 호도할 위험이 있다"고 말했다.[57]

구완회는 오영섭의 공부는 "의병 봉기의 자발적 측면을 강조하던 박은식 이래의 연구 경향에 의문을 던지는 동시에 …… '평민 의병장'의 등장을 내세우면서 의병운동의 질적인 전환을 강조하는 민중주의적 관점에 비판의 칼을 들이대면서 시작되었다"며 "새로운 시각과 구체적인 성과는 매우 유익하며 의병운동에 대한 다양한 시사점을 던져주고 있다"고 평가했다.[58]

그러면서도 구완회는 "그러나 '고종 세력'이 전달했다는 '밀지'의 규정성을 강조하다 보니 모든 의병부대의 봉기가 밀지의 종속변수가 되어버린 듯한 느낌이다. 조선시대 유교적 통치체제의 연장에서 의병 봉기를 이해해야 한다면서도, 정작 조선왕조의 체제를 국왕에 대한 조건 없는 복종만을 강조하던 사회였던 것처럼 지나치게 단순화하는 것은 아닌지"라면서 다음과 같이 주장했다.

"저자가 의지한 다수의 쓸 만한 자료들은 일본을 비롯한 외국인들에 의해 작성된 자료들이다. 이들 자료에서 우리는 객관화된 사실을 끌어낼 수 있다. 그러나 '의병봉기'라는 지극히 조선적인 역사현상을 잘 이해할 수 없었던 이방인들이 이 현상을 의도적으로 '이해관계'에 따라 설명하고자 했던 점도 참작하여야 할 것이다. …… 결국, 20년 가까운 기간에 진행된 의병운동을 국왕 중심으로 짜인 조선 사회의 제반 질서 속에서 진행된 것으로 보고 연속성만을 강조하는 것은 무리가 있어 보인다. 해당 시기는 한국 사회가 세계체제로 재편되어 나가는 격동의 시기가 아니었던가. 그동안 한국인들이 접할 수 있었던 정보의 종류와 양에는 또 얼마나 커다란 변화가 있었던가."[59]

  이 문제는 전문학자들의 연구가 진전되면서 더 상세히 밝혀지겠지만, 국내 학계가 그간 의병부대의 활동을 망국에 대한 마지막 자존심으로 여겨왔던 것도 사실인 만큼 꼭 실증(實證) 차원의 문제는 아니라고 볼 수도 있겠다. 의병활동에 대해선 '맺는말'에서 좀더 이야기하기로 하자.

04

『대한민보』『경남일보』의 창간

대한협회의 『대한민보』 창간

1909년에도 여러 신문들이 창간되었다.

1909년 6월 2일 오세창·장효근 등에 의해 창간된 『대한민보』는 "일제 침략에 항거하는 민족운동단체인 대한협회의 기관지 구실을 하면서 민족의 단결과 국권 회복을 위한 국민의 자각을 일으키려고 노력하였다."[60]

대한협회는 대한자강회가 1907년 7월 이완용 집 방화와 일진회 기관지 습격사건의 선동단체라는 이유로 해산당한 다음 그 후계 단체로 1907년 11월에 결성되었다. 대한협회의 발기인은 권동진·남궁억·여병현·유근·이우영·오세창·윤효종·장지연·정운복·홍필주 등이었지만, 사전 조율로 일본 당국의 인가를 얻은 단체였다.[61]

박노자는 대한자강회의 고문 일본인 오가키가 "이토 히로부미로부터 계몽주의자를 결집할 새 단체, 즉 대한협회의 설립 허가를 따주고 그 활동을 배후에서 조종했다. 이완용과 결탁한 오가키는 1910년에 '합방의 공로'를 독차지하려던 일진회 쪽과 한때 공방을 벌여 일본 당국의 제지까지 받았지만 결국 식민지의 '개명진보'를 찬양하면서 죽을 때까지 서울에 머문다"며 다음과 같이 주장했다.

"일본의 한 극우 공갈꾼이 명예직을 두루 거친 식민지 '거물'로 거듭난 것이다. 1900년대 말에 오가키에 대해서 '사기꾼' '고등첩자' 등의 소문이 나돌기도 했다. 그럼에도 그가 대한자강회의 고문이 되어 윤효종·오세창·권동진 주요 정객들과 친분을 맺고 계몽 담론의 생산자로 활동할 수 있었던 배경은 무엇인가? 현실적으로 계몽주의자 집단에 오가키처럼 일제 당국과의 사이에 매개체가 될 사람이 절실히 필요하기도 했지만, 무엇보다 근원적인 이유는 초기 부르주아 민족주의의 모순적인 대일관(對日觀)에 있었다."[62]

이토가 통감을 사임하고 일본으로 돌아가게 되었을 때 『대한민보』 1909년 7월 15일자 사설은 '위대한 정치가'라며 이토의 치적을 찬양하기도 했다.[63]

대한협회는 '보안법'(1907년 7월 반포)하의 합법단체로서 "'보호정치' 하에 있어서 체제 내적인 정치·교육·산업의 개량 단체로 변질할 가능성을 잉태한 것"이었다. 이 단체는 "일본의 국권 박탈에 대결하는 민중의 봉기와 반일의병운동을 부정 또는 적대시"하였는데, 그렇다고 해서 일본의 어용단체는 아니었고, 구성원에도 항일파와 친일파가 섞여 있는 계몽단체였다. 1909년 9월 중앙지도부의 일부에서 일진회와의 제휴공작조차 나타나게 된 것도 바로 그런 이유 때문이었을 것이다.[64]

한국 최초의 시사만화

그 정치적 성향이야 어찌됐건, 『대한민보』는 한 가지 한국 최초의 기록을 남겼다. 『대한민보』는 창간호 1면에 이도영의 풍자만화를 게재하고 광고에 사진을 이용하는 등 '시각적 확장'을 과감하게 시도했는데,[65] 이도영의 만평은 한국 시사만화의 원조로 대접받고 있다.

창간호에 실린 시사만화는 미련한 놈이 도끼로 나무를 찍다가 도끼날이 자루에서 빠지는 바람에 제 발등에 떨어져 찍히는 내용이었다. 이 만화의 설명은 당시 큰 화제를 불러일으켰는데, 당시 "매국대신 이완용이 자부와 상피붙었다"는 소문을 풍자한 것이었다.[66]

1909년 6월 2일 『대한민보』 창간호에 실린 이도영의 만평은 한국 시사만화의 원조다.

2007년 4월 6일 전국시사만화가협회(회장 김상돈)는 임시총회를 열어 '시사만화 100주년 준비위원회'를 출범시켰다. 1909년 『대한민보』 창간호 1면에 실린 이도영의 만평으로 시작된 한국 만화 100주년을 기념하기 위한 준비에 들어간 것이다.[67]

『대한민보』는 또 하나의 최초의 기록을 갖고 있다. 1910년 6월 7일자 1면 제호 바로 밑에 당시 사장이던 오세창의 인물 사진을 게재했는데, 일간지로 지면에 기사와 함께 인물사진을 게재한 것은 이것이 최초다.[68]

2007년 1월 문화재청은 인물화가 채용신(1850~1941)이 1911년에 그린 '매천 황현 초상화'와 서화가 김규진(1868~1933)이 1909년에 촬영한 '매천 황현 초상사진'을 보물 1494호로 일괄 지정했다. '매천 초상사진'이 보물로 지정된 이유는 '매천 초상화'의 모태이기 때문이지만, 1880년대 한국에 카메라가 도입된 지 120여 년 만에 사진이 국가지정 문화재가 됐다. 그러나 사진계에서는 "사진 고유의 가치를 인정했다기보다 초상화를 보물로 지정하는 과정에서 부속물로 딸려 들어간 것 아닌가" 하는 우려를 제기하면서 "근대 사진의 중요성이 부각되는 상황에서 문화재위원회에 사진 전문가를 포함시켜야 한다"고 주장했다.[69]

최초의 지방지 『경남일보』 창간

1909년 10월 15일 경남 진주군 인사들이 중심이 되어 창간한 『경남일보』는 최초의 한인 발행 지방지(격일간)다. 『경남일보』엔 『황성신문』 사장을 지냈던 장지연이 초빙되어 창간 때부터 1913년 8월까지 주필을 지냈다. 발행부수는 8,000부였던 『경남일보』는 1915년 초에 폐간되었다.(그간 『경남일보』는 1914년 가을 또는 말에 폐간된 것으로 알려져 왔으나, 최기영은 1915년 초에도 한 호가 발행되었음을 지적하면서 폐간이 1915년 초에 이루어진 것으로 보았다.)[70]

『경남일보』 창간 사설은 "우리들이 거금을 갹출하여 신문사를 창설하고 경남일보를 발행하는 것은 그 주된 취지가 오로지 신지식 신사상을 고취하고 독려하여 농·공·상업·실업을 발달시키는 데 있"다고 밝혔다. 그런데 4면에 실린 사고(社告)에는 창간호 발간 후 시설 미비로 3주간 휴간한다고 밝혀 당시 신문 발행 상황이 여의치 않았음을

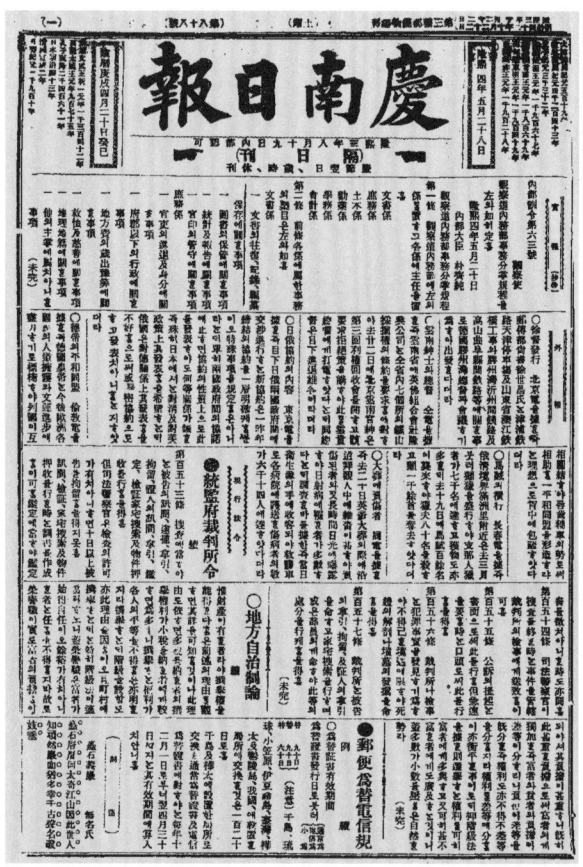

1910년 5월 28일자 1면. 1909년 10월 15일 경남 진주 인사들이 중심이 되어 창간한 『경남일보』는 최초의 한인 발행 지방지다.

보여주었다.[71]

최기영은 경상도 지역이 개화에 무관심하여 완고 · 미개하다는 세평이 신문의 발간을 촉진한 것으로 보면서도 "신문 발간을 주도한 관찰사인 박중양이나 황철은 친일파로, 또는 부패 관료로 『대한매일신보』나 『황성신문』과 같은 신문에서 크게 비난받던 인물이었다"는 점에 주목했다.

"이러한 점으로 미루어 보면 『경남일보』의 창간은 지방행정을 맡은 친일파 관리가 시대적인 조류에 따르면서도, 행정적 필요와 제한된 국민계몽을 목적으로 지원한 것에서 비롯되지 않았나 한다. 특히 지방의 유지들을 통하여 신문사를 설립하도록 한 것으로 보아, 시정의 홍보라든가 고시를 염두에 둔 것이 아닌지 모르겠다. …… 『경남일보』의 전반적인 내용을 통하여 특히 주목되는 점은 두 가지로 집약할 수 있을 것 같다. 즉 『경남일보』는 의도적으로 당시 정치현실문제에 대하여 논의하지 않았다는 점과, 지방신문의 기능과 역할에 충실하였다는 것이 그것이다. …… 이 신문이 한일합방 이후에도 계속 발간될 수 있었던 것은 이러한 점과 무관하지 않았을 것이다."[72]

장지연의 활동

장지연은 1908년 봄 블라디보스토크의 『해죠신문』 주필로 일하다가 5월 폐간 후 상하이로 가던 중 난징(南京)에서 괴한의 습격을 받아 중상을 입고 그해 8월에 귀국했다. 습격을 당한 이유는 그가 『해죠신문』을 통해 항일의병운동을 지지하는 등 격렬한 항일 논설을 썼기 때문인 것으로 추정되었다. 장지연은 귀국 후 대한협회에서 활동하다가 1909년 9월 이후 대한협회가 일진회와의 제휴를 모색하자 대한협회를 탈퇴해 『경남일보』에서 일하게 된 것이다.[73]

황현의 설명은 좀 다르다. 황현의 『매천야록』에 따르면, "『경남일보』의 주필이 된 장지연은 일본인을 배척하기로 맹세하고 그의 분통을 터뜨리므로, 일본인들은 크게 화를 내어 내부로 하여금 금지하게 하였다. 그리고 그들은 장지연을 구속하기 위하여 먼저 그의 아들을 수감하였다. 이에 장지연은 상하이로 도주하여 1년여 만에 귀국한 후 시골 마을에서 간혹 나타났다."[74]

1909년 9월 박은식·장지연 등은 대동교(大同敎)를 창립했는데, 이는 '유교의 종교화' '유교의 국교화'를 시도한 것이었다. 대동교는 이완용·신기선 등이 1908년에 조직한 친일 성향의 유림 조직인 대동학회(大東學會)에 대항한다는 목적도 아울러 갖고 있었다.[75]

『한성신보』 『대동일보』 『대한일일신문』

1909년 5월에 창간된 『한성신보』는 1895년에 창간돼 1906년에 『경성일보』에 흡수된 『한성신보』와 이름은 같으나 전혀 별개의 신문으로서 한국어로 발행되었으나 일본인 사장이 실권을 휘두르면서 『대한매일신보』 등을 비난하는 기사를 많이 실었다.[76]

1909년 10월 19일에 창간된 『대동일보』는 주간으로 나오다가 일간으로 변경하기도 하고 몇 차례 휴간을 하는 등 우여곡절을 겪다가 1910년 3월 1일 제호를 『대한일일신문』으로 바꾸는 승인을 얻었는데, 『한성신보』를 경영하던 일본인이 『한성신보』와 제호 변경 승인만 얻은 『대동일보』를 합병해 1910년 6월 4일 『대한일일신문』을 정식 창간했다. 그러나 『대한일일신문』은 내분을 겪다가 곧 한일병합이 되어 사라지고 말았다.[77]

제4장

사회진화론·영웅숭배주의·문약망국론

01

사회진화론의 융성

양계초의 『신민설』 수입

중국에선 1895년 청일전쟁의 패배에 충격을 받은 청 말의 저명한 개혁사상가이자 문인이기도 했던 량치차오(梁啓超, 1873~1929)와 옌푸(嚴復, 1853~1921) 등의 지식인이 사회진화론을 국가 간의 경쟁에 적용시켰으며, 이 또한 조선 지식인들에게 큰 영향을 미쳤다.[1] 조선에서 사회진화론은 망국(亡國)의 위기가 고조되면서 자강(自强)이 생존의 문제로 부각된 1900년대에 전성기를 맞게 된다.

1900년대엔 사회진화론적 출판물이 큰 인기를 누렸다. 이미 『한성순보』 때부터 나타나기 시작했던 사회진화론은 중국 변법파(變法派)의 논객 량치차오의 저서 『신민설(新民說)』이 1902년에 간행되면서 1900년대의 조선 지식인들에게 더욱 큰 영향력을 갖게 되었다.[2]

거의 모든 개화 학교에서는 량치차오의 저서 『신민설』을 한문 교과

량치차오의 『신민설』은 망국의 위기가 고조된 조선의 지식인들에게 큰 영향을 미쳤다.

서로 사용했으며, 1908년 한글로 번역돼 나온 뒤에도 교재로 사용했다. 개화기 잡지인 『교남교육회 잡지』는 창간호(1909년 4월)부터 그 책을 부분적으로 번역해 싣기도 했다. 그 밖에도 『서우』『대한자강회월보』『호남학보』『대한협회회보』『기호흥학회월보』 등 중앙과 지방의 학회마다 앞다투어 량치차오의 글들을 번역해 게재했다. 이처럼 『신민설』은 조선 지식인들의 필독서였던 셈이다.[3]

량치차오의 주장

량치차오는 『신민설』에서 "오늘 열강들의 민족제국주의를 우리가 대적하려면 …… 우리가 우리의 민족제국주의를 행하는 방책밖에 없는데, 민족주의를 중국에서 실행하려면 신민(新民) 없이는 불가능하다"고 주장했다.[4]

또한 『신민설』은 "오색 인종을 비교하면 백인종이 가장 우월하다. 백인들끼리 비교하면 튜턴족이 가장 우수하다. 튜턴족 안에서 비교하면 앵글로색슨족이 가장 우수하다. 이것은 내가 현재의 판세에 따라 얘기하는 것이 아니다. 진화계의 피할 수 없는 법칙이 이러하다"며 다음과 같이 주장했다.

"노르만족이 새롭게 앵글로색슨족보다 더 우월하게 된다면 훗날 앵글로색슨족을 대신해서 흥성할지도 모른다. 슬라브족이나 라틴족이 튜턴족보다 우월해질 수도 있고 황인종이 백인종보다 우월해질 수도 있다. 그렇게 되면 슬라브족이나 라틴족, 황인종이 튜턴족이나 백인종을 대신해서 흥성할 것이다. 요컨대, 현재의 지위로 말하자면 우열의 법칙에 따라 이와 같다는 것이다. 그러므로 내가 말하는 민족이 자립할 수 있는 길을 널리 모색하려 한다면, 여러 장점들을 선택하여 우리의 부족한 부분을 채워야 한다. 앞의 예에서 본받을 것을 취한다면 백인종이어야 하며, 백인종 가운데에서도 튜턴족이어야 하며, 튜턴족 가운데에서도 앵글로색슨족이어야 한다."[5]

량치차오는 여타 민족과 구별되는 백인종이 가진 장점은 움직임을 좋아하고 경쟁을 불사하며 진취적이라는 점이며, 백인종 중에서도 튜턴족의 장점은 정치능력이라고 주장했다.[6]

량치차오는 1899년에 쓴 「한국의 근상(近狀)」이라는 글에서는 한국의 위태로운 처지의 가장 원인으로 정치의 불량(不良)을 지적했다. 1500년 이전에는 조선이 일본보다 우월하지 않은 점이 하나도 없을 정도였는

데 조선이 이렇게 몰락한 까닭은 정치가 불량했기 때문이라는 것이다.[7]

또 량치차오는 전 세계에서 개인주의가 가장 발달한 나라는 조선이 으뜸이라고 보았다. 좋은 의미는 아니다. 한국인은 관리가 되어도 권세를 부리는 데에만 신경을 쓸 뿐 내일은 나라가 망한다 해도 아무런 대책이 없다고 했다. 또 조선 사회는 음험하고 수치심이 없는 자가 항상 우세하며 정결하고 스스로를 아끼는 자는 언제나 열세에 놓여 있다고 주장했다. 다만 이는 천성이 아니라 사회 현상의 압박으로 그렇게 된 것이라고 했다. 요점인즉슨, 조선을 망하게 한 것은 조선일 뿐 일본이 아니라는 것이다.[8]

조선 지식인을 사로잡은 사회진화론

사회진화론은 조선에서도 1900년대에 전성기를 누리면서 일제 말기까지 조선 지식인들을 사로잡았다. 장지연이 『대한자강회월보』 1906년 9월호에 쓴 「자강주의(自强主義)」는 량치차오의 사회진화론적 시각을 반영했다. 량치차오에 심취한 장지연은 량치차오의 여러 글을 번역해 1908년 광문사에서 『중국혼(中國魂)』이라는 책을 내기도 했다.

박노자는 『황성신문』의 논객들에게 "'우승열패(優勝劣敗)'와 '약육강식'은 단순히 한국이 당면한 제국주의적 현실이라는 차원에 머물지 않고, 우주와 세계의 불변의 법칙, 말하자면 삼강오륜과 나란히 설 만한 새로운 진리였다"며 다음과 같이 주장했다.

"국가주의적 색깔이 강한 그들의 '국민' 담론은, 그런 의미에서 그들의 우주관·세계관의 논리적 연장선상에 있었다. 물론 그들 중의 상당수가 제국주의 열강으로부터 대한제국의 독립을 지키고자 했던 것은 사실이었다. 그러나 그들은 그 과정에서 대한제국의 국민들이 어느 열강의 국민 못지않게 '우승열패'의 철학을 체득하고 국가주의적 정신으로 무장하기를 주문했다."[9]

한국에서 '제국주의'라는 용어는 1906년을 전후하여 사용되었는데, 이는 중국과 일본에서 번역된 것을 그대로 사용한 것으로 중국 지식인 량치차오의 글을 통해 수용되었을 가능성이 높다.[10] 이 제국주의의 문제를 가장 실감나게 보여준 책이 1907년의 '베스트셀러'로 베트남의 망명객 판보이차우(潘佩珠, 1867~1940)가 쓴 『월남망국사』였다.

『월남망국사』 논쟁

『월남망국사』는 1905년 일본 요코하마에서 량치차오와 베트남의 대표적인 독립운동가 소남자(巢南子) 판보이차우가 만나 나눈 얘기를 일종의 '대담집' 형식으로 묶은 80여 쪽의 소책자였다. 이 책이 간행된 것은 1905년 9월 중국 상하이에서였고, 1년 뒤, 지식인들 사이에서만 떠돌던 이 책을 『황성신문』이 부분 연재했다. 그로부터 두 달이 지난 1906년 11월, 근대계몽기의 저명한 번역가이자 저술가이기도 했던 현채(玄采, 1856~1925)가 이 책을 국한문 혼용체로 번역하여 독자들의 폭넓은 호응을 얻었다.[11]

1907년엔 주시경과 이상익이 각각 순한글로 옮긴 평민용 번역본까지 나왔다. 주시경의 번역본은 6개월 내에 3번이나 재간될 정도로 큰 인기를 누렸다. 제주도 유배 시 이 책을 읽은 김윤식의 독후감에 따르면, "이 책을 읽는 것은, 사람을 비분(悲憤)케 만든다. 프랑스 사람같이 사납고 폭력스러운 종류가, 천지간에 있을 수 없는 것이다. 오늘날의

량치차오와 베트남의 독립운동가 판보이 차우가 나눈 얘기를 묶은 『월남망국사』는 현채가 국한문 혼용체로 번역하여 독자들의 폭넓은 호응을 얻었다.

동양의 상황은, 달마다 위박(危迫)해지는데, 우리나라가 처한 형편에서 베트남에 대해서 슬퍼할 만한 여유도 없구나!"[12]

그러나 천주교 측은 이 책에 강력 반발했다. 천주교는 프랑스의 종교라는 국민적 인식 때문에 프랑스의 베트남 지배를 비난한 『월남망국사』가 천주교회에 불리하다고 보았기 때문이다. 게다가 1907년경 개신교인의 수가 천주교인의 수를 넘어서기 시작한 상황에서, 개신교 측이 이 책을 천주교를 비판하기 위한 선교에 이용했기 때문이기도 했다.[13]

천주교회에서 발간한 『경향신문』은 1908년 4월 10일자부터 7월 31일자까지 모두 17회에 걸쳐 이 책을 비판하는 연재기사를 실었다. 그 요지는 『월남망국사』의 내용이 사실보다 거짓이 많은, 역사서가 아니라 신소설이라는 것, 그리고 프랑스의 베트남 지배가 베트남의 개화에 도움이 되었다는 논리였다. 이 기사는 『월남망국사』가 독약과 같이 해로운 책이라고 단정하면서, 일본 통감부나 친일세력에게 유리한 결과를 가져온다고 주장했다. 프랑스의 베트남 통치가 잔혹하게 소개되어 오히려 일본 통감부의 한국 통치가 우수한 것으로 드러날 것이라는 해석이었다.[14]

이에 대해 최기영은 "한국 천주교회가 『경향신문』을 통하여 밝힌 『월남망국사』에 대한 비판의 대부분은 사실과 동떨어진 내용이었다. 특히 프랑스의 베트남 지배가 공정한 조세정책으로 베트남을 문명화시키고 있었다는 주장은 전혀 사실이 아니었다"고 평가했다.[15]

1909년 2월 23일 공포된 출판법은 출판의 자유를 극도로 통제했다. 1909년 5월 친일파 내부대신 박제순(1858~1916)은 치안 방해를 명분으로 출판법을 적용해 가장 먼저 『월남망국사』의 판매를 금지시켰다. 그러나 일제 말기까지 몰래 이 책을 읽는 사람들이 많았다.[16] 량치차오의 저술들도 독립운동가들의 필독서라는 이유로 한일병합 후 대부분 금서가 됐다.[17]

박노자·허동현 논쟁

1900년대 지식인들의 사회진화론 수용은 오늘날에도 열띤 논쟁의 대상이다.

박노자는 『황성신문』의 논객들에 대해 "제국주의를 떠받치는 주요 담론인 사회진화론의 내면화를 필수 조건으로 내걸었던 그들의 독립운동은, 보다 넓은 의미에서 제국주의에 대한 일종의 지적(知的) 항복

이기도 했다"고 주장했다.[18]

이와 관련, 허동현은 박노자와의 논쟁에서 "한 세기 전 우리 지식인들이 사회진화론의 약육강식 논리, 계급적 이해, 서구 중심주의적 인식에 함몰되었다는 박 선생님의 지적도 설득력이 있지만, 제가 보기에 그런 관점은 지나치게 이상적이며 현재적이 아닌가 합니다"라며 다음과 같이 주장했다.

"양계초라는 동아시아의 선구적 지식인조차 1차 세계대전으로 폐허가 된 유럽을 두 눈으로 목격한 1919년에서야 비로소 사회진화론이 제국주의의 이데올로기라는 점을 깨달았고 그에 맞서 중국이 살아남을 방법으로 '개명 독재'라는 국가주의적 해결 방안을 고안했습니다. 양계초가 그러할진대 개화기 우리 지식인들에게 왜 사회진화론과 계급적 이해를 넘어서지 못했느냐고 채찍질하는 것은 너무 많은 것을 요구하는 셈입니다."[19]

또한 허동현은 "저는 사회진화론이 만연하던 19세기 말이나 지금이나 세계 어디에서도 박 선생님이 이야기하는 차별과 착취 없이 평등이 구현된 이상 사회가 존재한 적이 없었다고 생각합니다"라면서 다음과 같이 주장했다.

"따라서 저는 박 선생님이 갖고 있는 현실 비판의 바이어스 즉, 미래에 언젠가는 구현돼야 할 역사적 당위로서의 이상 사회를 기준으로 한 세기 전이나 현재의 우리 사회를 비판하는 것에 동의하지 않습니다. 우리 선각자들이 개화기 당시 현존하던 국가체제 중 상대적으로 우월한 제도와 문물을 갖추고 있던 미국을 발전 모델로 본 것은 잘못된 선택이 아니라 탁견입니다."[20]

박노자는 사회진화론에 대해 매우 비판적이면서도 그 긍정적 기여도 있음을 인정했다. 그는 "사회진화론의 경쟁 사상이 그 잔혹성과 반인륜성, 우민관과 인종주의, 무자비한 힘의 위계서열 의식에도 불구하고 일단 고금동서의 세계를 하나의 보편적인 잣대로 사유하고, 남녀노소 귀천을 불문하는 사고를 구사할 줄 아는, 비판정신이 치열한 근대인을 만들어내는 데 일조했음을 인정해야 한다"고 했다.[21]

사회진화론 개념의 혼동

앞서 '유길준과 사회진화론'에서도 지적했듯이, 사회진화론과 자유주의와의 혼동 문제가 심각하다. 또한 때로 개인주의와의 관계도 혼란을 낳는다. 강력한 국가주의를 주장했다고 해서 그것을 곧장 개인주의와 연결시켜 논하는 데엔 차원의 괴리가 있다. 사회진화론의 신봉자라고 해도 그 사람의 개인적 행태는 얼마든지 개인주의적일 수 있다. 실제로 사회진화론의 주창자인 허버트 스펜서 자신은 철저한 개인주의자로서 제국주의에 단호히 반대한 인물이었다.[22]

이와 관련, 염운옥은 "다윈의 생물진화론을 사회에 적용한 사상가들에게서는 자유방임주의 · 제국주의 · 사회주의 등 다양한 정치적 성향이 나타난다"며 다음과 같이 설명했다.

"사회진화론의 중심 개념은 맬서스의 인구론에서 나온 '생존투쟁'과 스펜서가 처음으로 사용한 '적자생존'인데, 이 두 개념의 적용범위가 개인인가 집단인가에 따라 자유방임주의와 결합하기도 하고 민족주의 · 제국주의와 결합하기도 하는 것이다. 스펜서의 사회진화론은 개체 · 개인 간의 경쟁에 주목한 자유방임주의적 이론이었고, 키드(Benjamin Kidd)와 피어슨(Karl Pearson)의 경우는 집단 · 민족을 단위로 두 개념을 적용함으로써 제국주의 이론을 뒷받침했다."[23]

구한말 지식인의 사회진화론 수용을 지금의 잣대로 평가하기는 어려울 것이다. 을사조약 이후 약한 국력으로 인해 국권을 사실상 빼앗긴 것에 대해 당시의 애국적인 지식인들이 느꼈을 한(恨)에 공감하긴 쉽지 않다 하더라도, 그들이 약하다는 걸 죄악으로 보았다고 해도 놀랄 일은 아니지 않겠는가.

그런데 오늘날 사회진화론은 이 용어를 쓰는 사람마다 각기 다른 의미로 쓰기 때문에 매우 혼란스러운 개념이다. 사회진화론에 우생학·파시즘까지 포함시켜 쓰는 사람이 있는가 하면 생존경쟁·약육강식·우승열패·적자생존 정도의 의미로만 쓰는 사람도 있고, 경쟁의 필요성을 역설하는 낮은 수준에서 쓰는 사람도 있다. 중국에서 사회진화론에 비판적이었던 루쉰(1881~1936)의 경우 중국의 가장 시급한 문제는 부국강병(富國强兵)이라는 걸 인정했는데,[24] 부국강병을 주장했다고 해서 곧장 사회진화론이라고 비판할 수는 없는 것이다.

02

영웅숭배주의의 유행

신채호의 영웅숭배주의

『월남망국사』가 던져준 처절한 메시지는 사회진화론의 매력을 더욱 돋보이게 만들었을 것이다. 사회진화론은 영웅숭배주의로 이어졌다.

국가주의 사상에 심취한 량치차오가 영국 토머스 칼라일(1795~1881)의 영웅숭배사상을 받아들인 건 자연스러운 일이었다. 량치차오는 청나라 조정을 통해 근대 개혁을 시도했지만 보수파의 쿠데타로 1898년 9월 일본으로 망명한 뒤 일본 자료를 바탕으로 영웅들의 전기물들을 썼는데, 이 책들은 국내 개화기 지식인들의 필독서가 되었다.[25]

량치차오의 영웅숭배주의는 집단주의적 '대아(大我)' 사상과도 통하는 것이었는데, 이는 신채호가 『대한매일신보』 1908년 9월 16일과 17일 자에 쓴 「큰 나(大我)와 작은 나(小我)」에 반영되었다. 국가라는 '큰 나'를 위해 '작은 나'를 희생하자는, 즉 멸사봉공(滅私奉公)의 메시지였

신채호는 자신의 영웅숭배주의를 『대한매일신보』 지면을 통해 열성적으로 전파했다.

다.[26)]

신채호는 자신의 영웅숭배주의를 『대한매일신보』 지면을 통해 열성적으로 전파했다. 신채호는 『대한매일신보』 1908년 1월 4~5일자에 쓴 「영웅과 세계」에서 "영웅이라는 것은 세계를 창조한 신성한 존재며, 세계는 영웅의 활동 무대다"라며 "영웅이 없으면 나라는 어떻게 나라답게 될 수 있겠느냐?"라고 주장했다.[27)]

신채호는 『대한매일신보』 1908년 8월 18일자에 쓴 「영웅을 길러내는 기계」에서 전 세계를 영웅을 잘 숭배하고 따르는 서구의 우등 민족국가와 영웅을 백안시하고 질시하는 열등 민족국가로 나눈 뒤, 조선은 후자의 경우라고 주장했다. 그는 『대한매일신보』 1909년 8월 17~20일자에 쓴 「20세기 신동국지영웅」에서 미국의 워싱턴과 이탈리아의 카부르처럼 전 국민의 힘을 결집할 수 있는 국민적 영웅만이 한국의 독립을 세울 수 있다고 주장했다. 또 그는 『대한매일신보』 1908년 8월 21일자, 1910년 2월 22일자, 1910년 3월 3일자 논설에서도 모두 국익을 우선시하고 국가에 전심전력으로 헌신하는 무명의 영웅이 되자고 호소하기도 했다.[28]

영웅 전기의 유행

량치차오가 1902년에 낸 『이태리 건국 삼걸전』은 1907년 신채호와 주시경에 의해 각각 다르게 번역되어 단행본으로 출간되었으며, 『대한매일신보』와 『황성신문』에 각각 따로 간추려져 연재되었다. 개화기 지식인들은 나라가 처한 여러 조건이 한국과 비슷하다 하여 이탈리아의 마치니나 카부르에 특별히 집착했다. 신흥 강대국으로 떠오른 미국과 독일 양국의 건국 영웅인 워싱턴과 비스마르크도 관심의 대상이어서, 1907년 『비사맥전』(비스마르크전), 1908년 『화성돈전』(워싱턴전) 등의 전기물이 나왔다.[29]

남성 영웅에만 열광한 건 아니었다. 1907년 장지연은 백년전쟁 당시 프랑스 소녀 잔 다르크의 구국 항쟁 일대기를 서술한 일종의 전기적인 역사소설 『애국부인전』을 출간했다. 중국본을 원전으로 삼은 한글본이었다.

이 소설에 대해 이재선은 "고의적으로 우리와는 소원한 15세기 프랑스의 잔 다르크라는 구국 전사를 통해 과거에의 회고와 상기라는 형식을 은유적으로 또는 우의적으로 취하였으나, 그 기본적인 심층의 주지는 바로 우리의 안보와 자유를 위한 경각심과 외세의 침략주의에

대응하는 저항을 촉매시키려는 매개로 삼으려 했던 것이다"라고 평가했다.[30]

장석주는 "그의 노력은 가슴속에서 타오르는 뜨거운 나라 사랑에서 비롯된 것임에도 작품 속에 잠재한 봉건적인 여성관과 프랑스 역사에 대한 얕은 인식으로 말미암아 깊은 감동을 불러일으키는 데는 실패했다"고 평가했다.[31]

외국 영웅에만 열광한 것도 아니었다. 신채호는 1908년 5월 2일부터 8월 18일까지『대한매일신보』에「조선제일위인 이순신전」을 연재, 나중에 책으로 펴냈다. 또한 신채호는 을지문덕 · 최영 등의 전기물을 썼으며, 단군을 고대 그리스의 알렉산드로스 대왕과 같은 위대한 정복자로 묘사했다.[32] 권영민은 "신채호의 영웅 전기는 그 문체에 있어서 설화적인 측면을 거세하고 논설적 측면을 확대시킨 점이 특징적이다"라고 평가했다.[33]

1906년 12월부터 1908년 1월까지 평안도에서 발행된 서우학회 기관지『서우』는 매호마다 정기적으로 단군 · 기자 · 동명왕 등을 소개했다. 1907년에 나온 대표적인 민간 교과서『유년필독』은 을지문덕 · 양만춘 · 성충 · 계백 · 김유신 · 강감찬 · 이순신 · 김덕령 등의 사적이 주요 내용이었다.[34]

광개토대왕과 을지문덕

을지문덕 이전에 광개토대왕이 있었다.『황성신문』1905년 10월 31일자는 중국 지안(集安)에서 높이 6.8미터에 달하는 1500년 전 비석이 발견됐다고 보도했다. 비석은 4면에 걸쳐 1750자가 넘는 글자로 고

발견 당시의 광개토대왕릉비.『황성신문』1905년 10월 31일자는 중국 지안에서 광개토대왕의 업적이 빼곡히 기록된 비석이 발견됐다고 보도했다.

구려 광개토대왕(375~415)의 업적을 빼곡히 기록하고 있었던 바,『황성신문』은 이 엄청난 고고학적 발견에 흥분하며 1면 사설란에 비문의 내용을 공개했고, 이후 엿새 동안 후속 보도를 내보냈다. 그러나 이 비석이 발견된 것은 이때가 처음이 아니었다. 이미 23년 전인 1882년 중국 당국은 비석을 발굴한 뒤 그 주인공이 광개토대왕이라고 고증했으며, 일본은 2년 후 비석의 탁본을 떠서 박물관에 전시했다.『황성신문』은 이런 과정이 한국인들에게 전혀 알려지지 않았다고 개탄했지만, 사실 한국인들은 그제서야 이 비석에 특별한 관심을 가지게 된 것

이었을 뿐이었다. 한국의 국권이 일본 손에 떨어진 을사조약이 맺어지기 며칠 전이었다.[35]

중국의 본토까지 영토를 확장한 광개토대왕은 민족의 영웅으로 추앙됐으며, 이 과정에서 고구려 장군 을지문덕도 화려하게 부활했다. 적은 군대로 수양제의 30만 대군을 격파한 을지문덕은 "한국의 4000년 역사에서 가장 위대한 한 사람"이 되었다.[36]

을지문덕을 숭상하는 일은 곧 잃어버린 한국의 민족성을 찬양하는 수단임과 동시에 중국의 정치적·문화적 영향력을 추방하고자 하는 시도이기도 했다. 그런 관점에서 유길준은 '을지'와 같은 순수한 성씨가 완전히 사라져버린 것을 한탄했다.[37]

신채호는 을지문덕을 칭송하면서 "이렇게 강하고 용감한 것이 바로 우리 민족의 본성이다!"라고 했다. 신채호의 을지문덕 전기를 선전한 광고는 "차가운 피를 뜨겁게 데워주며 뼈대가 없는 자에게 뼈대를 주는" 책이라고 주장했다.[38]

03

문약망국론과
운동회 붐

문약망국론과 상무정신

사회진화론의 기본 정신은 심지어 노래로까지 불려졌다. 1907년 발표된 서우(西友) 사범학교의 「학도가」 가사는 우승열패와 약육강식을 강조했다.

"생존경쟁 당차 시대에/ 국가 흥망이 니게 달녓네/ 열강의 대우, 생각할수록/ 노예 희생의 치욕일세/ 이천만 동포 우리 형제야/ 차시(此時)가 하시(何時)며 차일(此日) 하일(何日)고/ 육대주 대륙의 형편 살피니/ 약육강식과 우승열패라"[39]

『대한매일신보』 1909년 7월 21일자 논설은 "강권이 있는 자는 성현이며 군자며 영웅이오, 강권이 없는 자는 용렬한 놈이며 천한 놈이며 소와 말이며 개와 돼지다"라고 주장했다.[40]

윤치호나 그의 후배 안창호 같은 기독교 계열 인물들도 흥사(興士)

즉 지도적 인사를 일으키는 사업을 조선독립의 기초로 인식했다. 청년학우회 설립(1909년 8월) 시절부터 안창호는 '지도자 수양의 4대 덕목'을 표어로 내걸었다.

박노자는 무실(務實) · 역행(力行) · 충의(忠義) · 용감(勇敢) 등 4대 덕목은 량치차오가 생각했던 선각자로서의 지도자의 덕목과 상당한 유사성을 보인다며, 량치차오의 저작에 심취했던 안창호가 이를 평양의 대성학교 교재로 쓰기도 했다는 사실에 주목했다. 이미 1907년에 결성된 안창호 · 신채호 · 양기탁 등의 신민회라는 비밀결사도 량치차오의 사상을 중요한 지침으로 삼았다.[41]

이처럼 힘과 용감을 강조하는 건 그간의 숭문주의에서 탈피하겠다는 의지의 표현이기도 했다. 실제로 량치차오의 '문약망국론(文弱亡國論)'도 호응을 얻어 상무(尙武)정신이 강조되었다.

신채호는 『대한협회회보』 1908년 6월호에 쓴 「역사와 애국심의 관계」에서 그때까지의 역사 서술이 문약(文弱) 사상을 키워왔다고 비판하면서 상무정신의 원천으로서 상고사(上古史)를 연구할 필요성을 제기했다.[42]

신채호는 '민족의 운명'에 '상무정신'이 결정적으로 중요하며, 문을 숭상하는 유교 교육이 한국의 군사적 용맹성에 심각한 악영향을 끼쳐 그 '생존능력'을 크게 약화시켰다고 주장했다. 『대한학회월보』 1908년 6월호에 실린 글처럼 "등이 구부러지고 얼굴이 창백하고 늘 겁에 질리는 문약(文弱)의 조선인을 상무적 전사로 변형시켜야 한다"는 것과 같은 주장들이 풍미했다. 『황성신문』은 망국(亡國) 직전인 1910년 6월 28일자에서 7월 6일자까지 「문숭(文崇)의 폐해를 통론(痛論)함」이라는 장문의 연재기사를 실었다.[43]

상무정신과 학교 운동회

상무정신의 강조에 따라 학교 운동회 등이 성황을 이루었다. 1896년부터 1910년까지 기록에 남은 운동회는 총 213회가 열렸는데, 1907~1909년의 운동회가 가장 활발했다. 운동회는 결코 의례적인 행사가 아니었다. 여러 날을 바칠 만큼 중요했으며 매우 진지하고 심각한 행사였다. 구국(救國)을 위한 일종의 군사 훈련이었다. 운동회의 입장식엔 선수들이 총을 메고 나타났으며, 운동 종목엔 대포알 던지기 등이 포함되었던 것도 바로 상무정신의 앙양을 위한 것이었다.[44]

서울에서는 1907년부터 1909년 봄까지 관내 관립 및 사립학교 연합으로 해마다 봄가을로 두 번 운동회를 개최했는데, 1907년 10월 26일의 운동회에는 73개교의 관·사립학교가 참가하고 황태자와 이토 통감까지 참석하여 대성황을 이루었다. 지방에서도 마찬가지였다. 개성에서는 10여 개교의 1,400명, 북청에서는 35개교의 1,636명, 평양에서는 무려 182개교의 학생 4,449명과 381명의 교사, 857명의 임원이 참가하고, 구경꾼이 1만여 명이나 모이는 엄청난 규모의 연합체육대회가 열리기도 했다.[45]

이 무렵의 사립학교 교육의 가장 큰 특징의 하나는 체육교육을 강조한 것이었다. 대성학교에서는 체육시간을 제일 중요하게 생각하여 군대식으로 학생들을 교련했으며, 상동청년학원에서는 학생들에게 군복 같은 정복을 입히고 운동 시간에 체조를 가르친다는 구실로 군가를 부르면서 목총을 메고 군사 훈련을 했다.

또 각 학교에서는 토론회·웅변회·운동회 같은 행사를 마련하여 민족의식을 일깨우려고 했는데, 이때에 가장 중점을 두었던 것이 군대훈련을 방불케 하는 병식체조(兵式體操)였다. 이 병식체조는 각 학교

보성학교 운동회 모습을 담은 엽서. 학교 운동회는 구국을 위한 일종의 군사 훈련이었다. 운동회 입장식에 선수들이 총을 메고 입장하고, 운동 종목에 대포알 던지기 등이 포함되었던 것은 상무정신을 앙양하기 위한 것이었다.

의 운동회 때마다 큰 인기를 끌었으며, 운동회 때에는 으레 '대한독립만세'라는 철자경기를 시키고 「독립가」를 부르게 했다.[46]

『독립신문』은 운동회 보조금을 접수한다는 광고를 내어 각 저명인사들로부터 자금을 모았고, 술장수와 기생들도 보조금을 자주 내곤 했다. 운동회에 대한 이런 사회적 호응과 관련, 이승원은 "근대계몽기 운동회는 근대적 신체를 훈육하는 곳이자, 개화계몽과 충군애국을 강제하는 곳이자, 일상에서 억압되어 있던 개개인들의 욕망이 한없이 증폭하여 폭발음을 뿜었던 축제의 시공간이었다"라고 평가했다.[47]

1909년 4월 3일 용산인쇄국 노동자 800여 명이 운동회를 연 적이 있기는 하지만, 당시 운동회는 대부분 학교·관청·교회 중심이었다.

그래서 노동자들의 불만이 컸던 것 같다. 『대한매일신보』 1910년 6월 8일자 사회풍자면 「헛수작」은 "아, 제기랄, 참, 각 학교 각 관청 각 교회 심지어 각 조합 그 외에도 망둥이 꼴뚜기 집게발이 딸깍발이 등 모두 운동회를 하더마는 우리 노동자들은 운동 한 번 못하고 밤낮 이렇게 허덕거리다 죽는단 말인가"라고 했다.[48]

군사 훈련식 운동회와 석전

운동회의 열기가 뜨겁자 일본 통감부는 한국인의 운동회를 감시하기 위해 경찰력을 동원하거나 일부 운동회를 금지하는 조치를 취했다. 운동회의 성격이 군사 훈련과 흡사한 데다 독립심을 고취시킨다고 보았기 때문이다.[49]

그럼에도 군사 훈련식 운동회는 사라지지 않았다. 『대한매일신보』 1908년 5월 17일자에 따르면, 인천 강화군에서 개최된 운동회 풍경은 아예 노골적인 군사 훈련을 방불케 했다. 이승원의 해설이다.

"대부분의 연합 대운동회의 첫 종목은 연합 체조로 시작하고, 그 다음에 본격적인 경기를 진행한다. 그런데 강화군의 운동회에서는 다른 지역에서 볼 수 없었던 광경이 연출되었다. 학생들이 총을 메고 편을 갈라 모의 전투를 실시한 것이다. 군악 소리와 구령 소리에 맞춰 학생들은 상대편을 향해 진격하였고, 치열한 전투를 전개했다. 이로 인해 부상한 학생들도 속출했다. 이처럼 학생들이 학교에서 매일 연습했던 체조와 제식 훈련은 곧 군사 훈련이었다. 구령 소리는 군인다운 전투 기계를 양성하는 소리였다."[50]

특히 정월 대보름 풍속으로 한국 전통놀이 중 하나인 석전(石戰)은 일제가 겁을 낼 만도 했다. 석전 또는 투석(投石)의 역사는 고구려가 수나라 대군을 물리친 때로 거슬러 올라가며, 이후 고려 때엔 군제(軍制)에 투석군, 조선조엔 척석(擲石) 특공대가 편성돼 있었다. 제너럴 셔먼호 사건 때에도 평양의 투석군들이 맹활약했다. 이런 화려한 전통이 정월 대보름 외에도 초파일과 단옷날 밤에 이웃 동네와 편싸움을 벌이는 놀이로 발전돼 온 것이다.[51] 『대한매일신보』 1910년 3월 5일자에 따르면,

"일전 평양군 옷밧재에서 많은 아이들이 양일 동안 석전을 하였다. 그곳 경찰관리가 이것을 아이들의 잠시 희롱으로 알고 금치 아니하였더니, 제삼일에는 장정 수천 명이 모여서 석전을 하는데 양편에서 돌이 비 오듯 하고 고함 소리가 천지를 진동하였다. 그곳 한일 순사들이 금지하여도 듣지 아니함으로 칼을 빼서 휘두르며 위협하였다. 석전하던 인민 수천 명이 일시에 소리를 지르며 순사를 치자 하면서 순사 등을 향하여 돌을 던졌다. 일본 순사는 혼이 나서 즉시 도망하고 한국 순사 두 명은 중상하였는데 석전 하던 사람은 즉시 헤어지고 구경하던 사람 두 명이 잡혀 갇혔다."[52]

1890년대 말부터 1900년대까지 '운동'은 신체를 단련하기 위해 몸을 움직이는 것을 의미하였고, '운동회'가 크게 유행하면서 '운동'이라는 말도 널리 쓰이게 되었다. 정치사회적 목적을 위해 사람들을 조직해서 움직이는 것을 '운동'이라고 하게 된 것은 대체로 1910년이 다 되어갈 무렵이었다.[53]

제5장

애국과 매국의 몸부림

01

안중근의 이토 히로부미 처단

안중근 추모 열기

을사조약을 성공리에 끝낸 이토 히로부미는 1909년 6월 후임자에게 통감 자리를 물려주었다. 부통감인 소네 아라스케(曾 荒 助, 1849~1910)가 2대 통감으로 부임했다. 이토는 추밀원 의장이 되어 그해 10월 만주와 조선반도 병탄에 관한 협의차 러시아의 재무장관 블라디미르 코코프체프를 만나러 하얼빈으로 갔다. 1909년 10월 26일 그는 열차에서 내려 몇 걸음 내딛는 순간 안중근(1879~1910)의 총탄 3발에 맞아 현장에서 즉사했다. 이에 대해 황현은 『매천야록』에 다음과 같이 썼다.

"그의 사살이 하루도 안 되어서 동양과 서양 전 지역에 전신(電信)으로 알려지자, 각국에서는 모두 놀라며 조선에도 아직 사람이 있다고 하였다. …… 사람들은 감히 통쾌하다는 말을 함부로 하지는 못하였

안중근. 1909년 10월 26일 이토 히로부미는 하얼빈 역에 도착한 열차에서 내려 몇 걸음 내딛는 순간 안중근이 쏜 총에 맞아 현장에서 즉사했다.

으나 모든 사람들의 어깨가 들썩 올라갔으며, 깊은 방에 앉아서 술을 마시며 서로 기뻐해 마지않았다. …… 태황제(고종)가 이토 히로부미가 사망했다는 소식을 듣고 크게 기뻐하는 기색을 지으며 오랫동안 담소를 하였다."[1]

『대한매일신보』 1909년 10월 28일자는 이 소식을 듣고 "고종이 수저를 떨어뜨렸다"고 보도했다.[2] 안중근은 조선인들의 뜨거운 존경의 대상이 되었다. 안중근 추모 열기는 그의 사진 구입 붐으로 나타났다. 황현은 『매천야록』에 "일본인들이 안중근의 사진을 팔아서 많은 자금을 모았다"고 썼다. 안중근 사진 구입 열기가 독립투쟁으로 확산되는 것을 염려한 일제는 사진의 제작과 판매를 금지시켰으며, '충신 안중근'이라고 쓴 그림엽서가 제작·판매되자, 이 또한 금지시켰다.[3)]

조선에 있을 때 못되게 굴었던 위안스카이(袁世凱)는 "몸은 한국인이나 이름은 만국에 떨쳤도다/ 인생은 백세도 없지만 죽어 천추에 빛나도다"라고 읊었다.[4)]

안태훈과 안중근

1879년 9월 2일 황해도 해주의 향반(鄕班) 집안에서 태어난 안중근의 사상에 가장 영향을 끼친 인물은 아버지 안태훈이었다. 안태훈은 급진개화파로 1884년 갑신정변이 실패하자 극심한 탄압을 피해 1885년 신천군 두라면의 청계동으로 이주했는데, 백범 김구는 안태훈의 배려로 한동안 이곳에 머무르기도 했다.[5)]

안태훈은 1897년 1월 프랑스인 빌렘(Nicolas Joseph Marie Wilhelm) 신부를 초빙하여 안중근과 가족 등 36명이 영세를 받게 했다. 이후 천주교 전도활동에 열중하던 안중근은 1900년경 인재 양성 및 포교를 위해 '천주교 대학'을 서울에 설립할 뜻을 가졌지만, 이 계획은 뮈텔 주교를 비롯한 천주교 신부들에 의해 단호하게 거절되었다. 프랑스 신부들은 한국인이 학문을 하게 되면 믿음이 좋지 않게 된다는 이유로 반대했다. 이후 안중근은 외국인 신부들에 대한 강한 불신을 갖게 되었다.[6)]

안중근은 러일전쟁 때까지 일본 제국주의 침략의 실상과 본질을 명확하게 인식하지 못해 러일전쟁을 일본이 한국을 대신하여 러시아와 싸운 것으로 인식하고 있었다. 일본에 대한 안중근의 굳은 신뢰가 깨

지게 된 건 러일전쟁 이후 일본 제국주의 침략의 본질이 드러나면서부터였다.[7]

안중근은 1907년 7월 '헤이그 밀사 사건'으로 고종이 폐위되고 한국군대가 강제로 해산되자 무장투쟁을 위해 의병부대를 조직, 국내 진공작전을 위해 러시아령 연해주로 망명했다. 안중근은 300여 명의 동포 청년들을 모집해 통솔하면서 모두 세 차례의 전투를 치렀다. 이후 안중근은 블라디보스토크에서 동포신문 『대동공보』의 연추지국장으로 일하다가 이토 히로부미가 만주 분할 협의차 만주로 온다는 소식을 접하고 거사를 도모했다.[8]

안중근은 하얼빈 역에 가기 전 10명의 동지와 함께 왼손 무명지를 끊어 국가에 대한 충성을 맹세했다.[9] 거사 당일인 1909년 10월 26일 오전 하얼빈 역 주위에는 삼엄한 경계가 펼쳐졌으나, 안중근은 러시아 경비병에게 '취재차 나온 신문기자'라고 속여 일본인 환영객 집단 구역까지 깊숙이 진입했다.

이토의 얼굴을 모르는 안중근은 이토를 즉사시킨 후에도 만전을 기하기 위해 이토를 뒤따르던 하얼빈 일본영사 가와카미, 비서관 모리, 만주철도 이사 다나카 등을 향해 세 발을 더 쏘아 쓰러뜨렸다. 그는 거사에 성공한 후 그 자리에서 러시아말로 '코레아 우라'(대한 만세)를 세 번 연창하고, 한 발 남은 권총을 거꾸로 잡고 러시아 헌병에게 내어주고 체포됐다.[10]

안중근과 조마리아

일제가 안중근의 이토 히로부미 처단을 '암살'이라고 주장하자, 안중

동생(왼쪽)들을 만나 유언을 남기는 모습. 그 이틀 뒤인 1910년 3월 26일 사형이 집행됐다.

근은 공판정에서 자신은 의병 참모중장으로서 독립전쟁의 일환으로 이토를 공격, 처단했다고 반박했다.[11] 안중근은 법정의 최후진술에서 "나는 전쟁에 나갔다가 포로가 되어 잡혀온 것이라 확신하므로, 나를 국제공법에 의해 처우해주기 바란다"고 말했다.[12]

안중근이 재판을 받으면서 열거한 이토의 죄는 한국 명성황후를 살해한 죄, 한국 황제를 폐위시킨 죄, 을사조약과 정미7조약을 강제 체결한 죄, 무고한 한국민을 살해한 죄, 국권을 강제로 빼앗은 죄, 철도·광산·산림·천택을 빼앗은 죄, 제일은행권 지폐를 강제로 사용한 죄, 군대를 해산시킨 죄, 교육을 방해한 죄, 한국인들의 해외유학을 금지시킨 죄, 교과서를 압수하여 불태워버린 죄, 한국이 일본의 보호를 받고자 한다고 세계에 거짓말을 퍼뜨린 죄, 한국과 일본 사이에 분쟁이 그치지 않고 살육이 끊이지 않는데 한국이 태평무사한 것처럼 속인 죄, 동양 평화를 깨뜨린 죄, 일본 천황의 아버지 태천황을 죽인 죄 등 15가지였다.[13]

안중근의 어머니인 조마리아는 12월 중국 뤼순에서 진행된 1심 재판에서 안중근이 유죄판결을 받자 다음과 같은 편지를 보냈다.

"응칠(안중근 의사의 어릴 때 이름)아! 네가 이번에 한 일은 우리 동포 모두의 분노를 세계만방에 보여준 것이다. 이 분노의 불길을 계속 타오르게 하려면 억울하더라도 상고를 하지 말고 우리 민족의 대의를 위해 거룩한 죽음을 택해야 될 줄로 안다. 옳은 일을 한 사람이 그른 사람들에게 재판을 다시 해 달라고 하는 것은 사리에 맞지 않는다. 더욱이 그들의 영웅으로 대접을 받고 있는 이토 히로부미를 죽인 너를 일본 놈들이 살려줄 리가 있겠느냐. 혹시 자식으로서 늙은 어미보다 먼저 죽는 것이 불효라고 생각해서 상고하겠다면 그건 결코 효도가 아니다. 기왕에 큰 뜻을 품고 죽으려면 구차히 상고를 하여 살려고 몸부림치는 모습을 남기지 않기 바란다."[14]

1910년 2월 7일 오전 9시 뤼순 법정. 당시 15만 부를 발간하던 영국 최대의 주간지 『그래픽』의 기자 찰스 모리머는 재판 참관기를 통해 "세기적인 재판의 승리자는 안중근이었다. 그는 영웅의 월계관을 거머쥔 채 자랑스레 법정을 떠났다. 그의 입을 통해 이토 히로부미는 한낱 파렴치한 독재자로 전락했다"고 썼다. 모리머는 재판을 참관하던 많은 일본인들조차 안중근에게 지극한 존경심을 가졌으며 그들에게서는 살해된 정치인의 추억보다 안중근의 명성이 더럽혀지도록 내버려둘 수 없다는 분위기가 형성됐다고 말했다. 또 그는 안중근에 대해 "그는 삶의 포기를 열렬히 염원했다"며 "이 사건으로 인해 재판에 오른 건 다름 아닌 일본의 현대문명이었다"고 말했다.[15]

안중근은 2월 14일 공판에서 사형이 확정되어 3월 26일에 사형을 당했다. 당시 그의 나이 32세였다. 어머니 조마리아는 사형이 확정되었을 때 안중근에게 "살려고 몸부림하는 인상을 남기지 말고 의연히 목숨을 버리라"고 당부했다.

2007년 3월 3·1여성동지회 회장 박용옥은 「안중근 의사 어머니 조마리아의 항일구국적 생애」라는 논문에서 "안중근이란 인물을 만든 것은 그 어머니의 '모성 리더십'이었다"며 "인자하면서도 강인한 모성 리더십으로 아들을 키워냈고, 안 의사 서거 이후엔 항일독립운동계에 절대적으로 필요한 존재로서 활동한 조 여사에 대한 체계적 조명이 필요하다"고 말했다.[16]

안중근 연구의 현황

1997년 10월 안중근 의사 의거 88주년 기념일을 맞아 안중근의사기념관장 정병학은 "일본이 안 의사 같은 인물을 가졌다면 작은 기념관이 아닌 국민도량을 만들어 기렸을 겁니다"라면서 정부의 관심이 소홀한 것에 대해 안타까움을 털어놓았다. 그는 학자들의 연구도 미흡해 "올해에도 의거기념 학술회의나 세미나 하나 없이 쓸쓸하게 기념식만 치르게 됐다"며 "안중근회관을 건립해 국민수련장으로 삼아 반드시 안 의사의 애국애족정신을 되살려내야 한다"고 주장했다.[17]

그동안 안중근의 전기 자료는 본인이 쓴 자서전 『안응칠역사』와 박은식이 1914년 상하이에서 간행한 『안중근』, 그리고 일제의 비밀보고서 중에 포함된 작자 미상의 『근세역사』 등 3종이 전부였다. 1998년 3월 독립운동사연구가인 인하대 명예교수 윤병석은 국내외에서 수집한 중국인 정원 편 『안중근전』(1920), 미국 하와이에서 발간된 홍언 지음 『대동위인 안중근전』(1911), 러시아 연해주에서 발간된 계봉우 지음 『만고의사 안중근전』(1914) 등 5종을 공개했다. 윤병석은 또 구한말 유학자이며 중국으로 망명했던 김택영과 이건승이 각각 안중근이 순국한 1910년에 쓴 2종의 『안중근전』도 함께 공개했다.[18]

안중근 연구는 한국보다는 일본에서 더 활발했다. 일본 도쿄의 한국연구원(원장 최서면)이 1980년에 펴낸 안중근 관계 문헌 목록에 따르면, 한일 양국에서 나온 각종 자료·연구논문·저서 등이 1980년 기준 총 240여 건으로 집계됐는데, 이 중 80퍼센트 정도가 일본에서 나왔거나 일본인이 집필 또는 수집한 것으로 드러났다. 그러나 한국에 잘 알려진 일본의 안중근 연구자들의 성향은 자신의 선대와 관련된 개인 차원의 관심에 머물러 있다는 분석도 있다.[19]

일본의 유명 평론가 다하라 소이치로는 2000년 말 출간한 『일본의 전쟁』이라는 베스트셀러에서 이토 히로부미는 '한일병합'을 원하지 않았고 그럴 생각도 없었으며, 한국의 독립과 자주발전을 위해 분투했으나 끝내 좌절하고 말았다고 주장했다.[20]

2002년 10월 안중근의 뤼순 옥중 생활을 지켜본 당시 일본 경찰 후손이 안중근 유묵(遺墨) 중 한 점을 안중근 의사 숭모회 측에 대가 없이 기증했다. 이 유묵은 '언충신행독경만방가행(言忠信行篤敬蠻邦可行)'이라고 쓴 10자로, '말에 성실과 신의가 있고, 행실이 돈독하고 경건하면 비록 야만의 나라에서도 이를 따르리라'는 내용이다. 유묵을 기증한 야기 마사즈미(八木正澄, 77)는 "경찰 공무원을 지낸 할아버지를 따라 한국에서 13년 동안 어린 시절을 보내 나도 3분의 1은 한국 사람"이라며 "한국인뿐 아니라 세계 각국인들이 보면서 안 의사의 용기와 정의감을 배웠으면 하는 뜻에서 기증하게 됐다"라고 말했다.[21]

의거 100주년 기념 준비

훗날 중국 총리 저우언라이(周恩來)는 안중근이 이토 히로부미를 향해 발사한 총성을 계기로 "(조선과 중국) 두 나라 인민의 일본 제국주의를 반대하는 공동 투쟁이 시작되었다"고 평가했다.[22]

실제로 당시에도 중국은 그런 관점에서 안중근의 거사를 바라보았다. 예컨대, 중국의 혁명당 소속인 위유런(于右任)이 운영한 『민우보』는 중화민국 총통 위안스카이가 안중근에 대해 쓴 애도문에 대한 사론에서 "동아시아 유사 이래 크고 작은 10여 개 나라가 있었으나 지금에 이르기까지 안 의사와 같은 의거를 보거나 들어본 적이 없도다"라며 "이토는 일본의 이익을 위하였고 안중근이 목숨 바침은 한국과 세계평화를 위함이었다"라고 썼다. 또 안중근의 의거에 대한 소식이 일본에 전해지자 일본의 중국 유학생들은 춘류극장을 운영, 〈망국의 대부〉와 더불어 〈안중근이 이등을 쏘다〉라는 연극을 공연하여 안중근을 영웅으로 숭모하기도 했다.[23]

하얼빈 시는 그동안 안중근 의사를 기리는 조형물 설치나 행사 개최를 제한했으나 2006년 들어 변했다. 하얼빈 시는 2006년 7월 조선족문화예술관을 설립하고 1층에서 안중근 의사 기념전을 열었다. 의거 100주년을 기념하기 위해 2009년까지 안중근박물관을 세우고, 국제학술대회를 개최하고, 하얼빈 역에 기념물을 설치했다.[24]

2007년 4월 남북 양측은 개성에서 안중근 의사 유해 공동 발굴 및 봉환을 위한 제4차 실무접촉을 갖고 남북공동발굴단을 구성하기로 합의했다. 양측은 안중근의 유해 위치와 관련, 2006년 6월 실시한 공동조사 결과를 교환하고 뤼순 감옥 옛터 뒷산 일대를 유해 발굴 우선대상지역으로 확정했다. 양측은 또 발굴 장소 보존조치 등 중국 측에 요청할 구체적인 사항을 마련, 중국 정부에 공동으로 협조요청하고, 안 의사 순국 100주년을 맞아 남북 공동으로 기념사업을 추진하자는 데 의견을 같이했다. 이 실무접촉은 남측에서는 이병구 국가보훈처 보훈선양국장이, 북측에서는 전종수 조국평화통일위원회 서기국 부장이 수석대표로 참석했다.[25]

안중근은 '충직한 근왕주의자'?

2007년 7월 19일 한국민족운동사학회(회장 박환)와 중국 다롄(大連)대 한국학연구원(원장 왕원보), 뤼순형무소박물관(관장 화원구이)이 공동 주최한 학술회의가 '다롄·뤼순 지역과 한인(韓人)민족운동가'라는 주제로 다롄대에서 열렸다. 이 학술회의에서 오영섭 연세대 연구교수는 "안 의사가 남긴 휘호에 유교적 가치를 담은 내용이 많고, 가장 존경한 인물이 최익현·이상설이라고 한 점을 주목해야 한다"며 "안중근 의사는 충직한 근왕(勤王)주의자였다"고 주장했다. 김권정 숭실대 겸임교수도 "안 의사의 사상에서 근대성을 찾아내려고 하는 가운데, 과도하게 해석한 점은 없는지 반성할 필요가 있다"고 지적했다. 도전적 문제제기가 이어지자 박환 회장이 나서 "안 의사가 러시아에서 보낸 2년 등을 포함해 그의 삶 전체를 통관해 판단했으면 한다"며 분위기를 조율했다.

한상권 덕성여대 교수는 안 의사의 옥중 공판투쟁을 상세히 소개했다. 그는 "안 의사가 '한국이 독립되지 않는 것은 군주국인 결과에 기인하며, 금일 한국의 쇠운을 불러온 책임은 황실에 있다'고 했다"며 안 의사의 사상을 적극적으로 이해할 것을 제안했다. 또한 "공판 과정에서 일본인 검찰관이 (일본의 한국에 대한) 시혜적 문명개화론을 내세우자 이에 맞서 안 의사가 내놓은 국권수호론은 이후 항일독립운동의 이념적·도덕적 모델로 자리 잡았으며, 오늘의 시점에도 시사하는 바가 크다"고 강조했다.[26]

안중근과 아시아주의

아시아주의는 1900년대 후반에도 위세를 떨쳤다. 『황성신문』은 러일전쟁 시 일본 측을 노골적으로 지지했다. 을사조약 시 『황성신문』에 장지연의 「시일야방성대곡」이 실린 건 대한제국의 국통(國統)까지 무너지는 건 절대로 바라지 않는 뜻의 표현이었을 뿐 종속적 형태의 대일관계까지 부정한 건 아니었다.[27]

『황성신문』이 을사조약 이후에도 아시아주의를 지지한 게 그걸 잘 말해준다. 『황성신문』 1906년 12월 10~11일에 연재된 논설은 "인종들의 경쟁시대에 오직 동양의 최강자인 일본만이 미개한 청나라와 조선의 문호를 개방시키고, 중국인과 조선인의 신의를 얻어 동양의 맹주로서 동양을 백인으로부터 보존할 수 있다"고 주장했다.[28]

앞서 지적했듯이, 안중근도 나중에 아시아연대론의 허구를 깨닫긴 했지만 러일전쟁 개시 당시만 해도 일본이 "황인종 전체를 위한 의로운 싸움을 시작했다"고 생각했다.[29] 또 그는 순국 직전까지 쓰다 만 「동양평화론」에서 "일본을 머리로 한 평등한 자격의 한국·중국·일본의 연합과 백인 러시아 등으로부터의 공동 방어"의 필요성을 역설했다. 그래서 한국식민화정책으로 황인종의 조화로운 동맹의 건설 가능성을 박탈한 이토 히로부미를 죽인 것이 "황인종과 동양 전체를 위한 일"이라고 주장할 수 있었던 것이다.[30]

아시아주의는 일제강점 이후에도 계속되었다. 예컨대, 장지연은 『매일신보』 1916년 6월 8일자 기고문에서 '범아시아주의'를 내세워 조선이 일본에 복속(服屬)될 필요성을 역설했다.[31]

02

이완용 내각과 일진회의 '매국' 경쟁

일진회의 한일병합 요구 성명

안중근의 의거와 안중근에 대한 추모 열기도 일제의 야욕을 막아낼 수는 없었다. 한국을 완전히 집어 삼키고자 하는 일본의 음모는 나날이 노골화되었는데, 이 음모에 일진회가 적극 가세했다. 일진회는 회장 이용구 이름으로 1909년 12월 4일부터 한일병합에 관한 일련의 성명을 발표하기 시작했다.

일진회는 12월 4일 이른바 '100만 회원'의 명의로 2,000만 민중을 대표한다고 칭하면서 '한일병합청원서'를 소네 통감, 이완용 총리대신, 한국 황제에게 각각 제출했다. 이는 다 일본인들이 써준 것이었다.[32] 이 청원서의 일부 내용은 다음과 같다.

"대한제국을 병 앓는 사람에 비유하면 목숨이 끊어진 지 이미 오래입니다. 신 등이 울고불고하는 것도 시체를 끌어안고 통곡하는 것과 같습니다. 외교권이 어디 있습니까, 재정권이 어디 있습니까, 군사기밀이 어디 있습니까. …… 우리에게는 한 부대의 육군도, 한 함대의 해군도 없으니 이것을 어찌 나라라고 할 수 있겠습니까? …… 우리가 청나라에 망하지 않고 러시아에 먹히지 않은 것이 어찌 일본 천황의 어진 마음 때문이 아니겠습니까? …… 우리나라가 일본과 국경을 확 없애고 울타리를 없앤 한 정치와 교화 밑에서 함께 다스려지는 복리를 누리게 한다면 형이고 아우고 가릴 것이 무엇이 있겠습니까? (한국과 일본을) 갈라놓으면 약한 나무처럼 들리지만 합치면 큰 나라가 될 것입니다. 더구나 일본은 세계 1등국 대열에 뛰어들었으니 더 말할 것이 있겠습니까?"[33]

이완용과 송병준의 차이

당시 "이완용 내각과 일진회의 '매국' 경쟁"은 치열했다.[34] 노회한 이완용에 비해 송병준은 저돌적이었다. 1902년 2월 송병준은 이완용과의 의견 충돌로 내각에서 물러났다. 이이화는 "예수교도들이 미국에 의지하여 일본의 구속을 벗어나려 한다고 떠들어댄 탓에 미국영사의 항의를 받아 면직되었"다고 했는데,[34] 이완용으로선 그걸 좋은 기회로 삼았음직하다. 이이화는 두 사람의 차이에 대해 다음과 같이 말했다.

"이런 점에서는 이완용의 처신을 따라가지 못한 점도 있지요. 일제시대에 들어와서도 그랬습니다. 이완용은 워낙 정세를 잘 알기 때문에 말조심도 하고 그 관계에서는 교활한 모습을 보여주는 데 비해 송병준은 무지막지하기 때문에 기분 내키는 대로 거만 떨고 입도 함부로 놀려서 책이 잡혀 곤욕을 당하곤 했습니다. 이때도 그는 마치 예수교도들이 친미적인 경향을 갖고 있으니까 이것을 욕한답시고 떠들어댔던 것입니다. 일본은 미국의 힘도 만만치 않았고, 또 계속 말썽을 부리면 이용가치가 적어지기 때문에 적당히 밀어냈다가 다시 이용하였죠. 송병준은 눈치코치가 없어서 중간 중간에 여러 번 이런 꼴을 당합니다."[35]

내각에서 물러나온 송병준은 일본으로 건너가 일한연방안에 관하여 열심히 떠들고 다녔다.(후임 내부대신으론 전 참정대신 박제순이 기용되었다) 이 때문에 일부 일본인들은 이토가 이완용 내각만을 옹호한다고 비난하였는데, 『도쿄신문(東京新聞)』은 "이토 통감이 방침을 잘못하여 한국인에게 독립사상을 고취하였고 뿐만 아니라 이분자(異分子) 혼합의 이완용 내각을 옹호하여 일전(日前)의 소강(小康)만을 탐내어 일본주의의 송병준을 고립케 하였으며 일진회로 하여금 활동 불능에 떨어뜨렸다"고 주장했다.[36]

일진회 비난 · 지지 성명전

이완용은 송병준 · 이용구의 공세에 맞서 1909년 12월 4일 그의 비서 이인직과 민씨의 잔당 민영규를 시켜 국민대연설회를 개최케 했다. 원각사에서 열린 이 연설회에서 민영규 · 이인직 등은 병합을 주장하는 이용구 · 송병준을 규탄하면서 일진회와는 결단코 같은 국민이 될 수 없다고 주장했다. 모여든 시민 4,000여 명은 열렬한 박수를 보냈다. 이에 대해 이이화는 "그것은 합방의 공을 먼저 차지하려는 사술"이었다며 "이완용은 이런 일을 벌이며 한편으로는 일진회의 합방안 따위는 아직 시기가 이르다고 퇴짜를 놓고 있었다"라고 했다.[37]

12월 5일 대한협회를 중심으로 '국시유세단연설회'가 열려 일진회를 '매국노'로 규탄했다. 대한협회·황성기독교청년회·대한매일신보사 등도 반대성명서를 냈다. 한성부민회장 유길준은 한성부민회장의 명의로 일진회의 '한일합방 건의'를 성토하는 성명서를 발표했다. 1909년 12월 15일에 발표된 이 성명서는 "우리 한성부민들은 저 극악무도한 일진회의 합방 건의에 대하여 충분(忠憤)을 금지 못하는 바이며 전 국민의 이름으로 그들을 규탄하고 또 그 일진회를 즉각 해산시킬 것과 그 흉악한 합방 건의를 게재하여 솔선 배포한 『국민신보』도 아울러 폐쇄할 것을 건의하는 바이다"라고 했다.[38]

그와 반대로 일진회와 가까운 단체나 급조된 유령단체, 즉 대한상무조합, 국민동지찬성회, 13도 유생 대표들로부터는 찬성 성명이 나왔다.[39] 일진회의 병합 상소 소식을 듣고 심산 김창숙은 일진회 성토문을 기초하여 성주 향교에 유생을 모아 서명을 요구했다. 그러나 서명한 유생은 70명 가운데 김창숙을 포함해 네 사람뿐이었다고 한다.[40]

일진회·서북학회·대한협회 '3파제휴' 결렬

일진회의 '한일합방청원서'로 인해 그간 지도부 중심으로 이뤄지던 일진회·서북학회·대한협회의 '3파 제휴' 운동이 결렬됐다. 1909년 9월 중순부터 일진회는 서북학회 및 대한협회와 손잡고 이완용 내각 타도 운동을 벌일 계획을 추진하고 있었다. 서북학회와 대한협회는 독립협회의 계보를 잇는 애국계몽단체였으나, 이완용 내각 타도라는 점에서 일진회와 이해가 일치했다. 일진회는 이완용 내각을 타도하여 즉각적 '합방'을 달성하려 했고, 대한협회는 이완용 내각을 대신하여

새 내각을 장악하려 했으며, 서북학회는 서북 출신의 정치적 진출에 관심이 있었다.[41]

조동걸은 "1909년 12월 4일 일진회가 합방 상소를 올리기 한 시간 전까지도 대합협회와 일진회가 통합 협상을 추진하고 있었다"며 "그것이 지방 지회에 얼마나 알려져 있었던 가는 알 수 없다"고 했다.[42]

대한협회가 12월 4일 밤 결의한 '합방반대이유서'는 궁극적으로 합방에 반대한 것은 아니었다. "지금은 합방의 시기가 아니지만, 향후 한국이 개명(開明) 부강(富强)을 달성하여 일본의 보호국 상태로부터 벗어나는 것은 도저히 불가능하므로, 자연히 모든 한국인들이 합방을 주장할 것인데, 그때 합방을 해도 늦지 않다"는 인식일 뿐이었다.[43]

이현종은 "말기로 접어들면서 이른바 대한협회의 지도층이라 볼 수 있는 임원진은 친일화하였는데도 일반 회원들은 거의 대부분 아직까지도 위국충정으로 대한협회에서 활동하는 것만이 최선의 방법으로 생각하였다. 따라서 대한협회의 표리부동한 임원진의 정치적인 활동은 도리어 일반 회원들을 어리둥절케 하여 애국정신을 흐리게 하는 중대한 과오를 범했다"며 다음과 같이 말했다.

"대한협회는 말기에 이르러 일진회와의 암투 그 자체로서 항일운동을 한 것으로 민중에게 착각을 주었다. 친일·매국배들의 갈등이 더욱 그렇게 만들었다. 통감부하에서 권력의 암투를 위하여 일진회를 공격하였다. 그러므로 민중들이나 일반 회원들은 어리둥절한 나머지 일진회에 대한 규탄이 바로 항일운동으로 착각하고 있었다. 이만큼 국민들의 정신 초점이 흐려지거나 빗나가고 있었다."[44]

여기엔 일제의 교묘한 음모가 가세하고 있었다. 이현종은 "대한협회에 입회하면 항일언론을 자유롭게 부르짖으며 쌓였던 울분을 터뜨리게 놓아두었다. 그럼으로써 항일지사들을 찾아내어 정치적인 획책을 꾀할 수 있었다. 또 이미 대한협회란 정치단체가 친일로 전락한 후이므로 몇 사람이 구국항일을 부르짖어 보았자 효과 있는 일은 못 되었기 때문이다"라며 다음과 같이 주장했다.

"언젠가는 자기들의 조종대로 움직이게 될 것을 알고 있었다. 그러므로 회원들이나 지사들이 깨달았을 때는 이미 좁혀진 다음이므로 어찌할 수 없이 개인들은 자기의 실리를 찾거나 혹은 옳다고 생각되는 방법을 택하였다. 다시 말하면 굳은 의미의 소유자였지만 일반 민중은 약자의 입장에서 더 이상 견디지 못하고 밀쳐가고 말았다. 물론 회원 모두가 그런 것은 아니었다. 끝까지 항일구국으로 일관했던 지사도 허다하였으나 일반 회원은 무기력하여 졌으며 협회 지도층도 일부 전향, 일부 항일투쟁으로 분리되고 말았다."[45]

일진회는 오명의 대명사

이제 일진회는 오명(汚名)의 대명사가 되었다. 속담에까지 등장하게 되었다. 송재선의 『우리말속담큰사전』(서문당, 1983)은 "일진회의 맥고(麥藁)모자 같다"는 속담을 "몹시 더럽고도 지저분한 것"에의 비유라고 풀이했다. 맥고모자는 납작한 밀짚모자를 말하는 데, 일진회의 대표적인 상징은 맥고모자보다는 '벙거지'였다. 벙거지의 연원에 대해 동양화가 이승만의 『풍류세시기』(중앙신서, 1977)는 다음과 같이 설명했다.

"일인의 앞잡이로 자처하던 일진회 패거리가 제법 개화의 선도자처럼 으스대면서 맨대가리의 시범을 보였다. 이들 역시 머리를 자르고 보니 허전해진 맨대가리를 가릴 것이 우선 급했다. 그래서 급조한 것이 '일진회 벙거지'다. 내 눈에 지금까지도 그 벙거지의 꼴불견이 선하게 되살아난다. 이 벙거지의 생김새가 어떤고 하니 지금 사람들이 보면 그대로 만화감이다. 이 벙거지의 모양은 그 무렵 일인들이 즐겨 쓰고 다니던 '헌팅 캡'을 흉내 내듯 싶게 생겨먹은 것이, 그 재료에 있어서는 더욱 가관이라 아니할 수 없으니 무명에 물감을 들인 형편없는 것이었다. 가뜩 그 무렵 일인이라면 이를 갈던 민중의 감정은 …… 이만저만이 아니었다. 그래서 세상에서 보기 싫고 못돼먹은 인종지말(末)로, 저네들이 즐겨 쓰고 다니던 벙거지에서 생겨난 '머리 깎고 담벙거지 쓴 놈'하는 속담이 생겨날 정도로 지난날의 일진회 무리가 민중으로부터 얼마만큼 지탄의 대상이었던가를 가려주고 있다."[46]

좀 형편이 나은 일진회 회원은 정통 '도리우치(납작모자)'를 사서 쓰기도 했던 모양이나, 욕먹긴 매일반이었다. 임종국은 "항간에서는 그들이 쓰기 시작한 도리우치를 일진회 모자라고 호칭하면서 반역의 왕관처럼 증오하였다"라고 했다.[47]

03

이재명의 이완용 암살 시도

이완용의 파란만장한 '변역'

1907년경 이완용은 자신의 생질로 일찍부터 비서 역할을 했던 김명수에게 다른 사람에게 누설하지 말 것을 당부하면서 다음과 같이 말했다고 한다. 이는 김명수가 1927년에 편집한 이완용 관련 자료집인 『일당기사』에 실려 있는 이야기다.

"최초 25세 무렵에는 종래 조선인이 목적으로 하는 문과에 합격했다. 당시 미국과의 교제가 점차 긴요한 까닭에 그때 신설된 육영공원에 입학했고 미국으로 건너갔다. 갑오경장 후 을미년에 이르러서는 아관파천 사건으로 인해 노당(露黨)의 호칭을 얻었고 그 후 러일전쟁이 끝날 때에 이에 전환하여 현재의 일파(日派)라는 칭호를 얻었다. 이는 때에 따라 적당함을 따르는 것일 뿐 다른 길이 없다. 무릇 천도(天道)에 춘하추동이 있으니 이를 변역(變易)이라 한다. 인사(人事)에 동서 남북이 있으니 이것 역시 변역이라 한다. 천도 인사가 때에 따라 변역하지 않으면 이는 실리를 잃고 끝내 성취하는 바가 없게 될 것이다."[48]

그러나 민심은 그의 파란만장한 '변역'을 곱게 보지 않았다. 아니 민족의 이름으로 응징의 칼을 겨눈 사람들도 많았다. 안중근의 이토 히로부미 저격은 자극이 되었다. 그 사건이 일어난 지 채 두 달이 못 된 1909년 12월 22일 이완용 암살 시도 사건이 일어났다.

이완용 중상, 이재명 사형

그날 오전 이완용은 5일 전인 12월 17일 사망한 벨기에 황제 레오폴드 2세의 추도식이 열리고 있는 서울 종현 천주교회당(지금의 명동성당)내 추도식에 참석한 뒤 11시 30분경 저동 자택으로 돌아가기 위해 인력거에 올라 교회 오른쪽 언덕길을 막 오르려던 참이었다. 이때 갑자기 한 청년이 인력거 뒤에서 달려오더니 품속에서 단도를 꺼내 순식간에 이완용의 왼쪽 어깨를 내리 찔렀고, 이완용이 인력거 아래로 고꾸라지자 그를 타고 앉아 오른쪽 허리를 찔렀다. 이를 지켜보던 인력거꾼 박원문이 달려들어 제지하려 하자 청년은 그의 어깨를 찔러 쓰러뜨린 뒤 다시 이완용에게 달려들어 오른쪽 신장 부분을 찔렀다. 이완용을 죽였다고 생각한 청년은 '대한독립 만세!'를 외쳤다. 때마침 인근에서 호위하던 순사들이 달려들어 청년은 격투 끝에 체포되었다.[49]

그 청년은 스물세 살 된 이재명이었다. 이재명은 평양 출신으로 열세 살 때 예수교에 입교했으며 1904년 미국 노동이민회사의 이민 모집에 응모, 하와이에서 농부로 일했다. 그는 1906년 3월 재미한인 독립운동단체인 공립협회에 가입해 활동하다가 1907년 공립협회에서

이재명(왼쪽에서 두 번째)과 동지들. 이재명은 이완용을 암살하려 했으나 중상을 입히는 것에 그치고 말았다. 암살미수만으로는 사형에 처할 수 없었던 일제는 이재명을 제지하려던 인력거꾼 박원문을 살해한 혐의로 1910년 9월 21일 사형에 처했다.

매국적(賣國賊) 숙청을 결의하자 자원해 그해 10월 귀국했다. 그는 이토 히로부미를 처단하기 위해 원산을 거쳐 블라디보스토크로 건너가 기회를 엿보던 중 안중근이 하얼빈 역에서 그를 처단했다는 소식을 듣고 귀국해 다른 처단 대상을 물색하다가 이완용을 습격한 것이었다.[50]

다량 출혈로 사경을 헤매던 이완용은 대한의원(지금의 서울대병원 구관)에서 50여 일 동안의 치료 끝에 이듬해 2월 14일 퇴원했다. 그가 입원해 있는 동안 그의 병실에는 통감부 소속 일본인 고관을 비롯해 고종·순종 황제가 보낸 칙사, 한국 정부 고관, 심지어 한국 거류 일본인들의 병문안 발길이 끊일 날이 없었다.[51]

이재명은 1910년 4월에 사형 판결을 받고 그해 9월 21일 서대문형무소에서 순국했다. 그는 사형선고를 받자 재판관을 향하여 "공평치 못한 법률로 나의 생명을 빼앗지마는 국가를 위하는 나의 충성된 혼과 의로운 혼백은 가히 빼앗지 못할 것이니 한 번 죽음은 아깝지 아니하거니와, 생전에 이루지 못한 한(恨)을 기어이 설욕신장하고 말리라" 하고 일갈했다. 그의 아내 오인성(1891~1919)은 목 놓아 울면서 "국적(國賊) 이완용은 아직 살아 있는데, 우리 집 가장은 무슨 죄로 사형에 처하느냐!" 하고 절규했다. 이후 오인성은 남편의 유지를 받들어 독립운동에 헌신하게 된다.[52]

김구의 후회

우연히 1909년 12월 초에 이재명을 만난 적이 있던 김구는 크게 후회하였다. 이런 사연이 있었다. 김구가 안악에서 노백린을 만나 술을 마시고 있을 때 갑자기 동네에서 소란스러운 소리가 들렸다. 오인성이라는 여교사가 남편 이재명이 무엇인가 강경한 요구를 하면서 권총으로 위협하는 바람에 이웃집으로 몸을 피했으며, 이재명은 동네 어귀에서 총을 쏘아대며, 매국노를 한 놈씩 총살하겠노라고 소리 지르며 피운 소란이었다. 김구와 노백린은 이재명을 불러 그의 사연을 들었다. 노백린은 이재명의 손을 잡고 다음과 같이 말했다.

"국사에 비분하여 용기 있게 활동하는 것은 극히 가상한 일이오. 그러나 큰일을 도모하고자 하는 대장부가 총기로 자기 부인을 위협하고 동네에서 총을 함부로 쏘아 민심을 소란하게 하는 것은 의지가 확고하지 못한 것을 드러내는 징표이니, 지금은 칼과 총을 내게 맡겨두고 의지를 더욱 강견하게 수양하고 동지도 더 사귀어, 실행할 만한 때에 총과 칼을 찾아가는 것이 어떻겠소?"[53]

이재명은 두 사람의 권위에 눌려 총과 칼을 노백린에게 주었다. 나중에 이재명의 거사를 알게 되자 김구는 "이 의사가 권총을 사용했더라면 국적 이완용의 목숨을 확실히 끊었을 것인데, 눈먼 우리가 간섭하여 무기를 빼앗는 바람에 충분한 성공을 거두지 못한 것이다"라면서 노백린과 자기가 이재명의 권총을 빼앗은 일을 몹시 후회했다.[54]

이 무렵 블라디보스토크와 하얼빈에 밀파된 일본 경찰의 정보보고서는 그곳에 있는 한국인들이 "이재명은 조국의 수도, 더욱이 일본인 순사와 헌병이 배치된 가운데에서 이 장거를 수행했다. 그러면 처음부터 살아 돌아올 것을 기대하지 않은 결사의 행동으로서 그 용맹은 안중근보다 위에 있다. 또 더욱 안중근보다 우수한 제1등 공신을 냈다고 칭송하고 있다고 한다"라고 기록했다.[55]

박원문의 죽음에 대하여

인력거꾼 박원문은 이재명에게 왼쪽 폐를 찔려 사망했다. 박노자는 "이완용에 대한 이재명의 공격이 정당화될 수 있다 해도, 매국노를 인력거에 태워준 죄(?) 이외에 별다른 죄를 저지른 일이 없던 박원문이 그 자리에서 죽은 것이 정의인가? 일제는 일제대로 박원문의 죽음을 이용해 이완용의 암살미수건만으로 사형을 받을 수 없던 이재명에게 '박원문 살인죄'를 적용해 사형에 처했다"며 다음과 같은 질문을 던졌다.

"이재명이 공판에서 박원문을 죽인 것이 '우연'이었음을 강조하고

'무지무능한 저 가련한 노동자를 일부러 죽이려고 했겠는가'라고 반문했지만, '무지한 노동자'의 죽음에 대해 유감을 표명한 적이 없었다. '나라를 위한 일'을 하는 과정에서 평민 하나쯤 목숨을 잃는 것은 당시에 민족주의자 사이에서 별다른 고심거리가 되지 않았다. 그런데 과연 오늘날의 우리는 '이재명 의거'에 대한 기억에서 박원문의 죽음을 꼭 빠뜨려야만 하는가?"[56]

이완용에 대한 민심의 분노

이완용에 대한 민심의 분노는 더욱 거세졌다. 이는 『대한매일신보』 기사를 통해 우회적으로 표출되었다. 『대한매일신보』 1908년 10월 12일 자는 이완용이 며느리와 정을 통했다는 소문이 있다고 보도한 적이 있었다. 이완용이 칼을 맞아 사경을 헤매고 있는데도, 『대한매일신보』 1910년 1월 5일자는 이완용의 며느리가 시아버지 간병을 하고 있다며, 다시 그 소문을 언급하면서 비아냥거렸다.[57] 이 소문에 대해 이이화는 다음과 같이 말했다.

"이완용의 큰아들 명구는 일본에 수년간 유학 가 있었는데 이때 이완용이 그의 며느리와 간통했다는 것이다. 명구가 돌아와 어느 날 안방에 들어가 보니 애비가 마누라의 무릎을 베고 누워 있었다. 명구가 문을 닫고 나와 '집안과 나라가 함께 망했으니 죽지 않고 무엇하랴'라고 탄식하며 자살했다 한다. 그 후 이완용은 며느리를 독차지해 첩으로 삼았다고 한다."[58]

또 이이화는 "여자가 많았을 터인데 설마 며느리를 건드렸겠느냐 하는데 그건 그렇지 않습니다. 맘에 드는 여자가 중요한 것이지 많은 것이 중요합니까?"라면서 다음과 같이 말했다.

"제가 조사한 바에 의하면 큰며느리가 임씨였다는 것, 아들이 죽은 연대와 도쿄 유학을 간 연대가 다 맞아떨어지고, 다만 자살했다는 것만은 확실치 않습니다. 자살했느냐, 정말 며느리를 건드렸느냐, 그리고 아들이 죽자 며느리를 첩처럼 데리고 살았다고 하는데, 아무래도 그건 믿을 수가 없습니다만, 하여튼 이런 말들이 떠돌았습니다. 얼마나 미웠으면 이런 말이 떠돌았겠어요?"[59]

제6장 망국 직전의 생활문화

01

영화의 폭발적 인기

영화는 언제 조선에 들어왔는가?

프랑스의 뤼미에르 형제가 파리의 한 카페에서 지극히 초보적인 형태의 초단편 영화 10편을 처음 공개 상영한 건 1895년 12월 28일이었으며, 1896년 4월쯤에는 미국에서도 영사장치가 개발되어 대중에게 공개되었다. 에디슨이 만든 '키네토스코프'가 뉴욕에서 선을 보인 게 바로 그것이다. 일본은 이 키네토스코프를 직수입하여 1896년 11월 25일부터 일반인들을 대상으로 유료 상영을 시작했으며, 뤼미에르 형제의 시네마토그라프는 1897년 2월경 소개되었다.[1]

조선에 영화가 처음 들어온 시기에 대해서는 의견이 분분하다. 1897년 구리개(지금의 충무로)의 본정좌(本町座)라는 곳에서 처음 상영했다는 설, 1898년 10월 영국인 아스트 하우스가 남대문 거리에서 중국인의 창고를 빌려 프랑스 파테(Pathe) 영화사의 단편 필름을 틀면서 입장료로 백동전 한 푼 또는 빈 담뱃갑을 받았다는 설, 1897년부터 1903년 사이에 '영미연초회사'가 담배 판촉을 위해 구리개 부근의 자사 창고에서 활동사진을 보여주면서 입장료로 빈 담뱃갑을 받았는데, 처음에는 한 개를 받다가 나중에 인기가 오르니까 열 개까지 받았다는 설 등.[2] 그러나 영미연초회사는 1906년에 설립되었으며 빈 담뱃갑을 내고 입장료를 대신했다는 것은 사실과 다르다는 지적도 있다.[3] 크게 보아 1897년 설, 1903년 설, 1904년 설, 1905년 설 등이 있다.[4]

조희문은 미국의 직업 사진작가이자 여행가 버튼 홈스(E. Burton Holmes)의 여행기를 바탕으로 1899년 설을 제시했다. 영화와 사진 전문가 등 3~4명으로 구성된 홈스 일행은 일본을 거쳐 한국에 왔으며 서울에 머무는 동안 성안과 밖을 다니며 풍경과 사람들의 모습을 영화로 촬영했다는 것이다. 홈스 일행은 고종에게 영화를 소개했는데, 흡족한 반응을 보인 고종은 홈스 일행에게 비단·족자·은 등의 하사품을 주면서 연회를 베풀어 환대했다고 한다.[5] 홈스가 서울에 들어온 건 1906년이었다는 설도 있다.[6]

최초의 공식적인 기록은 1903년

학자들마다 견해가 다르니 신문 기사로 미루어 당시 상황을 짐작해보는 게 좋겠다.

『황성신문』 1901년 9월 14일자는 '영화'에 대해 "이와 같이 귀신의 조화 속 같은 물건은 천고에 보지도 듣지도 못한 것이니 우리나라 사람은 어느 때에나 이런 묘술을 배워 익힐지 모르겠다"라고 했다.[7]

'영화' 상영 안내와 관련된 최초의 공식적인 기록은 1903년에 이

동대문 전차 차고에서 나오는 전차 모습. 1903년 영화 상영 안내와 관련된 최초의 공식 기록이 나온다. 동대문에 있던 한성전기회사가 전차사업을 선전하기 위해 동대문에서 활동사진을 상영했는데, 전차를 타면 무료로 활동사진을 볼 수 있었다.

르러 나타났다. 동대문에 있던 한성전기회사가 전차사업을 선전하기 위해 활동사진을 상영했는데, 전차를 타면 무료로 활동사진을 볼 수 있었다.[8]

『황성신문』 1903년 6월 23일자는 "동대문 전기회사 기계실에서 상영하는 활동사진은 일요일과 흐리거나 비 오는 날을 제외하고는 매일 오후 8시부터 10시까지 상영하는데 대한과 구미 각국의 유명 도시와 각국의 찬란한 광경이 준비되어 있다고 한다. 입장료는 동화 10전"이라고 보도했다.[9] 동화 10전은 당시 설렁탕 한 그릇 값이었다.

『황성신문』 1903년 7월 10일자는 영화 상영이 폭발적인 인기를 얻어 관람객이 매일 밤 인산인해를 이루었다고 보도했다. 매일 저녁 상영 때마다 1,000여 명이 넘는 관객이 입장했으며 입장료 수입만도

100원이 넘었다고 한다.[10] 영화 속에 등장하는 흰 드레스 입은 여자 무용단원들이나 합창단원들이 절을 하면 갓 쓰고 도포 입은 조선 관객들은 절 받으려고 의자에서 일어나곤 했다는 이야기도 있다.[11]

1902년 8월에 세워진 협률사는 황실에서 설립한 최초의 실내 극장이었다. 고종 즉위 40주년을 맞아 내외 귀빈을 접대할 목적으로 여러 신식 설비를 갖춘 협률사는 일반 관객을 상대로 갖가지 민속예술을 보여주었는데, 판소리가 가장 큰 호응을 얻었다.[12] 협률사는 한성전기회사의 영화 상영에 자극받아 1903년 7월 7일부터 영화를 상영하였다.

일본 활동사진회도 1904년 12월부터 영화를 상영했는데, 이게 1904년 최고의 히트 영화가 되었다. 러시아 극동함대의 궤멸을 담은 기록영화였다. 12월 7일부터 상영된 이 기록영화는 "그 후 시내 각처를 전전하면서 화면이 부옇게 되도록 무려 1년 이상을 재탕, 삼탕하였다"고 한다.[13]

마케팅 수단으로서의 영화

『황성신문』 1906년 4월 13일자는 각급 학교 학생이 매일 밤 객석으로 몰려들고 심지어 야간학교 학생도 줄어드는 추세라고 했고, 1906년 5월 14일자는 영화를 구경하려는 사람들이 무리를 지어 이곳저곳을 돌아다니는 걸 우려할 정도였다.[14]

『만세보』 1906년 7월 26일자는 "오후 7시쯤이면 전차를 타고 몰려드는 사람이 많고 상등석과 하등석으로 구분된 상영장 안은 발 디딜 틈이 없을 정도로 붐비게 되었으니 어느덧 이곳도 영업장이 되었더

라"라고 보도했다.[15]

영미연초회사의 활동 시기에 대해선 논란이 있지만, 1906년부터 본격적인 판매사업에 들어간 건 분명하다. 중국 상하이에 본사를 두고 있던 이 회사는 당시 담배시장의 주도권을 쥐고 있던 일본 상인들과의 경쟁을 위해 영화 관람을 판촉 수단으로 이용했다. 한미전기회사가 운영하고 있던 동대문활동사진소와 손을 잡고, '올드골드' '히어로' '할로' '허니' 같은 고급담배는 빈 갑 10장, '드럼헤드' '골드피시' 같은 값싼 담배는 20장을 입장료 대신 받았다. 이게 일반 대중으로부터 큰 호응을 얻자, 한미전기회사 측도 전차 승객 유치를 위해 승차권을 가진 사람에게 영화를 구경시켜주는 마케팅 기법을 도입했다.[16]

『만세보』 1906년 7월 29일자는 "구경 가세 구경 가세 동대문안 전기회사로 활동사진 구경가세 / 전차표 한 장이요 담배 빈 갑 10장이면 기기묘묘한 구경이 다 있네"라는 노래 가사를 소개했다. 영화를 이용한 마케팅 기법의 성공을 말해주는 증거라 하겠다.[17]

오락 이외에 무엇으로 삶을 위로하랴

변사의 활동이 기록에 나타나기 시작한 것은 1907년부터였다. 『만세보』 1907년 5월 12일자는 황실에서 영화를 상영할 때 고종을 비롯한 관람자들에게 영화 내용을 설명했다고 보도했다.[18]

물론 당시의 '영화'는 오늘날의 영화와는 큰 차이가 있는 것이었다. 유현목은 "당시의 필름은 뚜렷한 주제의식을 가지고 있는 것이 아니라 단편적인 소극(笑劇)에 불과했다. 따라서 이렇다 할 만한 내용도 없었거니와 그저 잠깐 그림을 보여주는 듯한 풍경 내지 관광적인 것들뿐이었다. 『황성신문』의 흥행 광고를 읽어 보면, 당시 영화들은 약 30~50피트(약 9.2~15.3미터) 정도의 짧은 길이의 실사 풍물이나 또는 춤 · 코미디 · 마술 등 약간의 인위적인 연출이 가미된 쇼 프로와 같은 오락적인 것들이었다(당시 1피트는 1초)"고 평가했다.[19]

서울에 본격적인 영화관이 등장한 것은 1910년 2월 28일 경성고등연예관이 개관하면서부터였다. 일본인 와타나베가 세운 이 극장은 당시로서는 첨단설비라고 할 수 있는 각종 영사시설을 구비했으며, 프랑스 파테 영화사로부터 수입한 영화들을 상영했다.[20]

1910년을 전후로 활동사진의 길이는 상영에 약 20~30분이 소요될 정도로 길어지고 나름의 스토리를 갖게 됨으로써 일대 전환을 맞이해 관중의 폭발적인 인기를 누리게 된다.[21] 극장들도 많이 생겨남으로써 영화는 최고의 오락 · 여가 활동으로 자리 잡게 된다.

『대한매일신보』1910년 3월 3일자는 여성 관객을 향해 "극장에 들어가셔 분뒷박을 내두르며 낙시눈을 떠가지고 서방질에 재미나서 집안일은 아니 보고 음심탕정(淫心蕩情)장 중(中)하여 양풍미속(良風美俗)이 괴난(壞亂)하니 저런 못된 화냥년들 즉각(卽刻) 내(內)로 착지(捉持)하라"고 주장했다.[22]

경술국치 1주일 전인 1910년 7월 20일 『대한매일신보』는 공격 범위를 넓혀 "소설과 연희(演戲)는 심상한 부인 여자와 시정 무식배가 제일 감동하기 쉽고 제일 즐겨하는 바이다"고 주장했다. 이에 대해 천정환은 "물론 대중이 역사를 만들어가고 대중도 '나라'를 필요로 할 때가 있겠지만, '나라의 흥망'에 늘 비분강개하거나 해야 한다는 생각은 단지 지식인의 생각인 것이다"라고 했다.[23]

『대한매일신보』의 독설은 저물어가는 국운(國運)에 대해 비분강개하는 마음으로 부려본 일종의 심통이라고나 할까. 그러나 그런 심통으로 영화·연희·소설의 물결을 막을 수 있는 건 아니었다. 이제 나라 잃은 백성이 오락 이외에 무엇으로 삶을 위로할 수 있으랴. 신문은 사라지고 영화·연희·소설이 그 자리마저 대신하게 된다.

02

연극의 인기와 풍기 논란

광무대 · 단성사의 개관

영화와 더불어 공연예술도 극장에서 공연되었다. 1902년 8월에 세워진 협률사는 1906년 4월 연극이 풍속을 문란케 한다는 상소 때문에 문을 닫았다. 이어 생겨난 광무대(1907년 5월~1930년 5월)는 동대문 전차기계창 안에 세운 공립극장으로 출발했다. 동대문활동사진소의 업종 변경인 셈이었다. 1907년 5월 28일 광무대가 〈춘향가〉로 개관하자, 『만세보』 5월 30일자는 춘향과 향단이 등장하고, 그들이 판소리만 부른 게 아니라 실제 인물같이 악기도 타고 춤도 추면서 극중 성격을 사실처럼 그려냈다고 보도했다.[24]

1907년 6월초에 설립돼 판소리와 창극 등을 공연한 단성사는 한동안 유력자들의 사교장 비슷한 지위를 누리기도 했다. 예컨대, 『대한매일신보』 1908년 2월 18일자에 따르면, 손탁이 자신의 집에 모인 고

관들과 함께 단성사로 가 연희를 관람했다고 한다.[25]

원각사와 이인직

1908년 7월 원각사가 문을 열었다. 원각사는 문을 닫은 궁내부 소관 협률사를 민간인이 임대하여 운영한 극장으로 나중에 다시 매각되어 현재 충정로의 새문안교회가 자리를 잡았다. 1908년 전후 서울에는 단성사·원각사·광무대·연흥사·장안사 등의 한인 극장이 활동했는데, 같은 시기 일인 극장보다 훨씬 적었다.[26]

원각사는 이인직이 깊이 관여한 극장이었다. 이이화는 이인직에 대해 "연극 활동에서는 원각사를 만들었다고 해서 공로자로 추켜세웁니다"라면서 "원각사는 이완용의 지원을 업고 이인직의 활동에 상당한 도움을 준 것으로 보입니다"라고 평가했다.[27]

최원식은 "이인직이 원각사 개장 후 거의 일본에 있었던 점으로 보아 그는 '원각사 설치의 알선역'에 불과했던 것 같다. 이미 통감부가 실질적인 통치권을 수행했던 당시 친일 정객으로 암약하던 이인직은 극장 인가를 맡고 있던 경시청과의 교섭을 위해 경영주에 의해 내세워진 인물일 것이다. 그리고 당시 경영주가 안순환이었다는 점도 원각사와 이인직의 관계가 명목에 불과하다는 것을 반증한다"고 했다.[28]

조동일은 "원각사라는 극단은 두 가지 구실을 했다. 영리적인 흥행을 하는 상업적인 극단이어서 구경꾼이 많이 모여들 수 있는 종목을 마련했으며, 광대들에게는 협률사의 전례에 따라 월급을 주었는데 상당한 대우였다. 흥행이 잘 되어 그럴 수 있었다"며 다음과 같이 말했다.

원각사의 모습. 원각사의 구실 중 하나는 연극 개량을 표방하고 창극을 하는 기회에 친일의 언사를 전하고자 했다. 신채호를 비롯한 애국 언론인들은 원각사를 규탄했다.

"그러면서 또 한편으로는 창설하고 운영한 사람들의 성향에서 드러나는 바와 같이, 친일파의 여론 조작을 담당했다. 연극 개량을 표방하고 창극을 하는 기회에 친일의 언사를 전하고자 했다. 그 때문에 『대한매일신보』에서 신채호를 비롯한 애국 언론인들이 원각사를 규탄하는 논설을 폈다. 구태의연한 판소리를 공연해 음란하고 허황된 수작으로 건전한 기풍을 타락시키는 것도 용납할 수 없는데, 연극 개량을 한다면서 내놓은 작품이 민족을 각성시키는 내용과 전혀 상치된다고 했다."

이어 조동일은 "그러나 비판자들이 새로운 연극을 어떻게 해야 하는지 대안을 내놓지는 못했다. 시가나 소설을 혁신해서 민족의 기상을 진작시키는 것도 쉬운 일이 아니었는데, 탈춤을 버려두어 이용할 만한 모형을 찾지 못한 연극에서 그런 목표를 달성하려고 하니 누가 나서도 대책이 막연했다"라며 다음과 같이 말했다.

"판소리 광대가 아니고서는 배우가 없어 창극을 신연극으로 삼아야만 했다. 판소리를 좋아하는 관객을 모으기 위해서도 창극을 하면서 판소리를 들려주어야 했다. 원각사 운영자들은 신연극에 대한 불신이 일어나 곤경에 몰릴 때마다 여론 조작의 의도는 접어두고 김창환을 주석으로 한 명창들의 역량에 의존해야 했다."[29]

신문의 전통연극 비판

당시 언론을 주도하는 식자층은 〈배비장타령〉 등과 같은 우리의 전통연극 내용에 대해 매우 비판적이었다. 이에 대해 유민영은 "당시 지식층을 주도했던 지사류(志士類) 인사들은 대부분 개신유학파들로서 실학사상과 유학의 도덕원리를 기본으로 하고 있었기 때문에 민속예능이 시대착오적인 것으로 보일 수가 있었으리라 본다"라고 분석했다.[30]

『황성신문』 1907년 11월 19일자 논설은 개명한 나라의 연극이 국민의 마음을 유쾌하게 하고, 애국정신을 고취시키며, 지식을 얻게 하고, 유익한 데 반하여, 우리 연극은 조금도 자국 사상이 없는 가운데 음란한 행위와 황당한 말, 방탕한 소리로 오히려 문명 발달에 피해를 주고 있다고 비판했다.[31]

『대한매일신보』 1908년 7월 12일자 논설은 우리 영웅호걸과 충신열사의 사적을 비극으로 엮으면 국민의 감정과 정신에 유익한 개량연극을 만들 수 있다고 하면서 성충·계백·최영·윤관·정몽주 같은 인물의 일대기를 실제와 같이 만들어 보여야 한다고 주장했다.[32]

『서북학회월보』 1909년 10월호는 활극(活劇)을 강조하면서 탐관오리와 정치, 처첩 사이의 싸움과 질투, 을지문덕의 전사, 계월상의 절개 등을 소재로 작품을 만들면 풍속 개량뿐만 아니라 연극 개량에도 큰 도움이 될 것이라고 주장했다.[33]

이런 비평들에 대해 김복순은 "여기서는 우리의 전통예술이 전면 부정되고 있다"며 다음과 같이 말했다.

"판소리라든가 꼭두각시, 토끼타령, 심지어 춘향가까지 음탕지희 (淫蕩之戱)라 하여 거부된다. 자주와 주체적 개화를 부르짖으면서도 자국의 전통 민속예술을 부정하는 자가당착적인 이러한 태도에는, 논설에서도 드러나는 바 새로운 창작극에의 갈망이 내포되어 있다고 할 수 있다. 즉, 온달이나 을지문덕, 나파륜 등 역사상의 영웅호걸과 충절열사를 작품화하여 국민교화에 힘써야 한다는 것이다. 이들은 연극장을 사회교육장으로만 인식하고, 교화적 목적을 위해 주체성이 강한 목적극을 일관되게 요망했던 것이다."[34]

매춘을 알선하는 소굴

개신교인들도 반대의 목소리를 높였다. 『황성신문』 1909년 6월 3일자에 따르면, 개신교 신도 수십 명이 공연 중인 연흥사 앞 건물에서 소리 높여 찬송가를 부름으로써 공연을 방해했다.[35]

경찰은 풍기 단속을 이유로 곧잘 통제를 가하곤 했으니 그야말로 사면초가였다. 경찰 당국은 입장객 40명 미만이면 공연을 하지 않는다는 규칙을 만들어 시행했는데, 1909년 8월 1일 그러한 규칙에 따라 실제로 극장 문을 열지 못하는 사태가 빚어지기도 했다.[36]

연극장 내 풍기 문란이 심한 건 사실이었던 것 같다. 이승원은 "연극장에는 부랑패류들과 매춘에 종사하는 여성들이 범람했다. 연극장을 찾는 목적도 일차적으로는 연극을 구경하는 데 있었지만, 몇몇의 사람들은 '부인석의 갈보 구경도 실컷' 하려는 꿍심을 감추지 않았다"며 다음과 같이 말했다.

"신문보도에 의하면 1909년을 기준으로 서울에서 매춘에 종사하는 여성의 수는 2,500명 정도였다. 이들의 주요 활동장소가 연극장이었다. 공권력은 사복경찰을 연극장에 비밀리에 투입하여 매춘에 종사하는 사람들을 검거하기 시작했다."[37]

이승원은 "문명개화를 위해 설립한 근대적인 신식 극장들이 매춘을 알선하는 소굴로 변해갔다. 단성사·협률사·원각사·광무대 등 근대식 극장은 취군 나팔소리를 동원하여 사람들을 유인했고, 이로 인해 도시는 좀더 소란스러워졌다"며 다음과 같이 말했다.

"사람들은 극장의 취군 나팔소리에서 탕자들의 방탕한 화류계 생활을 연상했다. 때문에 신문들은 극장에서 공공연히 거래되는 '매춘'에 대해서 비난의 화살을 퍼부었다. …… 기생들의 판소리 또한 계몽가들에게 공격을 받았다. 기생의 노랫소리에 패가망신하는 사람들이 속출하였고, 기생방에서 세월을 낭비하는 청년들이 늘어났기 때문이다."[38]

서울 기생의 급증엔 1909년 관기제도의 폐지가 미친 영향이 컸다. 먹고살 길이 없어진 지방 기생들은 앞 다투어 서울로 상경했고, 적극적으로 영업에 임함으로써 수요를 창출하고자 했다.[39] 철도로 인해 지역 간 이동이 자유로워졌고 기생의 법도가 무너진 것도 큰 영향을 미쳤다.[40]

과거엔 양반만 상대할 수 있었던 기생을 돈만 있으면 누구나 접할 수 있게 됨에 따라 그간의 신분제를 뛰어넘는 한풀이 수단으로 기생 수요가 폭증했다. 또한 신흥 기생 고객은 기생의 법도를 모르는 자들이라, 기생의 공급도 마구잡이로 이루어졌다. 이런 수요·공급의 상승 효과로 기생이 급증했던 것이다.

임종국은 이 시대의 전반적인 '풍기 문란'은 일본이 정책적으로 조장한 것이라며 "일제의 침략은 칼과 코란이 아니라 칼과 여자로 수행되었다"고 주장했다. 그는 그 이유로 "첫째는 구한말 집권층의 정치적 불만의 토출구로써, 둘째는 유산계층의 탕재로 민족자본의 형성을 저해하기 위해서, 셋째는 청년층의 민족의식을 주색으로 마비시키기 위해서" 등을 들었다.[41]

유성기의 판매와 보급

1900년대 후반 유성기의 판매와 보급도 호기심 차원을 넘어 본격적으로 이루어지기 시작했다. 이즈음 "유성기에서 흘러나오는 애잔한 음악 소리가 위기에 처한 한국인들의 마음을 더욱 나약하게 만든다"는 비판이 제기되었다는 게 그걸 잘 말해준다.[42]

에디슨이 유성기를 발명한 건 1877년이었는데, 국내엔 1897년 미국공사 앨런이 최초로 들여와 미국공사관에 초청한 각부 대신들 앞에서 시연했다는 설이 가장 유력하다. 당시 유성기는 간단한 녹음도 가능하였기에, 앨런은 짤막한 환영 연설을 하고 한국 대신 한 명이 답사를 한 걸 녹음했다가 들려주었다. 대신의 체통 때문인지 아무도 놀라움을 표현하지 않은 채 "이를 악물고 참는 모습이 역력했다"지만, 말을 하는 귀신이 미국공사관에 있다는 소문이 퍼져 나가면서 공사관으

로 통하는 덕수궁 돌담길은 한때 인적이 끊겼다고 한다.[43]

『황성신문』 1899년 3월 11일자 광고, 『독립신문』 1899년 4월 20일자 기사 등으로 미루어 이 당시 일반인들을 대상으로 한 유성기 시청회가 열려 많은 구경꾼들을 감탄하게 만들었다. 1900년을 전후해 창가 교재·오르간·유성기 등을 판매하는 상점이 창업했다.[44]

『만세보』 1907년 3월 19일자 광고에 따르면, 일본 도쿄에 본점을 두고 전국에 지점을 둔 삼광당은 조선의 대리점인 즈지야상회를 앞세워 조선에 진출하면서, 악공 한인오와 관기 최홍매 등 몇 명을 일본으로 불러 음반을 제작한 뒤 유성기 판매에 나섰다. 이 광고는 유성기가 '가정오락'과 '일가단란(一家團欒)'의 중개자라고 주장했다.[45]

유성기를 살 능력이 안 되는 사람들에겐 창경궁이 새로운 '가정오락'으로 등장했다. 일제는 1907년 창경궁에 동물원과 식물원을 만들고 1909년부터 일반에 공개했다. 조정래의 대하소설 『아리랑』엔 한일병합 건의서를 채택하기 위해 서울에서 열린 일진회 비상임시총회에 참석한 군산 지부장 백종두가 등장한다. 그 장면을 잠시 감상해보자.

"아무 거칠 것 없이 회의를 마친 본부에서는 한성 구경을 시켜주었다. 첫 번째로 구경을 간 곳이 지난달에 새로 문을 연 창경원의 동물원과 식물원이었다. 난생 처음 보는 여러 가지 동식물들은 썩 볼만한 구경거리였고 눈요깃감이었다. 그뿐만 아니라 궁중을 동시에 구경할 수 있는 재미가 합쳐져 더 좋았다. 그러나 백종두는 어느 순간, 이래도 괜찮은 것인가? 하는 생각을 문득 하게 되었다. 역대 임금님들이 나라를 다스리던 궁전이 짐승들의 똥오줌으로 더럽혀져도 되는 것인가 싶었던 것이다."[46]

일제의 이와 유사한 조치는 강점 후에도 계속된다. 이와 관련, 정태헌은 "식민지에서 제국주의 문화정책의 근간은 근대주의의 오리엔탈리즘에 기초한 식민지적 근대 문화의 확산과 유포에 있었다. 이는 식민권력의 의도대로 식민지인들이 사고하고 행동하도록 의식과 정신을 지배함으로써 식민지적 근대를 근대로 인식하게 하는 착시현상을 불러일으켜 식민정책 시행의 사회문화적 기반을 조성하기 위한 것이었다"며 다음과 같이 말했다.

"일제가 '합방' 5주년을 기념해 1915년에 개최한 조선물산공진회의 장소로 경복궁을 택한 것도 조선인들에게 무능력한 조선왕조에 대한 박제된 추억, 그리고 식민통치를 체념적으로 수용하도록 각인시키기 위한 술책이었다. 경복궁을 헐고 그 위에 거대한 조선총독부 청사를 짓는 행위 역시 그러한 의도였다."[47]

일제의 통제와 탄압

서연호・이상우는 "20세기 초엽, 개화 즉 근대화의 절박한 시대 요구에 따라 구파극에는 정도 이상의 비난과 비판이 쏟아지고, 구파극을 포함한 전승 연희를 개량하자는 여론이 날로 높아졌다"며 다음과 같이 말했다.

"연희 개량은 안으로는 신연극 개발과 밖으로는 일본 신파극 수용으로 전개되었다. 개량 중심지는 극장이었고, 그 원동력은 급격한 관객 증가와 침략 저의를 감춘 채 일제가 신문명을 표방하여 투자한 막대한 자본이었다."[48]

일본 신파극단은 1908년부터 직접 서울에 진출하여 공연하기 시작했다. 1908년에서 1910년까지만 해도 일본인 극장이 서울에 7개나 생겼으며, 이후 계속 늘어났다. 반대로 탈춤이나 판소리, 창극 등에 대해서는 음란함을 이유로 일제 당국이 통제했기 때문에 1910년대의 연극 활동은 전적으로 신파극을 중심으로 전개될 수밖에 없었다.[49]

1909년 12월 원각사가 문을 닫았다. 일제의 탄압 때문이었다. 『대한매일신보』 1909년 5월 16일자는 원각사에서 일본 연극을 모방해 공연 연습을 한다고 했는데, 그 이후 벌어진 일에 대해 조동일은 다음과 같이 말했다.

"6월 8일에는 일제가 경시청으로 하여금 일반 인심을 현혹한다는 이유로 재래의 연극을 그대로 공연하지 말고, 일본 연극을 모방하도록 종용하게 했다고 한다. 7월 9일에는 연극 각본을 사전 검열하기 시작했다. 7월 28일에는 창극 극단을 해산하는 조처를 내렸다. 일본 연극을 모방했다고 보도된 작품은 공연되지 않았다. 일제가 원하는 창극 신작을 만들어 공연하도록 압력을 넣었으나, 광대들의 거부로 뜻을 이루지 못했다. 그래서 광대들을 탄압하고 극단을 해산했다. …… 수많은 광대가 무대를 떠나야 했다. 김창환과 송만갑은 별도의 공연단을 조직해 지방으로 유랑하면서 고난을 겪었다. 신작은 그만두고 구작만으로 창극을 만들어 공연하는 소극적인 저항을 하면서 일제의 탄압을 견뎌야 했다."[50]

03

개신교의 백만인 구령운동

1884~1910년 개신교 선교사 499명

1908년, 북장로교 선교사 앨런이 입국한 지 24년 만에 구세군 선교사가 입국했다. 이로써 한국에는 미국 북장로교(1884), 미국 감리교(1885), 호주 장로교(1889), 영국 성공회(1890), 미국 남장로교(1892), 미국 남감리교(1896), 캐나다 장로교(1898), 안식교(1904), 성결교(1907), 구세군(1908) 등에 이르기까지 다양한 개신교 선교사가 입국했다.[51]

박용규는 "선교가 시작된 지 불과 20년 만에 이렇게 다양한 교파가 거의 동시에 입국한 나라는 한국밖에 없다"며 "이 중에서 4개의 장로교와 2개의 감리교 선교회가 입국한 장로교와 감리교가 한국 선교를 주도했다"고 말했다.[52]

류대영의 연구에 따르면, 1884년부터 1910년 사이에 조선에서 활동한 개신교 선교사들은 모두 합쳐 약 499명으로 추산되며, 그중에서

한국에 온 선교사들. 1884년부터 1910년 사이 한국에서 활동한 개신교 선교사들은 모두 약 499명으로 추산된다.

미국의 남·북장로회와 남·북감리교회 소속의 선교사들이 전체의 77.6퍼센트를 차지했다.[53]

선교 지역의 교파별 점거

각 교파는 1893년부터 1909년 사이에 교파 간 불필요한 경쟁을 피하기 위해 선교 지역을 분할하는 협정을 체결했다. 이 협정에 의해 서울·평양·원산 등 대도시는 공동 선교 지역으로 결정되었으나, 나머지 지역에서는 이미 선교활동을 시작한 교단의 기득권이 인정되었다.

미국 남장로교는 전라도와 충청도, 호주 장로교는 경남, 캐나다 선교회는 함경도, 미국 북장로교는 평안도와 황해도와 경북, 미국 북감리교는 경기도 남부와 충남, 미국 남감리교는 경기도 북부와 강원도 등을 각각 맡았다. 이 분할은 오늘날 한국 교회 분열의 지역적 배경과 거의 일치한다.[54]

이만열은 "선교 지역의 교파별 점거는, 뒷날 한국 교회의 지역적 파벌을 조성한다는 점 외에도 주목할 점이 있다. 그것은 열강에 의한 한국의 이권 침탈이 강화되던 시기에 선교 지역 분할이 이뤄졌다는 것이다"라며 다음과 같이 말했다.

"그리고 일제가 청일・러일 전쟁에서 승리하면서 영・미・러시아 등의 묵인 내지는 동의하에 정치적으로 한국을 강점하던 시기에 종교적으로는 국토와 인구의 70퍼센트 이상이 미국계 기독교의 선교권 안에 들어갔고, 나머지도 캐나다・호주 등에 점거되어 온 국토와 국민이 영・미계의 선교부에 점거된 듯한 점도 주목되어야 할 것이다. 일본이 정치적으로 한국을 강점해 갈 때 미국이 종교(영)적으로 한국을 점거해 갔던 것은 통감부와 선교사들 간에 치외법권이 준수되고 정교분리의 약속을 충실히 지키려고 했던 점에서 보였던 것처럼 또 하나의 '가쓰라-태프트 밀약'의 수행 과정 그것이었다고 생각된다."[55]

선교 지역의 교파별 점거는 한국 개신교가 선교사 절대우위 구조를 갖고 있었다는 걸 말해준다. 아서 브라운은 일본에서는 교회가 선교사들을 '압도'한 반면, 한국에서는 선교사들이 한국 교회를 압도했다고 말했다. 『Korea Mission Field』 1908년 3월호 사설은 "우리의 표준이 그들의 표준이 될 것이다. 우리의 행동이 그들의 행동이 될 것이다. 우리는 그들의 성경이다"라고 선포했다. 이에 대해 류대영은 다음과 같이 말했다.

"따라서 이 시기 한국 교회의 신학은 곧 선교사들의 신학을 의미했다. 한국에 진출한 선교사들은 적어도 공식적으로 표현된 신학적, 교회정치적 견해에서 미국에 있는 모교회의 대변자들이었다. 선교부에서 월급을 받고 일하는 피고용인으로서, 선교사들은 각 교단의 신학, 교회 정치, 선교 정책 등을 선교지에 충실하게 전달할 의무가 있었다. 그들은 모교회의 신학을 별다른 여과 과정 없이 그대로 한국 땅에 이식시켰다."[56]

한국 교회는 '선교하는 교회'

이른바 서양의 '선교 제국주의'에 대한 비판의 목소리가 높지만, 박용규는 한국은 좀 다른 경로를 밟았다고 보았다. 박용규는 "당시 해외 선교는 제국주의의 식민지 팽창과 맞물려 진행된 경우가 많았다. 포르투갈과 에스파냐가 식민지 확장의 일환으로 남미 선교를 착수한 것이나 영국이 동인도회사를 앞세우고 인도와 중국 선교를 착수한 사례가 보여주듯 당시 대부분의 해외 선교는 제국주의 창구 역할을 감당했었다. 그러나 조선 선교는 이에 비해 비교적 순수하게 시작되었다"며 다음과 같이 주장했다.

"한국에 입국한 선교사들은 앞서 브라운이 지적한 것처럼 신학적으로 건전했고, 매우 탁월한 젊은이들이었다. 이들 젊은이들은 오로지 복음에 불타 조선에 입국한 것이다. 초기 개척선교사들은 거의 20대였다. 이들은 한국 선교를 시작하면서 한국 교인에게 복음의 '빚진 자의 사명'을 불어넣었다. 성경 공부에 기초한 자립·자치·자전은 이들이 선교 초부터 주창한 선교정책이었다. 처음부터 한국 교회를 '선교하는 교회'로 만든 것이다."[57]

자립(自立, self-support)·자치(自治, self-government)·자전(自傳, self-propagation)은 이른바 '네비우스 방법'으로 미국 북장로교 선교사로서 중국 산둥반도에서 25년 동안 활동하고 있던 네비우스(J. L. Nevius, 1829~1893) 목사가 1890년 6월 한국에 초빙되어 역설한 선교 원리였다. 이는 이후 한국 선교정책으로 채택되었다.[58]

한국 교회는 1907년 독노회(獨老會)가 조직되면서 본격적으로 해외 선교에 착수했다. 독노회의 정식 명칭은 예수교장로회 '대한로회'이다. 1907년 9월 17일 평양의 장대현교회에서 조직되었는데 당시 교세가 노회 정도의 규모였기 때문에 '독립된 노회'라는 의미에서 독노회라 불리게 되었다.[59]

독노회는 그해 처음으로 안수받은 7명의 목사 가운데 한 명인 이기풍 선교사를 제주도에 보냈으며, 이어 1908년 일본 도쿄 선교, 1909년 러시아 블라디보스토크 선교에 나섰다. 쉽진 않았다. 제주도에 간 이기풍 선교사는 주민들로부터 돌에 맞아 죽기 일보 직전까지 간 일도 있었고, 블라디보스토크에 간 최관흘 선교사는 러시아 정교회의 박해로 투옥되는 시련을 겪다가 결국엔 러시아 정교로 개종해버렸다.[60]

일제의 탄압엔 정교분리주의

선교사들은 선교엔 열성이었지만 일제의 정책에 대해선 정교분리주의를 내세워 외면하거나 지지를 보내기도 했다. 예컨대, 미 북장로교 목사 쿤스는 선교본부에서 보내는 편지(1908년 2월 14일자)에서 다음과 같이 말했다.

"우리 선교사들은 조선인들이 일본인들에게 복종하는 게 의무라고 밝히되, 자발로 순응할 것을 가르치고 독립운동 같은 일일랑 하지 말라고 타일렀다. 그러기에 우리들은 일본인들이 조선에 대해 행하는 개혁을 지지하고 방해하지 않았으며 부당하게 생각하지 않았다. 나는 여러 시간을 허비하면서 일본인들의 통치가 유익하리라는 사실을 교회 일을 맡은 여러 직원과 학교 교사들에게 설명했다. 그리고 내 생각인데 그러한 정교분리 정책과 일본 통치에 대한 적극 지지 태도를 기피하여 온 선교사는 한 사람도 없다고 생각한다."[61]

또 비슷한 시기에 목사 클라크는 미국에 보낸 편지에서 "1년 전에 의병운동이 요원의 불길처럼 시작되었는데 지금도 계속되고 있지만, 우리는 이 운동에 대하여 반대 의사를 표명하고 우리 교회로 하여금 말려들어가지 않도록 지켰다. 그래서 교인들 중에 한 사람도 들어가지 않았다"며 다음과 같이 말했다.

"을사조약이 강압으로 체결되는 어려운 시기에, 고종은 언더우드에게 사람을 보내 도움을 청했으나 거절당했고, 또 한국 내각이 친정부 신문의 간행을 맡아 달라고 할 때에도 『그리스도신문』의 편집 때문에 바쁘다는 핑계로 거절당했다. 그리고 한국의 독립을 지키기 위해 미국에 사절을 파견했을 때, 언더우드에게도 동행하여 사절의 대표를 도와달라고 청했고, 학부의 고문 자리를 맡아 달라고 했을 때도 한결같이 불편중립주의를 내세워 거절했다."[62]

20만 신자를 100만 신자로

1909년 10월, 평양대부흥운동의 열기가 소멸되기 시작하자, 이를 안타깝게 여긴 선교사들은 장로교와 감리교 연합공의회에서 '백만인 구령운동'을 전개하기로 결의했다. 당시 전체 개신교인 수는 20만 명 수준이었으니까, '5배가 전도운동'을 하기로 한 셈이다.[63]

평양 장대현교회의 길선주 목사는 아무에게도 알리지 않고 그 교회의 박치록 장로와 함께 두 달 동안 새벽 4시에 모여 기도회를 갖기 시작했다. 이게 새벽 기도회를 널리 퍼뜨리는 계기가 되었다. 박용규는 "한국 교회의 새벽 기도회가 1907년 평양대부흥운동과 더불어 정착된 것으로 알려져 있으나 한국 교회에 새벽기도가 공식적으로 정착되기 시작한 것은 1909년부터였다"라고 했다.[64]

당시 입국한 일단의 해외 부흥사 중 한 명인 로버트 학니스(Robert Harkness, 1880~1961)는 1909년 10월 11일 서울에서 백만인 구령운동의 주제가 「백만인을 예수에게로(A Million Souls For Jesus)」를 작사·작곡했는데, 이 주제가는 그 후 백만인 구령운동이 진행되는 곳마다 울려 퍼졌다.[65]

당시 선교사들이 발행하던 『Korean Mission Field』(1911년 1월호)는 백만인 구령운동에 대해 다음과 같이 말했다.

"한국 사람들은 고되고 가난한 생활 가운데서 총 10만 일을 이 일에 바쳤다. 지난겨울에 개인전도에 사용된 날 수만도 7만 6,000일이었고 금년 가을에도 수백 명의 한인 전도인들이 가가호호를 심방하는 일과 대집회에 출석한 예비교인들과의 개인적 접촉을 위하여 한 달을 온통 바쳤다. 수백만의 전도지와 한국인 신자들이 헌금한 돈으로 마가복음 70만 부를 믿지 않는 사람들에게 배부하면서 꼭 읽고 복음을 믿을 것을 간곡히 권고하며 기도하였다. 믿지 않는 한국인 가정은 심방받지 아니한 가정이 거의 없을 정도였으며 심방의 결실이 맺도록 수천 명의 교인이 매일같이 기도드린다."[66]

백만인 구령운동의 정치학

백만인 구령운동은 그렇게 지극 정성으로 1년 동안 전개되었으나 소기의 성과를 거두진 못했다. 오히려 1890~1900년대 신도 증가율에도 미치지 못하는, 3퍼센트 증가율에 머물렀다. 통계상으론 분명히 실패한 운동이었다. 그러나 이덕주는 "꼭 그런 것만은 아니다"며 다음과 같이 주장했다.

"믿음으로 기다린 결과는 나타나게 마련이다. 1910~1920년대 '20만' 수준을 유지하던 교세는 일제의 탄압이 강화된 1930년대에 들어서 50만 수준이 되었고, 해방과 전쟁으로 혼돈의 시대인 1950년대 들어서는 100만 수준으로 뛰어 오르더니 1970년대 500만 수준을 거쳐 격동의 1980년대를 거친 후 마침내 1000만 수준을 기록했다. 그런 의미에서 백만명 구령운동은 1년으로 끝난 운동이 아니라, 이후 일제시대와 분단시대에 놓인 한국 교회가 지속적으로 신앙 부흥과 전도운동을 전개하도록 체질을 바꾸고 방향을 잡아준 또 다른 '오순절 사건'이라 할 수 있다."[67]

당시 일제 측은 "일본의 조선병합이 곧 이루어질 것이라고 확실하게 예견했던 선교사들은 조선 기독교인의 종교적 에네르기가 정치적 폭발로 전화되는 것을 사전에 막기 위하여 백만명 구령운동을 추진했다"고 기록했다.[68] 미국 장로교 해외선교본부의 총무로 한국을 두 번

방문했던 아서 브라운은 "만일 선교사들이 없었더라면 한국이 일본에 병합되었을 때 혁명이 일어났을 것이다"는 말이 당시 거의 모든 선교사들의 입에 오르내렸다고 썼다.[69]

2007년 1월 백만인 구령운동 당시 불렸던 주제가의 악보가 발견돼 원곡 재현이 가능하게 됐다. 그동안 1909년 백만인 구령운동 당시 주제가 「백만인을 예수에게로(A Million Souls For Jesus)」의 번역본 가사는 알려져 있었지만 이번에 곡조가 있는 악보가 발견돼 거의 100년 만에 원곡을 다시 부를 수 있게 된 것이다.[70]

한국은 세계 2위의 선교대국

백만인 구령운동으로부터 80여 년 후인 1992년, 서울 여의도순복음교회의 신도 수는 단일 교회 신도 수로 세계 1위를 차지했고, 세계 50대 교회 중 한국이 23개를 차지하는 대기록이 세워졌다.[71]

1993년 김상길은 "1885년 한국에 개신교가 전래된 후 현재 5만여 교회, 1200만의 신자가 있는 것으로 추정하고 있다. 세계 교회는 한국 교회를 경이적인 시선으로 바라보고 있으며 선교의 성공적인 사례로 손꼽고 있다. 실제로 서구의 신학자조차 유럽의 기독교는 오후 7시이며 미주의 기독교는 오후 2시이지만 한국의 기독교는 오전 7시라고 할 만큼 한국 교회에 대해 큰 기대를 걸고 있다"라고 말했다.[72]

한국은 2000년대 들어 세계적인 선교대국으로 떠올랐다. 한국종교문화연구소가 문화관광부의 지원으로 작성한 「해외선교·포교실태조사 및 지원방안 연구」에 따르면, 개신교의 선교는 1980년대부터 급성장해 2004년 현재 장로교·성결교·감리교 등 20개 교단에서

5,408명, 대학생성경읽기선교회 등 80개 선교단체에서 6,215명 등 1만 1,623명의 선교사를 해외에 파견했다. 선교사 규모로는 미국에 이어 세계 2위의 선교 강국이 되었다. 교단별로는 장로교 3,819명, 성결교 436명, 감리교 390명, 하나님의 성회 260명, 침례교 475명, 구세군 18명 등의 순이었다. 활동지역은 해외동포가 많은 동북아시아 지역이 가장 활발하고 동남아시아·유럽·아프리카·중남미·중앙아시아 순이었다.[73]

『중앙일보』 2005년 1월 8일자는 미국의 경우 선교사 수가 매년 감소 추세이고, 이를 계량경제학의 기법으로 추산할 경우 향후 25년 뒤부터는 한국이 미국을 추월할 것이라고 보도했다.[74]

미국의 한인 기독신문인 『크리스천 투데이』에 따르면 2004년 12월 말 현재 한국을 제외한 전 세계 한인교회는 124개국에 4,449개인 것으로 조사됐다. 미국 3,323개, 캐나다 342개, 일본 205개, 호주 151개, 독일 91개, 아르헨티나 52개, 브라질 44개, 멕시코 16개 등이다. 미국 내 한인교회들의 교단별 현황은 장로교가 41.6퍼센트(1,381개), 침례교 13.4퍼센트(445개), 감리교 11퍼센트(366개), 순복음 9퍼센트(300개), 성결교 6.8퍼센트(227개) 등이다.[75]

국제분쟁 전문기자 김재명은 "지구촌을 두루 다니다 보면 한 가지 놀라운 사실을 발견하게 된다. 곳곳에서 한국의 종교인들을 만나게 된다는 점이다. 백이면 아흔일곱이 개신교 관련 사람들이다. 자료를 보면, 2006년 현재 1만 6,000여 명의 선교사가 지구촌 곳곳에 퍼져 있다. 미국 다음으로 많은 해외 선교사 수다. 20년 전인 1988년 1,000명을 겨우 넘어섰던 한국 선교사 수는 해마다 두 자릿수의 놀라운 증가율을 보여 왔다. 일부 선교단체에서는 10만 명의 선교사를 해외에 파송해야 한다고 목청을 돋운다. 그럴 경우 한국은 미국을 앞질러 개신교 포교의 메카가 될 것이다"라고 말했다.[76]

한국인의 '중층다원성'

그러나 2007년 여름에 일어난, 분당 샘물교회 신도들의 아프가니스탄 피랍사태는 큰 충격으로 다가왔다. 피랍 43일 만에 인질 중 2명이 사망하고 21명이 풀려난 이 사건으로 인해 한국 개신교의 공격적인 선교 행태가 논란의 대상이 되었다. 한신대 명예교수 김경재는 열광적인 국외 선교에 대해 "외국 선교사들의 선교활동으로 개화기 이후 우리나라가 기독교를 받아들여 잘살게 됐으므로 우리도 선교를 해서 빚을 갚아야 된다는 생각과 함께 무엇엔가 집중하면 광적이 되는 한국인의 심성적 열기가 합쳐지면서 나타난 현상"이라고 보았다.[77]

2007년 9월 『조선일보』 논설위원 이선민은 "개신교계에는 지금이 한국에 개신교가 들어온 이래 최대 위기라는 지적이 많다"며 다음과 같이 말했다.

"개신교 사정에 정통한 교계 언론인은 '한국 개신교가 그동안 우리 사회에서 인심을 크게 잃었다는 사실이 이번에 극명하게 드러났다'고 말했다. 샘물교회에 대한 비난 여론이 격화된 것은 개신교에 반감을 가진 사람이 생각보다 훨씬 많았기 때문이라는 것이다."[78]

한국에서 나타난 개신교의 급격한 성장엔 여러 이유가 있지만, 주요 이유로 유교의 몰락과 종교적 기능의 상실을 빼놓을 수 없다.[79] 바로 그런 이유 때문에 개신교에 대한 세간의 평가에 낙관을 하는 것도 가능하지 않을까? 즉, 한국 특유의 이른바 '중층다원성(重層多元性)' 이 심각한 종교 갈등 사태를 낳진 않으리라는 것이다.

'서양인의 한국종교 연구'를 연구한 김종서는 "제 아버님은 독실한 불교 신자였지만 '배울 게 있을 것'이라며 동네 교회 주일학교에 가 보라고 하셨어요. 우리는 별로 이상하지 않은 이런 모습을 서양인들은 독특한 현상으로 봤습니다"라면서 "서양인들은 이런 우리 민족의 종교적 특성을 '중층다원성(重層多元性)'이라고 분석했다"고 말했다. 그는 "중층다원성은 여전하다"며 다음과 같이 말했다.

"각 종교가 주장하는 신자 수를 합하면 우리 인구보다 많다는 우스개가 있지 않습니까? 저는 이런 현상이 단순히 숫자 부풀리기가 아니라 여전히 중층다원성이 내재해 있기 때문이라고 봅니다. 한 가족 안에 여러 종교 신자가 혼재하고 불교나 개신교 신자이면서도 자녀 결혼시킬 때는 사주·궁합을 보고, 택일하는 사람들이 있듯이 생활 속에서는 다른 종교를 배척하기보다는 수용하며 섞여 사는데 익숙한 것이죠."[80]

한국의 종교적 다원주의

실제로 한국만큼 종교적 다원주의가 발달한 나라도 드물다. 윤이흠은 "박정희 대통령의 장례식은 기독교·천주교·불교의 종교의식으로 하게 되었는데, 이러한 의식이 어떤 법적 근거에 의해서 이루어진 것인지 모를 일이다"라고 했다.[81] 정말이지 그렇게 모를 일은 한두 가지가 아니다. 이어령은 미국은 기독교 사회이지만 대통령이 아무 곳에서나 '메리 크리스마스!'라고 하지 못하며, 그런 의미에서 한국은 정말 희한하고 행복한 나라라고 했다.

"서울 시청 앞마당에서는 늘 진보와 보수의 싸움이 벌어지지만, 그곳에 세워진 거대한 크리스마스트리나 연등에 시비를 거는 이는 없습니다. 이것은 앞서 언급한 한국 특유의 '엇비슷 신화'의 방증입니다. 우리말 가운데 '엇비슷하다'는 말은 세계 어느 나라 말로도 바꿀 수 없습니다. 굳이 설명하면 '엇비슷'은 어긋났는데 비슷하다거나 닮았지만 닮지 않았다는 말입니다. 세상에 이런 말이 어디 있습니까? 이 말에 기독교와 불교를 엇비슷하게 보는 한국인의 의식이 그대로 녹아 있습니다. 어긋나고 비슷한 것이 하나의 단어가 된 것은 바로 한국인 특유의 포용의식의 상징이죠. 우리 문화에는 21세기 다원주의를 흡수할 수 있는 여러 가치가 공존합니다. 엇비슷하다는 말은 아시아적 화이부동(和而不同) 철학을 담고 있습니다."[82]

임혁백도 동북아 지역 공동체의 출현에 기대를 걸면서 한중일 3국의 종교적 이질성의 문제에는 한국이 해답을 줄 것으로 낙관하면서, 한국은 기독교·천주교·불교·유교가 공존하면서 번영하는 종교적 다원주의 국가라는 점에 주목했다.

"한국은 종교적으로 세계에서 가장 역동적이고 활기찬 나라이나 어떤 단일 종교도 한국인들의 종교생활을 지배하고 있지 않고 있는 다종교 국가이다. 종교적 갈등을 겪고 있는 많은 동구·중동·아프리카 국가들과 달리 한국에서는 기독교(개신교)·천주교·불교·유교·천도교가 평화롭게 공존하고 있는 것이다. 한국의 종교적 다원주의는 동아시아 국가들에게 종교적 평화의 모델이 될 것이다. 또한 한국은 유교의 문화적 전통이 가장 많이 남아 있는 나라이면서도 '아시아적 가치'를 변용하여 서구의 자유주의·합리주의를 수용하는 데 가장 개방적인 나라이다. 한국은 아시아적 가치와 서구의 가치가 화해할 수 있다는 것을 보여줄 것이다."[83]

　아니 어쩌면 한국은 새뮤얼 헌팅턴이 역설한 '문명의 충돌'에 대한 해답까지 제공해줄 수 있는 나라일지도 모르겠다. 이는 한국인의 극단주의는 '신바람' 특성과 맞물린 것으로 늘 잠재돼 있긴 하지만 오래 지속되긴 어렵다는 걸 말해주는 것이기도 하다. 이렇게 정리해볼 수도 있겠다. 한국인은 단기적으론 극단주의적이지만, 장기적으론 중용 지향적이다.

04

철도·시계가 불러온 시간개념의 변화

1898년에서야 만들어진 관료들의 시간표

서양에선 13세기에 근대적 시계가 발명돼 15세기 후반 도시 곳곳에 시계가 등장했다. 초기 시계에는 문자반(文字盤)이 없었고 단지 시간마다 종이 울렸다. 시계를 의미하는 영어 단어의 clock도 종을 뜻하는 중세 네덜란드어 clocke에서 나왔다. 루이스 멈포드는 "근대의 핵심 기계는 스팀 엔진이 아니라 시계"라고 말했다. 이는 시계가 인간 자신의 사유방식과 세계에 대한 인식을 변화시키는 힘을 갖는 이른바 '규정 기술(defining technology)'이라는 걸 의미하는 것이다.[84]

조선은 시간개념의 규정을 받는 걸 거부한 나라에 가까웠다. 서양인들의 눈엔 그게 곧 게으름으로 여겨졌다. 일본에서도 시간적 규율화가 이뤄지기 전 서양인들의 눈엔 일본인은 게으른 사람들이었다.[85] 먼 훗날 한국은 세계에서 그 유례를 찾기 어려울 정도로 '빨리빨리'

보신각과 전차의 모습. 조선시대에는 보신각에서 치는 종소리가 시계 역할을 했다. 정해진 시간을 지키는 철도의 등장은 전통적인 시간개념에 큰 변화를 가져왔다.

를 외치며 '시간에 죽고 시간에 사는' 나라가 되지만, 개화기는 오히려 그 정반대의 모습에 가까웠다.

조선시대엔 서울 종로 2가에 있는 보신각에서 치는 종소리가 시계 역할을 했다. 종지기가 인경을 알리면 그때부터 통행 금지였는데, 만일 이때 돌아다니다 걸리면 새벽 파루를 칠 때까지 꼼짝없이 붙잡혀 있어야 했다. 이때 생긴 욕 아닌 욕이 '경을 칠 놈'이라는데, 이 말은 바로 종치는 데 싫증이 난 종지기가 통금 위반으로 붙잡힌 사람에게 벌로써 종을 치게 했던 것에서 비롯된 말이라고 한다. 통금 위반자들은 곤장을 맞아야 했다.[86]

1890년대에 시간관념은 남녀유별의 원리를 지키는 데에만 발달했던 것 같다. 1894년 1월에서 1897년 3월까지 조선을 네 번이나 방문했던 영국의 여행가 이사벨라 비숍은 "도성에는 신기한 제도가 실시되고 있었다"며 다음과 같이 말했다.

"저녁 8시면 큰 종이 울려 남자들에겐 귀가할 시간을, 여자들에겐 외출해 스스로 즐기고 친구들도 방문할 수 있는 시간임을 알려주었다. 거리에서 남자들을 사라지게 만드는 이 제도는 폐지된 적도 몇 번 있지만, 그러면 사고가 발생해 더욱 강력하게 시행되었다. 내가 도착했을 때, 깜깜한 길에 등불 들고 길을 밝히는 몸종을 대동한 여인들이 길을 메운 진기한 풍경을 볼 수 있었다. …… 자정이 되면 다시 종이 울리는데, 이때 여자들은 집에 돌아가고 남자들은 다시 외출의 자유를 누린다. 한 귀부인은 내게, 자기는 아직 한 번도 한낮의 한양 거리를 구경하지 못했다고 말했다."[87]

관료들의 근무시간이 일정한 시간표에 따라 조직되기 시작한 것은 1898년부터였다. 매우 늦게 시작된 시간개념이었음에도 불구하고 그마저 잘 지켜지지 않았다. 이때를 전후로 하여 『독립신문』에는 시간엄수의 중요성을 계몽하는 논설이 자주 실렸다.

신문들의 시간엄수 계몽

『독립신문』 1897년 1월 30일자에 따르면, "영어학교에서 학도의 공부하는 시간을 매일 오전 9시로 정하고 만일 늦게 오는 학도가 있으면 매 명에 벌금 10전씩 물리고 혹 무고히 올 날을 아니 오는 학도가 있으면 매 명에 벌금 15전씩 물리는 고로 형세 구차한 학도들은 매우 감당키 어렵다고 하나 학교에 규칙이 엄하여야 학도들이 마음을 게을리 아니 먹고 정한 시간 내에 진즉들 다닐 터이니 영어 교사 헐치신 씨의 학교에 규칙을 이렇듯이 엄히 세운 일은 공부에 유익할 터이니 매우 치사할 만하더라."[88]

『독립신문』 1898년 2월 8일자 논설에 따르면, "사람이 시계를 살 때에 사람마다 기계 속을 모른즉 시계 좋고 아니 좋은 것을 아는 도리는 다만 전면에 바늘 둘이 시간과 분과 각을 옳게 가리키는지 아니 가리키는지 하는 것을 가지고 아는지라. 그것과 같이 사람을 옳고 그른 것을 아는 것은 그 사람의 하는 행사를 가지고 알기 외에는 다른 도리가 없는 것이라. 설령 시계가 보기에 훌륭하고 금과 보석으로 꾸민 시계나 그 시계가 시를 맞추지 아니 할 것 같으면 그것은 시계가 아니라 일개 값진 물건이라. 금과 보석을 팔면 돈은 생길지언정 시계로 쓸 것은 못 되지 그것과 같이 사람도 외양이 좋고 의복을 잘 입어 보기에는 좋은 사람 같이 보이나 자기 맡은 직무를 못 할 지경이면 무용지안이라. 그러하기에 시계 살 때에 외양과 모양은 어떠하였든지 시만 잘 맞추면 그 물건이 쓸데 있는 물건이요 사람도 지체가 없고 모양이 준수치 않더라도 맡은 직무만 착락 없이 할 것 같으면 그 사람이 보배로운 사람이라."[89]

또 『독립신문』 1899년 7월 3일자 논설은 '시간은 돈'이라고 주장하고 나섰다. 이 논설에 따르면, "대한은 놀고 편이 지내는 것이 고질이 되어 시간 정하고 하는 일이 드물고 대로상에 행인을 보더라도 급히 걷는 사람은 몇이 못 되고 다 소일로 걸으니 그 여럿이 다 노는 사람은 아닐 터이나 일 없는 사람이 많은 것은 가히 알지라."[90]

『황성신문』 1901년 10월 3일자는 "유독 우리 한인은 풍습이 정밀하지 않아서, 예컨대 남과 약속할 때 만나는 시간을 내일 아침이라 하는데, 아침은 날이 밝으면서부터 정오까지라 제대로 약속이 실천되지 않는데 이를 어찌 시간이라고 하겠는가"라고 개탄했다. 또 이 신문

1903년 2월 28일자는 "요즈음 각 관인의 출근시간이 각기 다르다"거나 "시간을 잘 지키지 않은 풍습은 나라의 큰 병폐"라고 비판했다.[91]

권보드래는 1900년대의 관인(官人)들에겐 꼬박꼬박 시간을 지키는 자가 도리어 조롱거리가 되고 있었지만, 이미 일반의 감각은 달라지고 있었다고 말했다.

"시간은 귀중한 것인데 무심히 낭비하다니 어리석기 짝이 없다는 여론이 곧 이들의 조롱을 뒤엎었다. 1907년 국채보상운동 당시 모금 액수를 '시계'의 형상으로 표현해낸 것 같은 상상력은, 이처럼 '시간은 돈'임을 믿는 사고에서 비롯된 것이었다."[92]

근대적 시공간의 탄생

새로운 기술 발전은 점점 더 인간을 시간의 굴레에 갇히게 만들었다. 심지어 기관총까지 그런 역할을 했다. 기관총은 과거와 같은 집단돌격을 사라지게 만들었다. 무더기로 몰려오는 병사들을 향해 기관총을 쏜다고 생각해보라. 이젠 기관총 때문에 적진을 향해 전진을 하더라도 분대 단위로, 그것도 가급적 병사들 간 간격을 넓혀서 해야만 했다. 기관총이 본격적으로 사용된 러일전쟁 시 시계가 일본군 일반 병사에까지 보급된 이유도 바로 여기에 있다.[93]

평상시 시간개념의 확립에 큰 영향을 미친 기술엔 철도 · 전신 · 신문 · 라디오 등이 있었는데, 이 중에 으뜸은 철도였다. 기차역엔 어김없이 시계탑이 섰고, 기차는 그 시계탑의 시계가 가리키는 시간에 따라 어김없이 출발했다. 철도가 통과하는 각 지역의 시간은 기차 시간을 중심으로 통일되었다.[94]

한국에서도 철도 운행은 시간개념에 큰 변화를 몰고 왔다. 앨런의 관찰이 핵심을 찌른다. 그는 "비록 승객이 양반이라 해도 기다리는 법이 없었던 기차가 곧 훌륭한 교육자 역할을 하게 되었다"고 말했다.[95] 박진희는 "철도를 이용하게 되면서 서서히 조선인들도 새롭고 근대적이며, 기계적인 시간에 익숙해져 갔다"며 다음과 같이 말했다.

"점심 먹고 오후에 만나자는 느슨한 시간 감각으로는 정해진 시각에 들어오는 철도에 오를 수가 없었다. 그래서 열차 시각표를 엄수해야만 했다. 철도 이용은 근대적 시간 규율을 내면화하는 과정이었다. 철도와 병행하여 진행된 산업화는 도시 주변으로 공장이 들어서게 하였다. 정해진 시간에 공장으로 출근해야 하는 행위에도 사람들은 익숙해질 수밖에 없었던 것이다. 농경 시기의 생체 시계를 대신하여 이제 서서히 사람들은 주 단위와 요일제, 하루 24시간이라는 근대적인 시간 분할제에 익숙해져 갔다. 철도는 이렇게 근대적 시공간의 탄생에 관여하고 있었다."[96]

1900년대 신문들은 설화와 재담에 상당한 지면을 할애했는데, 『대한매일신보』 1907년 8월 3일에 실린 재담은 철도와 시간개념에 관한 것이어서 흥미롭다. 이런 내용이다.

"시골 양반이 화륜차를 타러 가니 차는 반 시간이나 있어야 떠난다고 했다. 기다리지 못하고 조급증을 내자, 인력거꾼이 인력거를 타고 다른 정거장에 가면 곧 떠날 수 있다 하고서 한참 다니다가 그곳으로 다시 데려다놓으니, 그 양반이 인력거 삯이 헛돈이 아니라고 하더라는 것이다."[97]

또한 철도는 중앙집권성을 강화하는 동시에 전국을 균질화하는 효과를 내기 마련이었다. 1872년부터 철도를 놓기 시작해 1891년에 전국 종단 노선을 완성한 일본의 철도정책의 기본은 '중앙집권적 성격의 강화'였다. 이와 관련, 이효덕은 "각 지역이 짧은 시간 내에 연결되어 교통과 유통이 자유로워지면, 자연히 각 지역의 전통적인 시공 구조는 변용을 겪고 그 결과 균질화되지 않을 수 없다"며 다음과 같이 말했다.

"예를 들어 일단 철도 시간표가 만들어지면 (물류의 기점인 역을 중심으로 하는) 한 지역의 사회적 활동은 철도 시간표에 따르지 않을 수 없게 되어 그 지역의 사회적 시간은 자신의 고유성을 빼앗기게 된다. 게다가 각 지역의 사회적 시간은 철도 시간표에 구속됨으로써 연결되고 통일되므로 그렇게 연결된 지역의 시간은 극히 균질적으로 되어버린다. 일본에서 최초로 표준시가 시행된 것은 메이지 21년(1888)인데, 그것도 이러한 교통망의 발달과 무관하진 않을 것이다."[98]

일본은 한국마저 그런 중앙집권적 균질화의 틀 속에 가두려고 했다. 권보드래는 "세계적인 시간 기준선을 따라 정해지게 되어 있는 시간이 언제부터 일본 기준에 맞추어 30분 정도 빨라지게 되었는지는 분명하지 않다. 한국의 서울과 일본 도쿄 사이의 경도 차이가 8도 정도이니까 원칙대로 치자면 한국 시간이 일본 시간보다 30분 정도 늦어야 하는데도, 언제부터인가 한국 시간은 일본 시간에 맞춰져 버렸다"며 다음과 같이 말했다.

"24시간제가 시행되던 처음부터 그랬던 것 같지는 않다. 경인철도가 한참 운행되고 난 후인 1904년, 갑자기 기차 운행 시간을 일본 표준시에 맞춘 것으로 변경해 버리는 바람에 승객들이 낭패를 겪었다는 기사가 실린 일도 있다. 일본 표준시 기준에서 벗어나 원칙대로 시간 기준을 마련할 것이라는 소문이 두어 차례 퍼지기는 했으나, 실제로는 이후 한국의 시간이란 늘 일본 표준시 기준이었다."[99]

한국의 독자적인 표준시 제도는 1908년 4월 1일부터 시행되었는데, 이는 동경 127도 30분을 기준으로 해 일본 표준시보다 30분 늦고, 중국 해안시보다 30분 빠른 것이었다. 종래 일본 표준시를 적용하던 경부·경의선의 발착 시간도 경성 시간을 따르게 했다. 총독부는 1912년 1월부터 한국 표준시를 폐지하고 일본 표준시로 한국 전체와 관청에 사용하도록 결정했다.[100]

시계의 상징적 가치

1900년대 후반 탁상시계 하나를 뇌물로 받고 일본에 이권을 넘겨준 외무대신 이야기가 나오는 걸 보면 시계가 귀물은 귀물이었던 것 같다.[101] 조선 말부터 밀물처럼 들어온 외래 문물 가운데 시계가 으뜸을 차지하다시피 했는데, 이때는 손목시계가 나오기 전이었으므로 외교관들이 가지고 들어온 시계는 모두 회중시계였다. 양복 조끼에 시계줄을 늘어뜨리고 다니다가 주머니에서 회중시계를 꺼내 척하니 들여다보는 개화기 신사의 모습을 누구나 부러워했다.[102]

순종이 거처하던 창덕궁에는 헤아릴 수 없을 만큼 많은 시계가 있었다. 정확히 확인할 길은 없는 이야기지만, 순종은 이 시계들이 시간을 알리기 위해 한꺼번에 각기 다른 소리로 종을 울리면 몹시 기분 좋아했다고 한다. 이때 시계 하나라도 종이 앞서거나 늦게 울리는 날이면 순종은 당장 호통을 쳤기 때문에 창덕궁에는 시계 수리공이 늘 대기하고 있어야 했다. 또한 덕수궁에 계시던 고종에게 전화로 문안을 드릴 때면 꼬박꼬박 "아바마마 시계는 지금 몇 시오니까?"라고 물으

면서 고종의 시계와 창덕궁 시계를 맞추는 것이 하루 일 중의 하나였다는 것이다.[103]

그렇지만 보통 사람들은 아직 시계 구경을 하기도 어려운 시절이었다. 포를 쏘는 걸로 시간을 알려주는 오포제도의 시초는 1884년으로 거슬러 올라가지만, 정오를 알리는 대포 소리가 전국 곳곳에서 시계를 대신한 건 1900년대부터였다. 총독부는 1908년부터 오포를 쏘기 시작했다.[104] (1922년 일본의 군비축소 정책의 일환으로 오포는 사라지고, 그 대신 사이렌 소리가 정오를 알려주었다.)[105]

이성욱은 "근대의 징표인 대도시의 가속화는 '시계의 개인화'를 낳았다. 마을 중앙광장에 높이 세워진 큰 시계를 통해 시간을 확인하던 근대 이전의 소공동체 방식은 거대한 혼란을 특징으로 하는 대도시에서는 더 이상 가능하지 않았다. 그 혼란을 질서로 바꾸는 데 필요한 것은 마을의 시계가 보이지 않더라도 시각을 확인할 수 있는 개인용 시계였다"며 다음과 같이 말했다.

"회중시계의 출현은 바로 그런 사회적 배경을 깔고 있었다. 그런데 그때 회중시계의 의미는 단지 시각 확인 장치에만 머무르지는 않았다. 시간을 관리 · 통제한다는 것은 최첨단의 근대인으로 여겨질 수 있었기에, 요컨대 회중시계는 특정한 사회적 지위를 상징하는 '기호'로 작용하기도 했다. 그런 버릇이 우리에게도 이어졌다. 개화기, 세월의 대세가 개화로 물꼬를 틀자 너도나도 '개화꾼'임을 자처하고 나섰다. 그때 단발 · 양복 · 회중시계 등속은 개화인임을 증거하는 상징물이었다. 생각과 가치관의 변화는 요지부동이면서 겉으로만 개화에 발을 담근 자, 혹은 개화를 무슨 유행처럼 생각하는 자들을 그때 '얼개화꾼(얼치기 개화꾼)'이라 불렀는데, 그런 자일수록 회중시계를 애용했다. 회중시계가 자신이 개화꾼임을 보장해주는 증표라고 생각했던 것이다. 물건의 사용가치보다 상징적 가치가 더 중시되는 것은 비단 시계에만 국한되는 것은 아니지만, 시계는 이처럼 우리의 20세기에서 대단히 중요한 상징적 가치의 '거푸집'이었다."[106]

도량형의 표준화

시간의 표준화와 더불어 도량형의 표준화도 이루어졌다. 일찍이 박지원(1737~1805)은 엉망진창이 된 조선의 도량형 문제에 대해 다음과 같이 개탄했다.

"일국의 제도는 도량형으로부터 비롯되는데, 우리나라의 도량형은 정확하지 않다. 이 때문에 온갖 기물(器物)이 구차하고 정밀하지 않다. 동쪽 시장의 되가 서쪽 시장 것보다 크고, 남쪽 마을의 자가 북쪽 마을 것보다 짧다. 약재를 다는 저울은 왜인에게 빌려다 쓰고, 은을 다는 저울은 베이징의 시장에서 사다 쓴다. 이래서야 무슨 제도를 논하겠는가?"[107]

도량형의 표준화는 갑오개혁 시 군국기무처가 1894년 10월 1일을 기하여 시도한 바 있었지만, 소기의 성과를 거두진 못했다. 대한제국은 1902년 도량형기의 제조 검정 기관으로 평식원을 설치하고 미터법을 도입했지만, 이 또한 그 성과가 지지부진했다.

대한제국은 1905년 3월 21일 제1호 법률을 공포했는데, 그건 바로 '도량형법'이었다. 척(尺)을 길이와 부피의 기본으로, 냥(兩)을 무게의 기본으로 삼고 미돌(米突, 미터)법을 병용할 수 있도록 했다. 1척은 30.303선지미돌(先知米突, 센티미터)이었는데, 30.303센티미터는 일본 곡척(曲尺)의 기준이었다. 이는 '독립국' 대한제국이 도량형에서 일본에 '예속' 된 것이나 다름없는 것으로 일제의 경제 수탈에 날개를 달아준 셈이 됐다. 1909년엔 일본식 단위인 '돈'과 '관'을 도입했다. 훗날(1961) 대한민국은 옛 도량형 관계법을 폐지하고 국제 추세에 따라 미터법만 사용하도록 했다.[108]

하원호는 "1909년 '합방' 직전 경제생활의 기준이 되는 도량형을 일본식으로 완전히 바꾸었다는 것은 우리 경제를 일본에 종속시키겠다는 상징적 표현이었다"며 "그러나 일본의 의도가 실제 경제생활에 그대로 적용될 수는 없었다. 도량형의 끈질긴 관습성은 일본이 바라는 대로 하루아침에 청산될 수는 없었"다고 했다.[109]

제7장

518년 만에 멸망한 조선

01

일제의 강점

안창호의 〈거국가〉

안중근의 이토 히로부미 처단은 신민회 활동의 중단을 가져왔다. 안중근과의 관련 혐의로 안창호·이동휘·유동열·이종호 등 신민회 간부 다수가 일제 헌병대에 구속되었기 때문이다. 신민회는 구속되었던 간부들이 석방되자 곧바로 1910년 3월 긴급 간부회의를 열고 '독립전쟁전략'을 국권회복운동의 최고전략으로 채택했다. 이를 위해 국외에 '독립군 기지'와 '무관학교'를 설립키로 하고 구속되었던 간부들이 국외로 망명하여 이 사업을 담당하기로 하는 한편 국내에 남는 간부와 회원들은 이 사업을 지원하는 동시에 종래의 애국계몽운동을 계속하기로 결정했다.[1]

  구속 간부들은 조건부로 석방되었던 것 같다. 1909년 12월에 석방된 안창호의 경우, 일본의 신임 총독이 새로운 내각을 구성하는 데 협력한다는 조건을 받아들였다. 신민회 간부들은 이 문제를 놓고 밤을 새워 토의한 끝에 일본의 새로운 내각 제의는 위선이며, 따라서 국외로 떠날 수밖에 없다는 결론을 내렸다.[2]

1910년 4월 우선 안창호·이갑·유동열·신채호·김희선·이종호·이종만·정영도 등이 독립군 기지와 무관학교 설립을 위해 1차로 망명해서 칭다오를 거쳐 8월에 블라디보스토크에 도착했다. 안창호는 떠나면서 '간다 간다 나는 간다 너를 두고 나는 간다'로 시작되는 〈거국가(去國歌)〉를 남겼다.

〈거국가〉가 『대한매일신보』 1910년 5월 12일자에 실렸다. 〈한반도 석별가〉로 알려진 이 노래는 3·1운동 직후까지 널리 애창되다가 총독부가 금지시켰지만, 이 노래를 못마땅하게 여긴 사람들도 있었다.[3] 이러한 해외 망명객의 속출에 대하여 자강운동을 전개한 대한협회 기관지 『대한민보』는 풍자만화를 통하여 "어디로 도망을 하려고 너만 달아나면 제일이냐"고 야유하기도 했다.[4]

안창호의 〈거국가〉에 대해 김윤식은 "그는 개화기의 인물답게 또 심정적 세계의 사람답게 노래 짓기라든가 창가 부르기를 좋아했다. 말하자면 그는 열정에 달려가 자기를 잃는 부류의 시인은 아니나, 시적 기질이 연설처럼 몸에 밴 개화기 인물이었다"며 다음과 같이 말했다.

"도산의 망명은 '탈출'이라 부르기엔 너무 안이하다. 누가 잡는 것도 아닌데 장래를 위해 미리 떠나가는, 이름 그대로 '거국(去國)'일 터이다. 따라서 이 노래엔 포부가 느껴지기는 하나 절박감이 있을 수 없다. 느릿한 2박자로서 노래 부르기 쉽다는 점과 약간의 비장미가 가미되었을 뿐이다."[5]

전체 3절 가사를 소개하면 다음과 같다.

"간다 간다 나는 간다/너를 두고 나는 간다/잠시 뜻을 얻었노라/까불대는 이 시운이/나의 등을 내밀어서/너를 떠나가게 하니/일로부터 여러 해를/너를 보지 못할지나/그 동안에 나는 오직/너를 위해 일할지니/나 간다고 설워마라/나의 사랑 한반도야"

"간다 간다 나는 간다/너를 두고 나는 간다/지금 너와 작별한 후/태평양과 대서양을/건널 때도 있을지요/시베리아 만주 들로/다닐 때도 있을지나/나의 몸은 부평같이/어느 곳에 가 있든지/너를 생각할 터이니/너도 나를 생각하라/나의 사랑 한반도야"

"간다 간다 나는 간다/지금 이별할 때에는/맨주먹을 들고 가나/이후 상봉할 때에는/기를 들고 올 터이니/눈물 흘린 이 이별이/기쁜 일이 되리로다/악풍 폭우 심한 이때/부대부대 잘 있거라/훗날 다시 만나보자/나의 사랑 한반도야"[6]

강제병합안 8개항

일제는 1910년 5월 소네 통감이 갑작스럽게 죽자 육군 대신 데라우치 마사타케(寺內正毅, 1852~1919)를 새 통감으로 임명하여 '병합'을 실행하도록 했다. 데라우치는 부임 즉시 『황성신문』『대한민보』『대한매일신보』등 신문을 정간시켜 한국의 언로(言路)를 폐쇄한 뒤 총리 이완용과 더불어 병합의 음모를 꾸몄는데, 이는 결국 1910년 8월 22일 이른바 '한일합방'의 결과로 나타났다. 1392년 이성계의 조선 건국 이후 518년 만의 멸망이었다.

1910년 8월 22일 대한제국 순종 황제가 참석한 형식적인 어전회의에서 총리대신 이완용은 조선과 일본의 강제병합안을 가결시켰다.

일장기가 걸린 경복궁 근정전. 1910년 8월 22일 대한제국 순종 황제가 참석한 형식적인 어전회의에서 총리대신 이완용은 조선과 일본의 강제병합안을 가결시켰다.

"한국 황제 폐하와 일본국 황제 폐하는 양국 간의 특수하고 친밀한 관계를 회고하여 상호 행복을 증진하며 동양의 평화를 영구히 확보코자 하는 바, 이 목적을 달성하기 위하여서는 한국을 일본제국에 병합함만 같지 못한 것을 확신하여 이에 양국 간에 병합조약을 체결하기로 결하고 일본국 황제 폐하는 통감 자작 데라우치 마사타케(寺內正毅), 한국 황제 폐하는 내각 총리대신 이완용을 명기 전권위원으로 임명함."

이어 이날 오후 통감부로 간 이완용은 데라우치 통감과 8개 조문의 한일강제병합안에 조인했다. 당시 조인된 조약 8개항은 ① 한국 황제 폐하는 한국 전부에 관한 일체의 통치권을 완전하고도 영구히 일본국 황제 폐하에게 양여함, ② 일본국 황제 폐하는 전조에 게재한 양여를 수락하고 또 한국을 일본국에 병합함을 승낙함, ③ 일본국 황제 폐하는 한국 황제 폐하·태황제 폐하·황태자 폐하와 그 후비 및 후예로 하여금 각기 지위에 응하여 상당한 존칭·위엄, 그리고 명예를 향유케 하며 또 이를 보지(保持)하기에 충분한 세비를 공급할 것을 약함, ④ 일본국 황제 폐하는 전조 이외의 한국 황족과 후예에 대하여 각기 상당한 명예와 대우를 향유케 하며 또 이를 유지하기에 필요한 자금을 공여할 것을 약함, ⑤ 일본국 황제 폐하는 훈공 있는 한인으로서 특히 표창을 행함이 적당하다고 인정되는 자에 대하여 영작을 수여하고 또 은금을 여할 것, ⑥ 일본국 정부는 병합의 결과로서 한국의 시정을 담임하고, 시행하는 법규를 준수하는 한인의 신체와 재산에 대하여 충분한 보호를 하며 또 기 복리의 증진을 도모할 것, ⑦일본국 정부는 성의와 충실로 신제도를 존중하는 한인으로서 상당한 자격이 있는 자를 사정이 허하는 한에서 한국에 있는 제국관리로 등용할 것, ⑧ 본 조약은 일본국 황제 폐하와 한국 황제 폐하의 재가를 경한 것으로 공포일로부터 시행함 등이었다.[7]

경술 7적과 연쇄 자결

일제는 이 조약 조인 사실을 1주일이나 극비에 부쳤다가 8월 29일에야 순종 황제의 옥새를 날인케 하고 병합조약을 포고했다. 경술년에 일어난 치욕이라 하여 경술국치(庚戌國恥)라고 하며, 이 경술국치 문서에 도장을 찍은 이완용·이재곤·조중응·이병무·고영희·송병

합방 직후 덕수궁 석조전에서 고종·순종과 총독부 간부들이 촬영한 기념사진. 가운데가 고종, 그 오른쪽이 순종, 왼쪽이 영친왕, 영친왕 옆이 데라우치 통감이다.

준·임선준 등 7인의 정부 대신을 '경술 7적'이라고 한다.[8]

이 소식을 듣고 금산군수 홍범식은 뒷산에 올라가 목을 매 자결하였고, 매천 황현은 9월 10일 「절명시(絶命詩)」를 남기고 아편을 먹고 음독, 순국하였다. 이후에도 수많은 사람들이 자결을 하였다. 이와 관련, 박성수는 다음과 같이 말했다.

"하나 주목할 일은 자결순국한 집에서 부고 내는 것을 막았다는 사실이다. 이 때문에 오늘날 경술 순국열사의 정확한 명단이 작성되지 못하고 있다. 이 명단을 작성했다 해서 구속된 인사가 또한 적지 않았

매천 황현은 1910년 9월 10일 「절명시」를 남기고 아편을 먹고 순국했다. 1864년 대원군 집정에서부터 기록해온 그의 『매천야록』도 46년 만에 끝을 맺었다.

으니 얼마나 혹독한 식민통치를 했는지 가히 짐작하고 남음이 있다."[9]

황현은 「절명시」에서 "새와 짐승은 슬피 울고 바다와 산도 찌푸리네／무궁화 피는 세상은 이미 사라졌는가／가을 등불 아래 책을 덮고 옛 일을 회상하니／인간 세상에 지식인 노릇이 정녕 어려워라"라고 했다.[10]

이 「절명시」에 대해 조동일은 "글 아는 이 노릇을 하기 어렵다고 한 것은 들에서 일하는 농부라면 나라가 망해도 그대로 살아갈 수 있다는 말이다"라며 다음과 같이 평했다.

7장_ 518년 만에 멸망한 조선 205

"천고의 역사를 헤아리는 식자층의 책임의식을 말했다고 하면 타당한 지적이지만, 시대가 바뀐 것을 알지 못하는 결함이 있다. 50여 년 전에 이미 시골 아전 신재효가 '이천만 동포'가 하나라고 하면서 역사의 주체를 바꾸어놓고자 했는데, 글 아는 이가 홀로 고민해야 한다고 하는 오랜 생각을 그대로 가졌다."[11]

이로써 1864년 대원군 집정에서부터 기록해온 그의 『매천야록』도 46년 만에 끝을 맺었다. 『매천야록』은 일제강점기에 그의 집안에 비장(秘藏)돼 있다가 해방이 되어서야 빛을 보게 된다. 김윤식 · 김현은 "『매천야록』은 유교적 세계관에 충실하려 한 조선 지식인의 전형적 보고문학이다. 그것은 새 시대의 도래를 비판적으로 생각한 지식인의 저술이기 때문에 보수적인 인상을 주는 것이지만, 그렇기 때문에 개화기의 한 측면을 그 어떤 것보다도 여실하게 드러낸다"고 평가했다.[12]

왜 8월 29일은 조용했나?

일제는 8월 29일 대대적인 축하 행사를 벌였다. 남산 밑 일본인촌에는 집집마다 일장기가 게양되었고, 헌병 · 경찰의 강제 독려로 조선인 가옥에도 내걸렸다. 시내 도처에는 아치와 장막과 오색등이 설치되었고, 저녁엔 등불행렬이 시가를 누볐다. 이 행사에 동원된 자는 한일 각급 학교 학생, 실업단체, 일반인 등 약 6만 명이었다. 이 행렬은 총독부, 총독관저, 정무총감 관저, 경무총장 관저, 군사령관 관저 앞에서 만세를 삼창한 후 덕수궁 앞으로 가서 다시 만세를 불렀다.[13]

반면 한국인들은 무엇을 하고 있었던가? 여태까지 교과서에서 배운 바로는, 당시 모든 한국인들이 비통해 하면서 괴로워했을 걸로 생각했다. 그런데 꼭 그렇지만은 않았던 것 같다. 3·1 만세 의거 당시 민족대표 33인 중 한 사람으로 활동했다가 나중에 변절한 최린은, 한일병합이 공포된 그날 종로거리의 조선인들은 마치 '아무 일도 없었던 것처럼' 흥청거리며 장사를 하고 먹고 마시는 '일상'을 잃지 않았다고 했다. 이걸 믿기 어려웠던 정운현은 "얼른 이해가 안 된다"며 "어쩌면 이 날은 29일이 아니라 이완용과 데라우치 사이에 비밀리에 조약이 체결된 22일의 풍경이 아닌지 모르겠다"라고 했다.[14]

그런데 최린의 기록을 뒷받침하는 주장이 자꾸 나온다. 중국 지식인 량치차오는 1910년 9월에 쓴 글에서 병합조약 발표를 둘러싸고 주변국 사람들은 그들을 위해 눈물을 참지 못하는데 조선인들은 흥겨워하며 고위 관리들은 날마다 새로운 시대의 영광스러운 지위를 얻고자 분주하고 기뻐하기만 했다고 주장했다.[15]

믿기 어려운 말이다. 다만 당시 한국인들이 '일상'을 잃지 않았다는 건 수긍해야 할 것 같다. 실제로 8월 29일 그날은 의외로 조용했으며, 반대 시위도 전혀 없었다고 한다.[16] 다만, 춘원 이광수에 따르면, 일부 학교에서는 "한밤 혹은 새벽에 학생을 비상소집하여 통곡하는 예를 행하고 죽기로써 광복할 것을 맹세하였다"고 한다.[17]

윤병석은 "일반적으로 1910년의 '한일병합'에 대한 한국민의 즉각적인 저항은 크게 펼쳐지지 못하고 만 것으로 인식되기도 하였다"며 그 이유에 대해 다음과 같이 말했다.

"그것은 일제가 국제적인 비난을 꺼려 그들의 강력한 군경(軍警)을 동원하여 항일의병을 억누르고 애국계몽운동이라 부르는 구국활동을 전개하던 애국인사들을 사전에 투옥하고 감시했을 뿐만 아니라 만약의 사태에 대비하여 언론·결사·집회·출판 등의 모든 자유를 박탈하여 그 추이(推移)조차 알지 못하게 했던 까닭이다. 이에 그치지 않고 일제의 앞잡이가 된 일진회를 내세워 '한일병합'을 찬성하고 환영하는 무대를 만들어 선전의 자료로 삼았던 것이다. 때문에 '병합'의 사실을 안 국민은 경악과 분노에 차 땅을 치고 통곡하며 만국민의 슬픔을 달래고 광복의 앞날만을 기원했다."[18]

『조선과 만주』라는 잡지도 "1905년 11월에 체결한 보호조약 당시 같은 큰 소란도 없었고, 1907년 7월의 고종의 양위에 이은 내정감독의 조약체결 당시와 같은 대소란도 없는 것은 오히려 기이한 감마저 든다"며 그 이유에 대해 다음과 같이 말했다.

"이러한 것은 이미 실권이 일본에 넘어간 이상 이제 허명만 남은 국호와 제호를 빼앗겼다고 해서 유난히 소란을 피울 것이 없다고 체념한 탓도 있겠지만, 이보다는 데라우치 통감이 용의주도하고 비밀리에 교섭을 진행한 것도 그 원인의 하나라고 할 수 있다. 그러나 더 중요한 원인은 병합 전부터 일본의 헌병과 경찰이 철저한 단속으로 소란을 피울만한 사람들을 질식하게 하고, 또는 구금하여, 한 사람의 선동자도, 한 구절의 선동문자도 나오지 못하게 한 것이 평정을 유지하게 한 것으로 해석된다."[19]

이광수의 고백

과연 일제의 철저한 단속 때문만에 8월 29일은 조용했을까?

해외 동포들은 8월 23일에 일제강점을 알았다. 블라디보스토크에 살고 있던 한인 200여 명은 즉시 한인학교에 모여 회의를 했다. 회의가 진행되는 동안 동포의 수는 700여 명으로 늘어났으며, 오후 4시부터 시작된 회의는 다음날 새벽 2시 반까지 계속되었고, 그 결과 성명회(聲明會)의 이름으로 모든 "한인이 동맹하여 국권 회복을 기도하기로" 결의했다. 비분(悲憤)에 싸여 통곡하는 이가 많아 회의는 비통한 분위기 속에서 진행되었다고 한다.[20]

블라디보스토크의 한인들처럼 당시 한국 민중은 비통한 마음은 있되, 이미 체념의 지혜를 가졌던 건지도 모르겠다. 아니 망연자실(茫然自失)이었을 게다. 춘원 이광수의 다음과 같은 '고백'이 대체적인 민심은 아니었을까?

"나는 어디를 가느라고 이러한 해무(海霧) 속에 고읍역에를 나갔다. 가보니 대합실 벽에 이상한 것이 붙어 있었으니 그것은 한국이 일본에 합병되는 조서였다. 대한제국 대황제는 그 국토와 신민과 통치권을 대일본제국 대황제에게 양도한다는 것과 대일본제국 대황제는 이것을 받는다는 두 장의 조서를 석판에 굵은 글자로 박은 것이었다. 나는 이것을 보고 어안이 벙벙하였다. 이런 일은 내 평생이 처음일뿐더러 한 민족의 역사에도 몇천 년에 한 번도 있기 드문 일이므로 나에게 이런 경우에 응하는 감정의 길을 가진 것이 없었던 것이다. 아직 앞이 캄캄하고 전신에 맥이 풀렸을 뿐이었다."

이광수는 여행을 중지하고 정거장에서 나와 학교로 향했다고 한다.

"'이제는 망국민이다' 하는 생각을 한참 길을 걸은 뒤에야 할 수 있었다. 나는 중도에 앉아서 얼마 동안인지 모르게 혼자 울었다. 나라가 망한다 망한다 하면서도 설마설마 하고 있었던 것이다. '왜? 대황제가 이 나라 주인이냐? 그가 무엇이길래 이 나라와 이 백성을 남의 나라에 줄 권리가 있느냐?' 이런 생각도 났으나 그것은 '힘'이 있고야 할 말이다. 힘! 그렇다 힘이다! 일본은 힘으로 우리나라를 빼앗았다.

빼앗긴 나라를 도로 찾는 것도 '힘'이다. 대한 나라를 내려 누르는 일본 나라의 힘은 오직 그보다 더 큰 힘을 가지고야 밀어낼 수가 있다. 그러면 그 힘은? 그 힘은 어디서 나나? 어렴풋이 이천만의 피라고 느껴졌으나 내게는 아직 분명한 계획은커녕 관념도 잡히지 아니하였다. 나는 아직 어렸던 것이다. 그러나 한 가지만은 분명하였으니, 그것은 내 앞날이 이 힘을 찾기에 바쳐질 것이라는 것이었다."[21]

모든 국민이 일심동체였을까?

망국에 대해 양반과 평민의 입장이 과연 같았을까 하는 것도 의문이다. 임지현은 2007년 "2007년 한일합방 직후 상주에 거주하고 있던 한 양반의 일기 내용이 공개되었는데, 양반들이 한일합방이 되자 집 밖으로 나가지 않았답니다"라면서 다음과 같이 말했다.

"우리는 그 이유를 국권상실과 종묘사직을 잃어서라고 설명하고 싶을지 모르지만 사실은 상놈들이 호형호제할까봐 창피해서 나가지 않았다고 합니다. 서발턴(Subaltern, 하층민) 연구의 관점에서 이 기록을 다시 읽는다면, 양반 기록에 남겨진 민중의 목소리는 세상이 바뀌어서 오히려 해방감을 느꼈다, 같은 게 아닐까요? 곧 이민족의 지배를 받아야 한다는 두려움보다는 양반계급의 지배가 끝났다는 것이 민중들에게는 더 강렬했을지도 모르겠습니다."[22]

논란의 소지가 있는 주장일망정 생각해볼 점은 있다. 1910년 8월 29일 한국 민중이 보였던 차분함 속엔 바로 그런 냉소의 표현도 담겨 있었던 건 아니었을까? 아니면 량치차오의 말마따나, 한국은 전 세계에서 개인주의가 가장 발달한 나라이기 때문이었을까?

조선 민중이 나라 잃은 서러움을 뼈저리게 깨닫게 된 건 병합 이후 전개된 이른바 '토지조사사업' 때부터였다. 토지조사사업은 그동안 불법이었던 일본인의 토지 소유를 법적으로 인정해줌으로써 농민들이 토지를 빼앗기고 고향을 등지게 된 결정적인 계기가 되었다.

이와 관련, 배경식은 "'눈뜨고 코 베어간다'라는 속담이 있듯이 근대적 소유권 개념에 어두웠던 농민들은 하루아침에 지금껏 짓고 있던 땅을 합법적으로 강탈당했다. 반면 지주들은 소작농들의 불안정한 경제적 처지를 이용하여 훨씬 더 가혹한 착취를 감행하였다. '기름은 짜면 짤수록 더 나온다'는 말이 있듯이 지주들은 소작농을 언제든지 짜면 나오는 기름인 줄로만 알았다"라고 했다.[23] 어디 그뿐인가. 강점 이후 일제는 철저한 헌병 경찰제도로 일체의 언론·출판·집회·결사의 자유를 박탈했고 인권 탄압을 자행했다.

일제강점 호칭 논쟁

이태진은 "1910년 8월 22일에 강제로 체결된 한국병합에 관한 강제조약에 대해 우리가 사용할 수 있는 호칭은 '한국병합늑약'과 '이른바 한국병합조약' 두 가지이다. 반면에 '한일합방조약'이나 '한일병합조약'은 사건의 본질에 부적절한 표현이므로 취할 것이 못 된다. 이런 변별이, 이 조약이 유효하다는 뜻은 물론 아니다. 이 조약도 그 일방적 강제 및 순종 황제의 비준 거부로 인해 성립한 것으로 볼 수 없다"고 말했다.[24]

이에 대해 일본 메이지대 교수 운노 후쿠쥬는 "그러나 이와 같은 조약 무효 식민지불법론은, 제2차 대전 후 일본을 포함하는 구종주국이 식민지배는 합법적으로 이루어졌으므로 사죄할 필요도 배상책임도 없다고 우기면서, 반성조차 하지 않았던 논리와 동일한 사고의 틀 내에서의 정반대의 주장에 지나지 않는 것이 아닐까"라는 의문을 제기했다.

"물론 군대위안부 강제연행 등 식민지 지배하에서 일본이 범한 수많은 위법행위에 대해서는, 법의 심판을 통해 정의를 회복하지 않으면 안 된다. 그러나 '불법적인 식민지 지배'와 '합법적인 식민지 지배'를 구분하여 전자에 대해서만 책임이 있다고 주장한다면, 그것은 오늘날 세계적인 규모로 우리들에게 요구되고 있고 제2차 대전의 전후처리가 외면해버린, 식민지주의의 청산과 극복의 과제에 화답하는 것이 안 되는 것이 아닐까. 나는 그런 것이 아니라, '불법'이건 아니건 사람이 다른 나라 사람의 의사를 지배하고 민족이 타민족을 종속시켰다는 의미에서, '부당한' 식민지 지배—정당한 식민지배는 없다—에 대해 구종주국은 깊은 반성에 기초하여 사죄와 배상을 하는 것이 '과거의 청산'이라고 생각한다."[25)]

사카모토 시게끼도 비슷한 문제 제기를 했다. 이에 대해 이태진은 "물론 관련 외교협정들의 형식을 따지는 나의 연구는 한일 간 과거문제의 범위를 좁힐 뜻을 가지고 시작된 것은 결코 아니다. 나의 연구는 어디까지나 한국병합은 합법적이었다는 발언이 일본 측으로부터 계속 되풀이되었기 때문에 시작된 것이었다"며 다음과 같이 말했다.

"일본 측이 이처럼 법적 정당성을 거론하였기 때문에 이의 당부를 관련 문서를 통해 확인해보자는 것이 나의 의도였다. 그런데 그 결과는 내가 당초 기대한 것 이상이었으며, 지금까지 양국 학자들이 이 문제에 대해 거의 관심을 두지 않은 것은 하나의 '실수'였다고 할 정도로 많은 중요성을 가지는 문제들이 부각되었다."[26]

1891년 11월 조선 조정이 2만 5000달러를 들여 매입했던 대한제국의 주미공사관은 1910년 국치일에 주미일본공사 우치다 야쓰야에게 단돈 5달러에 처분되었고, 다시 호레이스 풀턴이라는 미국인에게 10달러에 넘겨졌다. 현재 이 건물은 1965년부터 로버트 페이스라는 미국인의 소유로 되어있다. 김삼웅은 이 건물의 '원상회복'이 필요하다고 주장했다.[27]

일제하 68명의 조선 귀족 탄생

데라우치가 이완용에게 한일병합안을 제시하자, 이완용은 동의하면서 다만 "농사짓는 자는 농사짓고 장사하는 자는 장사하고 공업하는 자는 공업에 종사하면 예전처럼 살 수 있으나 양반들은 선악을 따질 것 없이 국가의 존망과 같이하므로 이들을 돌보지 않으면 인도천리로 보아 참을 수 없다"고 말했다. 이게 바로 조선귀족령이 생겨나게 된 이유이기도 했다.[28]

이에 따라 일제는 병합조약을 주동적으로 수행한 이완용·박제순·송병준 이하 76명에게 논공행상으로, 혹은 회유를 위해서 귀족의 신분을 배급했다. 후작 6명, 백작 3명, 자작 22명, 남작 45명이었다. 남작의 수령은 2명(김석진·조정구)이 거절하고 6명(민영달·유길준·윤용구·조경호·한규설·홍순형)이 반납해 총 68명의 조선 귀족이 탄생하게 되었다.[29]

이 '귀족'들 중 일부는 억만장자가 되었다.

이완용은 1907년 고종 강제 퇴위와 정미7조약에 기여한 대가로 일제로부터 10만 환(현재 가치로 20억여 원)을, 한일병합 때는 백작 작위와 함께 15만 환을 '은사금'으로 받았다. 쌀 한 가마 값이 7환 하던 시절이었다. 이완용은 이 돈으로 전북 군산·김제·부안 일대 논을 사들이기 시작했는데, 일제 초기 그가 소유한 땅은 여의도 면적의 1.9배, 1,309필지 1,573제곱미터에 이르렀다. 이완용은 1920년 이전에 소유한 땅의 98퍼센트를 팔아 현금과 예금으로 바꿔 1925년 '경성 최대의 현금 부호'로 떠올랐는데 현금만 최소 300만 환(현재 가치로 600억여 원)에 이르렀다.[30]

송병준은 한일병합 때 자작 작위와 은사금 10만 환을 받았다. 그는 일제로부터 불하받은 미개간지나 국유임야를 팔아 재산을 불렸는데, 1910년에 이미 여의도만한 땅(857만 제곱미터)을 거머쥐었다. 1907년 법부대신으로 고종 퇴위와 사법권·경찰권 이양각서 체결에 참여했으며 항일의병 처단을 지휘했던 조중응은 자작 작위와 10만 환을 받았다. 1905년 항일의병을 누르기 위해 군대를 동원하고 조선사편수회 고문을 맡았던 권중현은 한일병합의 공으로 5만 환을 받았다.[31]

매천 황현이 쓴 『매천야록』에는 이토 히로부미가 이미 1905년 을사조약 체결 시에 매수 공작금으로 300만 환을 썼다는 기록이 나온다. 한일병합 시 은사금은 5년 거치 50년 이내 상환의 국채 형식으로 발행돼 실제로는 전액 지급되지 않았지만, 당시 금값을 기준으로 환산할 때 은사금 10만 환당 매년 5000환(1억여 원) 정도의 이자를 받은 것으로 학계는 추정하고 있다.[32]

일제에 기용된 조선인 관료

일제는 병합 후 전국의 13개 도 가운데 6개 도의 장관(3·1운동 직후부터는 직제개편으로 지사로 호칭)과 도 장관의 차석에 상당하는 참여관 13명, 전국 317개 군의 군수를 한국인으로 임명했다. 6개 도 장관은 경북도 장관 이진호·충남도 장관 박중양·강원도 장관 이규완·함남도 장관 신응희·전북도 장관 이두황·황해도 장관 조희문 등이다.

김삼웅은 "중요 지역과 국경지대에는 일본인 도 장관을 임명하는 것을 잊지 않았고, 한국인 출신 도 장관 밑에는 반드시 일본인 내무부장을 두어 감시와 견제를 게을리 하지 않았다"며 다음과 같이 말했다.

"일제시대에 한국인으로서는 최고의 관직인 도 장관이 되기까지에는 '친일성'과 '아첨'이 무엇보다도 중요했다. 이들은 합병 과정에서 남다른 '친일성'으로 매국매족에 앞장섰으며, 합병 후에는 역시 천부적인 '아첨'으로 총독부에 빌붙어 출세가도를 달렸다. 일제는 한국의 지배층을 회유하려는 일반적 목적과 지방행정의 효율성을 도모하려는 현실적 목적 아래서 친일성과 아첨을 기준으로 삼아 고위 관리를 임용한 것이다."[33]

전체 조선총독부 관료 중 조선인은 1만 1,186명으로 60퍼센트를 점했다. 조선인 비율이 의외로 많다고 생각할 수도 있겠지만, 내막은 좀 달랐다. 박은경은 "식민정책의 핵심 부서라고 할 수 있는 중앙부서나 경제기관에는 대부분 일본인 관료들이 임명되었으며, 주로 말단직에 조선인 관료가 몇몇 배치되었을 뿐이다. 특히 전략적으로 중요하다고 생각되는 철도국과 우편국에는 단 한 명의 조선인도 임용되지 않았다"고 말했다.[34]

치안기관의 고위직은 대부분 일본인이 점령했고, 순사보나 헌병보조원들은 모두 조선인들이었다. 조선인 관료가 가장 많이 임용된 곳은 지방기관과 자문기관이었는데, 군수는 전원 조선인이었다. 왜 그랬을까? 박은경의 설명이다.

"이는 첫째, 군수의 지위가 조선시대에 갖고 있었던 경찰권과 재판권, 징세권이 박탈당하고 단순한 행정관의 지위로 고정되었기 때문이며, 둘째는 이미 1908년 이후 일본인에 의한 친일적 인물이 다수 군수로 임용되었던 점과, 셋째 통치의 효율성을 높이기 위해 조선 실정에 능하고 말이 통하는 조선인 관료가 직접 대민 접촉부서에 필요했으며, 넷째, 1910년 당시에는 아직 지방행정까지 일제가 완전히 장악하지 못했기 때문이었다."[35]

02

토사구팽 당한 이용구와 일진회

헌신짝처럼 버려진 이용구와 일진회

일진회는 어찌됐던가? 이용구의 일진회가 매국활동을 할 때 13도에서는 회원들의 피습 사례가 꼬리를 물고 일어났다. 이용구는 집과 세간을 파괴당한 채 서울로 쫓겨온 회원들에게 간도 영농 이주의 원대한 야망으로 무마하곤 했다. 이용구가 그 소요 자금 300만 엔을 일본 수상 가쓰라에게 상의하자, 가쓰라는 "300만 엔이 아니라 3,000만 엔이라도 책임을 지겠다"고 큰소리쳤다.[36] 이용구는 이 장담에 고무되어 1909년 12월 일본 천황과 각계에 이른바 '1백만 일진회 회원' 이름으로 병합청원서를 제출하는 등 적극적으로 병합에 앞장섰다.[37]

그러나 병합 후 이용구와 일진회는 헌신짝처럼 버려졌다. 일진회는 9월 12일 아카시 경무총감의 명령에 따라 해산비로 15만 엔을 받고 해산당했다.[38] 원래 약속했던 액수의 20분의 1에 불과한 돈이었다.

일진회원을 실수 25만 명으로 추산할 때 1인당 쌀 몇 되 값, 수십 전 밖에 돌아가지 않는 돈이었다. 한마디로 말해서, 사냥이 끝난 뒤에 사냥개를 잡아먹는다는 '토사구팽'이었다. 이와 관련, 임종국은 다음과 같이 말했다.

"10년 가까이 집과 세간을 불살리면서 일선일가(日鮮一家)를 위해 싸워 온 보상이 고작 이것인가? 13도에서 회원들의 불평과 원성은 폭발했고 이것을 감당할 수 없어서 이용구는 일본으로 달아났다. 스마에 은거하면서 그는 울화병에 걸리고 말았던 것이다. 그는 조선 정부의 압정을 면하기 위해서 한일병합을 추진하였다. 하지만 병합에 의해서 얻어진 것은 일진회를 1주일 시한부로 강제 해산시키는 식민지적 새로운 압정밖에 없었다. 병합을 이룩한 후면 25만 일진회원을 이끌고 간도로 가서 대아시아주의의 새로운 낙원을 건설하려 했으나, 3,000만 엔도 좋다던 가쓰라의 든든한 한마디마저도 휴지가 되고 말았다. 남은 것은 회원들의 불평·원성과, 돌아갈 수 없게 된 조선의 강산뿐."[39]

조정래의 대하소설 『아리랑』엔 일진회 회원들의 불평·원성이 실감나게 묘사돼 있다. 일진회 군산지부장 백종두는 통감부 관리로부터 일진회 해산 명령과 함께 "아랫것들 괜히 시끄럽지 않게 단속 잘하시오"라는 지시를 받는다. 백종두는 반사적으로 자신이 '똥친 작대기'라는 생각이 떠올랐지만, 그 '똥친 작대기'로 무어라도 건져볼까 하는 마음으로 더욱 일제에 충성할 걸 다짐하게 된다.[40]

이용구의 후회

병합 뒤 일본이 주는 작위를 거절한 이용구는 정치활동을 못하게 되자 시천교를 이끌고 부흥시켜 나가려했으나 곧 폐병에 걸려 일본으로 건너가 요양하다 1912년에 사망했다.[41] 1912년 5월 22일 스마에서 눈을 감기 얼마 전에, 문병차 들른 우치다에게 눈물을 흘리면서 "우리는 참 바보짓을 했어요. 혹시 처음부터 속았던 것은 아닐까요?"라고 말했다고 한다.[42] 또 그는 일본의 병원에서 입원치료를 받던 중 1911년 3월 30일 한국에서 함께 병합활동을 벌인 일본인 친구 다케다에게 "나와 송병준이 속은 것인가"라는 내용의 편지를 썼다고 한다.[43]

그 편지에서 이용구는 "인생에는 한번 죽고 사는 일은 당연하지만, 회고컨대 내 일생은 참으로 웃음거리였소. 소싯적부터 일신상의 이익을 생각해본 적이 없고, 국가의 이익과 창생의 구제만을 바라며 왔지만 참으로 바보 같은 짓이었소. 배신당하고, 사기당해서 2,000만 인민을 흙탕보다 더 심한 상태에 몰아넣었소"라고 자책하면서 다음과 같이 말했다.

"신일본 국민(그들은 일본과 한국의 대등한 합방을 목적으로 한다고 했소)으로 참가시키지 못한 나는 공사에 있어 몸 둘 바를 모르는 우스운 꼴이 되었소. 문을 나서면 사방의 사람들에게 모욕을 당하며 집에 들면 부하들로부터 나라를 위한다는 것이 이 꼴인가, 일진회의 성공이란 이런 것인가, 회원의 생활 보장이란 무엇인가 등등 질문 공세에, 입이 있어도 말 못하고 어디를 보아도 백안시뿐이며 전혀 혼자뿐이었소. 한편 정부 당국은 나를 적의 거지로 취급하며 마치 사냥 끝난 뒤의 사냥개 취급이요. 다른 한편, 원래 망국적인 전(前) 한국 정부 관계자들은 모두 의외에도 부귀를 얻어 교만해져(한일합방 이후 일본 정부는 구지배 계급인 양반에 대해 작위를 수여하고, 그 생활을 연금으로 보장했소) 이전보다 안하무인격이어서 나 같은 자는 벌레 취급을 하였소. 신변은 늘 위험하여 살얼음판을 매일 걷는 것 같았소. 병합 반대자는 나를 매국노같이 보며, 생명을 엿보고 있소. 소생과 같은 망국민은 외국 유람도 즐길 수 없으며, 생각건대 돌아갈 곳도 없소. 단지 저세상 가는 길이 적당할 것 같으나, 지하의 세계에서도 선인의 영혼에 마주칠 낯짝이 없는 터이오. 생각건대 스기야마 · 우치다 · 다케다 등 여러분도 사기당한 것 아닐까요. 송 · 이 두 사람도 사기당한 것 아닐까요. 나는 본래 어리석어서 그 까닭은 알 수 없소이다."[44]

이용구와 송병준 · 이완용의 다른 길

이이화는 이용구의 죽음에 대해 "결국 한만 남기고 죽은 것이지요. 물론 장례는 용산에서 5,000명이 모여 성대하게 치렀다고 하지만 장례가 성대한들 뭐합니까? 이용구의 아들은 일본의 낭인 계통에서 거두어 키웠는데 지금은 죽었는지 살았는지 어떻게 되었는지 모르겠습니다만, 하여튼 빌빌거리고 숨어살았을 것입니다"라고 말했다.[45]

이용구의 아들 이석규는 1960년 『이용구의 생애: 선린우호의 초일념을 관철한다』라는 책을 써 아버지의 삶을 변호했다. 이석규는 "이용구는 훌륭하다. 선린우호의 차원에서 일본과 조선의 대등한 합방을 추진했다. 그러나 일본의 일부 정치권력자에 속아 나라를 병합당했을 뿐이다. 그는 매국노가 아니다"라고 주장했다.[46]

이용구는 일본에 속았는지 몰라도 송병준과 이완용은 속지 않았던 것 같다. 두 사람 모두 강점 이후에도 잘 나갔다. 특히 송병준은 이용구 사망 후 시천교 교주가 되어 계속 매국활동을 했다. 이이화는 일진회가 일본으로부터 받은 15만 엔도 송병준이 거의 다 챙겨 먹었다고 했다. 송병준은 1910년대에는 중추원 고문, 경기도 참사 등을 역임했고 1920년에는 백작으로 승급했다. 그는 신임 총독이 착임하면 경기도 양평에 있는 그의 집에 인사를 가야 할 정도로 당당한 위세를 부리다 1925년 뇌일혈로 사망했다.[47]

이규태는 송병준이 병합 후 자작(子爵)이라는 귀족 작위를 받고 "송병준이 귀족이 된다" 하면서 발작적으로 흥분했다는 사실이 그의 파산적 성격의 일면을 보여준다며 다음과 같이 주장했다.

"사실 그는 성격 파산자였다. 소외당한 함경도 장진 땅에서, 소외당한 혈연에 소외당한 신분으로 자란 그가 그 반동(反動)으로 그토록 두려운 일을 저질렀던 것이다. 송병준은 앞으로 역적으로보다는 사회과학적인 측면에서 더 이름이 오르내려야 할 인물인 것 같다."[48]

친일파에 대한 분석도 민족주의적 비분강개보다는 사회과학적인 측면에서 연구해야 하는 건 아닐까? 조선의 양반이 일부 평민과 천민에겐 정말 '흡혈귀'와 같은 존재였다면, 그들의 일제에 대한 충성을 민족주의 시각으로 비판하는 건 부적절한 게 아닐까? 그러나 더욱 곤혹스러운 건 송병준과 같은 친일파는 소수였고, 주요 친일파는 양반 출신이었다는 사실이다. 이들은 귀족 신분 유지에만 급급함으로써 사실상 송병준의 정반대편에 있는 닮은꼴이었다.

흑룡회가 일진회를 속였나?

일진회의 '한일합방' 구상은 대등한 입장에서 한일 양국이 연합하는 연방체제같은 것이었던 바, 일본 극우단체 흑룡회가 일진회를 속인 셈이었다.[49] 누가 누구를 속였건, 일진회와 흑룡회가 내세운 '한일합방론'은 나름대로의 이론적 근거를 갖고 있었다. 그들의 이론적 근거라 할 흥아론(興亞論)과 아시아주의는 원초적 피부 감각에 호소하는 인종주의와 혈통주의로서 일제의 침략과 수탈을 은폐할 수 있는 기묘한 논리를 갖고 있었는데,[50] 이는 후일 국내에서의 친일파 양산 사태를 예고한 것이었다.

조선 침략의 외곽 단체인 흑룡회는 후일(1934년) 일본 천황이 사는 메이지 신궁 옆에 일한합방기념탑을 세웠는데, 그 비문에 이용구·송병준 등을 병합 공로자로 기록하면서 이완용 등 매국 5적은 누락시켰다. 그 이유는 이완용 등은 단지 나라를 일본에 팔아먹은 '조선의 매국노'에 지나지 않는 반면, 이용구·송병준 등 일진회원들은 서양 침략세력을 동양에서 쫓아내기 위하여 대아시아제국을 건설하고자 '한일합방' 운동을 했고 그 결과 '일한합방'의 숙원은 달성되었기 때문이라는 것이다.

흑룡회는 동학농민군은 동양을 멸망하게 한 청나라에 빌붙어 있는 민씨 척족 정권을 타도하여 동양을 부흥시키려 했다는 이유를 들어 전봉준을 동양 불세출의 영웅이라고 칭송하였다. 또 흑룡회는 이토 히로부미가 서구 추종적 근대화 노선을 취했을 뿐 아니라 일본의 이익만을 추구하는 일국 에고이즘적인 대조선정책을 펼쳤고 조선의 병합에도 미온적이었다는 이유를 들어 안중근을 영웅이라고 예찬했다.[51]

일본엔 아직도 흑룡회를 계승하는 우익단체들이 많이 활약하고 있다. 모두가 다 그런 건 아니겠지만, 일부 일본인들이 전봉준·안중근 등을 존경하고 흠모하는 걸 경계해야 할 이유도 바로 여기에 있다.

03

신문과 민족주의의 탄생

한글 글자 공동체의 형성

일제강점과 더불어 극히 제한된 자유나마 그걸 이용하여 언론 기능을 하고자 했던 신문들도 모두 강제 폐간되는 운명을 맞게 되었다. 그 대신 일제는 『대한매일신보』를 폐쇄 및 인수하며 강점 다음날인 1910년 8월 30일 『매일신보』를 창간했다. '대한매일신보'라는 제호에서 '대한'을 빼고 '매일신보'를 그대로 가져다 쓴 건 『대한매일신보』의 후광을 업으려는 속셈이었다.

해외에서 발행된 신문들은 일제강점 이전부터 비밀리에 국내에 반입되곤 했는데, 일제강점 직전까지 압수된 신문만 하더라도 255건에 총 부수 8만 1,062부에 이르렀다. 일제강점 이후엔 총독부의 단속이 더욱 엄해져서 국내 반입은 매우 어려워졌다.[52]

신문들이 폐간됨에 따라 민족주의 담론이 대중을 만날 수 있는 합법적 공간은 사라지고 말았다. 그러나 지하신문의 활동과 더불어 10년 후 『조선일보』『동아일보』가 생겨나므로 민족주의 담론이 완전히 거세될 수는 없었다.

여기서 '민족'을 상상의 공동체(imagined community)로 본 베네딕트 앤더슨의 주장에 주목할 필요가 있다. 이 논지는 민족을 머릿속에서 마음대로 상상하거나 꾸민 것이라는 뜻이 아니라 "특정한 시기에 사람들의 경험을 통해서 구성되고 의미가 부여된 역사적 공동체"라는 뜻이다.[53] 앤더슨은 그러한 구성과 의미 부여에 인쇄자본주의가 큰 영향을 미쳤다며 "인쇄자본주의는 빠르게 늘어나는 사람들이 심오하게 새로운 방식으로 그들 자신에 대해 생각하고, 그들 자신을 다른 사람들에게 연결할 수 있게 해주었다"고 했다.[54]

앤더슨은 특히 신문의 역할에 주목했다. 민족이 '상상의 공동체'라는 논지에 동의하지 않는다 하더라도 신문이 '민족' 의식에 큰 영향을 미친 것까지 부정할 수는 없을 것이다. 한국의 초기 민족주의 형성에 큰 영향을 미친 것도 바로 구한말에 생겨난 신문이었기 때문이다.

고부응도 앤더슨의 논지를 차용하여 "조선시대의 평민들이 민족의 정체성을 의식하기 시작한 것은, 조선 말기에 인쇄 기술이 도입되어 한글로 된 신문과 소설이 발행되고 한글 글자 공동체가 형성되면서부터라 할 수 있다"라고 했다.[55]

민족의식의 계보

물론 민족의식은 일찍부터 있었다고 보는 시각이 유력하다. 이만열은 멀리는 당(唐)을 구축(驅逐)하기 위해 고구려 유민들이 신라와 연합한 것, 가깝게는 고려 말에 이르러 단군을 국조로 받드는 공동체의식이 『삼국유사』 등에 기록된 것 등을 들어 이를 '고전적 민족주의'라 부르고, 구한말부터 나타난 민족주의를 '근대적 민족주의'라 불렀다.[56]

민족의식의 형성 시점을 적어도 통일신라기까지 거슬러 올라가는 노태돈은 '전근대 시기'와 '근대 시기'라는 구분을 짓는데, 그 기준은 민족 구성원에 대한 차등성이다. 전근대 시기엔 차등성이 강했기 때문에 일반민들의 민족공동체에 대한 공속의식은 수동적이었다는 것이다.

"근대에 접어들어 개화운동과 동학농민전쟁을 거쳐 갑오개혁에서 신분제가 폐지됨에 따라 최소한 법적인 규범논리로서 민족구성원의 평등이 표명되었다. 그것은 뒤이은 역사의 전개과정을 통해, 민족의 전 구성원에 의해 주체적으로 자각되어 '나의, 우리의 민족과 국가'라는 의식으로 정착되어 갔다. 그 과정에서 일면으로는 반외세항쟁이 이를 촉진했다. 1907~1909년 사이의 호남지역 의병의 여러 격문에서 '사천년 역사, 삼천리 강토, 이천만 동포'를 운위하였다."[57]

우리 민족을 단군이라는 공통조상의 후예로 표현한 것도 1908년경부터였다. 『대한매일신보』 1908년 1월 1일자 신년 논설은 "단군시조의 자손"이라는 표현을 썼고, 『황성신문』은 1908년 3월 13일자 논설에서 "이천만 민족은 동일 단군 자손"이라고 기술했다.[58] 또 『황성신문』 1909년 11월 21일자는 고조선의 개국일을 기념해야 하며, 음력 10월 3일을 개천절, 즉 하늘이 열린 날로 기념해야 한다고 주장했다.[59]

『독립신문』의 경우엔 '동포'라는 말을 썼다. 출현 빈도를 보면 '동포'는 1896년에 26회, 1897년에 45회, 1899년에 32회, 1898년에 247회 등장했다. 현재 의미와 같은 '민족'은 1904년 이후 쓰이기 시작했고,[60] 『대한매일신보』에 의해 본격적으로 사용되었다.

민족과 조국

사람들의 입에 오르내리는 '민족'이란 말은 1900년 이후에 만들어진 것으로 보는 시각이 유력하다. 노태돈은 "추측컨대 19세기 후반에 일본인들이 서구의 네이션(nation)이란 개념을 번역하여 만든 조어로 짐작해봅니다"라고 했다.[61]

1896년에서 1899년까지의 『독립신문』엔 '민족'이란 말이 등장하지 않으며,[62] 1900년 『황성신문』에 '민족'이 등장하긴 하나, 그 용법은 '동방민족' '동양민족' '백인민족' 같은 것이었다.[63] 박찬승은 갑오개혁기부터 '국민'이라는 용어가 사용되었지만, '민족'이라는 용어는 그보다 약 10여 년 늦게 1907년 즈음 '제국주의'에 대한 대립어로 주로 사용되었다고 했다.[64]

'민족'은 『대한매일신보』에 본격 등장하는데, 논설란을 기준으로 1908년 7회, 1909년 190회, 1910년 130회를 기록했다.[65] 예컨대, 신채호는 『대한매일신보』 1909년 5월 28일자에 쓴 글에서 '민족주의는 실로 민족을 보존하는 방법'이라고 말하면서 '민족주의를 크게 분발'할 걸 역설했다.[66]

'조국(祖國)'이라는 단어도 『독립신문』은 물론 1903년까지의 『황성신문』에는 한 번도 나타나지 않지만, 『대한매일신보』 국한문본이 창간된 해인 1904년부터 이 신문에 등장했다. 논설만을 볼 때, '조국'이란 단어는 1905년 2회, 1906년 13회, 1907년 17회, 1908년 46회, 1909년 33회, 1910년 18회 등장했다.[67]

민족과 국민

갑오개혁기부터 사용된 '국민'은 만민공동회 등을 통해 자각되고 을사늑약 이후 뜨겁게 피어올랐지만 곧 시들고 말았다. '국민' 발견의 매개체는 늘 신문이었다. 예컨대, 정선태는 만민공동회 "시위 현장은 충군애국의 함성이 울려퍼지는 가운데 남녀노소와 빈부귀천을 물론하고 하나의 '대한제국의 인민'임을 확인하는 '축제'의 도가니였다"며 다음과 같이 주장했다.

"새로운 '계몽의 미디어'인 연설이 강력한 호소력으로 시민들 속으로 파고들었으며, 『독립신문』『매일신문』『제국신문』『황성신문』 등이 그 현장을 대대적으로 '중계'했다. 시위를 통한 계몽이 절정에 이른 순간이라 아니할 수 없다. 이제 '백성'들은 시위를 통해 타자와 자기를 동시에 발견함으로써 자신들이 하나의 '국민'임을 자각하기 시작했던 것이다."[68]

『대한매일신보』 1908년 7월 30일자 논설 「민족과 국민의 구별」은 "국민이란 명사는 민족 두 글자와 구별이 크게 있거늘 그것을 모르는 자들이 왕왕 이 두 용어를 혼칭하니 이는 불가한 일이라"고 지적하면서 다음과 같이 주장했다.

"민족이란 것은 단지 동일한 혈통에 속하며 동일한 토지에 거주하며 동일한 역사를 가지며 동일한 종교를 받들며 동일한 언어를 사용하면 동일한 민족이라 가히 칭하는 바이거니와 국민 두 글자는 이처럼 해석하면 불가할지라. 대저 혈통·역사·거주·종교·언어의 동일함이 국민 되는 요소가 아님은 아니나 단지 이것만이 동일하다고 꼭 국민이라 말함은 불가능하나니 …… 민족을 가리켜 국민이라 칭함이 어떻게 가능하리요. 국민이란 것은 그 혈통·역사·거주·종교·

언어의 동일한 것밖에 또한 필연적으로 동일한 정신을 가지며 동일한 이해를 느끼며 동일한 행동을 하여 그 내부의 조직이 한 몸의 골격과 흡사하며 그 대외의 정신이 한 병영의 군대와 흡사해야 이를 국민이라 말하나니."[69]

또『대한매일신보』1909년 6월 22일자 논설「국민의 책임」은 "국민은 반드시 국가에 대하여 책임이 있는 것이며 책임이 없으면 국민이 아니다"며, 국민의 책임으로 국가를 보전하는 책임과 국가를 확정하는 책임 등을 들었다.[70]

신용하 · 박지향 · 이진경의 주장

신용하는 "단지 민족을 근대의 산물 또는 근대자본주의의 산물이라고 보는 것은 서유럽에서만 적용되고 그 밖에 우리와 같은 고대나 중세의 통일국가를 이루어서 민족을 형성한 국가에서는 적용되기 어려운 학설이라고 봅니다"라면서 다음과 같이 주장했다.

"우리 민족을 근대에 비로소 형성되었다고 하는 것은 무리한 학설이라고 생각하고 있습니다. 민족 형성과는 별개의 문제로서, 그러면 민족주의는 언제 형성되었느냐? 이 민족주의는 근대의 산물이기 때문에 저는 근대에 형성되었다고 생각하지만 그 맹아는 실학에서 찾을 수 있다고 봅니다. 실학에서 보이는 근대민족주의의 맹아가 1850~1860년대 개화사상과 동학사상으로 형성됨으로써 동학사상 · 개화사상이 바로 민족주의의 한국적 표현이 아닌가, 한국적 실체가 아닌가 생각하고 있어요."[71]

박지향은 개화기에 조선을 다녀간 영국인들은 한국인들에게 민족

감정이 없다고 판단했으며, "일본인들의 놀라운 애국심에 비해 한국인들은 국가나 집에 대해서나 자부심이 없다는 사실이 특징으로 간주되었다"며 다음과 같이 주장했다.

"부패의 희생물인 일반 대중에게서 애국심이 발견되지 않는 것은 어찌 보면 당연하였다. 하지만 요즘 우리 사회에서 발견되는 맹렬한 민족주의적 정서를 고려할 때 19세기 말~20세기 초 영국인들의 관찰은 상당한 충격으로 다가온다. 여기서도 민족주의는 태생적인 것이 아니라 가까운 과거에 만들어진 이념이라는 사실이 입증된다. 영국인들의 관찰이 틀리지 않다면, 국민 전체를 포괄하는 한민족의 민족주의는 19~20세기 전환기까지는 발견되지 않았고 20세기 들어, 특히 3·1운동과 일제 식민통치를 겪으면서 형성된 이념이라고 보는 것이 타당할 듯하다."[72]

이진경은 「근대계몽기 대한매일신보에서 근대적 역사 개념의 탄생」이란 논문에서 이 시기에 국민은 비참하고 무력한 현재의 퇴보를 책임져야 할 경험적 주체인 반면 민족은 과거의 위대한 역사를 구현한 선험적 주체이자 이를 미래에 구현할 잠재적 주체로 분리됐다고 분석했다. 또 그는 일제강점기 한국의 '네이션=민족' 개념 정립과 제국주의 일본의 '네이션=국민' 개념 정립이 정반대의 길을 걸었다고 주장했다. 식민지를 지배했던 일본이 한국·중국·동남아의 여러 민족을 아우르는 보편적 국민 개념으로 네이션을 정립하려 한 반면 일제강점기의 한국에선 이에 맞서 혈연적 순수성 내지 특수성을 강조하는 민족 개념으로 이를 응축하려 했다는 것이다. 이와 관련, 권재현은 다음과 같이 말했다.

"이러한 결론은 제국주의와 민족주의가 쌍둥이라는 탈민족주의론

자들의 주장을 뒷받침하는 한편 한국 내에서 민족을 강조하는 진보 세력과 국가를 강조하는 보수 세력이 '민족·국가'의 이중체인 네이션 개념 중 어느 한쪽만 쳐다본 내셔널리즘의 쌍둥이임을 보여 준다."[73]

『황성신문』『대한매일신보』의 광고 분석

앞서도 소개했듯이, 김진송은 "『황성신문』에 줄기차게 반복된 비로드와 중절모의 광고는 '시일야방성대곡'의 비분강개한 흐느낌 속에서 현대사의 곁가지로도 주목되지 않"는다고 했다.[74] 그렇다. 개화기의 신문엔 '민족'만 있었던 건 아니다. '광고'와 '소비'도 있었다. 총정리 삼아 이것도 살펴보도록 하자.

한은경이 1898년 9월 창간한 『황성신문』이 1910년 8월 폐간되기까지 13년 동안의 지면광고를 표본 추출해 분석한 논문 「개항기 신문광고에 나타난 특성 및 시대상」에 따르면, 『황성신문』에 실린 광고는 대부분 출판·서적·문구 업종의 광고였으며 이어 분실·위조 광고, 제약·의약 광고의 순인 것으로 분석됐다. 또 『황성신문』 광고의 타깃층은 중간계층이었으며 하층을 대상으로 하는 광고는 거의 없었던 것으로 밝혀졌다.

구체적으로 분석대상 광고 8,020건 가운데 1,880건이 출판·서적·문구 광고였으며 이는 전체 광고의 23.44퍼센트를 차지했다. 이 가운데 대부분은 서적과 신문 광고였으며 신문의 경우 자사인 『황성신문』의 구독 안내나 구독료 납부 안내, 투서 안내뿐만 아니라 『독립신문』이나 『대한일보』 등 다른 신문의 구독 안내 광고도 많았던 것으로 밝혀졌다. 『황성신문』 창간 초기 광고에 나타난 신문 1부의 가격은

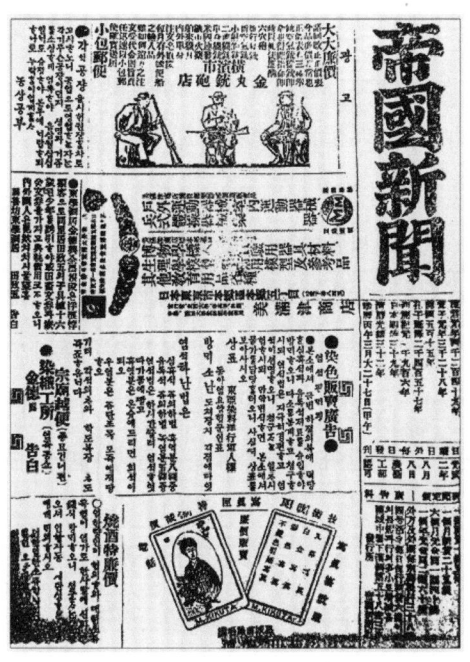

1906년 4월 7일자 『제국신문』 1면의 전면 광고와 1905년 1월 31일자 『황성신문』에 실린 모자와 양복을 판다는 양복점 광고.

7장_518년 만에 멸망한 조선 **231**

엽전 5푼이었다. 또 서적의 경우는 우리나라의 역사·문화·교육 등에 관련한 서적과 함께 개항기의 시대 상황 탓인지 미국·프랑스 등 외국의 역사나 문화를 소개하는 책도 많았던 것으로 조사됐다. 당시 요리책 가격은 15전이었다.

738건으로 9.20퍼센트를 차지한 분실·위조 광고는 어음·도장 등의 분실 광고가 가장 많은 것으로 드러났다. 분실 광고 가운데는 특정물건을 분실했음을 알리거나 분실된 물품을 습득해도 무효이며 분실물품을 이용한 사기행위를 조심할 것을 경고하는 내용이 대부분이었다. 위조 광고는 전답이나 가옥의 문서위조 매매를 경고하는 광고가 주류를 이뤘다.[75]

『대한매일신보』의 경우 월 30전 하는 구독료 못지않게 행당 6전씩 받은 광고료가 신문사 주 수입원이었지만, 국·영문 합쇄의 초창기는 미국·영국·일본 등 열강 광고뿐이었고 한국 광고주 것은 전무하다시피 했다. 국한문판 등장과 함께 상황이 달라져, 맨 뒤 4면 전체를 차지한 광고에 한국물이 나타나기 시작했으며 점유 비율이 높아지는 추세가 확연했다.

광고란도 확장됐다. 국한문판은 발간 3개월까지는 대체로 3면을 기사, 추가 잡보 및 연재물로 채웠으나 1905년 말부터 광고가 3면까지 거슬러 올라갔다. 1906년 중반쯤이면 광고가 고정적으로 3면 중간부터 나타났다. 그래서 『대한매일신보』 국한문판에는 연재소설이 드물었다. 1908년에는 4개 면 중 2개 면 전체에 광고를 싣는 경우가 드물지 않았으며 1909년이 되면 '신성한' 1면까지 치고 올라오는 경우도 있었다.

학생 모집, 책 및 서점 그리고 약 광고가 주류를 이루었다. 술·기숙관(하숙) 광고에 이어 제물포 권련연초회사의 원시표 · 거미표 · 태극표 및 일본 정부 제조 연초인 스타 등 담배 광고가 윤곽 그림과 함께 매일 보였고 미국 수입 우유 광고도 자주 나타났다. 약 광고는 큰 활자로 국문으로 써 눈에 쉽게 띄었는데 미국에서 수입한 창병(성병) 특효약 광고가 1907년에 벌써 나타나고 국문판에 한정됐지만 1909년엔 여성 생리대 광고가 나온다. 명월관 등 요리집도 국문 큰 글씨로 독자들의 눈길을 끌었다. 작은 활자의 개인 광고도 많았는데 자신의 이름을 무엇으로 바꿨으니 이를 알린다는 광고도 있지만 가장 많은 것은 아들 · 동생 등 가까운 식구가 자신의 명의를 도용해 재산관련 계약을 했으나 이것은 무효라고 사전 포고하는 광고였다. 자신의 아들이 허랑방탕하고 사기성이 농후하니 조심하라는 광고도 흔했다.[76]

1905년부터 1910년 사이에 『대한매일신보』와 『황성신문』에 게재된 서적 광고를 조사해 보면 우리나라에서 우리 출판인들에 의해 출판된 서적은 모두 171종이었으며, 종류별로는 역사서가 가장 많고 그 다음은 사회과학서 · 어학서 · 순수과학서 순이었다.[77]

1909년 3월부터는 『대한매일신보』에 전면 광고가 게재되기 시작했다. 1910년 3월 8일자에는 약 회사인 화평당이 전면 광고를 냈고, 같은 해 6월 3일에는 역시 약 회사인 제생당도 전면 광고를 낼 만큼 광고가 대형화하는 모습을 보여주었다.[78]

통신과 광고대행을 겸영하던 일본의 전보통신사가 서울지사를 설립한 것은 1906년 4월 3일이었으며, 한국인이 경영했을 것으로 추정되는 최초의 광고대행사가 나타난 건 1910년이었다. 『대한매일신보』 1910년 7월 5일자에는 '한성광고사' 라는 광고가 게재되었는데, 한성광고사가 한국 광고대행업의 효시로 여겨지고 있다.[79]

소통의 빈곤

개화기의 신문을 총평하건대, 가장 먼저 떠오르는 생각은 구체적인 평가에 앞서 절대적인 '양적 빈곤'이다. 후세의 사가들은 신문 텍스트에 집중해 수많은 사실을 발굴해내고 의미를 부여하지만, 더욱 중요한 것은 신문의 영향력이 아닐까? 신문 한 부를 여러 사람이 돌려 읽었다곤 하지만, 발행부수는 전반적으로 보아 너무 빈약했다.

『독립신문』 1897년 5월 1일자 논설은 "전국에 일천오백만 명 인구가 있고, 서울 안에 근 이십만 명이 있으되, 신문 사보는 사람인즉 백분지 일이 못된다"고 했다. 그거나마 "신문 값을 아니 보내는 사람에게는 신문도 아니 보낼 터이니"라는 내용의 기사가 빈번하게 실렸던 점으로 미루어 감당하기 어려운 부수였던 것으로 보인다.[80] 『황성신문』의 장지연이 "기생 갈보집이나 골패 화투장에는 돈을 물 쓰듯 하면서 신문 값을 독촉하면 내일 모레로 늦추니 이러고야 어찌 야만인이라 하지 않겠는가"라고 분노 어린 개탄을 한 것도 다시 상기할 필요가 있겠다.

1900년대 신문들은 '이천만 인구, 삼천리 강산, 사천년 역사'를 부르짖곤 했지만, 1906년 전국의 인구는 132만 3,029명으로 현재 남한 인구의 3분의 1에 못 미치는 수준이었다.[81] 같은 식으로 비교하자면, 신문 발행부수는 오늘날의 1,000분의 1에도 못 미치는 수준이었다. 물론 이런 단순 비교는 무모한 것이긴 하지만, 당시 조선 사회가 겪은 소통의 어려움을 말하고자 하는 것이다.

신문 없이 무슨 수로 '민족'을 호출해낼 수 있었겠는가. 겨우 천 단위의 발행부수를 갖고 있는 신문 몇 개론 국가적 위기마저 전하기 어려웠을 것인 바, 여론 수렴과 결집은 기대하기 어려운 일이었다. 갑신정변파가 개탄했던 민중의 '무지몰각'이 문제가 아니라, 민중과의 소통 채널이 차단된 양반 위주의 커뮤니케이션 구조가 문제였던 셈이다. '민족'의 탄생은 이루어졌을망정 민족의 각성과 동원을 보기엔 아직 더 많은 시간을 기다려야 했다.

04

고종·대한제국을 어떻게 평가할 것인가?

이태진의 『고종시대의 재조명』

1997년 논문 「고종황제의 암약설(暗弱說) 비판」을 통해 '고종 다시 보기'를 시도했던 서울대 국사학과 교수 이태진이 2000년 8월 그동안의 연구 성과를 모은 단행본 『고종시대의 재조명』을 출간해 학술계의 화제가 되었다.[82]

이태진은 그동안 통설로 굳어져 내려온 '고종=유약한 군주'라는 등식을 전면 부정하며 고종을 동도서기론의 개화를 추구한 개명군주 (開明君主)로 평가했다. 그는 '고종 암약론(暗弱論)'은 일제가 고종시대의 근대화 성과를 매장하기 위해 조작한 허위라고 반박했다. 그는 "고종을 '암약한 인물'이라고 한 것과 같은 부정적인 평가는 한 개인에 대한 것으로 끝나는 것이 아니다. 군주에 대한 부정적 평가는 곧 그 시대 나라 전체에 대한 것으로 직결된다"며 다음과 같이 주장했다.

"일제는 대한제국이 1897년 광무개혁을 통해 자력 근대화의 가능성을 강하게 보이자 이에 위기감을 느껴 고종의 무능설('暗')을 유포하기 시작했다. 그뒤 1907년 헤이그 밀사 파견을 계기로 일제가 고종을 강제 퇴위시키는 과정에서 공식 제기했고, 1910년 강제병합을 하고 나서 고종의 치적을 매장할 목적으로 자국의 문필가와 학자들을 동원해 흥선대원군과 민비의 구세력 다툼에서 우왕좌왕하는 나약한 군주('弱')란 허위를 보태 조직적으로 만들어낸 것에 불과하다. 이제 무능하다는 평가 아래 삭제된 고종의 근대화 노력과 외교전략을 복권시켜야 한다."[83]

이태진은 고종의 치적에 대한 새로운 사실도 발굴·제시했다. 1882~1883년 태극기 제정과정을 주도한 일, 근대화에 필요한 지식과 정보 습득을 위해 중국에서 3,000여 종 4만여 권의 책을 구입한 일, 1896년 아관파천 이후 대한제국 출범을 앞두고 서울의 근대적 도시개조사업을 계획·추진한 일 등을 예로 들었다. 또한 일본 공사관의 공작활동을 차단하기 위해 황제가 '익문사(益聞社)'란 비밀 정보기관을 창설·운영한 사실도 밝혔다.[84]

이태진은 '고종시대를 재조명한 이유'에 대해 "이 책을 통해 고종시대를 파악하는 새로운 틀을 제공하고 싶었다. 양요와 쇄국, 개항, 갑신정변, 아관파천 등 일본 침략주의의 시혜론적 관점에서 서술된 근대사의 흐름은 국민 사이에 패배주의적 역사인식을 조장해왔다. 이같은 상황에서는 반성 차원을 넘어 자기 비하나 자괴감만 심화될 뿐 긍정적 역사 창출이 어렵다"고 주장했다.[85]

수십여 명의 학자가 참가한 '기념비적 논쟁'

2003년 박노자는 "요즘 일각의 보수적인 사학자들이 고종을 '계몽군주' 쯤으로 높여주고 …… 예술인들이 명성황후를 뮤지컬의 주인공이자 민족저항의 상징으로 만들고 있다. 하지만, 당시 백성들에게 고종의 집권기는 분노와 절망의 시대였다. 당시 민중들이 생존의 방편을 위해 가장 많이 생각했던 것은 민란을 일으켜서 착취자 몇 명이라도 직접 응징하던가, 러시아 연해주나 만주로 도망쳐 새로운 생활을 시작하는 것이었다"라고 주장했다.[86]

박노자의 이런 반박이 시사하듯이, 이태진의 주장을 둘러싼 논란은 2004년 7월부터 연말까지 『교수신문』을 중심으로 '고종 논쟁' 또는 '대한제국 논쟁'으로 이어졌다.[87]

『한겨레』는 "『교수신문』에 글을 실은 학자만 11명이다. 학계 원로급 인사로부터 소장학자에 이르기까지 역사학·경제학·정치학 전공자들이 모두 망라됐다. 『역사비평』『내일을 여는 역사』 등 여러 학술 계간지에 관련 논쟁이 번졌고, 크고 작은 학술대회에서도 이 문제를 다뤘다. 이런저런 자리와 지면을 통해 이 '대회전(大會戰)'에 뛰어든 학자는 수십여 명에 이른다"며 "21세기 한국 학계의 서장을 장식한 기념비적 논쟁이다"라고 평가했다.[88]

이 논쟁은 2005년까지 지속되었다. 서울대 교수 이영훈(경제학), 전남대 교수 김재호(경제학) 등은 "대한제국은 외부의 충격을 맞아 조선의 전통문명이 대응한 양상 이상의 것이 아니다"(이영훈)라고 평가하며, "고종의 민국정치 이념은 근대사회를 건설하기에는 근본적 한계가 있었다"(김재호)고 지적했다. 반면 이태진은 "대한제국은 (고종의) 무능으로 망한 것이 아니라 (고종 등이 추진한) 근대화 사업의 빠른 성과에 대한 침략주의 일본의 조기 박멸책에 의해 희생된 것"이라고 말했다.

이후 논쟁은 상명대 교수 주진오(국사학)와 강원대 교수 이병천 등이 '근대와 주체'의 문제를 제기하면서 더 복잡한 양상으로 번졌다. "식민지 근대화론자들은 근대화만 이룩됐다면 그 권력의 주체가 한국인이건 일본인이건 무슨 상관이 있느냐는 논리에 빠져 있다"(주진오)는 비판에 이어 "단선적 진화론이나 폐쇄적 쇄국주의를 넘어 자신의 주체성을 새롭게 되물으면서 '주체적 세계화'를 지향하는 내재적 발전론의 재구축이 필요하다"(이병천)는 제안까지 나왔다.[89]

허동현의 종합 관전평

경희대 교수 허동현(한국사)은 "고종황제 역사 청문회를 지켜 본 관전평"을 다음과 같이 내놓았다.

"청문회의 논객들이 고종을 비추는 가지각색 스펙트럼의 편차가 크다는 것은 망국과 동족상잔, 그리고 남북분단이 할퀴고 간 우리 현대사의 상처가 그만큼 깊다는 것을 상징한다. 고종 높이기는 잘못된 과거사에 대한 성찰일까? 근대화 실패와 망국의 책임을 일본에 떠넘기는 과오 감추기라는 느낌을 감출 수 없다. 그렇다고 고종 때리기가 정당한가? 그 이면에는 오늘 우리가 이룬 경제성장의 뿌리를 식민지시대에서 찾는 식민지 근대화론의 그림자가 어른거린다. 과유불급(過猶不及)이라던데. 한쪽은 성찰이 부족하고 한쪽은 지나친 것 같다. 허나 역사청문회는 우리 사회가 성찰과 자긍이 균형을 이룬 역사기억을 갖기 위해 참고 견뎌내야만 할 성인식의 고통과 같은 통과의례는 아닐까?"[90]

허동현은 "역설적이게도 가장 첨예하게 대립하는 것처럼 보이는 대한제국 근대화론과 식민지 근대화론은 둘 다 우파적 역사해석이며 개발독재를 옹호할 가능성이 크다는 점에서 일치한다. 전자는 과거사에 대한 성찰이라기보다 근대화 실패와 망국의 책임을 일본에 떠넘기기라는 과오 감추기라는, 그리고 산업화만을 근대화의 지표로 삼아 근대화의 주체가 일제라도 무관하다는 식민지 근대화론도 식민지화의 필연성을 주장한 식민주의 사가들과 식민지 시혜론을 펼치는 오늘 일본의 우익들의 논리를 뒷받침하는데 이용될 수 있다는 비판을 면하기 어려운 것으로 보인다"고 주장했다.

이어 허동현은 "왕실을 근대화의 주체로 보는 대한제국 근대화론은 우파적 견해이지만, 민족을 수사로 사용한다는 점에서 민중을 역사의 주체로 보는 민족·민중주의와 공통분모를 갖는다. 따라서 이 두 학설은 공히 일본을 침략자로 그리고 그 연장인 식민지 시대를 수탈론의 시각에서 본다. 한국 사학계의 주류격인 민족·민중주의 담론이나 대한제국 근대화론은 근대화 주체에 대한 이견이 있을 뿐 모두 근대화 필연론이라는 점에서 공통적이다"며 다음과 같이 주장했다.

"그러나 이 두 학설은 모두 1990년대 후반 이후 남녀차별과 환경파괴, 그리고 대량살육이 자행된 근대가 무엇이 좋아 따라하지 못해 안달이냐고 비판하는 탈근대·탈민족 계열의 역사사회학자나 서양사학자들의 눈에는 근대지상주의라는 점에서 한 뱃속 쌍생아로 비칠 뿐이다. 이처럼 개화기의 근대화 주체에 대한 기억의 편차가 크다는 것은 갈가리 나뉜 우리 사회의 난맥상을 드러내는 것일 수도 있고 세계사의 보편적 흐름에 거스르는 우리 역사의 특수성 때문일 수도 있다. 하지만 생각을 달리하면 다원화된 우리 사회의 성숙도를 재는 시금석일 수도 있지 않을까 한다."[91]

'편승'을 어떻게 볼 것인가?

조선의 망국에 대해 전혀 다른 시각도 있다. 조선의 비극이 꼭 필연적이었을까? 이런 질문은 던진 강성학은 "수 세기에 걸쳐 한민족이 보전해 온 생존을 위한 분별력 즉 외교술의 역사적 특징은 편승(bandwagonning) 정책이었다. 동북아에서 강대국들 간의 힘의 경쟁적 투쟁 속에서도 한국이 정체성을 유지하면서 국가적 자율성을 유지할 수 있었던 것은 편승 외교술 덕택이었다"며 다음과 같이 말했다.

"그러나 한국은 일본에 대해서만은 편승을 거부했다. 국가의 독립성을 유지하면서 편승을 선택할 적절한 시기를 놓쳐버린 것은 아니었을까? 역사적 가정이 부질없는 것이기는 하지만 당시 일본이 아직 자만심을 갖지 못하고 강대국가들의 눈치를 열심히 살피던 시기에 편승했더라면 일본도 우호적인 주권국가의 독립을 빼앗을 명분을 갖지 못하지 않았을까? 비스마르크가 말했듯이 외교정책의 성공의 비결은 행동의 적절한 타이밍의 포착에 있는 것이다."[92]

이어 강성학은 "당시의 조선인들에게는 일본에게 편승할 생각을 한다는 것은 상상하기도 어려웠을 것이라고 말하는 것이 더 정확하지 않을까?"라는 질문을 던지면서 다음과 같이 주장했다.

"유교적 의식의 세계에서 문화적으로 열등한 야만인, 그것도 임진왜란 이후 줄곧 경멸해 온 '왜놈'들에게 편승한다는 것은 결코 쉽지 않았을 것이다. 그러나 바로 이런 고정관념이 변화하는 국제 사회의 냉혹한 현실을 올바로 깨닫는데 가장 큰 장애물은 아니었을까? 어쨌든 그 결과는 결국 굴욕적인 피정복이었다. 자발적 편승은 자아의 정체성의 유지를 전제로 하는 것이다. 그러나 정복당한다는 것은 국가의 정체성 그 자체의 소멸을 의미한다. 정복당한 조선인들에게는 원한의 시대가 도래한 반면에 정복자 일본인들에게는 권력만능주의, 힘의 허무주의 시대가 시작되었던 셈이다."[93]

이는 "한국은 일본에 대해서만은 편승을 거부했다"는 논지를 펴기 위해 한 말이긴 하지만, 한국인의 행태적 원리로서 '편승'에 대해 진지하게 고민해볼 실마리를 제공한다. 한국인은 '편승'에 대해 자책하는 심리가 강하기 때문에 그렇다.

이론의 함정은 없는가?

고종·대한제국에 대한 평가 논쟁이 평행선을 달린다면, 양쪽 모두 이론의 함정을 경계 대상으로 삼아보는 것도 좋으리라.

김동택은 "근대화 과정에 대한 기존의 역사학적 연구들을 검토해보면, 실증에 무게를 둔 역사학적 연구들임에도 불구하고 현실적인 쟁점은 역사적 사실보다는 이론의 적용, 혹은 해석을 둘러싸고 형성되어왔음을 알 수 있다"며 다음과 같이 주장했다.

"놀라운 것은, 기존의 연구들은 스스로가 원용하고 있는 이론적 기반들에 대해 충분한 주의를 기울이지 않고 있다는 점이다. 예컨대 내재적 발전론이나 정체성론, 제국주의론이나 민족주의론 등은 자유주의적 근대화론이나 마르크스주의 역사이론들을 이론적 근거로 삼고 있지만 이러한 이론들을 한국의 역사에 적용할 때 제기될 수 있는 문제점에 대해서는 별로 주의를 기울이지 않고 있다. 때문에 근대화론이나 마르크스주의 역사이론들이 서구 사회의 경험을 토대로 확립된 것이라는 점, 그럼에도 불구하고 모든 역사에 적용될 수 있는 보편적인 이론인 것처럼 간주되고 있다는 점, 뿐만 아니라 이에 해당되지 않은 사회들을 예외적이거나 후진적인 것으로 취급하고 있다는 점들을 간과하고 있다."[94]

김동택은 기존 연구들은 한말 사회를 서구 사회와 비교하여 특수성을 강조하는 연구, 보편성을 강조하는 연구, 민족주의를 강조하는 연구, 제국주의를 강조하는 연구 등으로 분류하고 각 장단점을 지적하였다. 그는 기존 연구들의 한계를 극복하기 위해 세계체제적 접근, 구조화적 접근, 비교사적 접근이 도입될 필요가 있다고 주장했다.[95]

내부적 검증·추궁은 충분했는가?

그러나 고종과 대한제국을 평가하는 데 있어서 아직까지는 아무래도 정서적 측면이나 건설적 의도가 강하게 작용하는 것 같다.

한영우는 "패자는 말이 없다고 하지만, 대한제국의 경우는 다르다. 약육강식을 인정하는 제국주의의 희생물이 된 대한제국의 멸망을 대한제국 자체에서만 찾는 것은 그 자체 폭력의 정당화일 뿐 아니라, 대한제국을 두 번 죽이는 일이라고 본다"라고 주장했다.[96]

서영희는 "이제 대한제국은 '망국'의 책임을 추궁당하는 정치적 '평가'의 대상이 아니라 특수한 근대로의 이행과정을 거친 우리 역사의 한 단계로서 객관적인 분석의 대상이 되어야 한다고 생각된다"라고 주장했다.[97]

이 주장들의 취지엔 동의할 수 있겠지만, 망국의 이유에 대한 내부적 검증과 추궁이 과연 충분하게 이루어졌는가 하는 건 의문이다. 현행 국사 교과서는 '망국'을 어떻게 기록하고 있는가? 다음과 같다.

"고종황제와 정부 대신의 강력한 반대에도 불구하고 일제는 군사적 위협을 가해 일방적으로 조약 성립을 공포하면서, 대한제국의 외교권을 박탈하고 통감부를 설치하여 내정까지 간섭했다. 이에 고종황제는, 자신이 조약 체결을 거부했으며 서명 날인을 하지 않았음을 들어 국내외 조약의 무효를 선언하였으며, 헤이그에 특사를 파견하여 조약의 무효를 거듭 밝혔다. …… 통감부를 설치하여 대한제국의 국내 정권을 장악한 일제는 대규모의 일본군을 한반도에 파병하여 우리 민족의 저항을 무자비하게 탄압했으며, 헤이그 특사 파견을 구실로 고종황제를 강제 퇴위시켰다. 뿐만 아니라, 황제의 동의 없이 한일신협약(정미 7조약)을 강제로 체결하여 우리 정부 각부에 일본인 차관을 두게 했다. 나아가 군대 해산에 반대하여 봉기한 대한제국군의 저항을 무력으로 진압하고, 대한제국을 방위력이 없는 나라로 만들어 버렸다. …… 그 후, 일제는 요원의 불길처럼 일어나는 우리 민족의 주권 수호 운동을 무력으로 탄압하고, 사법권·경찰권을 빼앗은 후 마침내 국권마저 강탈했다."

신복룡은 교과서의 이런 기술에 강한 이의를 제기했다. 그는 "이 글의 어디에도 자신의 과오에 대한 회오(悔悟)가 보이지 않으며, '일방적으로' '무자비하게' '강제적으로' '동의 없이' '무력으로' 등의 어휘만이 보인다"며 다음과 같이 주장했다.

"이 지구상의 어느 식민지 병합이 '합의에 의해서, 자비롭고, 인도주의적인 방법으로' 이루어진 경우가 있었는가? 이러한 논지는 '탓의 역사학'에 지나지 않는다. 이러한 탓의 역사학으로부터의 해방이 곧 우리의 역사를 성숙하게 만드는 첫걸음이 될 것이다."[98]

식민사관과 민족사관을 넘어서

식민사관을 넘어서야 하는 건 두말할 필요가 없지만, 혹 민족사관이 '탓의 역사학'으로 전락할 위험은 없는지 주의를 기울일 필요가 있다. 식민사관과 민족사관을 모두 뛰어넘는 '제3의 길'은 없을까? 한 사례로 연세대 연구교수(국제정치학) 정용화의 주장을 음미해보기로 하자.

2004년 10월 정용화는 조선 망국의 이유를 부정부패와 사대주의, 당파싸움 등 우리 민족의 결점에서 찾은 식민사관과 그 반발로 일제의 침략이라는 외부 원인을 더 강조한 민족사관을 모두 비판했다. 역사의 시행착오를 반복하지 않기 위한 자기성찰이 빠져 있기 때문이라고 지적했다. 정용화는 이런 비판의식을 바탕으로 조선의 망국 원인을 네 가지로 분석했다.

첫째, 문명사적 전환기를 제대로 인식하지 못한 '지성의 빈곤'이다. 서양문물을 배척한 위정척사론은 윤리의 기준을 적용해 정치를 판단하는 '정치의 윤리화'라는 오류에 빠졌고, 서양문명을 추종한 문명개화론은 자주독립이라는 목적보다 문명개화라는 수단을 우선시하는 잘못을 저질렀다.

둘째, '외세 활용의 실패'다. 당대 조선의 위정자들은 소국의식과 변방의식에 사로잡혀 서구열강이 개항을 요구하자 "조선은 중국의 신하국이므로 중국의 허락 없이 개항할 수 없다"며 외교정책의 결정권을 중국에 미루는 한심한 작태를 보였다. 또 임오군란(1882) 이후

위안스카이 총독 아래 중국 청나라의 반식민지 상태에 놓인 상황에서 동학농민운동(1894)이 발생하자 일본군의 자동개입을 알면서도 기득권 유지를 위해 청군의 파병을 요청했다.

셋째, '국내 역량 결집의 실패'다. 이는 왕권을 제한하는 조선의 신권(臣權) 정치체제와 2, 3일이 멀다 하고 벼슬을 바꿀 정도로 심각한 매관매직, 그리고 조정정책에 대한 백성들의 불신 등 정치구조적 문제에서 발생했다. 그러나 더 큰 문제는 정치적 분열과 갈등을 조정하고 통합할 수 있는 정치 리더십의 부재였다.

넷째, '제도화의 실패'다. 국민통합의 제도로서 의회 도입의 불발, 지도층의 근시안적 식견으로 부국강병을 위한 제도개혁의 지체, 인재 양성 제도의 부실 등이다.[99]

이런 네 가지 이유 중 일부를 반박할 수도 있을 것이고 다른 이유를 추가할 수도 있을 것이다. 그러나 한 가지 분명한 건 이런 시도는 현재의 우리 자신을 돌아보면서 스스로 검증해보는 기회를 제공할 수 있다는 점이다. 이제 '맺는말'에서 이런 이야기를 본격적으로 해보기로 하자.

| 맺는말 |
'조선왕조 500년 신화'를 넘어서

'우리 자신을 자랑스럽게 생각하기' 운동

신복룡은 『한국사 새로 보기』의 서문에서 '한국사 새로 보기' 작업은 "쓰기보다 가르치기가 더 어려웠다"며 다음과 같이 털어 놓았다.

"내가 그랬던 것처럼 고정 관념에 사로잡힌 학생들의 저항이 이만 저만한 것이 아니었다. 교수의 강의이니까 참고 들었지, 학점이 안 나올까봐 그렇게 답안지를 썼지, 그 속마음이야 아마도 부글부글 끓었을 것이다. '우리가 배운 것은 그런 것이 아니었다'고 눈 똑바로 뜨고 항변하는 학생들도 있었고, 자신의 종교에 대하여 거북한 내용을 들을 때면 무례하리만큼 대드는 학생들도 있었다."[1]

정도는 훨씬 덜하겠지만, 이 책도 그런 갈등에서 완전히 자유로울 수는 없을 것이다. 나는 단지 '종합'만 했을 뿐이지만, 독자들은 자료의 선택과 배열에서 내가 의도하지 않은 이상의 것을 감지하고 거부감을 느꼈을지도 모르겠다. 어이하랴. 그만큼 개화기가 뜨거운 시기일 수밖에 없다는 걸 말해주는 걸로 보아야 하지 않겠는가.

개화기는 '개화'라는 이름과는 달리 결과적으론 나라를 빼앗긴 비극의 시대였다. 이 두 가지 상충되는 사실 때문에 뜨거운 논쟁들이 벌어지곤 한다. 그런 논쟁 중의 하나는 '조선왕조 500년 신화'에 관한 것이다. 세계 역사상 500년이나 존속한 왕조는 매우 드물다. 그걸 자랑스럽게 생각해야 할 것인가, 아니면 성찰의 대상으로 삼아야 할 것인가? 이게 개화기와 관련된 주요 쟁점 중의 하나다.

2004년 봄 월요일 밤마다 방영된 김용옥의 〈MBC 도올 특강〉을 몇 번 시청했다. 그는 조선을 자랑스럽게 생각해야 한다고 역설했다. 정도전과 같은 사람을 자랑스럽게 생각해야 한다는 건지 모든 선조들을 자랑스럽게 생각해야 한다는 건지 그게 분명치 않기는 했지만, 내 기억에 강렬하게 남은 건 우리 자신을 우습게보지 말자는, 뭐 그런 웅변이었던 것 같다.

우리의 역사에 대해 행여 자학(自虐)을 하지 말자는, 좋은 뜻으로 해석했다. 원래 일류 국가, 일류 기업, 일류 학교에선 "우리 자신을 자랑스럽게 생각해야 한다"고 역설하지 않는 법이다. 이류나 삼류가 자긍심을 심어주기 위해 그런 말을 자주한다. 우리가 일류가 아닌 건 분명한 것 같다. 그래서 그런 말도 나오는 게 아니겠는가.

'주체'에 대해 관심이 많은 남경희는 "이조(李朝)는 왜 쇠망하였는가가 아니라, 어떻게 하여 근세조선은 500년이나 지속할 수 있었는가 하는" 질문을 던져야 한다고 주장한다.[2] 이 또한 '우리 자신을 자랑스럽게 생각하기' 운동의 일환이라 여겨진다.

『로마제국의 쇠망사』를 쓴 에드워드 기번(1737~1794)은 "'로마가 왜 멸망했는가'라고 질문하기보다는 '어떻게 해서 그토록 장기간에 걸쳐 존속했는가?'라고 물어야 한다"고 했다.[3] 아마도 같은 취지의 문제 제기이리라.

한국은 일류의 자질과 능력이 있다

그러나 나는 우리가 일류가 될 수 있는 자질과 능력을 충분히 갖고 있다고 믿기에 그런 운동에 동참하지 않으련다. 물론 나는 일류, 이류, 삼류 따위의 구분을 좋아하지 않는다. 다만 '우리 자신을 자랑스럽게 생각하기' 운동을 해야 할 정도로 우리의 자긍심에 문제가 있다면, 그런 분위기에 호응해 나도 한번 일류 타령을 해봐도 큰일 날 건 없지 않겠느냐는 뜻에서 하는 말이다.

한국은 세계에서 가장 빠른 압축성장을 했다. 자랑스럽게 생각할 만 하다. 도대체 무엇이 이것을 가능케 했는가? 외부적 요인만으론 다 설명할 수 없다. 내부적 요인을 분석하고 설명하는 과정에서 굳이 '우리 자신을 자랑스럽게 생각하기' 운동을 하지 않더라도 자부심을 느낄 만한 것들이 발견되리라는 게 나의 생각이다. 예컨대, 언더우드의 다음과 같은 관찰은 어떤가?

"세계 각지의 노동자들을 모두 고용해보았던 영국인이나 미국인 모두가 가장 우수한 근로자로 한국인을 꼽고 있다. 또한 서울의 한 미국 경영인에 따르면 한국인은 기술 습득 기간이 빠르며 성실하기 때문에 어떠한 일도 안심하고 맡길 수 있다는 것이다."[4]

왜 이런 말을 하는가? 조선의 양반계급에 대해선 좋은 이야기를 하기가 어렵기 때문이다. 조선은 대체적으로 보아 상층부가 썩은 나라였다. 그런데 어떻게 하여 500년이나 지속할 수 있었는가? 썩었기 때문에 그게 가능했다는 역설도 가능한 게 아닐까? 세계사에서 그 유례를 찾기 어려울 정도로 지독한 혈통주의가 각 씨족집단의 권력을 키우고 이 씨족집단의 '가문의 영광'을 지키기 위한 노력이 500년 지속의 한 비결일 수도 있다는 것이다. 결국엔 남의 나라에게 이 나라를 넘기면서 무너졌으니, 조선이 500년 버틴 건 꼭 자랑스럽게 생각할 일만은 아니다.

김용옥도 조선이 500년 버틴 걸 긍정적으로 평가했는데, 이 평가와 정도전에 대한 긍정적인 평가는 상호 모순된 것 같다. 정도전은 썩은 고려를 친 개국공신이 아닌가. 정도전과 같은 인물들이 아니었다면, 고려는 더 오래 버틸 수 있었을 게 아닌가 말이다. 그렇다면 썩은 조선을 친 또 다른 정도전들이 나오는 게 더 바람직했다고 볼 수도 있는 게 아닌가?

많은 사람들이 갖고 있는 조선왕조 500년에 대한 경외감을 구체적으로 검토해보기로 하자. 예컨대, 박성수는 다음과 같이 말한다.

"임진왜란과 병자호란이라는 두 차례 큰 외침을 겪고서도 그렇게 오랫동안 버틸 수 있었던 것은 하나의 불가사의로 여겨지고 있다. 서양은 물론 중국의 역대 왕조도 200년 정도 가는 것이 고작이요, 평균수명이 3세대 정도면 끝났다. 그런데 우리나라는 고려 500년에 이어 조선 500년이라는 기록을 세우고 있다. 이렇게 오랜 정치적 안정은 어디서 온 것인가. 한마디로 말해서 통치자가 정치를 잘하고 백성들이 임금을 믿고 따랐기 때문이라 할 수 있다."[5]

그런 전쟁을 아주 비참하게 겪고서도 조선왕조가 버텨냈다니 대단한 일임엔 틀림없겠다. 그러나 그게 과연 박성수의 주장대로 통치자가 정치를 잘하고 백성들이 임금을 믿고 따랐기 때문이라 할 수 있을까? 믿기 어려운 주장이다. 200만 명이 목숨을 잃었고, 10만 명이 일본으로 끌려갔으며, 전 국토가 초토화되었는데도?[6]

임진왜란은 1592년에 일어나 7년 동안이나 계속된 전쟁이다. 패배는 왜국이 부산 앞바다에 나타난 4월 14일 새벽부터 평양성이 함락당하던 6월 14일까지의 60일 동안뿐이었으며 나머지 기간은 승리에 가까운 기간이었다는 주장도 있다.[7] 임진왜란에 대해 너무 기죽지 말자는 뜻인 것 같으나, 과연 그렇게 보아야 하는가?

임진왜란의 진실

임진왜란이 터진 지 불과 보름 후인 4월 29일 조선 조정은 서울을 버리고 평양으로 도망가기로 결정했고, 다음날 새벽 선조는 궁궐을 빠져나갔다. 당시의 민심은 어떠했을까? 이덕일은 "백성들은 평소에는 얼씬도 못했던 대궐에 난입해 불을 질렀다. 백성들이 불을 지른 관청이 장예원(掌隷院)이었던 점은 시사하는 바가 크다. 장예원은 바로 노비들을 관장하는 관청이었다. 백성들은 형조의 노비문서도 불태웠는데 이는 봉건적 신분제도에 대한 전면적인 항거였다"며 다음과 같이 말했다.

"평소에는 백성들을 엄격한 신분제로 옭아매던 국왕과 사대부들이 막상 왜군이 쳐들어오자 대응 한번 번번히 못하고 무너진 데 대한 민중들의 분노였다. 백성들의 분노는 급기야 임금 선조에까지 미쳤다. 유성룡·이항복·이산해 등 불과 100여 명의 호종을 받던 선조의 어가가 개성에 이르렀을 때, 백성들은 국왕의 일행을 환영하기는커녕 어가를 막고 큰소리로 비난하고 심지어 돌을 던지기까지 하였다. 이는 연산군이 중종반정으로 폐위당하고 강화도 교동으로 쫓겨날 때도 없던 행위였다. 이제 조선에는 임금에 대한 충성이나 사대부에 대한 복종도 없었다."[8]

서울과 임금이 가는 곳에서만 그런 일이 일어난 게 아니다. 지방 곳곳에서 '난민'들이 일어나 왜병과 합세하여 지방관을 살해·체포하는 일이 벌어졌다.[9] 심지어 전주에서 함경도 회령으로 귀양 간 국경인은 왜란 발발 다음 해 선조의 두 왕자 임해군과 순화군이 근왕병을 일으키러오자 체포해 왜군 장수 가토 기요마사(加藤淸正)에게 넘겨주기까지 했다.[10]

선조 27년(1594) 충청도를 중심으로 발생한 송유진의 난과 이듬해 역시 충청도에서 거병한 이몽학의 난 등 조선왕조를 타도하기 위한 반란도 잇따랐다. 송유진은 한때 2,000여 명이 넘는 세력을 거느렸던 것으로 알려지고 있는데 그는 전주에 보낸 밀서에서 "국왕의 악정이 고쳐지지 않고, 붕당(朋黨)은 해소되지 않고 있으며, 부역은 번거롭고 과중해서 민생이 편치 못하여 목야(牧野)에서 무용(武勇)을 떨치기에 이르렀다"라고 했다.[11]

임진왜란 당시 조경남이 남긴 『난중잡록』에 따르면, 이몽학 세력의 경우엔 며칠이 안 되어 1만여 명이 몰려들었고, 이들이 지나가면 농민들은 김을 매다가도 호미를 들고 환호성을 올렸으며, 행상들은 몽둥이를 들고 즐겨 날뛰지 않는 사람이 없었다.[12]

조경남이 성중(城中)에 들어갔을 때 마침 명나라 군인이 술을 잔뜩 먹고 가다가 길 가운데 구토하는 것을 보았는데, 굶주린 백성들이 한꺼번에 달려와서 머리를 땅에 박고 핥아먹었는데, 약해서 힘이 미치지 못하는 사람은 밀려나서 눈물을 흘리며 울고 있었다는 이야기도 있다.[13]

또 『선조실록』 선조 27년(1594) 정월초의 기록은 어떤가?

"기근이 극심하여 사람 고기를 먹기에 이르렀는데, 아무렇지도 않게 생각해 괴이함을 알지 못한다. …… 길바닥에 굶어죽은 사람의 시신을 베어 먹어 완전히 살이 붙어 있는 것이 하나도 없을 뿐 아니라, 혹은 산 사람을 도살하여 장(腸)과 위(胃), 뇌의 골도 함께 씹어 먹는다."[14]

같은 기록 3월 초에는 "부자·형제간에도 서로 잡아먹는 일이 있다"고 했다.[15] 당시의 학자였던 지봉 이수광은 『지봉유설』에서 "서울 수구문 밖에 시체가 산처럼 쌓여 성보다 높았다"고 썼다.[16]

이뿐만이 아니었다. 그런 상황에서도 사대부들의 수탈은 극성을 부렸다. 이덕일은 "임진왜란은 이처럼 백성들에게는 추상같더니 정작 추상같아야 할 외적에게는 허수아비 같았던 사대부 지배체제에 대한 사망선고였다. 이런 상황에서도 사대부들은 수탈을 멈추지 않았다. 전쟁이 소강상태에 접어들자 관리들은 수탈을 재개했다"며 다음과 같이 말했다.

"이런 상황이니 백성들이 더 이상 국왕이나 양반 사대부를 자신들의 지배자로 인정하지 않는 것은 당연했다. 왜란 전 170만 결에 달하던 조선의 농지 면적은 왜란 후 불과 3분의 1 수준인 54만 결로 줄어들었으며 특히 가장 많은 피해를 본 경상도의 농지 면적은 왜란 전에 비해 6분의 1로 줄어들었다. 조선 사회는 비단 왜적의 침입 때문만이 아니라 그 내부에서부터 무너지고 있었다."[17]

재조지은(再造之恩)의 진실

조선은 임진왜란을 고비로 망할 뻔했는데 망하지 않았다. 왜 그랬을까? 임진왜란이 끝난 뒤 국왕 선조가 논공행상을 하면서 한 다음과 같은 말에 주목할 필요가 있겠다.

"이번 왜란의 적을 평정한 것은 오로지 천병(天兵)의 힘이었고 우리

나라 장사는 천병의 뒤를 따르거나 요행이 잔적(殘賊)의 목을 얻었을 뿐이며 일찍이 제 힘으로는 적 한 명을 베거나 적진 한 곳을 함락하지 못했다."[18]

물론 여기서 천병은 명나라 군대를 말한다. 선조는 조선 군사와 의병들의 공로는 전혀 인정하지 않은 채 나라를 살린 것은 명나라 군대와 자기를 따라 의주까지 함께 도망친 문신(文臣)들 덕분이었다고 주장한 것이다. 실제로 임진왜란이 끝난 뒤 전공을 세운 사람들을 공신으로 봉한 선무공신(宣武功臣)에는 이순신·권율 등 18명 만이 책봉된 반면 선조를 따라 의주까지 도망가서 명나라에 파병을 청해 불러들인 공로로 정곤수를 일등공신에 봉한 것을 필두로 무려 86명이 공신이 되었다. 의병장은 단 한 명도 끼지 못했다.[19]

과연 그렇게 한 이유가 무엇이었을까? 그 이유는 왕조와 지배층의 기득권을 유지하기 위해서였다. 한명기는『임진왜란과 한중관계』에서 "위기를 극복해낸 공로의 대부분을 명군의 것으로 돌리고, 나아가 명군을 불러온 주체가 자신들임을 부각시킴으로써 전쟁 초반의 연이은 패배 때문에 실추된 권위를 어느 정도 만회할 수 있었다"라고 분석했다.[20]

임진왜란 때 명군을 이끌고 온 이여송이 추앙의 대상이었다는 것도 조선왕조가 그 명맥을 유지하기 위해 발버둥을 쳤다는 걸 잘 말해주고 있다. 1593년 1월 명나라의 이여송 부대 5만 명과 조선군이 평양성을 탈환했다는 소식이 전해지자 조정에선 이여송의 공적을 기리는 송덕비를 세우고 생사당(生祠堂), 즉 살아있는 인물을 위한 사당을 짓기로 결정했다. 조선시대의 지배층은 이여송을 재조지은(再造之恩), 즉 다 망한 나라를 다시 살려낸 은혜를 베푼 인물로 추앙한 것이다.[21]

그러나 일반 백성은 이여송을 그렇게 보지 않았다. 왜 그랬을까? 평양성 전투에서 이여송이 지휘하는 명군이 베었다는 왜군의 머리 절반은 실상 조선 백성의 것이었으며, 평양성 공격 당시 불에 타 죽거나 물에 빠져 죽은 조선인이 1만 명이나 되었기 때문이다. 게다가 명군은 민가의 재산을 약탈하고 부녀자를 겁탈하는 것을 일삼았기 때문에 명군이 온다는 소식에 주민들이 도망가는 사례가 비일비재했던 바, 심지어 "어찌하여 왜적이 오지 않아 이런 고통을 겪게 하는가?"라는 한탄이 나올 정도였다."[22]

정유재란 · 정묘호란 · 병자호란

조선은 임진왜란과 왜군이 다시 15만 군사를 앞세워 침략한 정유재란(1597)에서 아무런 교훈을 얻지 못한 채, 병자호란이라는 또 한 번의 치욕을 겪게 되었다.

17세기 초 청으로 이름을 바꾸기 전의 후금은 만주를 차지하며 영토를 넓혀가고 있었고, 명나라는 연이은 농민반란으로 스스로 붕괴하기 시작했다. 후금이 명을 쳐들어가기만 하면 될 일이었지만, 명과 조선의 관계를 잘 아는 후금은 명나라와 결탁한 조선군이 만주를 공략할 걸 우려해 명을 공격하기 전에 조선을 우호국으로 만들든지 전쟁을 통해 속국으로 만들고자 했다. 이게 바로 1627년 정묘호란이 일어난 배경이다.[23]

조선과 후금은 형제국이 되기로 맹약을 맺으며 전쟁을 마무리했다. 상호 침략하지 않고, 조선은 후금과 맹약을 맺되 명나라를 적으로 할 수 없고, 후금에 세공을 바치되 그 양은 조선 스스로 정한다는 단서가

붙었다. 물론 일시적인 수습책이었다. 그러나 1631년부터 후금은 명나라를 공격할 군사와 물자를 요구해오기 시작하더니 더 나아가 군신관계를 맺자고 요구해왔다. 1636년 후금은 국호를 청으로 바꾸고 조선에 국서를 보내 군신관계를 맺을 걸 최후 통첩했다. 조선이 거부하자, 청 태종은 그해 12월 9일 몽고와 한나라 군사가 포함된 연합군 12만 명을 이끌고 조선을 재침략했다.[24]

청군은 조선 침략 6일 만인 12월 14일에 압록강을 건너 한성에 도착했다. 아니 조선군의 반격이 없었나? 이장희는 조선이 전략상 완패했기 때문이라고 설명했다

"우리 민족의 싸움은 예로부터 산성 싸움이다. 견고하게 쌓은 성을 지키면서 싸우고 적의 보급을 차단시키는 것이 전통적인 전투 방식이다. 실제로 임진왜란 때는 대부분 이 방법으로 승리를 얻었다. 그런데 청나라 군사들은 이러한 조선의 작전을 미리 알고 산성을 피해 곧바로 왕이 있는 한성으로 진격했던 것이다. 산성 싸움을 통해 시간을 끌면서 삼남지방으로부터 전열을 가다듬어 반격하려 했던 조선의 허를 찌른 것이다. 거기에 조선은 중앙집권국가가 아닌가. 왕을 굴복시키면 모든 게 끝난다고 청나라는 판단했던 것이다."[25]

병자호란의 치욕

강화도로 피난 갈 길목이 차단되자 인조는 남한산성으로 들어갔지만, 피난한 지 보름 남짓한 1637년 1월 1일 청 태종은 남한산성 아래 도달해 군대를 사열했다. 성안에서는 이조판서 최명길(1586~1647)로 대표되는 주화론(主和論)과 예조판서 김상헌(1570~1652)으로 대표되는 척

화론(斥和論)이 맞붙었다.

　김상헌은 1월 2일 "청에 사죄한다 하더라도 그들의 노여움을 풀 수가 없고 반드시 우리가 따를 수 없는 요구를 해올 것"이라고 했고, 1월 18일엔 "한번 성문을 나서게 되면 북쪽으로 끌려가는 치욕을 면하기 어려울 것이니, 강화가 국왕을 위하는 계책이 되지 못한다"고 했다.[26]

　반면 최명길은 "청의 왕이 직접 온 만큼 우리 병력으로는 감당하기 어렵다"며 "비록 만고의 죄인이 될지라도 반드시 임금이 망할 것을 알면서 그대로 있을 수 없다"며 주위를 설득했다. 1월 22일 종묘의 신위를 비롯하여 원손·세자빈·대군들이 피난한 강화도가 함락되었고, 27일 항복하겠다는 문서를 청 진영에 보냈다.[27]

　인조는 1637년 1월 30일 남한산성을 나와 삼전도에서 청 태종에게 신하의 예를 올리면서 무릎을 꿇어야 했다. 세자를 포함하여 조선 신하 500명이 지켜보는 가운데 벌어진 일이었다. 김훈의 장편소설 『남한산성』은 그 장면을 다음과 같이 묘사했다.

　"일 배요! 조선 왕이 구층 단 위를 향해 절했다. 세자가 왕을 따랐다. 조선 기녀들이 풍악을 울리고 춤추었다. 기녀들의 소맷자락과 치마폭이 바람에 나부꼈다. 풍악 소리가 강바람에 실려 멀리 퍼졌다. 홍이포가 터지고, 청의 군장들이 여진말로 함성을 질렀다. 조선 왕은 오랫동안 이마를 땅에 대고 있었다. 조선 왕은 먼 지심 속 흙냄새를 빨아들였다. 볕이 익은 흙은 향기로웠다. 흙냄새 속에서 살아가야 할 아득한 날들이 흔들렸다. 조선 왕은 이마로 땅을 찧었다. 청의 사령이 다시 소리쳤다. 이 배요! 조선 왕이 다시 절을 올렸다. 기녀들이 손을 잡고 펼치고 좁히며 원무를 추었다. 풍악이 자진모리로 바뀌었다. 춤추는 기녀들의 동작이 빨라졌다. 속곳이 펄럭이고 머리채가 흔들렸다. 다시 홍이포가 터지고 함성이 일었다. 조선 왕이 삼배를 마쳤다. 칸이 조선 왕을 가까이 불렀다. 조선 왕은 양쪽으로 청의 군장들이 도열한 계단을 따라 구층 단으로 올라갔다. 세자가 따랐다. 조선 왕이 칠층을 지날 때, 강화에서 끌려온 사녀들이 손으로 입을 틀어먹으며 울음을 참았다."[28]

1639년 청 태종을 찬양하는 승전비, 일명 삼전도비가 세워졌다. 훗날 청일전쟁 패전으로 청의 세력이 급격히 약화된 1895년 조선은 한 맺힌 삼전도비를 강물에 쓰러뜨렸으나, 1913년 일제는 조선이 예로부터 다른 민족에 예속된 나라였음을 선전하고 조선의 독립정신을 억누르기 위해 삼전도비를 다시 세웠다.[29]

오수창은 "일반적으로, 전란 당시 이조판서였던 최명길의 현실적인 정책이 국가와 민생을 최악의 참화에서 구해냈고, 예조판서였던 김상헌의 절개가 조선 후기 사회를 유지하는 지표가 되었다고 평가된다. 그 두 사람 개인적으로도 결국 나라를 위한 상대방의 충심을 이해하였다고 한다"며 "과연 그 두 사람 개인의 언행에 초점을 맞추더라도 이쪽도 옳고 저쪽도 좋다 하며 넘어갈 수 있는 문제일까"라는 의문을 제기했다.[30]

오수창은 이어 "최명길의 현실적인 정책이 후대로 이어지지 않고 김상헌의 척화론·반청론으로부터 전란 이후 19세기까지 조선을 이끈 이념이 도출되었다는 사실을 어떻게 볼 것인가"라는 또 하나의 문제를 제기했다.

"최명길은 한때 국정을 주도하고 국가의 큰 위기를 수습할 수 있었다. 개인적으로도 그는 불투명한 언행을 별로 보이지 않았다. 반면에 김상헌의 판단과 행동은 국가 존망의 기로에서 국정의 정상에 있던 인물로서 최선의 길이었다고 선뜻 인정하기에는 납득하기 어려운 부분이 많았다고 생각한다. '최명길은 바르고 옳았다. 김상헌은 다만 이겼을 뿐이다. 그것도 조선 후기 지배층의 테두리 안에서.' 이렇게 말한다면 일개 서생의 철없는 소리가 되고 말 것인가."[31]

임진왜란 · 병자호란 이후

어찌됐건 치욕을 겪긴 했지만 조선은 살아남았다. 조선은 임진왜란과 병자호란을 겪으면서 무슨 교훈을 얻기는 했는가? 아무래도 아닌 것 같다.

매천 황현은 『오하기문』에서 임진왜란 · 병자호란 이후 "나라가 오랫동안 태평하여 바야흐로 나라 안에 전쟁이 없었으므로 문신과 훈척들이 그 자리(군사를 관할하는 직)를 반이나 차지하였고, 무신들 또한 대부분 세습한 장수들로 비단 옷을 걸치고 기름진 음식을 먹으면서 방탕하게 노는 것이 기생과 같았다"며 다음과 같이 개탄했다.

"따라서 병법은 고사하고 활조차 쏠 줄 모르고 말안장에 엉덩이를 붙이지도 못하지만, 다만 충무공의 후예이며 요동백(임경업)의 후예라고 하면 사람들은 장수가 될 만하다고 하였다. 거기에 풍속마저 문(文)을 귀하게 여기고 무(武)를 천하게 여겼으며, 조정의 의주(儀注)에도 현저한 등급이 있어 매번 무과를 열면 많게는 수천 명이 응시하는데 노예 같이 천한 자도 힘들이지 않고 얻을 수 있었다. 그들을 등용하는 것이 저처럼 비좁고 그들을 뽑는 것이 이처럼 천한 데, 가령 긴급한 일이 터졌을 경우 적을 막으려고 깃발을 쥐고 달려가 장차 적진을 함락시키는 일은 누가 하겠는가."[32]

송준호도 "그 당시 우리는 너무 폐쇄적인 삶을 살았고, 밖으로 눈을 돌리지 않았어요. 그 이유는 전쟁이 없었기 때문입니다. 역사를 보면 우리나라처럼 온실 속에서 산 민족이 없어요. 임진왜란과 병자호란을 제외하고 안팎으로 200년은 너무나 평화가 난만해서 유교 경전을 암송하고, 그 가르침대로 하면 모든 것이 해결될 수 있었다고 믿었던 겁니다"라고 주장했다.[33]

그렇다면 조선왕조 500년은 순전히 운이 좋았기 때문이란 말인가? 그렇진 않을 것이다. '조선왕조 500년 신화'만 집중적으로 탐구한 미국 학자 에드워드 와그너(Edward Wagner, 1924~2001)의 주장을 살펴보면서 논의를 전개해보는 게 좋겠다. 와그너의 화두는 시종일관 "조선왕조의 지배층은 어떻게 유례없이 긴 왕조를 유지시켰는가"를 밝히는 것이기 때문이다.[34]

임진왜란 · 병자호란과 체제 안정성

와그너는 조선 양반 사회에 주목했다. 와그너의 결론은 과거제도가 선비들에게 '성공의 사다리'로 기능해 사회 안정에 이바지하고 조선왕조가 오래 지속되는 데 기여했다는 것이다.[35]

그러나 중국에서는 과거 응시자를 지역적으로 안배해 특정 지역의 독점현상을 막았지만, 조선에서는 지역 안배를 위한 시도는 있었을망정 제대로 시행되지 못했다. 임시로 치러지는 비정기 과거는 지역 안배가 완전히 무시된 채 서울 거주자를 대상으로 실시되었기 때문에 서울, 혹은 서울 인근에 거주하는 세도 높은 가문이 유리했고, 응시 기회도 많았다. 이것이 특정 가문의 후예들이 대거 국가 요직에 등용

된 이유다. 특정 가문, 특정 지역 독식 현상은 조선 후기로 갈수록 강해졌다.[36]

다산 정약용(1762~1836)이 죽기 전 자녀들에게 무슨 일이 있어도 사대문 밖으로 이사 가지 말고 버텨야 하며 서울을 벗어나는 순간 기회는 사라지며 사회적으로 재기하기 어렵다고 신신당부한 동시에 경고했던 것도 바로 그런 이유 때문이었을 것이다.[37]

와그너는 임진왜란 이후 신분제가 해체되기 시작했다는 가설을 부정했다. 그는 1663년 서울 '북부장 호적'(신분 집단을 구분하는 기호가 명기된 문서) 분석을 통해 양반에서 평민 이하로, 평민에서 노비로 전락하는 하향 이동이 증가 추세이고, 인구 중 노비가 75퍼센트에 이른다고 밝혔다. 와그너는 신분제 해체 가설은 전혀 경험적 근거나 논증 없이 만들어졌다며, 오히려 양반 사회 혹은 체제의 지속성 내지는 안정성을 강조했다.[38]

송준호도 "임란(壬亂)이나 호란(胡亂)으로 인한 파괴나 타격이 적지 않았지만 전쟁이 사회의 주역이나 가치관을 근본적으로 바꾸지는 못했습니다. 양란(兩亂) 이후 사람들이 각지로 흩어졌는데, 흩어진 사람들이 족보를 만들어 '내가 누구의 자손이다'라는 것을 더욱 챙기기 시작했습니다. 혈통의 중요성이 사회에서 인정받고 존경받는 제1조건이었기 때문입니다"라고 말했다.[39]

임진왜란·병자호란과 체제 안정성의 관계는 두 가지 면이 공존했다고 보는 게 옳을 것이다. 즉, 임진왜란·병자호란으로 인해 체제에 균열이 간 동시에 안정도 공고화되었다는 것이다. 일견 모순돼 보이는 이 두 가지를 가능케 한 건 '헤게모니' 개념으로 설명할 수 있다. 여기서 '헤게모니'는 '수동적 동의'를 얻어내는 상태를 의미하는 것으로, 균열이 갔다는 건 임진왜란 · 병자호란으로 인해 지배층이 도덕적 헤게모니를 상실한 대신 파편화된 '만인에 대한 만인의 투쟁'으로 체제의 안정은 공고화될 수 있었다는 것이다.

이런 이치와 같다. 오늘날 한국 사회에서 부자는 전혀 존경받지 못하지만, 즉 '도덕적 헤게모니'는 없지만, 모든 이들이 다 부자가 되고 싶어하기 때문에 부자가 권력을 행사하는 기존 체제는 강화될 수 있다는 것이다.

당쟁 · 사화가 조선왕조 존속에 기여했다?

와그너는 조선시대의 사화(士禍)가 폭군에 맞서 유교 도덕주의자들이 충돌한 결과라는 일반론은 물론 훈구파-사림파 대결이라는 사화의 구도 자체도 부정했다. 또 그는 사림파가 중소지주에 경상도 출신, 훈구파가 대지주에 한양 부근 거주자라는 통설도 비판하면서, 훈구와 사림은 사회 · 경제적으로 구별되는 집단이 아니었다고 주장했다. 사화에 연루된 부류는 이질적인 집단이 아니라 대부분 한양권에 거주했으며 정치적 이해와 이념에 따라 가해자도 되고 피해자도 되었다는 것이다.[40]

와그너의 주장은 "당쟁과 사화가 조선왕조 존속에 기여했다"는 것으로 압축된다. 그는 "당쟁은 한국에만 있는 특유한 현상이 아니며, 한국의 당쟁이 보다 더 당쟁적이었던 것도 아니다"며 오히려 "조선시대 사람들이 택한 방식은 왕조의 영속이라는 궁극적인 목적을 달성하기 위해 크게 이바지했다"고 말했다. 이 목적을 달성하는데 삼사(三司)로 대표되는 간쟁제도가 결정적인 역할을 했으며, 사화와 당쟁을 통해 '정당한 절차' 라는 통치양식이 발달함으로써 중국과 일본에 비해 조선왕조가 길게 존속했다는 것이다.[41]

그러나 와그너가 당파주의를 긍정하는 건 아니다. 그는 당파주의의 '가장 충격적인 결과' 로 '정치의 실종' 을 들었다. 그는 "정부의 운영이라는 차원에서 정치의 실종은 행정의 마비, 관료적 타성, 무책임성, 실책과 비효율성, 정부의 위기를 의미했다. 정치적 도덕성이란 영역에서 볼 때 정치의 실종이란 부정부패 · 연고주의 · 인신공격 · 기회주의 · 사대주의를 뜻하는 것이었다. 한국 가치체계의 측면에서는 정치의 실종이 개인 · 씨족 · 학교 · 애향심을 지나치게 강조하는 결과를 가져왔다"며 다음과 같이 주장했다.

"당파주의는 현안이 되는 논쟁보다는 사람에게 먼저 관심을 두며 실제 문제보다는 사소한 점에 먼저 관심을 두었다. 그리고 당파주의는 상대 당의 생각을 모반에 가까운 위험한 것으로 몰아붙이게 만들었다. 전통 한국의 정치생활에서 이러한 당파주의 특징의 일부, 다시 말해서 당파주의의 유산이 어느 정도 사라졌다고 하지만 오늘날까지도 그 후유증은 많이 남아 있어, 건전하고 근대화된 사회를 건설하려는 한국인들의 노력을 방해하고 있다."[42]

와그너가 가치중립적으로 "당쟁과 사화가 조선왕조 존속에 기여했다"는 것만 주장할 뿐, 그것이 모든 조선 민중에게도 바람직했다고 주장하려는 게 아니라면, 와그너의 주장에 수긍하지 못할 이유가 없다. 양반의 횡포가 극심한 탓에 양인들이 "어린이를 무섭게 하려면 그들에게 양반이 온다고 말하여 준다"고 했던 게 개화기 초기의 현실이었을진대,[43] 과연 무엇을 위한 '존속' 이었느냐를 묻지 않을 수 없는 것이다.

유교 · 양반 망국론

송준호는 '조선시대의 지배 엘리트의 실체 중에서 가장 두드러진 특성'에 대해 관리의 수가 놀라울 만큼 적다는 점을 지적했다. 전라도와 제주도를 통치한 관리의 수가 100여 명에 불과했으며, 서울을 제외하면 조선 8도를 통치한 일선 관리의 숫자는 1,000명이 채 안 되었다는 것이다.[44]

문제는 관직의 수는 놀라울 만큼 적은 데 비해 관직 희망자의 수는 놀라울 만큼 많다는 데에 있었던 것 같다. 실학자인 성호 이익(1681~1763)은 과거 합격자를 너무 많이 뽑은 게 당쟁의 한 원인이 되었다고 보았다.

이익은 "게다가 인사 채용에도 일정한 원칙이 없어 정실에 따라 결정되기 때문이다. 과거는 국가가 인재를 구하는 것이 아니라 인재가 관직을 구하는 것이 되고 말았다. 또한 선조의 후광을 업고 관직에 임명되는 '음보(蔭補)'까지 있어서, 관직 지원자는 엄청나게 많은데도 불구하고 관직 수가 적다는 데 문제가 있다. 때문에 궁여지책으로 사람을 자주 바꾸어 교대로 관직에 올리니, 좋은 지위에서 나쁜 지위로 좌천된 자와 관직에서 밀려난 자들은 불평불만을 품게 된다"며 다음과 같이 말했다.

"중국에도 당쟁은 있었지만, 우리나라처럼 몇 백 년에 걸쳐 격화된 예는 없다. 처음에는 둘로 나누어져 있던 당파가 네 개 파가 되고 다시 여덟 개 파가 되어, 서로 반대파를 역적으로 모는 이전투구를 거듭하여 왔다. 원한은 누적되고 세습되어, 같은 조정에서 벼슬을 하고 같은 마을에 살아도 죽는 날까지 교제도 하지 않는다. …… 이권이 하나인데 사람이 둘이면 당은 둘이 되고, 이권이 하나고 사람이 넷이라면

당은 넷이 된다. 이권이 하나이고 사람이 많으면, 많은 만큼 당파는 더 분열한다. 설령 모든 당파를 해산시키고 한 당파에만 정권을 위임 하여도 그것이 쇳덩이나 바윗덩이가 아닌 이상 어떠한 계기로든 사분오열되고 만다. 왜냐하면 그들은 권력을 잡으면 필시 또다시 과거를 통하여 정실에 따라 많은 사람을 뽑으려 할 것이고, 당파를 결성하면 자파의 현명함과 어리석음은 제쳐두고 자파 사람만을 요직에 앉혀 당의 세력을 확대하기를 꾀할 것이 틀림없기 때문이다."[45]

신채호는 유교가 사대주의와 당파싸움의 원인이고 그 때문에 나라가 망했다고 보았다. 신채호뿐만 아니라 한말·일제 때의 많은 지식인들이 '유교 망국론'을 주장했다.[46] 반면 이태진은 서양인들이 한국 발전의 비결로 꼽는 '유교 자본주의론'을 들어 '유교 망국론'을 반박했다.[47] 그러나 '유교 자본주의'는 양반제도가 사라진 이후에 가능했기에, '유교 망국론'은 양반제를 전제로 한 유교의 폐해를 지적한 것으로 보는 게 옳을 것이다.

유교적인 양반계급은 기생계급이었다. 기생계급의 수가 적었다면 문제될 게 없었겠지만, 전혀 그렇지 않았다. 1860년대에 이르러서는 양반이 전 인구의 60퍼센트 이상을 차지했다.[48] 양반계급은 너나 할 것 없이 기생의 특권을 누릴 수 있어, 가짜 양반이 워낙 많이 생겨난 탓이다. 삼정 문란의 주요 원인도 바로 여기에 있다.

안길정은 "조선 후기의 신분 동요는 이 같은 부담에서 벗어나고자 하는 양인들의 필사적 몸부림이었다. 물론 여기에 향리와 노비들이 가세하기는 했지만, 인구의 압도적 다수를 이루는 양인, 즉 국역 부담자의 고갈은 곧바로 국가의 붕괴로 이어졌다"며 다음과 같이 말했다.

"조선 후기에 이르러서는 모든 신분이 너나없이 양반을 지향했다.

이런 흐름은 하루아침에 일어난 일이 아니었다. 17세기 이후 신분을 사서 양반 행세를 하는 이들이 맹렬하게 늘어났고, 이들이 벗어난 역의 부담을 뒤집어쓴 빈농층은 더욱 비참해졌다. …… 궁핍한 양인들은 이들 기생계급의 하중을 더 이상 견딜 수 없었다. 이 하중이 곧 국가의 붕괴를 초래한 원동력이었다. 조선 양반 사회는 그에 대립하는 적대적 계급에 의해 타도된 것이 아니다. 조선 사회는 한마디로 더 이상 부양할 수 없을 만큼 늘어난 기생계급의 중압으로 붕괴되었다."[49]

혈통주의의 폐쇄성

조선시대에 지배 엘리트층에 속하기 위해선 대대로 높은 벼슬을 지낸 가문 출신이라는 혈통의 고귀성이 최고의 가치였다. 국가 요직일수록 혈통의 중요성은 최우선의 고려사항이었기 때문에, 과거 성적이 요직으로 가는 지름길이라는 등식은 성립되지 않았다. 송준호는 조선시대의 엘리트 사회에서 혈통을 중시한 이유에 대해 다음과 같이 말했다.

"우리 조상들은 통치기구에 참여하여 국가 지도자로 활동한 사람, 왕이나 왕조 치하에서 벼슬한 사람을 귀하게 여겼습니다. 이것은 맹자 이전부터 이어온 중국의 전통적 관념이죠. 역사를 보면 어떤 왕조를 막론하고 폭력을 동원하여 왕조가 성립되면 왕권의 정통성 확립과, 그 존재를 신성시하기 위해 온갖 노력을 기울입니다. 이 과정에서 왕족이나 벼슬한 사람을 귀하게 보는 전통이 생겨난 것입니다. 그 귀한 혈통을 물려받은 사람을 귀족, 양반이라 부르는 겁니다. 혈통이 귀한 사람들은 다른 사람들과 구분하기 위해 성(姓)을 쓰기 시작했고, 같은 성씨들이 한 장소에 오래 살면서 씨족집단이 생겨났어요. 세월이 흘러 씨족집단의 수가 점차 늘자 본관(本貫)이란 것을 사용하여 다른 성씨와 차별화를 시도했고, 세월이 더 흐르면 같은 본관 속에서도 어느 마을의 어떤 가문이냐를 가름하는 제2의 본관제도가 생겨난 겁니다."[50]

바로 그런 혈통주의가 조선조 500년 동안 신분제도 타파를 위한 계급혁명이나 민중해방운동이 일어나지 않게 만든 주요 이유였다. 송준호는 "오늘의 시각으로 보면 조선은 신분질서가 너무 엄격했고, 그 모순도 컸기 때문에 10년, 아니 1년을 지탱하기 어려운 체제였습니다. 그럼에도 불구하고 500년이나 왕조가 유지된 이유는 그만큼 신분제도가 뿌리 깊은 전통을 가지고 있었기 때문이라고 봐요. 요즘도 누구의 몇 대 손이란 사실을 따지지 않습니까?"라고 말했다.[51]

그러나 동시에 혈통주의는 극심한 인간차별을 낳아 500년을 버텼을망정 망국으로 가는 한 이유가 되었다. 송준호는 "조선시대처럼 인간 차별이 심했던 사회도 찾아보기 힘들 겁니다. 조선과 동시대의 중국에서는 상인들도 과거 응시는 물론, 저술 활동도 활발히 하는 등 선비들보다 출셋길이 빠른 사례가 많았습니다"라면서 다음과 같이 말했다.

"중국이 조선과 달리 개방사회로 갈 수 있었던 원동력은 끝없는 이민족의 침략으로 사람이 죽고, 나라를 오랑캐에 빼앗기는 체험을 했기 때문입니다. 유교 경전만 가지고 세상일이 다 되는 것이 아니란 사실을 깨달은 거죠. 그 결과 중국은 서자 차별도 없고, 본관 제도도 없앴고, 상인 천시 사고방식도 사라졌습니다. 사회 각 분야에서 외부 침략에 대응을 하다 보니 개방된 것이죠. 조선은 이런 역사경험이 없었기 때문에 나라가 망할 때까지 오로지 유교 경전에 매달린 겁니다."[52]

유교 경전에서 얻은 지식과 생각만으론 국가를 경영하기 어려웠다.

그럼에도 조선시대의 과거는 오직 유교 경전을 바탕으로 한 시문(詩文)의 창작능력만을 검증했으니 그렇게 해서 뽑힌 관리들이 국정운영을 어떻게 제대로 할 수 있었겠는가.

유교적 가족주의가 500년의 비결인가?

지금까지 조선왕조 500년 유지의 비결로 제시된 당쟁·과거제도·혈통주의 중 근본이 되는 본질은 양반계급의 혈통주의다. 이 혈통주의는 유교적 가족주의로 나타났다. 유교적 가족주의는 질서 유지에 결정적 역할을 했지만, 그 질서는 철저하게 혈통과 가족 중심의 등급제를 기반으로 한 것이었다. 공공의식은 없거나 약했다. 윤리도 혈연 중심이었다. 이게 일본과의 차이점이기도 했다. 이와 관련, 송준호는 다음과 같이 말했다.

"우리나라에서 이어져 온 윤리는 등급을 전제로 한 것입니다. 말하자면 부모에게 인사하는 것과 낯선 사람에게 인사하는 것이 다릅니다. 특정한 관계에 특정한 윤리가 적용된 겁니다. 그 결과 같은 혈족이나 공동체 구성원들 사이는 친절하지만 그 범위를 벗어난 사람에게는 거부감을 가집니다. 반면 일본은 씨족이라는 배타적 혈족 집단이 존재하지 않았기 때문에 누구에게나 똑같이 예의를 지켜야 한다는 사고가 강했어요."[53]

조선의 강고한 등급제 의식은 그만큼 치열한 서열 경쟁을 불러 일으켰다. 이는 무엇이건 수입을 하면 그 원조(元祖)를 능가할 정도로 "누가 더 철저한가"를 겨루는 경쟁으로도 나타났다. 유교의 원조 국가인 중국에도 없는 각종 신분차별을 도입해놓고 그걸 자랑스럽게 생각하는 것도 바로 그런 경쟁심리의 산물이었다. 그래서 '조선의 유교'가 아니라 '유교의 조선'이 되어버렸다는 말까지 나오게 된 것이다. 유교적 가족주의는 효(孝)를 충성(忠誠)에 연결시킴으로써 조선왕조 500년 유지를 가능케 했다.

그런 유교적 가족주의를 유지하고 키운 한 기둥은 이른바 '모성(母性)의 제도화'였다. '모성(母性)의 제도화'가 이루어진 건 조선시대부터였다. 조선 초기만 해도 여성의 재가, 삼가는 흔한 일이었지만, 성종 때에 이르러 법으로 어머니는 아들의 출세를 위해서 수절하고 아들의 출세에 의존하는 삶을 도모케 함으로써 모성의 도구적 성격이 강화되었다.[54]

윤택림은 조선시대 여성에게는 어머니 노릇보다는 효녀·효부로서의 역할이 더욱 중요했으며, 가계를 잇기 위해 아들을 낳고, 제사를 모시고, 친척들과 화목하게 지내는 것이 여성의 주요한 임무였다고 말한다.[55] 윤택림은 조선시대 종례(宗禮)와 가례(家禮)에는 어머니가 등급화되어 적모(嫡母)·계모(繼母)·양모(養母)·서모(庶母)·유모(乳母)·자모(慈母)·가모(嫁母)·출모(出母) 등 팔모(八母)로 분류되었다며, 그 의미에 대해 이렇게 말했다.

"이렇게 조선시대 여덟 유형의 어머니가 있었다는 것은 어머니라는 명칭과 그 내용도 사회적 역사적 구성물이라는 것을 증명해준다. 현재 한국 사회에서 생각되는 어머니는 자식을 실제로 낳아서 기르는 생모를 말하는데, 이는 조선시대 어머니와는 명백하게 다르다는 것을 알 수 있다. …… 이러한 조선시대 팔모 규정으로부터 알 수 있는 것은 어머니가 실제로 아이를 낳고 기른 여성이라는 협의적 개념만이 아니라는 것이다. 실제로는 아이를 낳은 사람과 기른 사람은 별개의 여성들이지만, 모두가 어머니로서 규정되었다는 것이다. 따라서 자식들에게는 여러 종류의 어머니가 있을 수 있었고, 그 어머니들은 적처인가, 첩인가에 따라서 어머니로서의 등급이 달라지고, 그에 따라 자식과의 관계도 규정된 것이었다."[56]

유교적 가부장제의 핵심 이데올로기라 할 수 있는 삼종지도(三從之道)는 "여성에게는 세 가지 좇아야 할 도가 있으니 집에서는 아버지를 좇고, 시집가서는 남편을 좇고, 남편이 죽어든 아들을 좇아 잠깐도 스스로 감히 이를 수는 없느니라"고 역설했다.[57]

여자는 남자 없이 홀로서기가 불가능한 존재라는 의미다. 늦게 배운 도둑질이 뭐 한다는 식으로 조선은 중국보다 한 수 더 떴다. 실학자인 이수광(1563~1623)조차 수절을 "중화의 풍속이 미치지 못하는 우리의 미속(美俗)"으로 손꼽았다.[58]

공식적 가족 · 자궁 가족의 2중 구조

그렇다면 조선시대의 여인들은 상하귀천을 막론하고 평생 비참하게만 살았는가? 윤치호가 유교를 "사회 전반에 걸친 인간관계에 있어 총체적인 압제체제 또는 계서(階序) 윤리"로 단정한 것에 따르자면 그렇게 말할 수도 있겠다. 윤치호는 1904년 5월 27일자 일기에서 이렇게 주장했다.

"유교는 국가에 대하여 국왕을 압제자로, 가족에 대하여 아버지를 압제자로, 며느리에 대하여 시어머니를 압제자로, 아내에 대하여 남편을 압제자로, 노예에 대하여 주인을 압제자로 만들어 가정과 국가에서 모든 자유정신과 기쁨을 말살시켰다. 따라서 유교는 압제적 계서(階序) 체계라 할 만하다."[59]

일리 있는 주장이긴 하나, 사람이 그렇게 숨이 막혀서야 어떻게 살 수 있었겠는가. 윤치호의 유교에 대한 혐오가 매우 강했다는 걸로 이해하는 게 좋겠다. 유교 체제가 의도했던 건 아니었겠지만, 그 체제는 여성 권력과 관련하여 '숨통'을 터주는 2중 구조를 갖고 있었다.

조선시대에 어머니의 권력은 아들을 '큰사람'으로 만들 때에 획득될 수 있었다.[60] 그러나 어머니가 그 어떤 권력을 누리건 그건 공식적인 권력은 아니었다. 이른바 "공식적 권위로 이어지지 못하는 여성의 권력 행사"[61] 때문에 조선시대는 말할 것도 없고 지금까지도 한국 여성의 권력이 막강하네 어쩌네 하는 이야기가 나오는 것이다. 공식적 영역에선 여전히 큰 차별을 받고 있지만, 비공식적 영역에선 여성이 막강한 권력을 행사할 수도 있다는 것이다.

비공식 영역에서의 권력 행사라는 건 그 권력이 남성 권력에 의존하는 '기생 권력'이라는 걸 의미하는 것이다. 그래서 한국 여성의 권력이 막강하다는 건 전혀 근거가 없는 건 아니지만 그런 근본적인 한계를 외면한 왜곡일 수 있다. 권력과 금력을 가진 남자의 아내나 어머니의 권력이 막강한 것이지 일반적인 아내나 어머니의 권력이 막강한 건 아니기 때문이다.

M. 울프는 중국 여성의 삶에 성취적이고 획득적인 성격이 두드러진다는 점을 강조하면서 '자궁 가족(uterine family)'이라는 개념을 제시했다. 이와 관련, 조혜정은 "남편의 집에 편입된 가장 낮은 지위에 있던 젊은 여성은 점차 자신이 낳은 '핏줄'을 이 집안에 더해감으로써 자신의 세력권을 구축해간다. 자궁 가족 내에는 자신이 낳은 자녀들과 며느리가 포함되며 남편은 별로 중요한 자리를 차지하지 못한

다"며 다음과 같이 말했다.

"이 가족은 먼 조상까지를 포함하여 연속성이 중시되는 남성들의 가문과는 별 관계가 없는 사적인 가족으로 어떤 뚜렷한 이데올로기나 형식적인 구조도 갖고 있지 않다. 가족 유대는 주로 감성과 충성심에 기초한 것이나, 주목할 점은 그것이 구성원에게 공식적 가족 못지않은 구속성을 갖는다는 점이다. 울프는 여성을 철저히 배제시킨 것으로 보이는 유교적 가부장제가 여성을 상당히 성공적으로 흡수할 수 있었던 근거는 바로 자궁 가족과 공식적 가족의 목표가 '다행스럽게도' 잘 맞아떨어졌기 때문이라는 표현을 쓰고 있다. 여성에게는 일정 기간 어려움을 이겨나가기만 하면 자신의 권력의 기반인 '자궁 가족'을 이룰 수 있으며 그를 통하여 응분의 보상을 누릴 수 있는 가능성의 차원이 열려 있었다는 것이다."[62]

조선의 경우엔 '효(孝)'까지 가세해 '자궁 가족'의 위세가 더했다. 조혜정은 "조선 시대는 '효'를 절대 가치화하였으며 이 조항에 있어서는 여성도 남성과 평등하였다. 실제로 조선조 사회가 중국보다 더욱 '효'의 가치를 절대화시켰던 점에 착안한다면 자궁 가족의 형성을 통한 여성의 사회적 지위 상승의 폭은 중국의 경우보다 더욱 컸을 것으로 짐작된다"며 다음과 같이 말했다.

"상층에서는 과거 급제자 아들을 길러내는 어머니로서의 명예와 보상이 있었고, 그러한 출세를 기대하지 못하는 대다수의 집에서도 아들이 장성할수록 존장자로서 효도를 받고 며느리를 지배하며 손주를 품안에 거느리는 여가장으로서의 권위를 확보할 수 있었던 것이다. 즉, 대다수의 여성들은 열심히 일하고 참기만 하면 언젠가는 어머니로서 보상을 받게 되며 남편 집안의 당당한 조상이 된다는 확신을 갖고 있었으며 따라서 가부장적 체계에 자발적으로 충성을 하여온 것이다."[63]

이른바 '열녀(烈女) 이데올로기'도 체제 존속에 기여한 장치였다. 전형적인 '피해자 탓하기'라고나 할까. 임진왜란과 병자호란은 여성의 정조 문제를 심각한 사회문제로 대두시켰다. 이른바 환향녀(還鄕女)는 왕조가 나라를 지키지 못해 발생한 시대의 희생자였음에도 불구하고 왕조와 집권 사대부는 그들에게 사죄하기는커녕 모든 책임을 그들에게 떠넘겨 자살을 강요했다. 물론 자기들의 안전을 지키기 위해서였다. 어버이가 잘못했다고 한들 어버이를 바꿀 수 없으며 원망도 할 수 없다는 효의 논리를 지배 이데올로기로 삼은 것도 같은 이유에서였다.

성공이 실패의 원인이 되는 역설

사정이 이와 같았는데, 어찌 '덕치' 덕분에 조선왕조가 500년을 버텼다고 말할 수 있겠는가. 오히려 정반대로 정부를 전혀 믿을 수 없었기 때문에 민중은 각자 자기 가족 중심으로 자구책을 마련하기에 바빴을 것이고, 그렇게 민중이 파편화되는 바람에 타락하고 무능한 정부가 연명할 수 있었다고 보는 게 더 옳지 않을까?

한국인의 '나' 위주의 고립화된 의식과 관련, 김용운은 "조선시대의 한국은 각 지방마다 흩어져 있는 입자(粒子)적인 동족 부락들로 이루어졌으며, 각 부락 사이에는 횡적 교류가 전혀 없었다. 따라서 각 부락과 직접 이어지는 곳은 권력과 부가 집중되는 서울뿐이었다"며 다음과 같이 주장했다.

"서울은 지방민에게는 두 가지 의미밖에 없었다. 그 하나는 자신들을 억압하고 착취하는 불필요한 존재였고, 둘째로는 신분 상승을 위한 간절한 동경의 대상이었다. 그러나 각 부락은 서울이라는 상층부에 대해 예속감 내지는 연대감 같은 것을 전혀 느끼지 않는다. 권력의 중추에 자기 사람이 있을 때는 서울은 내 편이지만, 그런 '줄'이 없을 때의 서울은 나와 무관한 곳이었다. 강화도에 상륙한 프랑스군이 왕가의 묘를 파헤치는 것은 잠자코 지켜보고 있던 농민들이었지만, 송아지 한 마리를 잡아가려 하자 벌떼같이 일어나 무서운 기세로 프랑스군에게 덤볐던 것이다. 이 같은 한국인의 심성은 지금도 여전한 것 같다. 왕가든 무엇이든 요컨대 나와 직접 연관이 있는지 없는지가 문제라는 자기중심적인 사고, 즉 '세계의 멸망보다도 내 탁자 위의 빵부스러기가 나에게는 더 큰 문제다'라고 말한 어떤 철학자의 말을 그대로 실천하는 것 같은 행동양식과 다를 바 없다."[64]

물론 그런 행동양식은 나름의 합리성을 갖고 있는 지혜였을 것이다. 여기서 흥미로운 건 성공이 실패의 원인이 되는 역설이다. 즉, 유교적 가족주의는 조선왕조 500년 존속에 크게 기여한 반면, 종국엔 그걸로 인해 무너졌다는 것이다.

과거제도도 그렇게 보아야 할 것이다. 과거제도가 '성공의 사다리'로 정상 기능할 때엔 체제 존속에 기여했지만, 타락했을 때엔 체제를 위협했다. 과거제도는 19세기 들어 엉망진창이 되었다. 과거시험 가운데 소과(생원, 진사) 급제엔 3만 냥, 대과(大科) 급제엔 10만 냥의 뇌물이 필요했다. 과거 합격 뒤에 수령이 되어 임지에 부임할 때에 또 돈을 바쳐야 했는데, 그 가격이 1만 냥에서 100만 냥까지에 이르렀다.[65]

지금은 어떤지 모르겠으나 한때 지방 도시의 각종 간판 상호를 조사한 결과, 가장 선호하는 상호가 '중앙'이요, 버금이 '서울'이었다. 총 조사 대상의 15퍼센트를 차지하고 있었다 한다.[66] 이 세계 어느 나라 사람치고 '중앙'과 '정상'을 좋아하지 않는 사람은 없겠지만, 한국만큼 그 집착이 강한 나라도 드물 것이라는 데엔 누구나 흔쾌히 동의할 것이다. 이규태가 가장 먼저 쓴 표현인지는 모르겠으나, 이규태는 헨더슨이 지적한 '소용돌이 문화'의 부작용에 '중앙병'이라는 딱지를 붙이면서 그 기원을 삼국시대까지 거슬러 올라가 찾고자 했다.

"벼슬을 하거나 학문을 하거나 예술을 하거나 장사를 하거나 공부를 하거나 취직을 하더라도 중앙, 곧 서울이 아니면 안 된다는 이상한 중앙정치 집약적이요, 중앙경제 집약적이며, 중앙문화 집약적인 논리가 지배, 우리 한국인의 현대병 가운데 고질인 '중앙병'을 앓게 하고 있다. …… 한국인의 중앙병은 삼면을 둘러싸고 있는 바다를 정복하지 못했던 데 원인을 찾아볼 수가 있다. 해외로 뻗어 나가는 프런티어 정신이 신라시대 이후 건포도처럼 쭈그러들어 밖으로 뻗어 나가려는 원심력이 약화되고 가운데로 파고들려는 구심력이 반비례해서 커 왔다. 거기에 왜구들의 약탈이 유사 이래 삼면의 바다를 위협했을 뿐 아니라, 해안 지역을 간단없이 약탈하였기로 가운데로 파고드는 중앙병이 더욱 기승을 부리게 했음직하다. 둘째로 삼국시대 이래 우리나라가 강력한 중앙집권제로 다스려졌다는 것이 모든 정치·경제·문화를 중앙에 집중시키는 전통을 있게 했다."[67]

입신양명 이데올로기

시험의 출세도구화와 사교육 문제가 이미 조선조 세종 시대에도 극성을 부렸다는 것이 흥미롭다. 『세종실록』은 세종 12년에 성균관 유생들이 "과거시험에 나올 만한 글이다 싶으면 다 베껴서 차고 다니면서" 열심히 외우지만, "열심히 글을 읽는 사람이 있으면 친구들에게 도리어 멸시를 받을 정도"라고 적고 있다. 세종 15년의 기록도 "글을 배우는 자들이 미리 시험 볼 시기를 알고서 한가히 놀면서 공부를 안 하고 있다가, 시험 때가 오면 여러 글을 주워 모아 가지고 요행이나 바랍니다"라고 말하고 있다.[68]

그런 과거시험 지향적 학문 풍토로 인해 권문세가의 후손들은 개인 과외나 사설 학당에서 과거시험을 준비했다고 한다. 오늘날 성행하는 '족집게 과외'의 원조였던 셈이다.[69] 그래도 조선조 말기의 노골적인 매관매직(賣官賣職)보다는 나은 형편이었다고 높게 평가해야 할까? 조선조 초기나 말기나 지금이나 엄격한 중앙집권 위계질서 체제하에서 중앙 고위직에 부여된 과다한 권력과 금력이 문제의 본질이 아닌가 하는 생각이 든다.

과거제의 문제 또한 따지고 보면 유교적 가족주의와 밀접한 관련이 있었다. 과거는 우선적으로 입신양명(立身揚名)과 가문의 영광을 위한 것이었기 때문이다. 입신양명은 원래 좋은 의미였다. 세상을 위해 좋은 일을 한다는 뜻이 강했다. 그러나 입신양명의 좋은 취지는 변질돼 이미 조선조에서부터 오늘날과 같은 의미의 가족 중심 출세주의를 뜻하게 되었다.

김재영은 "양명의식은 그동안 우리 역사에서 어떻게든 높은 지위를 차지해야만 안심할 수 있다는 관료주의적 사고가 그 바탕을 이루고 있다. 우리가 얼마나 이러한 지위에 집착하고 있는가는 그동안 조상신에 대한 신앙의 형식으로 신주에까지 관직명을 붙이고 비석을 세웠으며, 지금도 가보·명함·각종 모임 등에서 직함을 붙여 호칭을 사용하는 사례를 보면 알 수 있다"고 말했다.[70]

서울대 총장 정운찬이 『월간중앙』 2005년 1월호 인터뷰에서 밝힌 다음과 같은 솔직한 증언은 고위 관직에 대한 한국인들의 열망이 오늘날에까지 거의 한(恨)의 수준에 이르렀다는 걸 말해준다.

"조선시대 고위 관료로 출세한 조상 분들의 묘를 보고 뿌듯해 했던 어린 시절의 기억이 있습니다. …… 어머님은 항상 저한테 '자네'라는 호칭을 쓰셨습니다. 이를테면 학창시절의 제게 '자네, 우리 집안에 정승이 3대째 끊긴 것을 아는가'라는 식의 말씀을 자주 하셨습니다."

서울대 교수 최재천과 경희대 교수 도정일의 이야기도 비슷하다.

"저희 할아버지도 늘 저만 보면 '언제 강릉시장이 될래?'라고 하셨다니까요. 서울대학을 졸업하고 또 유학을 간다고 하니까 이해를 못하셨어요. 대학교수가 되고 싶다고 했더니, '대학교수 오래 할 것 없다. 사람은 모름지기 나라의 녹을 먹고살아야 하느니라'라고 하시더라고요. '강릉시장이 모자라면 강원도 도지사를 해라' 이러시더라고요. …… 나도 엇비슷한 이야기가 있어요. 영문과에 간다니까 외삼촌 왈, '그거 해서 뭐가 되는데?' 치과대학에 다니던 외사촌 형이 옆에 있다가 '영어 잘 하면 미국 대사도 할 수 있죠'라고 했어요. 그랬더니 외삼촌이 또 말했어요. '그게 다냐?'"[71]

그러나 많은 문제에도 불구하고 유교적 가족주의는 먼 훗날 국가적 성공의 원인이 되기도 한다. 위험을 무릅쓰고 미친 듯이 일하는 동력이 되었기 때문이다. 이는 한 가지 법칙으로 도식화할 수 없는 역사의 역동성을 말해주는 게 아니고 무엇이랴.

기회주의와 줄서기

본문에서 살펴보았듯이, 조선은 결국 1870년대에 오랜 폐쇄성에서 벗어나 문호를 개방하게 되었지만, 준비가 없었던 건 물론이고 이후 1880년대와 1890년대를 슬기롭게 대처하지 못해 1900년대에 접어들면서 사실상 일본의 지배하에 놓이게 되었다. 이게 바로 삶의 기본 처세술로 기회주의가 기승을 부리게 된 배경이었다.

『매일신문』 1898년 5월 10일자를 보자.

"사람마다 친구를 상종할 적에 개화하자는 이를 대하여서는 개화당 비스름이 말하다가, 수구를 좋아하는 이를 보고서는 수구당처럼 말을 하여, 남이 하는 대로만 따라하기로 작정인되, 다만 말을 그러할 뿐 아니라 정부에 들어가 일하기를 또한 이같이 하여, 어디를 가든지 무슨 일을 하던지 남을 잘 얼러 맞춰야 세상에 재주 있고 똑똑한 사람이라고도 하며 벼슬도 잘 얻어 하니, 그러고 보니 개화당도 없고, 수구당도 없으니……"

이와 관련, 최봉영은 "문명개화가 거역할 수 없는 시대의 대세로 인식됨에 따라 수구와 개화에 대한 대립과 논쟁은 문화변동의 과정에서 발생하는 신구의 갈등이라는 차원으로 점점 축소되어 나타났다. 이런 관계로 목숨을 걸고 싸울 정도로 개화와 수구를 완고하게 고집하는 사람이 없어지고, 대하는 상대에 따라 입장이 달라지고 말을 바꾸는 현상이 나타나게 되었다"라고 분석했다.[72]

개화당이건 수구당이건 확실한 골수파라고 해서 기회주의로부터 자유로울 수는 없었다. 일본이 조선을 집어삼키는 상황이 벌어졌기 때문이다. 무엇을 위한 개화였으며, 무엇을 위한 수구였던가? 그 어느 쪽이건 나라꼴이 그 모양 되자고 했던 건 아니었을 게다. 적어도 지배 엘리트 가운데 혀 깨물고 죽지 못한 채 살아남은 사람들은 모두 다 '현실'을 인정할 수밖에 없었다.

그러나 현실을 '인정'하는 데엔 여러 가지 방법이 있었다. 바로 이 게 훗날에도 친일파에 대한 평가를 둘러싼 사회적 갈등의 핵심 포인 트가 되었다.

조선조 내내 늘 그랬던 건 아니었지만, 조선조만 하더라도 '줄'의 수명이 비교적 길었다. 그래서 많은 선비(정치인)들이 목숨을 걸면서 까지 줄을 섰고 줄에서 이탈하지 않았다. 줄서기의 이유가 명분이었 건 실리였건 말이다.

그건 경쟁의 균형 덕분이었다. 어느 쪽에 줄을 서건 50퍼센트의 승 률이 보장된다면 굳이 줄을 바꿔야 할 이유는 없는 법이다. 그런데 안 동 김씨의 58년 동안 세도정치(1804~1862), 그리고 그 이후 나라의 운명이 외세에 의해 좌지우지 당하는 풍전등화(風前燈火)의 상황에 처 하게 되면서 경쟁의 균형이 파괴되었다. 다른 줄들을 압도하는 강력 한 줄이 나타나게 되었고, 줄의 수명도 이전과는 달리 부침의 속도가 빨라졌다.

개화기에 이르러 줄의 주된 판단 가치는 '개화'를 어떻게 볼 것인 가 하는 것이었는데, 이게 바로 그런 외세의 영향력 때문에 영 쉽지 않은 일이었다. 그 어느 쪽 진영이건 일부 주동자들을 제외한 대다수 엘리트 세력에겐 기회주의적 처신 이외에 다른 방도가 없었다.

'당쟁 망국론'에 대한 반박

앞서 소개했지만, 많은 한국인들이 조선은 당파싸움 때문에 망했다고 주장했다. 그런데 언제부턴가 이런 주장이 강력 반박되기 시작했다. 알고 봤더니 '당쟁 망국론'은 일본인들이 가장 열심히 했던 주장이라고 한다. 한국에 대한 식민통치를 정당화하고 한국인들이 자학을 하느라 저항 의지를 갖지 못하게끔 하려는 속셈으로 퍼뜨렸다고 한다. 많은 역사 전문가들이 일본인들의 그런 흉계를 지적하면서 '당쟁 망국론'을 강력 반박하고 나섰다. 몇 가지 대표적인 주장을 감상해보기로 하자.

신봉승은 "이른바 '조선은 당파싸움 때문에 망했다'는 식민사관은 광복 이후에 태어난 지식인들의 역사 인식까지 병들게 했고, 그런 망국적인 사고가 우리 민족의 역사를 '당쟁의 역사'로 매도하게 만들었다"며 "당쟁으로 나라가 망한다면 우리는 지금 망해야 한다. 패거리를 지어서 상대를 모함하고 헐뜯는 행태는 지금이 조선시대보다 훨씬 더 유치하고 천박하기 때문이다"라고 주장했다.[73]

박영규는 "조선의 붕당정치는 선조에서 정조 대까지 이어졌고, 당쟁이 가장 치열했던 시기는 현종·숙종·영조·정조 대였다. 우리가 잘 알다시피 이 시기는 조선이 두 번째 문화 부흥기를 구가하던 시대였다. 이는 당쟁이 조선사에 긍정적으로 작용했다는 것을 방증한다"고 주장했다. 그는 여기서 한 걸음 더 나아가 "당쟁이 나라를 망쳤다고 가르친 자들은 사실 독재자와 그들에게 빌붙어 지내던 해바라기 정치인과 학자들이었음을 깨달아야 할 것이다"라고 했다.[74]

아쉽다. 당쟁이 나라를 망쳤다고 주장하는 한국인들이 모두 '식민사관'에 찌들었거나 '독재자와 그들에게 빌붙어 지내던 해바라기 정치인과 학자들'만은 아니지 않은가. 좋은 뜻으로 '당쟁 망국론'을 역설한 이들도 있었을 텐데, 이들이 설 땅은 어디인지 그게 궁금해진다.

일본인과 독재자에 의해 오염된 주장과 비슷한 느낌만 주는 견해라도 무조건 내쳐야 한다는 게 아니라면 말이다.

호소이 하지메라고 하는 일본인은 "조선인의 혈액에는 특이한 검푸른 피가 섞여 있어서 당파싸움이 계속되었으며 이는 결코 고칠 수 없는 것이다"라고 극언을 했다는데,[75] 이는 흥분하며 상대하기보다는 그냥 일종의 '악질 개그'로 보아야 하는 게 아닐까?

신복룡은 비교적 차분한 주장을 폈다. 그는 "당쟁이 부분적으로 부정적인 요소가 없었던 것은 아니지만, 식민지 사학에서 보는 당쟁에 대한 시각에는 과장과 악의가 심하였을 뿐만 아니라 '당쟁은 곧 악'이라는 역사 인식의 주입이 집요했기 때문에 이를 극복하는 데에는 시간·노력·성찰의 면에서 많은 부담을 주어왔던 것이 사실이었다"라고 주장했다.[76]

이어 신복룡은 당쟁의 성격을 당시의 조선조 사회가 취할 수 있었던 최선의 언로(言路), 그 당시로서의 정치 발전의 한 메커니즘, 조선조의 정치 상황에서 나타날 수 있었던 한국적 유형의 정당 등으로 규정했다. 그는 "당쟁은 일본 식민지 사학에서 지탄하고 있는 것처럼 망국적인 정치 악은 결코 아니었으며, 한국 정당사의 초기적 형태로 기록되어야 할 것이다"라고 결론 내렸다.[77]

일제 치하·군사독재의 상흔과 싸우기

그러나 신복룡은 당쟁이 국가에 어려움을 주었다는 시각이 식민지 사학자들에 의해 시작된 것은 아니었다는 점을 인정했다. 이미 조선 내부에서 오래전부터 문제 제기가 있었다는 뜻이다. 영조의 탕평책(蕩平

策)이 그 좋은 사례일 것이다. 영조의 탕평책이 '영조의 정치적 입지와 관련된 문제'였을 망정,[78] 그것이 당쟁을 넘어서야 할 당위를 약화시키는 건 아니다. 그런 정치적 입지로부터 비교적 자유로운 매천 황현의 다음과 같은 주장을 "당쟁 망국론은 식민사관"이라는 말로 반박할 수 있을까?

"옛날의 붕당은 한 세대에 그쳤지만 오늘날의 붕당은 300여 년에 걸쳐 있고 여기에 문벌을 따지는 더러운 습속까지 더하게 되었다. 옛날의 붕당은 신하들에게 그쳤으나 오늘날의 붕당은 임금까지 연관되어 왕실의 혼인이 편중되게 행해지고 있다. 여기서 노론은 대대로 임금의 외척(外戚)이 되어 그들의 권세가 행여 다른 데로 옮겨가거나 혹 당국(黨局)이 흔들릴까 두려워하여 마침내는 노론의 딸이 아니면 왕자는 키울 수 없다는 말을 퍼뜨려 임금이 이 말에 귀를 기울이게끔 하여 세자빈을 간택하고 부마를 맞이할 때 감히 딴 곳으로 혼처를 정하지 못하게 했다. …… 약은 자들은 차라리 임금을 직접 공격할지언정 감히 한 글자도 세도가를 건드리는 일은 없었다. 대개 임금은 간(諫)함을 포용한다는 명분을 즐겨하기에 더러 용서를 받기도 하지만 세도가를 거슬렀다가는 반드시 화를 입기 때문이었다."[79]

'당쟁 망국론'은 독재의 유산과 유착해 논의를 더욱 어렵게 만든다. 박정희는 "당파싸움이 나라 망쳤다"는 믿음을 가진 대표적인 인물이었는데, 최상천은 박정희의 그런 생각을 비판하면서 아예 "당파성은 아주 좋은 것이다"로까지 나아간다.[80] 그러나 그렇게 당파성을 옹호하는 최상천도 박정희 비판의 맥락을 벗어나 임진왜란 시 민중의 애국심을 칭찬할 때엔 "조선은 세상모르고 당파싸움만 벌인 삼류 먹물국가다"라고 말한다.[81]

'당쟁 망국론'은 독재자만 내놓은 건 아니다. 박정희의 정적이었던 김대중도 가세했다. 김대중도 당쟁을 망국의 원인으로 규탄했다. 이에 대해 보수적 입장에서 김대중의 '당쟁 망국론'을 강력 비판하는 주장도 있다.[82] 이처럼 보수·진보를 하나로 묶어주는 건 식민사관에 대한 반박 의지다.

함병춘·조갑제 등 열성적인 박정희 지지자들이 상무정신을 강조하고 나선 것도 논의를 어렵게 만든다. 이들의 적극성으로 인해 상무정신을 강조하면 마치 군사독재를 예찬하는 듯한 투로 몰고 가는 자칭 '진보파'들이 많다. 즉, 한국에선 일제 치하·군사독재의 상흔과 싸우느라 무슨 개념에 대한 차분한 논의를 하기가 어렵다는 뜻이다.

양반 면책으로 빠진 식민사관 비판

그럼에도 불구하고 이제 우리는 '당파싸움'에 대해 진실을 말할 때가 되었다. 앞서 소개한 논의들을 종합해보면, 무엇보다도 '당파싸움'이라는 개념에 큰 혼선이 빚어지고 있다는 걸 알 수 있다. 이론·노선투쟁도 당파싸움이지만, 그건 꼭 필요한 당파싸움이다. 이것 때문에 나라가 망했다? 그건 말이 안 된다.

그런데 보통 비난하는 뜻으로 쓰는 당파싸움은 이론·노선투쟁보다는 이익·탐욕투쟁을 의미한다. 이론·노선과 이익·탐욕을 명쾌하게 분리할 수는 없기에 중첩되는 부분이 있긴 하겠지만, 일반 대중의 뇌리에 당파싸움이라고 하면 이익·탐욕투쟁으로 각인되어 있다고 하는 건 분명한 사실이다.

이익·탐욕투쟁보다 더 무서운 건 그런 투쟁이 장기화되면서 아예

문화로 고착이 되었다는 사실이다. 그렇게 되면 원초적으로 상호 상종할 수 없는 집단 간 칸막이가 생겨난다. 당색에 따라 결혼이 금지되고 각 가문 부녀자들까지 옷의 디자인이나 헤어스타일까지 달리했다는 게 그걸 말해주는 게 아니겠는가.[83]

이규태는 근대화 과정에서 소신 없는 기회주의가 난무한 걸 지적하면서 그런 당파심에 긍정적 측면도 많다고 주장했는데,[84] 이거야말로 과도한 자위가 아닐까? 오히려 정반대로 기회주의의 득세야말로 그간 조선 양반 사회를 지배했던 당파심의 한심한 수준을 폭로해주는 게 아니고 무엇이랴.

또 하나의 문제는 당파싸움의 원인에 관한 것이다. 앞서 소개한 호소이 하지메라고 하는 일본인의 '악질 개그'를 진지하게 대할 필요가 있는 걸까? 호소이처럼 저질은 아닐지라도 당파싸움의 원인을 민족성에서 찾으려는 일본인들의 시도를 진지하게 대할 필요가 있는 걸까?

우리 학계에서 '식민사관을 좌초시킨 우리 사학의 등대'로 평가받는 이기백은 1960년대 초부터 "식민사관은 한국민족이 선천적 혹은 숙명적으로 당파적 민족성을 지니고 있으며 이것이 민족적 단결을 파괴해 독립을 이룰 수 없다. 그러나 근본적으로 말한다면 민족성이 역사적 산물이지 역사가 민족성의 산물은 아니다"라고 했다.[85]

"민족성이 역사적 산물이지 역사가 민족성의 산물은 아니다"는 건 백번 옳은 말이다. 신복룡이 "당쟁을 민족성에 기인한 것으로 볼 것이 아니라 사회경제사적 측면에서 이해해야 할 것이다"라고 말한 것도 백번 옳다.[86]

그러나 조선의 당쟁 비판이 과연 그 정도의 진술로 방어될 수 있는 걸까? '선천적·숙명적 당파적 민족성'은 원초적으로 인정할 수 없는 개념이다. 가능한 개념이 아니다. '악질 개그'에 속한다고 보는 게 옳다. 그런 '악질 개그'를 비판하느라 '역사적 산물'로서의 당쟁의 폐해까지 부정할 필요가 있는 걸까?

사실 어찌 보면 수사학적 논쟁 같기도 하다. 사회적 산물로 획득된 특성이라고 해서 몸에 축적되지 않는 건 아니다. 우리가 보통 '체질'을 비판할 때엔 그런 축적으로 인해 나타나는 일관된 특성을 지적하는 것이지, 그것이 유전자라는 뜻은 아니다. 누가 습관을 유전자로 보겠는가? 그러니 습관은 유전자가 아니라고 외치는 건 하나마나한 말이라는 뜻이다.

신채호의 '당쟁 망국론'과 이광수의 '당쟁 망국론'을 비교해보자. 이민웅은 "신채호의 당쟁에 대한 부정적인 인식이 기본적으로 당시 조선의 위기 상황이 일어난 원인에 대한 반성 차원에 근거를 두었다면, 이광수의 그것은 반성의 차원이 아니라 우리 민족의 본성이 그렇다는 식으로 무조건적이고 터무니없는 부정이다"라고 평가했다.[87]

그렇다면 여기서 한 가지 타협안을 도출할 수 있겠다. 즉, '당쟁 망국론'을 우리 민족의 본성이 아니라 위기 원인에 대한 반성 차원에서 제기하는 건 무조건 '식민사관'으로 밀어 붙이지 말고 차분하게 논의해보자는 것이다. 앙드레 슈미드가 제기한 다음과 같은 딜레마는 개화기의 모든 역사에 다 해당될 수 있는 것이기에, 깊이 고민해볼 필요가 있다.

"일본 식민주의의 궁극적인 힘은 이러한 민족주의자들의 자기비판을 (식민주의 사관으로) 흡수하여 결국은 한국의 국권 회복을 위해 쓸모없는 지식으로 만들어버렸다는 것에 있다."[88]

쉽게 설명하자면 이런 이야기다. 일본이 한국을 골탕 먹이는 방법은 간단하다. 한국 내에서 나온 모든 자기비판을 부풀려 말하기만 하면 된다. 그러면 애국적인 한국인들은 일본인들의 주장을 식민주의 사관이라며 강력 반박한다. 비슷한 주장을 하는 한국인은 식민주의 사관에 찌든 사람으로 매도된다. 일본의 입장에선 손도 안 대고 코푸는 격이다.

물론 몹쓸 식민주의 사관이 있었던 건 분명하다. 또 그 식민주의 사관을 그대로 받아들인 속없는 한국인이 있었던 것도 사실이다. 지금 여기서 지적하고자 하는 건 '과잉'이다. 즉, 적대세력으로부터 나온 비판은 무조건 부정하고 봐야 한다는 강박이 문제라는 뜻이다.

상황론도 감안할 필요가 있겠다. 식민사관은 한국인들로 하여금 오랜 세월 동안 열등감에 빠져 있게 했다. 그런 열등감 해소를 위한 반대편으로의 구부리기는 정당하거니와 필요했다. 다소의 과잉도 용인될 수 있다. 그런데 2000년대에 들어서도 계속 반대편으로 구부려야 하는지 그건 의문이다. 이젠 한국인의 심적 역량을 믿어볼 때도 되지 않았는가?

조선 망국의 원인에 대해 '양반 책임론'을 지적하는 건 굳이 반박할 필요조차 없는 아주 낮은 단계의 상식이다. 그러나 그건 식민주의 사관이라며 강력 반박한 끝에 결국은 양반·엘리트를 면책시켜주는 시도가 왕성하게 이루어졌다. 오히려 조선이 얼마나 위대한 왕조였던가를 역설하는 데에까지 나아갔다. 물론 모두 다 그랬던 건 아니었지만, 흥미롭게도 이런 일을 하는 데엔 진보·보수의 구분은 없었다. 일본의 주장을 반박하는 데엔 모두가 한 몸이었다. 식민사관을 타도해 속은 후련할망정 이게 과연 우리에게 좋은 결과를 가져왔는가? 오늘날 한국의 엘리트층이 보여주고 있는 모습은 흡족해할 만한 수준의 것인가?

　일본 측의 주장은 무조건 반대로 해석하려는 경향은 아무래도 자제하는 게 좋을 것 같다. 반대의 해석이 대체적으론 맞을망정 일본을 극복하려다가 오히려 정반대의 의미에서 '일본 절대시'를 범할 위험이 있기 때문이다. 고종과 개화기 지배 엘리트를 부정적으로 평가한다고 해서 왜 그것이 꼭 식민지 근대화론으로 빠져야 하는가? 왜 그걸 식민지 근대화론과 연결시켜야만 하는가? 그것도 의문이다.

　우리는 실패의 원인을 캐는 데엔 믿기지 않을 정도로 무능하거나 무관심하다. 아니 실패조차 인정하지 않는다. 누군가의 악행과 음모 때문에 그리 된 것이라며 그 악행과 음모의 주체에게 모든 책임을 돌리는 데에 익숙하다.

　그런 강박은 옛날이야기가 아니다. 지금도 왕성하게 작동하고 있다. 그래서 이런 법칙이 생겨나게 되었다. 누군가를 실패하게 만들려면 적대자의 입장에서 옳은 말만 해주라. 그러면 그 옳은 말의 반대 방향으로 나아가려고 할 것이기 때문에 반드시 실패하게 돼 있다.

　우리의 비판문화를 성찰해보자는 뜻이다. 비판을 하는 것보다 더 중요한 건 비판에 대응하는 방식이다. 그 누구건 자신에 대한 비판에 흔쾌히 동의할 수 있는 경우는 거의 없다. 어딘가 조금은 부당하다고 여겨질 것이다. 그러나 그 어떤 비판도 전혀 근거가 없지는 않다. 중요한 건 상대편 또는 적대자에 대한 반감 때문에 반사적 행동을 취하는 것의 이해득실을 따져보는 일이다.

한국의 무기력과 침묵

누가 어떤 악의로 퍼뜨렸건, 이젠 "조선은 당파싸움 때문에 망했다"는 속설을 좀더 정교하게 검증해볼 때가 되었다. 그런 속설을 폈다간 위에 소개한 주장들에 나타난 것처럼 욕먹기 십상인 사회 분위기도 꽤 형성된 만큼, 이젠 또 다른 의미에서의 균형을 시도해보는 것도 좋지 않겠느냐는 것이다.

"조선은 당파싸움 때문에 망했다"는 일본인들의 주장이 많은 한국인들에게도 먹혀 들어갔다면, 그건 조선이 망해 일본의 지배하에 놓이게 되었다는 명백한 사실의 힘 때문일 것으로 보아야 할 것이다. 왜 조선이 망했는가? 이에 대한 만족스러운 답을 우리 스스로 내놓지 못한 채 "당파싸움 때문에 망한 건 아니다"라고 주장하는 건 매우 옹색하다는 것이다.

량치차오는 "조선 사회가 멸망의 길로 가는 데 중요한 역할을 한 것은 양반 사회로서 이러한 양반들이 일체의 권리를 장악하고 그 악폐가 많았으며 그러한 사실에 멸망의 주요한 원인이 되었다"고 했다. 이에 대해 신복룡은 "이와 같은 양계초의 분석에는 여러 가지 결함이 있었다. 양계초는 을사조약 이후 조선 각지에서 발생한 의병 봉기를 잘 살피지 못했다. 또 그가 이 당시 이와 같은 논리를 편 것은 자신의 정치적 이상인 입헌군주제의 실시에 보다 큰 의미를 부여하고 있었기 때문"이라고 반박했다.[89]

혹 신복룡은 량치차오라는 중국인의 주장이라 일단 반박부터 하고 본 건 아닐까? 그럼 혐의를 제기할 수 있겠다. 왜냐하면 그는 10년 후엔 좀 다른 주장을 내놓았기 때문이다.

'당파싸움 망국론'을 강하게 반박한 신복룡도 '일본 탓'을 하는 것엔 동의하지 않았다. 그는 "한 민족이 멸망하면서 한국처럼 무기력 했고, 침묵한 민족이 흔치 않았다"고 했다.[90] 그런데 그런 '무기력'과 '침묵'이 과연 당파싸움과는 무관하단 말인가?

앞서 량치차오의 주장을 반박하기 위해 '의병 봉기'를 강조했던 신복룡은 10년 후엔 "대한제국이 멸망할 당시의 5년 동안인 1907년의 정미의병에서부터 병합 1년이 되는 1911년까지 조국을 수호하기 위한 무장 항전에 참여한 수효는 전체 인구의 1312만 명 중에서 14만 명 정도밖에 되지 않았으니까 항일 참전률은 1.1퍼센트가 된다"며 다음과 같이 주장했다.

"임진왜란의 경우를 보면 그 당시의 인구는 483만 명 정도였는데, 7년 동안의 전투에 참가한 총인원은 정규군과 의병을 합쳐 17만 명 정도였으니까 이 당시의 항일 참전률은 약 3.5퍼센트가 된다. 이와 같은 통계를 고려할 때 대한제국이 멸망하기 전후의 대일 참전률이 1.1퍼센트였다면 이 정도의 항쟁으로써 민족이 살아남기를 바랐다는 것 자체가 요행을 바라는 것이었다. 바꾸어 말해서 한국의 대일항전은 그 강인성이나 강도의 면에서 일본의 침략성에 비해 너무 나약했다."[91]

누구에게 책임을 물어야 하는가?

자 그렇다면 누구에게 그 책임을 물어야 하겠는가? 신복룡은 "내가 한국의 현대사를 공부하면서 늘 자문하는 화두 중의 하나는 '왜 한국은 일본에 멸망했는가?'라는 질문이다"며 다음과 같이 말했다.

"'그거야, 왜놈들이 나빴기 때문이지……'이것이 우리가 학교에서 배운 답안이었다. 그러나 나이를 먹고 내 나름대로 이 시대를 공부하면서 나는 한국의 열망은 일본을 원망하는 것만으로는 그 원인이 설명되지 않는다는 것을 절감하게 되었고 그 원인은 내부에 있었다는 결론을 얻기에 이르렀다. 우리는 한국의 멸망사나 한일관계사를 너무 센티멘털하게 가르쳤고 그 바닥에는 늘 애련(哀憐)이 깔려 있었다. 이러한 역사감상주의를 벗어나는 것이 한국 현대사가 극복해야 할 하나의 과제라는 것이 내 평소의 소신이다."[92]

이는 얼마든지 동의할 수 있는, 아니 마땅히 동의해야 할 소신이다. 자 그렇다면 한국인 중에서도 누구에게 책임을 더 강하게 물어야 하겠는가? 당연히 지배층이다. 지배층에 무슨 문제가 있었는가? '당파싸움 망국론'은 지배층의 책임을 매우 온건한 방식으로 묻는 것에 지나지 않는다. 달리 말해, 그건 강력 반박하기보다는 오히려 지배층의 다른 문제를 지적하면서 거론할 성격의 이야기가 아니냐 하는 것이다.

물론 앞서 소개한 바와 같이 "이조(李朝)는 왜 쇠망하였는가가 아니라, 어떻게 하여 근세조선은 500년이나 지속할 수 있었는가 하는" 질문을 던져야 한다는 남경희의 주장에도 수긍할 수 있는 점은 있다. 단지 망했다고 하는 결과에만 집착하다보면 500년의 과정이 외면되는 건 물론이고 폄하될 소지가 다분한 만큼 그런 질문의 선의는 이해할 수 있다.

그런 점에서 한홍구가 "엄청난 문제점을 안고 있었음에도 조선왕조가 500년을 버틸 수 있었던 이유를, 당시 지배층이 그들 나름대로 엄격한 책임감으로 사회를 지탱해왔다는 점을 떠나서는 생각할 수 없다"고 말한 것도 어느 정도 긍정할 수 있다. 물론 이 주장은 한홍구가 "불행히도 오늘날의 상류층은 그런 전통사회 지배층의 책임감과는 전혀 무관하다"는 주장을 하기 위한 미끼로 쓴 혐의가 짙지만 말이다.[93]

실제로 한홍구는 다른 맥락에선 다른 말을 한다. 그는 "숨 가쁘게 근대로 끌려 들어오는 와중에 우리는 중요한 통과의례를 치르지 못했다. 왕의 목을 치지 못하고, 다시 말해서 시민혁명을 이루지 못하고 제국주의적 근대에 편입된 것이다"라며, 이는 "전근대의 부정적 요소들이 고스란히 다음 시대에 살아남았다는 것을 의미한다"라고 주장했다.[94]

조선왕조의 장기지속을 결코 긍정할 수 없으면서도 장기지속의 이유로 '지배층의 엄격한 책임감'을 지적하는 걸 어떻게 보아야 할까? 그걸 상호 모순된다고 볼 수는 없을망정, 그 어떤 '정치적' 의도가 읽혀진다. 그건 아마도 우리 자신을 위로해야 할 그 어떤 강박은 아닐까?

왜 그렇게 우리 자신을 위로해야 하는 걸까? '양반 정치에 대한 부정적 편견'을 타파하기 위해 애써온 이태진은 한 대학생이 자신에게 조선시대 정치사를 희망적으로 볼 수 있게 해주어 고맙다는 편지를 보내왔다고 밝혔다.[95] 위로의 현실적 효능을 말해주는 사례라고 볼 수 있겠다. 그럼에도 나는 우리 자신에 대한 분석과 비판이 더 필요하다고 본다. 나는 그것과 일본인들이 우리에게 심어준, 그리고 나중엔 우리 자신에 의해 확대재생산된 '자기 비하'는 구분되어야 한다고 생각한다. 그런 구분을 전제로 하여 우리 자신에게 엄격하게 구는 것이 진정 '포지티브'한 자세라고 생각한다.

물론 오늘날 많은 선진적 지식인들이 한국을 다른 나라와 비교만 했다 하면 꼭 미국·일본·유럽 등과 비교하여 우리 자신을 폄하하는 것엔 동의하기 어렵다. 요컨대, 무작정 자랑스럽게 생각하거나 무작정 폄하하는 것 모두를 극복하고 좀 냉정하게 살펴보자는 것이다.

냉정해지려면 분류의 유혹부터 극복해야 한다. "이 주장 보수야 진보야?"라는 물음부터 내던져야 한다. 그런 이분법엔 포착될 수 없는 일들이 너무 많기 때문이다. 적어도 자유로운 논의를 위한 자리에선 그런 분류법은 잠시 폐기처분할 필요가 있다.

한국 정치의 5대 환경

조선조에서 오늘에 이르기까지 당파싸움을 제대로 평가하기 위해선 '텍스트'보다는 '콘텍스트'가 더 중요하다. 당파싸움 그 자체보다는 당파싸움을 둘러싼 환경과 맥락을 보자는 뜻이다. 고려할 사항으로 다섯 가지가 있다.

첫째, 한국의 연고·정실주의 문화다. 이론·노선투쟁으로서의 당파싸움이 어렵거나 처음엔 잘나갔다가도 곧 변질되는 주요 이유다. 해방정국에서부터 1960년대에 이르기까지 한국 정치에 대한 미국 측의 보고서에 자주 등장하는 게 바로 정치인들의 연고·정실주의다. 반미주의자는 '미국인들의 악의'라고 일축하면 속이 편하겠지만, 사실이 그랬던 걸 어이하랴. 2007년의 한국 정치도 정확히 그 코스를 밟고 있지 않은가. 연고·정실주의가 무조건 나쁘다는 건 아니다. 오히려 연고·정실주의를 당위와 이론만으로 전면 부정하면서 현실을 바꾸는 데에 전혀 기여하지 못하거나 연고·정실주의를 공적으론 배격하면서 사적으론 껴안는 이중성이 더 나쁘다고 볼 수도 있다. 다만 여기서 말하고자 하는 건 우리가 긍정 평가하고 싶어하는 이론·노선투쟁은 기대하기가 매우 어렵다는 현실적 조건이다.

둘째, 한국의 의인화·개인화 문화다. 사람에 푹 빠지는, 인물 중심주의 문화가 매우 강하다는 뜻이다. 당연히 이는 지도자 추종주의와 연결된다. 박정희·김일성은 그런 문화의 극단적 표현이지만, 강력한 지도자를 동경하는 풍조는 지금 이 순간에도 건재하다. 이런 문화는 이론·노선투쟁으로서의 당파싸움마저 의인화·개인화시켜 이론·노선을 인물에 종속시키는 결과를 초래한다. 당파싸움이 곧잘 감정이 폭발하는 이전투구(泥田鬪狗)로 변질되는 주요 이유다.

셋째, 한국의 1극주의 문화다. 권력구조는 1극을 정점으로 한 강력한 중앙집권성을 자랑한다. 승자 독식주의와 그에 따른 줄서기가 심하게 나타날 수밖에 없다. 1극마저 의인화·개인화 과정을 거치면서 인물 중심의 당파싸움으로 귀결된다. 줄서기에 따른 충성경쟁은 당파싸움의 처절성을 증폭시킨다. 에드워드 와그너는 "군주제의 허약성, 다시 말해서 강력한 중앙권력의 부재가 권력쟁취를 위한 적나라한 투쟁의 장을 열어놓은 것이다"라고 주장했다.[96] 그렇게 볼 수도 있겠지만, 정반대로 중앙권력의 분점이 안 되는 '승자 독식주의'이기 때문에 늘 끝장을 보려는 극단적 자세로 싸울 수밖에 없었다고 보아야 하며, 이는 현대에 이르러 더욱 그렇게 되었다.

넷째, 한국의 입신양명 문화다. 정치를 하는 1차적 목적이 국리민복에 기여하는 것이라기보다는 자신과 가문의 영광을 위한 출세주의라는 것이다. 그렇다고 해서 이론·노선이 전혀 무의미한 건 아니지만, 그건 입신양명을 위한 부속물에 지나지 않는다. 당파싸움이 '밥그릇 싸움'의 성격을 어느 정도 갖는 수준을 넘어서 '밥그릇 싸움' 그 자체로 변질되는 주요 이유다.

다섯째, 한국의 지정학적 구조다. 앞서도 소개했지만, 한국에 우호적인 서양 학자들이 한결같이 하는 이야기가 있다. 당파싸움은 어느 나라에나 있는 것이지 한국적 현상만은 아니라는 것이다. 백번 옳은 이야기다. 그러나 다른 나라에선 해도 되는 일을 한국에서 하면 안되는 게 있고, 그 반대도 성립된다. 조선 후기는 조선을 집어 삼키려는 사나운 '이리떼'에 둘러싸여 있던 시점이라는 걸 간과해선 안 된다. 오늘날에도 그런 지정학적 상황은 달라지지 않았다. 당파싸움의 순기능을 역설하는 서양 이론을 무조건 껴안을 수 없는 이유다.

당파싸움의 두 얼굴

위 다섯 가지 고려 사항을 감안하자면, 당파싸움에 대해 혹독한 평가를 내릴 수밖에 없지만, 우리는 동시에 당파싸움의 두 얼굴에 주목할 필요가 있다. 역기능과 더불어 순기능도 있었다는 뜻이다. 많은 이들이 순기능으로 여러 세력 간 감시·견제 기능을 꼽는다. 오늘날에도 이런 장점은 살아 있다. 그러나 이것보다 더 중요한 게 있으니, 그건 바로 당파싸움이 숙성시킨 전투적 기질과 위험을 무릅쓰는 강한 모험 정신이다.

앞서 지적했듯이, 한국은 세계에서 가장 빠른 압축성장을 기록했다. 서구에서 최소 150년에서 200년은 걸렸을 변화를 한국은 불과 30~40년 만에 해치웠다.[97] 한국은 1960년대 이래 30년 동안에 서구의 300년을 압축해 따라갔다는 주장도 있다. 그래서 "30년에 300년을 산 사람은 어떻게 자기 자신일 수 있을까?"라는 질문을 던지는 이들도 있다.[98]

이른바 '생즉사 사즉생(生卽死 死卽生, 살고자 하면 죽고, 죽을 각오로 임하면 산다)'은 이순신만의 것이 아니다. 한국인의 기본적인 삶의 철학이 된 지 오래다. 물론 늘 그 정신을 실천한다는 뜻은 아니다. 자신의 목적 달성을 위해 과감하거나 무모한 성향이 두드러진다는 뜻이다.

한국인의 당파싸움은 한국 사회의 다양성 존중을 반영하는 동시에 다양성 진작에도 크게 기여했다. 물론 다양성을 나쁘게 말하면 분열주의지만, 분열하지 않고 어떻게 다양해질 수 있겠는가. 한국만큼 다양한 종교가 평화공존하는 나라는 이 지구상에 거의 없다.

나는 당파싸움이 망국의 원인이었다고 주장할 생각도 없지만, 그걸 인정한다고 해서 안 될 것도 없다고 본다. 동시에 나는 당파싸움이 성공의 원인이었다고 주장할 생각도 없지만, 그걸 인정한다고 해서 안 될 것도 없다고 본다. 성패를 결정지은 건 늘 상황과 맥락이었다. 개화기 시절 조선을 방문한 서양인들은 한결같이 한국인들의 첫 번째 특성으로 게으름과 느려터짐을 지적했지만, 한국인들은 조선을 떠나는 순간 무섭게 일했고 빨라졌다. 지금은 세계 최고 수준이 되었다.

이 세상엔 축복과 저주가 동전의 양면관계를 이루는 경우가 매우 많다. 당파싸움도 그런 경우다. 당파싸움은 권력집중의 효율성을 높이 평가해온 한국인들의 선택이 낳은 필연적 결과다. 권력집중을 계속 유지하면서 당파싸움을 완화시킬 수는 없는 일이다.

그런 삶의 구조하에선 남 잘되는 꼴을 죽어도 못 보는 사람들이 많다. 배가 아프면 어떻게 해야 하겠는가? 자신도 죽어라 하고 노력해야 한다. 한국인은 그렇게 해왔다. 그래서 성공했는지는 모르겠지만, 삶은 더할 나위 없이 피곤하고 만족은 영원한 신기루가 되고 만다. 한국인의 행복지수가 매우 낮은 이유도 바로 여기에 있다.

한국은 '가족'은 강하고 '국가'는 약한 사회다. 가족의 번영이 국가의 번영을 가져왔다는 점에서 한국인의 강한 혈통주의는 큰 기여를 했지만, 상황이 여의치 않을 때엔 국가의 번영에 기여하지 못했다. 혈통주의는 먼 옛날의 이야기가 아니다. 아직도 한국을 움직이는 힘이다.

지금도 건재한 양반문화

가문과 족보 따지는 걸 일부 보수적인 사람들의 취미 정도로만 생각하는 사람들은 윤학준의 『양반 동네 소동기』라는 책을 읽어볼 필요가 있다. 일본 호세이대학 교수인 저자가 자기 고향의 양반문화를 소개한 책이다. 그는 그 이전에 낸 『나의 양반문화 탐방기』로 인해 고향에서 왕따를 당하고 절교까지 당하는 수난을 감수해야 했다. 무슨 비리를 들춰낸 것도 아니고, 말로는 누구나 해오던 이야기를 글로 쓴 죄 때문이었다고 한다.

양반문화는 옛날이야기인가? 아니다. 지금도 가문 좋은 한국 엘리트들의 행태를 이해하는 데에 필수적인 이야기다. 가문·족보를 목숨처럼 소중히 여기는 집안에서 자라난 사람들에겐 싱거운 이야기일 수도 있겠지만, 그렇지 않은 사람들에겐 한국이 아직 갈 길이 멀다는 생각을 하기에 족하다. 이 책엔 한국 문단에서 가문·족보를 비교적 소중히 여기는 걸로 유명한 이문열·이인화 이야기가 등장한다.

윤학준은 이인화의 『영원한 제국』을 "남인의 후예인 작가의 노론에 대한 한풀이 소설"로 이해한다. 이 소설에 대해 이문열은 윤학준에게 "그 작품이 나오면서부터 노론 측의 분노가 대단했던 것 같습니다"라고 말했다고 한다. 이에 대한 윤학준의 말이다.

"나는 순간 도깨비한테 홀린 듯한 기분이 들었다. 지금도 남인이니 노론이니 하는 것이 존재하고 있다니 도대체 이게 무슨 뚱딴지같은 소리인가. '그럼 이인화 씨는 저 미운 노론에게 일침을 가한 셈이 되는 건가?'라는 나의 말에, 그는 '아마 그렇겠죠.'라며 껄껄 웃었다."[99]

실제로 이문열은 『여우사냥』의 머리말에서 "내 역사인식의 기초에는 남인들의 사관(史觀)이 은연중에 깔려있다"고 털어놓은 바 있다.[100] 서지문도 『영원한 제국』에 대해 "이 소설의 내용은 어디까지나 남인들의 한풀이일 뿐이다"라고 했다.[101] 조상을 위한 한풀이가 나쁠 건 없다. 문제는 조상을 옹호하기 위해 전체 양반을 옹호하는 것이다. 이인화는 윤학준의 주장("나는 조국의 근대화란 곧 양반의 망령에서부터 벗어나는 길뿐이라는 생각이 자꾸만 고개를 쳐든다")을 겨냥해 "한국의 근대화는 양반문화의 파괴를 통해서가 아니라 양반문화의 내면화를 통해서 이룩되었다는 사실을 일본에서 너무 오래 산 저자는 간과하고 있는 것 같다"고 주장했다.[102]

그렇다. 사색당쟁과 양반문화는 아직 살아있다. 그러나 지금 그걸 강조하려는 건 아니다. '보호막' 이야기를 하려는 거다. 가문이란 무엇인가? 보호막이다. 출세의 필수적인 발판이기도 하다. 물론 지금도 유효하다.

본문에서 지적했듯이, 조선의 부정부패에 관한 학자들의 논쟁에선 이른바 '공명첩(空名帖)'이 등장하기도 하는데, 공명첩은 부정부패의 핵심이 아니다. 공명첩은 이름을 밝히지 않는 관직 임명장으로 어떤 신분이건 돈으로 살 수 있는 사람이면 다 구입할 수 있었다. 그러나 공명첩을 산 평민의 자식은 과거에 응시할 수 없었기에 실속이 없었다. 그저 벼슬 못하고 양반 못된 것에 한 맺힌 사람들의 일시적인 한풀이 수준이었다.

조성윤은 "아무리 신분을 위조했더라도 실제로 그가 거주하는 마을 사람들은 그것을 잘 알게 마련이었다. 이러한 한계를 벗어나기 위해 신분 상승을 의도했던 사람들이 택한 추가 노력 가운데 하나가 빈번한 거주지 이동이었고, 다른 하나는 양반들의 생활양식을 받아들이고 따르는 것이었다"며 다음과 같이 말했다.

"특히 조상 제사를 양반들이 하듯이 유교적인 법식에 따라 지내고, 몰락 양반들보다도 오히려 더 장대하게, 격식을 갖추어 지내는 것이야말로 중요했다. 나아가 그들은 일반 양반들에게도 그리 열심히 장려되지 않던 4대 봉사를 오히려 적극적으로 지키면서 조상 의례를 유교화시키는 선봉에 서게 되었다. …… 이처럼 양반임을 보증하는 중요한 수단으로 유교식 제사가 적극 활용되면서 가례는 일반 대중들 사이에 널리 확산되었다. 때로는 지방(地方)도 제대로 쓸 수 없는 자들까지도 열심히 유교식 제사를 지냈다. 양반 지배 세력을 닮고자, 그들과 하나가 되고자, 그들의 일부가 되고자, 어떤 때는 그들보다도 훨씬 더 철저하게 가례를 준수하게 된 것이다."[103]

가문 단위의 부정부패

조선의 진짜 부정부패는 가문 단위로 이루어졌다. 그런데 이 부정부패는 가문이라는 문화적 결속의 장막하에 있었기 때문에 밝혀질 수도 없었거니와 심지어는 바람직한 것으로까지 여겨지기도 했다. 조선시대에 정삼품 이상 당상관이 내외 8촌까지 먹여 살리는 건 미덕인 동시에 의무였다. 조금 더 높이 올라가면 20촌이 넘는 먼 친척까지 돌봐야 했다.

봉급으로? 어림도 없는 일이다. 본문에서 소개했듯이, 신복룡은 고부 봉기를 촉발시킨 고부군수 조병갑이 물욕에 눈이 뒤집힌 것은 "자신의 개인적인 영화를 위해서도 필요한 것이었지만 그를 그곳에 심어준 문족(門族)들에게 상납하기 위해서도 어쩔 수 없는 일이었다"고 했다.[104] 어디 조병갑만 그랬겠는가? 미국 선교사 길모어(George W. Gilmore, 1857~?)가 1892년에 출간한 『서울풍물지』에서 내놓은 다음과 같은 '양반 망국론'은 어떤가?

"조선에서 의심할 여지없이 국가발전의 장애물이 되고 있는 전통이 있는데 그것은 다름 아닌 양반들이다. 비록 그들의 재산이 자신의 삶을 영위할 수 없을지라도 그들은 생계를 위하여 육체적인 일이나 생산 활동을 하지 말아야 한다. 양반은 굶거나 구걸할지라도 일하지 않는다. 친척의 도움을 받거나 아내가 생계를 꾸려나가는 한이 있더라도 양반은 절대로 그의 손에 흙을 묻히지 않는다. 그 관습이 너무나 철두철미하여 실생활에서 지속적으로 준수된다. 만약 양반이 지위와 재산을 잃으며, 일반적으로 좀더 재산 있는 그의 친척집에 모든 것을 의탁하면서 다시 벼슬을 얻을 수 있는 운세가 돌아오리라고 믿고 있다."[105]

지금 조선을 폄하하기 위해 이런 말을 하는 게 아니다. 가문·족보를 목숨처럼 소중히 여기는 게 나쁘다는 말을 하려는 것도 아니다. 한국 사회를 정확히 이해해보자는 뜻이다. 역사학자들이 사소하게 여겨 언급하질 않아서 그렇지 우리가 교과서에서 배운 역사의 이면을 파고 들면 '연고'가 '명분'보다 훨씬 더 큰 힘을 발휘했다는 걸 쉽게 알 수 있다. 역사는 명분 위주로 기록되는 게 아니던가.

그런 이면을 밝히는 데에 앞장 선 신복룡은 그간 수많은 시련을 겪었다. 관계자의 후손들이 연구실을 점거하는가 하면 직장 책임자를 찾아가 파면을 요구하기도 했다. 그는 그간의 고충을 이렇게 털어놓았다.

"문중의 문제는 건드릴 수 없는 성역이요, 금기의 지대였다. 그럴 때마다 절망하기도 했고, 넘을 수 없는 벽 앞에서 망연자실한 적도 있지만 그 자리에서 돌아서면 내 생전에 내가 이길 것만 같은 자신감이 나를 다시 부추겨 주었다."[106]

문중 파워, 정말 무섭다. 나라 망하는 건 팔짱 끼고 구경하다가도 문중을 건드리면 목숨 걸고 총궐기하곤 했다는 말이 괜한 말이 아니라는 게 실감난다. 말이야 바른 말이지만, 문중을 건드리지 않으면서 비판을 하긴 매우 쉽다. 아무리 급진적이고 과격한 주장을 펴더라도 괜찮다. 옛날이야기이니 국가보안법에 걸릴 위험도 없다. 그러나 문중을 건드리면 이야기는 달라진다.

2006년 종친회 가입률 22퍼센트

30여 년 동안 조선시대 문과 급제자 1만 4,607명을 추적 연구한 송준호는 "조선시대를 올바로 이해하기 위해서는 과거제나 양반의 중요성은 아무리 강조해도 지나침이 없다"고 했다. 최근 우리 학계에 "민중이 주역이었지 양반이 뭐가 중요한가" 하는 주장들이 제기됐고, 나아가 양반 연구자들에게 비난과 공격이 쏟아지고 있지만, 양반을 도외시한 조선의 역사는 존립 자체가 불가능하다고 봐야 한다는 것이다.[107]

그리 되었어야 한다는 '당위'와 있는 그대로의 사실을 추구하는 '실증' 사이의 충돌이라고나 할까? 그간 송준호는 연구 파트너인 미국학자 에드워드 와그너와 더불어 "민중의 시대에 양반을 연구하는 보수 반동주의자"라는 비난의 표적이 되기도 했다.[108] 참으로 어이없는 비난이다. 왜 반대로 생각해 보진 않는 걸까? 일본인 다나카 아키라의 다음과 같은 주장은 어떤가? 무조건 일본인이 한 말이기 때문에 배격해야 하는가?

"1910년의 망국(亡國)이라는 굴욕적인 사태를 뒤돌아볼 때, 일본의 악역무도(惡逆無道)한 행위에 대한 비난과 고발의 글은 산더미처럼 많았지만, 망국을 가져오게 된 내부적인 요인에 대해선 '오적(五賊)'과 같은 소수의 매국노를 꼽는 정도로 끝났다. 조선왕조 500년 동안 이 나라를 지배해 왔던 것은 양반계층이었으므로 우리 외국인의 감각으로 볼 때는 양반에 대한 비판이 터져나올 것으로 생각됐지만 그런 일은 일어나지 않았다. 패전 후 일본에서는, 군인이 철저히 얻어맞았다. 패전까지 십수 년간 일본을 지배해 온 것은 군부(軍部)였기 때문에 그것은 당연한 일이다. 지배자란 즉 책임자이기도 하니까 실패의 책임을 져야만 한다. 그러나 한국에는 그런 일은 일어나지 않았다."[109]

양반의 책임을 묻기 위해서라도 양반 연구를 해야 하지 않겠는가. 연구의 접근성과 안전성에 있어서 민중 연구는 쉽지만 양반 연구는 어렵다. 그걸 감추기 위해 양반 연구를 비판하는 건가? 아니면 혹 진보·보수의 구분보다 더 강하고 원초적인 그 무엇이 작용하고 있는 건 아닐까?

세상엔 진보적으로 알려져 있지만 자신의 양반 혈통에 대해 무한한 자긍심을 느끼며 족보 관리를 열심히 하는 사람들이 의외로 많다. 이런 진보파는 절대 가문의 문제를 건드리지 않는다. 가문은 이데올로기의 상위 개념임을 온몸으로 느끼고 있기 때문이다. 윤학준의 책에도 나오지만, 이념에 철두철미한 공산주의자마저도 족보 앞에선 흐물

흐물해진다.

어려서부터 자기 집안이 '상놈' 출신인 걸로 알고 자라 '상놈'을 적극 옹호했던 김구의 경우도 흥미롭다. 김구는 나중에 자신이 양반, 그것도 신라 경순왕의 후손이라는 걸 알고선 문중에 충실한 태도를 보였다. 해방 후 귀국해서 경순왕릉을 참배했고, 이후 자신의 가계와 관련된 모든 기록에서 자신이 '경순왕의 후손'임을 강조했다.[110]

가문과 족보를 중시하는 사람들은 극소수 아닌가? 아니다. 2006년 한국개발연구원(KDI)의 '사회적 자본 실태 종합조사' 보고서에 따르면, 우리나라 국민들의 사회적 관계망 가입비율은 동창회가 50.4퍼센트로 가장 높고, 종교단체 24.7퍼센트, 종친회 22.0퍼센트, 향우회 16.8퍼센트 등이 뒤를 이었다. 반면 공익성이 짙은 단체들의 가입률은 2퍼센트대에 머물렀다.[111] 종친회 가입률 22퍼센트는 결코 낮은 수치가 아니다.

지난 2005년 종친회를 빙자해 5년 동안 7,900명에게 싸구려 족자를 비싼 값에 팔아 7억여 원을 뜯어낸 사기 사건은 어떤가. 이 사건에서 놀라운 사실은 그간 피해신고가 단 한 건도 없었다는 사실이다.[112] 종친회의 가공할 파워라 하지 않을 수 없다.

한국인의 보호막 투쟁

그럼에도 우리는 가문을 너무 당연시하는 경향이 있다. 가문이 없거나 약한 사람이 나름의 보호막을 찾으려는 걸 냉소적으로 보거나 부정적으로 보는 경향이 강하다. 그렇게 보는 게 잘못됐다는 건 아니지만, 불공평하다는 느낌은 지우기 어렵다. 튼튼한 가문을 갖고 있기 때문에 의연한 사람과 그게 없기 때문에 자기 보호막을 만들기 위해 발버둥치는 사람을 다르게 취급해도 괜찮은 걸까?

개화기 시절 보통 사람들이 누릴 수 있는 최상의 보호막은 바로 외세(外勢)였다. 물론 외세야 상층 엘리트 계급도 보호막으로 삼곤 했지만, 보통 사람들의 외세 이용은 신앙의 형태로 나타났다. 개신교와 천주교를 믿는 것, 그것이 가장 든든한 보호막이었다.

조선 정부가 일본에 휘둘리건 러시아에 휘둘리건 개신교·천주교 교회는 그 누구도 함부로 할 수 없는 치외법권 지역이었다. 이는 청일전쟁과 러일전쟁 시에 드라마틱하게 나타났다. 보호가 너무 잘된 나머지 나중엔 교회를 등에 업고 횡포를 부리는 일까지 나타났다.

개화기의 개신교 선교사들은 사치스럽게 살았다. 당시에도 그런 비판이 제기되었던 모양인데, 실은 사치스럽게 사는 게 선교의 한 방편이었다. 정치적으로건 물질적으로건 선교사들에게 힘이 있다고 보여야 신도 수가 늘어났기 때문이다. 본문에서도 소개했듯이, 당시 한 선교사는 사치스러운 삶에 대해 "이 모든 것이 우리의 종교의 결실이요, 또 그 발전이라는 것을 알았을 때, 기독교의 실제적 가치는 그들에게 강한 매력을 느끼게 해줍니다. 그러므로 우리 선교사들이 때로는 안락한 집에서 살고 있다는 것이 사치가 될 수 없습니다"라고 말했다.[113]

한국에서 늘 종교 간 갈등은 있어도 유혈사태로까지 나아가지 않고 여러 종교들이 제법 사이좋게 평화공존할 수 있는 가장 큰 이유도 바로 여기에 있다. 신앙의 이유가 매우 실용적이기 때문에 종교 때문에 목숨 걸고 싸워야 할 이유는 없는 것이다. 그런 점에서 신복룡의 다음과 같은 주장도 경청할 만하다.

"한국인에게 종교성이 높은 것은 우리의 풍토와 관련이 있다. 하천

문화권에 사는 사람들일수록 향토애가 강하여 그것이 호국 사상으로 확대되고 끝내는 호국 신앙으로 승화되는 예는 얼마든지 있으며, 천수답(天水沓)을 주요 경작지로 삼고 살아가기 때문에 경천(敬天)에 빠지기 쉬우며, 육식을 주로 하지 않고 채식을 하는 민족이기 때문에 공격적이라기보다는 평화를 사랑하는 등의 민족성이 종교성을 높은 이유로 지적될 수 있다."[114]

'보호막 공영화'를 위하여

교회뿐만 아니라 서양인과 교제를 갖는 것도 보호막이 되었다. 외국인을 보호막으로 삼는 건 이미 1880년대부터 유행했던 현상이다. 1885년에서 1886년까지 2년 동안 조선에 머물렀던 청 상인 허오는 자신이 편찬한『조선잡술』에서 일반 백성은 관원들을 매우 두려워하지만 "그러나 일단 외국인에게 고용이 되고 나면 매우 우쭐되며 교만해져, 원래의 모습을 볼 수 없게 된다"라고 주장했다.[115]

좀 과장된 표현이겠지만, 어떤 형태로건 외세를 등에 업는 게 보호막이 되는 건 분명했고, 놀랍게도 이런 역사는 1980년대까지 지속되었다. 독재정권 시절 민주화운동가를 위한 보호막이 돼줄 수 있는 건 누구였는가? 물론 그 보호막은 부실했고 때론 기회주의적이긴 했지만, 주로 외세였다. 한국의 선진적인 지식인들이 보편주의에 매료된 주요 이유 중의 하나도 바로 여기에 있다. 지금은 어떤가? 양상이 좀 바뀌었을 뿐, 보호막 형성을 위한 외부 지향성은 여전하다. '유학 열풍'과 '영어 열풍'도 그런 관점에서 볼 필요가 있다.

한국은 제도적으로 공정한 보호막 메커니즘을 만드는 데 매우 서투른 나라다. 아예 신경을 안 쓴다고 보는 게 옳을 것이다. 거의 모든 역사학자들이 개화기·일제 시절 한국 지식인을 사로잡았던 사회진화론을 국제관계의 관점에서만 말하지만, 더욱 주목해야 할 것은 사회진화론의 내부 작동 방식이다.

사회진화론의 3대 지주라 할 약육강식·우승열패·적자생존은 한국 내부에서 지금도 기승을 부리고 있다. 그런 원리를 예찬하는 사람들도 있지만, 지금 여기서 그걸 놓고 논쟁을 벌일 필요는 없다. 그걸 예찬하는 사람조차 인정할 수준의 과도함에 대해서만 이야기해보자. 한국 사회는 그 과도함을 통제할 수 있는 역량이 있는가? 없다!

왜 없는가? 사회적 보호막 장치를 만들 수 있는 힘을 가진 엘리트 계급이 가문 보호막에 안주해 있기 때문에 그 필요성을 절감하지 못하기 때문이다. 가문 보호막이 없는 사람들은 종교와 더불어 학벌 보호막을 갖기 위한 투쟁을 벌인다.

한국인은 공개적으론 '편승'을 혐오하지만, 실제론 대세에 편승하지 않으면 죽는다는 강박이 있다. 자신도 알게 모르게 거의 본능적으로 보호막을 찾기 위한 몸부림인 셈이다. 각종 '신드롬'이 양산되는 이유와 무관치 않다. 이게 나쁜 것만은 아니다. 편승이 잘 이루어지면 우리가 가진 역량 이상의 성취를 이룰 수도 있다. 그러나 사회적 불안정과 피곤함은 피할 길이 없다.

좋은 가문·학벌을 가진 사람들이 기득권 고수를 위해 일로매진할 경우 보호막 쟁취를 위한 대중의 투쟁도 치열해질 것이다. 지금 가장 현저한 투쟁은 '기업 보호막' 쟁취 투쟁이다. 정규직·비정규직 갈등의 본질도 바로 그것이다. 비슷한 조건하에 있는 사람들을 대상으로 누구는 과도한 보호를 해주고 누구는 보호를 해주지 않는 방식으론 사회적 안정과 평화를 이룰 수 없다. 이를 평등주의 논리로 비판하려면 비판자 자신의 보호막부터 검증해볼 일이다.

사회적 불안정과 피곤함이 우리의 숙명이라면 감수해야겠지만, 언론·지식인의 담론 생산 방향만이라도 '보호막 사유화' 체제를 '보호막 공영화' 체제로 나아가는 쪽을 향한다면 변화의 가능성이 전혀 없는 건 아니다. '보호막 공영화'는 복지 예산을 늘리는 걸 의미하는 게 아니다. 기회의 단계부터 공정한 게임의 룰을 세우고 실천하는 것이다.

그런 일을 하는 데 있어서 딜레마는 '엘리트' 개념의 이중적 속성이다. 우리는 현실적으론 엘리트를 인정하면서도 그걸 공개적으로 인정하지 않으려는 경향이 강하다. 좀 단순화해 말하자면, 누군가가 "나 엘리트요" 했을 때, 사람들이 어떤 반응을 보일지 생각해보면 될 것이다. 그러니 엘리트답게 처신해 달라는 말도 하나마나한 말이 되고 만다. 공적으론 겸손해야 하니, 엘리트답게 나서기도 어렵다는 뜻이다.

그래서 한국 사회에선 엘리트가 음지의 개념으로 전락하고 만다. 엘리트 집단의 사적 이익을 추구하기 위한 결속이 발달할 수밖에 없는 이유가 바로 여기에 있다. 우리의 자랑할 만한 평등주의 문화의 의도하지 않은 부작용이라고나 할까? 이 전통은 조선조 양반계급에 대한 불신에서 비롯된 것으로 보인다.

'면허받은 흡혈귀'를 넘어서

1894년부터 1897년까지 조선을 네 번이나 방문했던 영국의 여행가 이사벨라 비숍은 자신의 여행기에서 조선 민중에 애정을 표현하면서도 그들을 착취하는 양반계급에 대해선 강한 적개심을 드러냈다. 그녀는 양반계급을 '면허받은 흡혈귀'라고 했다.

뭘 모르는 외국인의 이야기일 뿐인가? 그런 것 같지는 않다. 박은식의 『한국통사(韓國痛史)』(1915)는 조선 엘리트 계급을 어떻게 묘사했던가.

"한 번 관리가 되면, 시중꾼이 구름같이 몰려들어 인민을 박탈하여 앞서거니 뒤서거니 짐바리에 가득 채워 돌아오니, 그러므로 관직을 갖는다는 것은 가장 유리한 직업으로 생각한다. 관직을 얻으면 살게 되는 것이요, 얻지 못하면 죽게 되는 것이나 다름없으니 미치광이처럼 달려들어 아첨을 그치지 아니하고, 이름을 손상시키고, 법을 해치며 수단을 가리지 아니한다. 구하는 자의 수는 관원보다 많아서 시국을 뒤엎거나 타인을 쫓아내지 아니하면, 벼슬자리를 차지할 수 없다."[116]

옛날이야기일 뿐인가? 아무래도 아닌 것 같다. 표현만 좀 다듬으면 현재 한국 사회 일각의 모습이라고 해도 좋다. 예나 지금이나 한국사회, 아니 인간 사회의 가장 큰 문제는 공복(公僕) 개념의 실종이다. 봉사보다는 출세욕이 앞서는 본말의 전도다.

한국 민중은 믿기지 않을 정도로 너그럽다. 고위 공직은 출세를 위한 자리라는 걸 흔쾌히 인정해준다. 큰 사고만 치지 않으면 얼마든지 봐줄 수 있다는 자세를 취한다. 한번 고위 공직을 맡은 뒤엔 죽는 날까지 여기저기 자리를 옮겨다니며 이런저런 조직의 우두머리가 되는 걸 당연하게 여겨준다. 민심 반영에 목숨을 거는 언론은 민중의 그런 너그러움을 그대로 수용한다.

공직자의 생명은 봉사라는 식의, 씨알이 먹히지도 않을 무슨 근본주의를 역설하려는 게 아니다. 늘 한 가지 신기하게 생각하는 게 있어서 해본 말이다. 정치인을 포함하여 그 수많은 고위 공직자들 중에 현직을 떠난 후 낮은 곳에 임하면서 봉사를 한 사람을 단 한 명이라도 본 적이 있는가?

물론 이름 없는 공직자들 중엔 그런 사람들이 많다. 지금 묻고자 하는 건 제법 유명했던 공직자들의 처신이다. 언론이 일부러 보도를 하지 않아서 그런 건가? 단 한 명의 이름도 떠오르질 않는다. 신문을 구석구석 살펴보면 전에 장관이나 국회의원을 했던 사람이 무슨 자리를 새로 맡았다는 이야기만 등장할 뿐이다.

현 한국 사회의 치명적인 약점은 신뢰와 같은 사회자본의 결여다. 수많은 대선 후보들이 국가와 민족을 위해 최선을 다하겠노라고 열변을 토하면 흐뭇하게 생각하면서 물이라도 한 잔 떠다 드리고 싶은 생각이 들어야 할 텐데, 그렇게 생각하는 사람이 얼마나 될까? 각 선거 캠프에 '면허받은 흡혈귀'들이 얼마나 죽치고 있을지 그 걱정부터 하는 사람들이 더 많은 건 아닐까?

"공직자를 존경합니다"라는 말이 여기저기서 흘러넘치는 풍토를 만드는 건 영원한 이상인가? 인간 사회에서 있을 수 없는 일인가? 일부 국가들의 사례를 보면 꼭 그런 것만도 아닌 것 같은데, 왜 우리는 서둘러 그건 불가능하다고 포기하는가? 정치와 지방자치가 '면허받은 흡혈귀'들을 양산한다는 말이 나와서야 되겠는가?

성리학의 가족 중심주의를 넘어서

사회기풍과 전염효과가 중요하다. 언론이 균형감각을 갖고 훌륭한 공직자들이 헌신하고 봉사하는 모습에도 더 많은 지면과 시간을 할애하면 좋겠다. 이른바 '애국심' 담론을 비판하는 지식인들도 표적을 정확히 할 필요가 있다.

사무엘 존슨은 "애국심은 악당들이 쏟아내는 최후의 배설물이다"라고 했다.[117] 그 취지에 공감하지만 반쪽만 공감한다. 한국은 애국심을 외치는 목소리는 높지만, 애국심은 매우 약한 나라이기 때문이다. 애국심이 약하기 때문에 오히려 목소리만 자꾸 커지는 건 아닌지 모르겠다.

언젠가 고영복은 "우리나라 공무원들이 각종 교육은 많이 받았지만 국가에 대한 충성심과 가족에 대한 애착심을 비교해보면 놀라울 정도로 국가에 대한 충성심이 약한 것을 볼 수 있다"며 "공무원의 마음속에는 가족을 초월하는 큰 사회가 보이지 않고 오로지 나와 나의 가족만이 보일 뿐이다"라고 주장했다. 사회 전반적으로 애국심이 너무 없어서 큰일이라는 개탄이었다.[118]

일부 선진적인 지식인들이 국가주의 배격 차원에서 '애국심' 담론을 공격하는 선의에는 공감하지만, 반쪽만 공감할 수밖에 없는 이유도 바로 여기에 있다. 애국심 담론은 한국의 엘리트 계급이 자신과 가족의 이익을 사회와 국가의 이익에 앞세우는 게 만연돼 있기 때문에 나타나는 현상이다. 공존공영(共存共榮)의 원리조차 실현되지 않고 있다는 뜻이다. 그래서 이름 없는 보통 사람들이 곧잘 애국심 담론에 푹 빠져들어 비분강개하곤 하는 것이다.

지식인의 비판은 보통 사람들의 그런 행태보다는 엘리트 계급의 탐욕을 향하는 게 옳다. 현재 애국심 담론은 그런 탐욕을 향한 분노의 목소리에 가깝기 때문이다. 엘리트 계급이 자신들의 기득권을 목숨 걸고 고수하면서 개인·가족 차원의 탐욕에만 눈이 멀 때 어떤 일이 벌어지겠는가.

조선 양반층을 지배하던 성리학(性理學)의 시대는 아직 완전히 끝나지 않았다. 그 기본 윤리 체계 단위라 할 가족 중심주의는 건재하다. 물론 가족 중심주의가 부정적인 것만은 아니다. 가족 중심주의가 전체의 이익과 조화될 때엔 한국은 세계에서 가장 무서운 저력을 발휘할 수 있는 나라다. 우리는 실제로 그런 경험을 해보기도 했다. 그러나 내내 가족 중심주의만으로 선진화를 이루고 공존공영의 틀을 세우기엔 명백한 한계가 있다는 것도 분명해졌다. 새로운 삶의 문법이 필요하다.

우리가 개화기의 역사를 통해 배워야 할 건 바로 그 점이 아닐까? 조선왕조 500년을 자랑스럽게 생각하기보다는 우리 스스로 조선을 미리 개혁하지 못해 망국의 비극을 초래한 것에 대한 책임을 통감하고, 그 책임감을 오늘의 현실에 도움이 되게끔 활용하는 게 아닐까? 그리하여 각자 국내 역량의 결집을 위해 무엇이 필요한가를 고민하면서 최선을 다하는 모습을 보여주는 게 아닐까? 나와 내 가문의 영광을 위해서라도 말이다.

| 주석 |

제1장

1) 손세일, 「연재: 손세일의 비교 전기/한국 민족주의의 두 유형: 이승만과 김구」, 『월간조선』, 2003년 1월; 강재언, 정창렬 옮김, 『한국의 개화사상』, 비봉출판사, 1989, 342~343쪽.
2) 앙드레 슈미드, 정여울 옮김, 『제국 그 사이의 한국 1895~1919』, 휴머니스트, 2007, 142~143쪽.
3) 이기백, 『한국사신론』, 일조각, 1997, 418~419쪽; 강재언, 『신편 한국근대사 연구』, 한울, 1995, 379쪽.
4) 신용하, 『한국 항일독립운동사연구』, 경인문화사, 2006, 54~58쪽.
5) 강재언, 정창렬 옮김, 『한국의 개화사상』, 비봉출판사, 1989, 359쪽.
6) 정용화, 『문명의 정치사상: 유길준과 근대 한국』, 문학과지성사, 2004, 392쪽.
7) 김철, 「이광수는 민족주의자인가」, 『역사비평』, 계간14호(1991년 가을), 347쪽.
8) 강재언, 『신편 한국근대사 연구』, 한울, 1995, 381쪽.
9) 강재언, 『신편 한국근대사 연구』, 한울, 1995, 381쪽.
10) 김윤식, 『이광수와 그의 시대 1』, 솔, 1999, 276~277쪽.
11) 김윤식, 『이광수와 그의 시대 1』, 솔, 1999, 277~278쪽.
12) 이승원, 『소리가 만들어낸 근대의 풍경』, 살림, 2005, 9쪽.
13) 이용원, 「다시 태어난 '대한매일' (16) 교육·산업 진흥」, 『서울신문』, 1998년 11월 5일, 5면.
14) 나윤도, 「겨레의 맥박으로 89년 (8) 대한매일신보에서 서울신문까지」, 『서울신문』, 1993년 2월 16일, 5면.
15) 나윤도, 「겨레의 맥박으로 89년 (8) 대한매일신보에서 서울신문까지」, 『서울신문』, 1993년 2월 16일, 5면.
16) 신용하, 「신민회의 독립군기지 창건운동」, 조항래 편저, 『1900년대의 애국계몽운동연구』, 아세아문화사, 1993, 117쪽; 이용원, 「다시 태어난 '대한매일' (16) 교육·산업 진흥」, 『서울신

주석 311

문』, 1998년 11월 5일, 5면.
17) 박찬승, 『한국근대 정치사상사연구: 민족주의 우파의 실력양성운동론』, 역사비평사, 1992, 112쪽.
18) 노치준, 「한말의 근대화와 기독교」, 『역사비평』, 계간27호(1994년 겨울), 309쪽.
19) 김승태, 「한국 개신교와 근대 사학」, 『역사비평』, 통권70호(2005년 봄), 127쪽.
20) 남궁용권, 「제9장 사회교육」, 안귀덕 외, 『한국 근현대 교육사』, 한국정신문화연구원, 1995, 601쪽.
21) 박상표, http://blog.naver.com/inex1/110000411296.
22) 이만규, 『조선교육사 II』, 거름, 1991, 64쪽.
23) 이만규, 『조선교육사 II』, 거름, 1991, 65~66쪽.
24) 윤성렬, 『도포입고 ABC 갓 쓰고 맨손체조: 신문화의 발상지 배재학당 이야기』, 학민사, 2004, 55쪽.
25) 이만규, 『조선교육사 II』, 거름, 1991, 98~99쪽.
26) 김근배·박진희, 「일제 강점기의 과학 기술 교육」, 국사편찬위원회 편, 『근현대 과학 기술과 삶의 변화』, 두산동아, 2005, 51~52쪽.
27) 김근배·박진희, 「일제 강점기의 과학 기술 교육」, 국사편찬위원회 편, 『근현대 과학 기술과 삶의 변화』, 두산동아, 2005, 57쪽.
28) 김근배, 『한국 근대 과학기술인력의 출현』, 문학과지성사, 2005, 84쪽.
29) 장규식, 『민중과 함께 한 조선의 간디: 조만식의 민족운동』, 역사공간, 2007, 45쪽.
30) 장규식, 『민중과 함께 한 조선의 간디: 조만식의 민족운동』, 역사공간, 2007, 47쪽.
31) 이승원, 『학교의 탄생: 100년 전 학교의 풍경으로 본 근대의 일상』, 휴머니스트, 2005, 260쪽.
32) 장규식, 『민중과 함께 한 조선의 간디: 조만식의 민족운동』, 역사공간, 2007, 48쪽.
33) 이명화, 「근대화의 선각자 최광옥의 삶과 위대한 유산」, 역사공간, 2006, 76~77쪽.
34) 이명화, 「근대화의 선각자 최광옥의 삶과 위대한 유산」, 역사공간, 2006, 185~186쪽.
35) 손세일, 「연재: 손세일의 비교 전기/한국 민족주의의 두 유형: 이승만과 김구」, 『월간조선』, 2003년 1월.
36) 앙드레 슈미드, 정여울 옮김, 『제국 그 사이의 한국 1895~1919』, 휴머니스트, 2007, 325쪽.
37) 이용원, 「다시 태어난 '대한매일' (17) 스티븐스 포살 사건」, 『서울신문』, 1998년 11월 7일, 5면.
38) 정운현, 「의열 독립투쟁: (10) 전명운·장인환 의사」, 『서울신문』, 1999년 11월 5일, 6면; 김태웅, 『뿌리깊은 한국사 샘이깊은 이야기 6: 근대』, 솔, 2003, 268쪽.
39) 김원모, 「역사비평 기획시리즈] 식민지 시기를 어떻게 볼 것인가」, 『교수신문』, 2007년 6월 25일자; 김태웅, 『뿌리깊은 한국사 샘이깊은 이야기 6: 근대』, 솔, 2003, 268~269쪽.
40) 정운현, 「의열 독립투쟁: (10) 전명운·장인환 의사」, 『서울신문』, 1999년 11월 5일, 6면.
41) 정운현, 「의열 독립투쟁: (10) 전명운·장인환 의사」, 『서울신문』, 1999년 11월 5일, 6면.

42) 주진오, 「청년기 이승만의 언론·정치활동 해외활동」, 『역사비평』, 계간33호(1996년 여름), 190~191쪽; 정병준, 『우남 이승만 연구: 한국 근대국가의 형성과 우파의 길』, 역사비평사, 2005, 90쪽.
43) 손세일, 「연재: 손세일의 비교 전기/한국 민족주의의 두 유형: 이승만과 김구」, 『월간조선』, 2003년 2월.
44) 로버트 올리버, 황정일 옮김, 『이승만: 신화에 가린 인물』, 건국대학교 출판부, 2002, 129쪽.
45) 이한우, 『거대한 생애 이승만 90년 (상)』, 조선일보사, 1995, 103쪽.
46) 유영익, 『이승만의 삶과 꿈』, 중앙일보사, 1996, 46, 54쪽.
47) 주진오, 「청년기 이승만의 언론·정치활동 해외활동」, 『역사비평』, 계간33호(1996년 여름), 190쪽.
48) 이상근, 「노령지역에서의 한인 이주실태」, 한국근현대사연구회 편, 『한국근현대사연구』, 제2집, 한울, 1995, 141쪽.
49) 이상근, 「노령지역에서의 한인 이주실태」, 한국근현대사연구회 편, 『한국근현대사연구』, 제2집, 한울, 1995, 145쪽.
50) 박환, 「제9장. 러시아 지역의 한인언론」, 위암장지연선생기념사업회, 『한국근대언론과 민족운동』, 커뮤니케이션북스, 2001, 309~312쪽; 강희철, 「안중근의사 신문기고문 공개: 1908년 창간된 러시아 동포신문에 실려」, 『한겨레신문』, 1995년 4월 22일, 18면; 유숭, 「장지연의 생애와 자강사상」, 천관우 외, 『위암 장지연의 사상과 활동: 장지연 연구논총』, 민음사, 1993, 146쪽.
51) 박환, 「친러파 이범진은 연해주 독립운동 지도자」, 『주간조선』, 2003년 5월 1일, 80~81면.
52) 박환, 「친러파 이범진은 연해주 독립운동 지도자」, 『주간조선』, 2003년 5월 1일, 80~81면.
53) 박환, 「친러파 이범진은 연해주 독립운동 지도자」, 『주간조선』, 2003년 5월 1일, 80~81면.
54) 박환, 「친러파 이범진은 연해주 독립운동 지도자」, 『주간조선』, 2003년 5월 1일, 80~81면.
55) 박환, 「친러파 이범진은 연해주 독립운동 지도자」, 『주간조선』, 2003년 5월 1일, 80~81면.
56) 강희철, 「안중근의사 신문기고문 공개: 1908년 창간된 러시아 동포신문에 실려」, 『한겨레신문』, 1995년 4월 22일, 18면.
57) 김정열, 「겨레의 맥박으로 89년 (5) 대한매일신보에서 서울신문까지」, 『서울신문』, 1993년 1월 26일, 6면.
58) 이기백, 『한국사신론』, 일조각, 1997, 421쪽.
59) 앙드레 슈미드, 정여울 옮김, 『제국 그 사이의 한국 1895~1919』, 휴머니스트, 2007, 563쪽.
60) 앙드레 슈미드, 정여울 옮김, 『제국 그 사이의 한국 1895~1919』, 휴머니스트, 2007, 569쪽.
61) 앙드레 슈미드, 정여울 옮김, 『제국 그 사이의 한국 1895~1919』, 휴머니스트, 2007, 570쪽.
62) 강만길, 『분단시대의 역사인식: 강만길 사론집』, 창작과비평사, 1978, 140쪽.
63) 강만길, 『분단시대의 역사인식: 강만길 사론집』, 창작과비평사, 1978, 141쪽.

제2장

1) 강동진, 반민족연구소 엮음, 『한국을 장악하라: 통감부의 조선침략사』, 아세아문화사, 1995, 199쪽.
2) 이이화, 「영원히 씻을 수 없는 매국노의 오명: 이완용과 송병준」, 역사문제연구소 편, 『인물로 보는 친일파 역사』, 역사비평사, 1993, 93쪽.
3) 서영희, 『대한제국 정치사 연구』, 서울대학교 출판부, 2003, 379쪽.
4) 서영희, 『대한제국 정치사 연구』, 서울대학교 출판부, 2003, 381쪽.
5) 이용원, 「다시 태어난 '대한매일' (16) 교육·산업 진흥」, 『서울신문』, 1998년 11월 5일, 5면.
6) 김정열, 「겨레의 맥박으로 89년 (5) 대한매일신보에서 서울신문까지」, 『서울신문』, 1993년 1월 26일, 6면.
7) F. A. 매켄지, 신복룡 역주, 『대한제국의 비극』, 집문당, 1999, 207쪽.
8) 이광린, 「『대한매일신보』 간행에 대한 일고찰」, 이광린 외, 『대한매일신보연구: 인문연구논총 제16집』, 서강대학교 인문과학연구소, 1986, 45~46쪽.
9) 나윤도, 「겨레의 맥박으로 89년 (9) 대한매일신보에서 서울신문까지」, 『서울신문』, 1993년 2월 23일, 5면; 이광린, 「『대한매일신보』 간행에 대한 일고찰」, 이광린 외, 『대한매일신보연구: 인문연구논총 제16집』, 서강대학교 인문과학연구소, 1986, 46쪽.
10) 황현, 김준 옮김, 『완역 매천야록』, 교문사, 1994, 730쪽.
11) 김정미, 「16. 시민의 힘으로 나라 빚 갚겠다! 국채보상운동」, 대구·경북역사연구회, 『역사속의 대구, 대구사람들』, 중심, 2001, 222쪽.
12) 조항래, 「국채보상운동의 발단과 전개」, 조항래 편저, 『1900년대의 애국계몽운동연구』, 아세아문화사, 1993, 257~258쪽.
13) 안영배, 「1899년 대한제국과 1999년 대한민국/ '어설픈 근대화론이 조선 망쳤고, 서툰 세계화가 국난 불렀다'」, 『신동아』, 1999년 3월, 528~545쪽.
14) 정진석, 『언론과 한국현대사』, 커뮤니케이션북스, 2001, 121쪽.
15) 『서울신문』, 1993년 3월 2일, 5면.
16) 정진석, 「대한매일 비사 (7) 배설과 장지연」, 『대한매일』, 1998년 12월 7일, 13면.
17) 이재훈, 「"베델선생 구국정신 되살리자": 서거 95주년 기념대회 열려」, 『서울신문』, 2004년 6월 25일, 18면.
18) 구대열, 『제국주의와 언론: 배설·대한매일신보 및 한·영·일 관계』, 이화여자대학교 출판부, 1986, 360쪽.
19) 『서울신문』, 1993년 3월 2일, 5면.
20) 정진석, 「『대한매일신보』 창간의 역사적 의의와 그 계승문제」, 한국언론사연구회 엮음, 『대한매일신보 연구』, 커뮤니케이션북스, 2004, 60~63쪽.
21) 임헌영, 「친일을 애국으로 착각한 지식인들: 이광수와 최남선」, 역사문제연구소 편, 『인물로 보는 친일파 역사』, 역사비평사, 1993, 114~115쪽.
22) 김상태 편역, 『윤치호 일기 1916~1943: 한 지식인의 내면세계를 통해 본 식민지시기』, 역사

비평사, 2001, 590~591쪽.
23) 김상태 편역, 『윤치호 일기 1916~1943: 한 지식인의 내면세계를 통해 본 식민지시기』, 역사비평사, 2001, 592~593쪽.
24) 김원모, 『한미수교사: 조선보빙사의 미국사행편(1883)』, 철학과현실사, 1999, 314~316쪽.
25) 김삼웅, 『심산 김창숙 평전』, 시대의창, 2006, 100~103쪽.
26) 김상태 편역, 『윤치호 일기 1916~1943: 한 지식인의 내면세계를 통해 본 식민지시기』, 역사비평사, 2001, 592~593쪽.
27) 정현백, 「국채보상운동 속 여성들을 보라」, 『경향신문』, 2007년 2월 26일, 31면.
28) 박정애, 「날고 싶은 '농중조': 일제시대 기생 이야기」, 여성사연구모임 길밖세상, 『20세기 여성사건사: 근대 여성교육의 시작에서 사이버 페미니즘까지』, 여성신문사, 2001, 82쪽.
29) 박용옥, 「국채보상을 위한 여성단체의 조직과 활동」, 조항래 편저, 『1900년대의 애국계몽운동연구』, 아세아문화사, 1993, 286쪽.
30) 고미숙, 『한국의 근대성, 그 기원을 찾아서: 민족·섹슈얼리티·병리학』, 책세상, 2001, 95~96쪽.
31) 정현백, 「국채보상운동 속 여성들을 보라」, 『경향신문』, 2007년 2월 26일, 31면.
32) 임현진, 『21세기 한국사회의 안과 밖: 세계체제에서 시민사회까지』, 서울대학교 출판부, 2001, 140쪽.
33) 『한국일보』, 1998년 1월 13일, 30면.
34) 『한국일보』, 1998년 1월 13일, 30면.
35) 『동아일보』, 1998년 1월 24일, 21면.
36) 『경향신문』, 1998년 2월 5일, 2면.
37) 이상찬, 「국채보상운동과 IMF '금모으기운동'의 허구성」, 『역사비평』, 통권43호(1998년 여름), 16~17쪽.
38) 전준호, 「"5,000만 동포가 서로 격려하면 담배 끊는 것이 어찌 걱정이랴": 국채보상운동 100주년… 기념사업회 대대적 금연운동」, 『한국일보』, 2007년 1월 13일, 11면.
39) 구대선, 「"시민운동·기부문화 효시… 큰 뜻 이어가자": '국채보상운동 100돌' 대구서 정신 되살리기 활발」, 『한겨레』, 2007년 2월 20일, 13면.
40) 김민환, 『한국언론사』, 사회비평사, 1996, 171쪽.
41) 정진석, 『한국언론사』, 나남, 1990, 261쪽.
42) 김경택, 「한말 중인층의 개화활동과 친일개화론: 오세창의 활동을 중심으로」, 『역사비평』, 계간21호(1993년 여름), 253쪽.
43) 장석주, 『20세기 한국문학의 탐험 1 1900~1934』, 시공사, 2000, 107쪽.
44) 박태순, 「역사를 위한 변명과 해명: 최남선의 반민족사학」, 『역사비평』, 계간10호(1990년 가을), 187쪽.
45) 정진석, 『역사와 언론인』, 커뮤니케이션북스, 2001, 369쪽.
46) 정진석, 『역사와 언론인』, 커뮤니케이션북스, 2001, 370~371쪽.

47) 임종국, 민족문제연구소 엮음, 『한국인의 생활과 풍속(하)』, 아세아문화사, 1995, 155~156쪽.
48) 김윤식·김현, 『한국문학사』, 민음사, 1996, 178쪽.
49) 정진석, 『한국현대언론사론』, 전예원, 1985, 129~130쪽.
50) 김윤식·김현, 『한국문학사』, 민음사, 1996, 46, 180쪽.
51) 임헌영, 「친일을 애국으로 착각한 지식인들: 이광수와 최남선」, 역사문제연구소 편, 『인물로 보는 친일파 역사』, 역사비평사, 1993, 116~117쪽.
52) 나윤도, 「겨레의 맥박으로 89년 (8) 대한매일신보에서 서울신문까지」, 『서울신문』, 1993년 2월 16일, 5면.
53) 김윤식, 『이광수와 그의 시대 1』, 솔, 1999, 227, 236~237, 339쪽.
54) 정선태, 「『소년』이 내세운 '성육신의 표상': 번역으로 만난 근대/ 레프 톨스토이」, 『한겨레21』, 2003년 11월 27일, 54~55면.
55) 김윤식, 『이광수와 그의 시대 1』, 솔, 1999, 228~229쪽.
56) 정선태, 「『소년』이 내세운 '성육신의 표상': 번역으로 만난 근대/ 레프 톨스토이」, 『한겨레21』, 2003년 11월 27일, 54~55면.
57) 정선태, 「『소년』이 내세운 '성육신의 표상': 번역으로 만난 근대/ 레프 톨스토이」, 『한겨레21』, 2003년 11월 27일, 54~55면.

제3장

1) 강동진, 반민족연구소 엮음, 『한국을 장악하라: 통감부의 조선침략사』, 아세아문화사, 1995, 275쪽.
2) 강동진, 반민족연구소 엮음, 『한국을 장악하라: 통감부의 조선침략사』, 아세아문화사, 1995, 276~277쪽.
3) 강동진, 반민족연구소 엮음, 『한국을 장악하라: 통감부의 조선침략사』, 아세아문화사, 1995, 277쪽.
4) 강동진, 반민족연구소 엮음, 『한국을 장악하라: 통감부의 조선침략사』, 아세아문화사, 1995, 280쪽.
5) 권보드래, 『한국 근대소설의 기원』, 소명출판, 2000, 311~312쪽.
6) 김려실, 『투사하는 제국 투영하는 식민지: 1901~1945년의 한국영화사를 되짚다』, 삼인, 2006, 73~74쪽.
7) 정일성, 『이토 히로부미: 알려지지 않은 이야기들』, 지식산업사, 2002, 164쪽.
8) 정일성, 『이토 히로부미: 알려지지 않은 이야기들』, 지식산업사, 2002, 156쪽.
9) 유선영, 「극장구경과 활동사진 보기: 충격의 근대 그리고 즐거움의 훈육」, 『역사비평』, 통권 64호(2003년 가을), 366쪽.
10) 김삼웅, 『서대문형무소 근현대사: 일제시대편』, 나남출판, 2000, 40~41쪽; 한홍구, 『대한민국사 02』, 한겨레신문사, 2003, 88~89쪽; 정운현, 『서울시내 일제유산답사기』, 한울, 1995,

193쪽.
11) 이윤상, 「대한제국의 경제정책과 재정상황」, 한영우 외, 『대한제국은 근대국가인가』, 푸른역사, 2006, 119쪽.
12) 안영배, 「1899년 대한제국과 1999년 대한민국/ '어설픈 근대화론'이 조선 망쳤고, 서툰 세계화가 국난 불렀다'」, 『신동아』, 1999년 3월, 528~545쪽.
13) 정옥자, 『우리가 정말 알아야 할 우리 선비』, 현암사, 2002, 391~392쪽.
14) 황현, 김종익 옮김, 『번역 오하기문: 황현이 쓴 동학농민전쟁의 역사』, 역사비평사, 1995, 51쪽.
15) 안영배, 「1899년 대한제국과 1999년 대한민국/ '어설픈 근대화론'이 조선 망쳤고, 서툰 세계화가 국난 불렀다'」, 『신동아』, 1999년 3월, 528~545쪽.
16) 안주섭·이부오·이영화, 『영토한국사』, 소나무, 2006, 182쪽.
17) 박선영, 「간도는 조선 의도가 담긴 지명?」, 『뉴스메이커』, 2004년 3월 11일, 28면.
18) 손세일, 「연재: 손세일의 비교 전기/한국 민족주의의 두 유형: 이승만과 김구」, 『월간조선』, 2002년 11월호.
19) 김경일·윤휘탁·이동진·임성모, 『동아시아의 민족이산과 도시: 20세기 전반 만주의 조선인』, 역사비평사, 2004, 31쪽.
20) 노주석, 「러 외교문서로 밝혀진 구한말 비사 (6) 러와 청, 일 3국 국경분쟁」, 『대한매일』, 2002년 5월 27일, 8면.
21) 김경일·윤휘탁·이동진·임성모, 『동아시아의 민족이산과 도시: 20세기 전반 만주의 조선인』, 역사비평사, 2004, 31쪽.
22) 김경일·윤휘탁·이동진·임성모, 『동아시아의 민족이산과 도시: 20세기 전반 만주의 조선인』, 역사비평사, 2004, 58쪽.
23) 구대열, 『한국 국제관계사 연구 1: 일제시기 한반도의 국제관계』, 역사비평사, 1995, 175~176쪽.
24) 노주석, 「러 외교문서로 밝혀진 구한말 비사 (6) 러와 청, 일 3국 국경분쟁」, 『대한매일』, 2002년 5월 27일, 8면.
25) 노주석, 「러 외교문서로 밝혀진 구한말 비사 (6) 러와 청, 일 3국 국경분쟁」, 『대한매일』, 2002년 5월 27일, 8면.
26) 앙드레 슈미드, 정여울 옮김, 『제국 그 사이의 한국 1895~1919』, 휴머니스트, 2007, 536쪽.
27) 유병탁, 「비운의 간도관리사 이범윤」, 『뉴스메이커』, 2004년 3월 25일, 56~57면.
28) 안주섭·이부오·이영화, 『영토한국사』, 소나무, 2006, 184~185쪽.
29) 김성수, 「'뉴스메이커' 간도 취재팀 '이달의 기자상'」, 『뉴스메이커』, 2004년 3월 11일, 26~27면; 『시민의 신문』, 2004년 10월 18일자.
30) 김성수, 「'뉴스메이커' 간도 취재팀 '이달의 기자상'」, 『뉴스메이커』, 2004년 3월 11일, 26~27면.
31) 김찬규, 「간도협약 명백한 무효」, 『세계일보』, 2004년 10월 27일, 27면.
32) 손세일, 「연재: 손세일의 비교 전기/한국 민족주의의 두 유형: 이승만과 김구」, 『월간조선』,

2003년 1월.
33) 홍영기, 『대한제국기 호남의병 연구』, 일조각, 2004, 19쪽.
34) 손세일, 「[연재] 손세일의 비교 전기/한국 민족주의의 두 유형: 이승만과 김구」, 『월간조선』, 2003년 1월.
35) 김삼웅, 『한국사를 뒤흔든 위서』, 인물과사상사, 2004, 195~196쪽.
36) 신주백, 「'병합' 전 일본군의 조선주둔」, 『역사비평』, 통권54호(2001년 봄), 414쪽.
37) 신주백, 「'병합' 전 일본군의 조선주둔」, 『역사비평』, 통권54호(2001년 봄), 416~417쪽; 홍순권, 「의병학살의 참상과 '남한대토벌'」, 『역사비평』, 통권45호(1998년 겨울), 32쪽.
38) 홍순권, 「의병학살의 참상과 '남한대토벌'」, 『역사비평』, 통권45호(1998년 겨울), 32쪽.
39) 노주석, 「러 외교문서로 밝혀진 구한말 비사 (7) 불꽃 튀는 러, 일 첩보전」, 『대한매일』, 2002년 5월 30일, 23면.
40) 홍순권, 「의병학살의 참상과 '남한대토벌'」, 『역사비평』, 통권45호(1998년 겨울), 35쪽; 신주백, 「'병합' 전 일본군의 조선주둔」, 『역사비평』, 통권54호(2001년 봄), 414쪽.
41) 홍영기, 『대한제국기 호남의병 연구』, 일조각, 2004, 391쪽.
42) 홍영기, 『대한제국기 호남의병 연구』, 일조각, 2004, 399~400쪽.
43) 홍영기, 『대한제국기 호남의병 연구』, 일조각, 2004, 395쪽.
44) 홍순권, 「의병학살의 참상과 '남한대토벌'」, 『역사비평』, 통권45호(1998년 겨울), 37쪽.
45) 신주백, 「'병합' 전 일본군의 조선주둔」, 『역사비평』, 통권54호(2001년 봄), 416쪽; 오영섭, 「한말의 국내외 정세와 한국독립운동」, 역사학회 편, 『한국 근·현대사 교과서의 '독립운동사' 서술과 쟁점』, 경인문화사, 2006, 49쪽.
46) 강창일, 『근대 일본의 조선침략과 대아시아주의: 우익 낭인의 행동과 사상을 중심으로』, 역사비평사, 2002, 242쪽.
47) 조동걸, 『한국 근현대사의 이상과 형상』, 푸른역사, 2001, 168쪽.
48) 조동걸, 『한국 근현대사의 이상과 형상』, 푸른역사, 2001, 169쪽.
49) 오영섭, 「한말의 국내외 정세와 한국독립운동」, 역사학회 편, 『한국 근·현대사 교과서의 '독립운동사' 서술과 쟁점』, 경인문화사, 2006, 55~60쪽.
50) 오영섭, 『고종황제와 한말의병』, 선인, 1007, 49쪽.
51) 오영섭, 「한말의 국내외 정세와 한국독립운동」, 역사학회 편, 『한국 근·현대사 교과서의 '독립운동사' 서술과 쟁점』, 경인문화사, 2006, 64쪽.
52) 오영섭, 「한말의 국내외 정세와 한국독립운동」, 역사학회 편, 『한국 근·현대사 교과서의 '독립운동사' 서술과 쟁점』, 경인문화사, 2006, 40쪽.
53) 오영섭, 『고종황제와 한말의병』, 선인, 1007, 52쪽.
54) 오영섭, 「한말의 국내외 정세와 한국독립운동」, 역사학회 편, 『한국 근·현대사 교과서의 '독립운동사' 서술과 쟁점』, 경인문화사, 2006, 65~66쪽.
55) 오영섭, 『고종황제와 한말의병』, 선인, 2007, 60~61쪽.
56) 오영섭, 「한말의 국내외 정세와 한국독립운동」, 역사학회 편, 『한국 근·현대사 교과서의

'독립운동사' 서술과 쟁점」, 경인문화사, 2006, 65쪽.
57) 이훈성, 「"의병운동에 고종 개입했다"」, 『한국일보』, 2007년 5월 24일자.
58) 구완회, 「'고종세력' 강조, '한말의병' 과소평가 하지 않았나」, 『교수신문』, 2007년 7월 2일자.
59) 구완회, 「'고종세력' 강조, '한말의병' 과소평가 하지 않았나」, 『교수신문』, 2007년 7월 2일자.
60) 변태섭, 『한국사통론』, 삼영사, 1998, 425쪽.
61) 강재언, 정창렬 역, 『한국의 개화사상』, 비봉출판사, 1989, 248쪽; 강재언, 『신편 한국근대사 연구』, 한울, 1995, 377쪽.
62) 박노자, 『우리가 몰랐던 동아시아』, 한겨레출판, 2007, 219~220쪽.
63) 박찬승, 『한국근대 정치사상사연구: 민족주의 우파의 실력양성운동론』, 역사비평사, 1992, 59쪽.
64) 강재언, 정창렬 역, 『한국의 개화사상』, 비봉출판사, 1989, 248~250쪽.
65) 최인진, 『한국사진사 1631~1945』, 눈빛, 1999, 287~288쪽.
66) 김정열, 「언론입국에 생애바친 선각자: 서울신문 초대사장 위창 오세창 선생」, 『서울신문』, 1992년 11월 22일, 16면.
67) 이대혁, 「시사만화 100주년 준비위원회 출범」, 『기자협회보』, 2007년 4월 11일, 5면.
68) 최인진, 『한국사진사 1631~1945』, 눈빛, 1999, 287~288쪽.
69) 이강표, 「사진이 국가 문화재 됐다: 1909년 촬영 매천 황현 초상 보물 지정」, 『동아일보』, 2007년 1월 24일, A21면.
70) 최기영, 『대한제국시기 신문연구』, 일조각, 1996, 190쪽.
71) 김상철, 「"신지식 신사상 고취" 사설 '외보' '구독료 1전' 눈길: 경남일보 창간호 발견 해설」, 『기자협회보』, 2003년 4월 30일, 6면.
72) 최기영, 『대한제국시기 신문연구』, 일조각, 1996, 152~183쪽.
73) 박찬승, 『한국근대 정치사상사연구: 민족주의 우파의 실력양성운동론』, 역사비평사, 1992, 69쪽; 유숭, 「장지연의 생애와 자강사상」, 천관우 외, 『위암 장지연의 사상과 활동: 장지연 연구논총』, 민음사, 1993, 146쪽.
74) 황현, 김준 옮김, 『완역 매천야록』, 교문사, 1994, 776쪽.
75) 박찬승, 『한국근대 정치사상사연구: 민족주의 우파의 실력양성운동론』, 역사비평사, 1992, 81~82쪽; 윤사순·이광래, 『우리 사상 100년』, 현암사, 2001, 81쪽; 이훈옥, 「장지연의 사회개혁론: 신분제를 중심으로」, 한국근현대사연구회 편, 『한국근현대사연구』, 제3집, 한울, 1995, 77쪽.
76) 정진석, 『한국언론사』, 나남, 1990, 207쪽.
77) 정진석, 『한국언론사』, 나남, 1990, 209~211쪽.

제4장

1) 조경란, 「중국에서의 사회진화론 수용과 극복」, 『역사비평』, 계간32호(1996년 봄), 325~338쪽.

2) 박노자, 『나를 배반한 역사』, 인물과사상사, 2003, 44~45쪽.
3) 박노자, 『나를 배반한 역사』, 인물과사상사, 2003, 44~45, 250쪽; 박노자, 『우승열패의 신화』, 한겨레신문사, 2005, 367쪽.
4) 박노자, 『나를 배반한 역사』, 인물과사상사, 2003, 44~45쪽.
5) 이혜경, 『량치차오: 문명과 유학에 얽힌 애증의 서사』, 태학사, 2007, 49쪽.
6) 이혜경, 『량치차오: 문명과 유학에 얽힌 애증의 서사』, 태학사, 2007, 50쪽.
7) 전동현, 「청말 양계초의 대한제국기 한국 인식: 망국-자강 개념을 중심으로」, 이화여대 한국문화연구원, 『근대계몽기 지식의 발견과 사유 지평의 확대』, 소명출판, 2006, 296쪽.
8) 전동현, 「청말 양계초의 대한제국기 한국 인식: 망국-자강 개념을 중심으로」, 이화여대 한국문화연구원, 『근대계몽기 지식의 발견과 사유 지평의 확대』, 소명출판, 2006, 315~316, 320쪽.
9) 박노자, 『나를 배반한 역사』, 인물과사상사, 2003, 43~44쪽; 박노자, 『우승열패의 신화』, 한겨레신문사, 2005, 366~367쪽.
10) 최기영, 『한국근대계몽사상연구』, 일조각, 2003, 89쪽.
11) 정선태, 「망국의 설움을 기억하라!: 번역으로 만난 근대/량치차오·판보이차우『월남망국사』」, 『한겨레21』, 2003년 8월 28일, 54~55면.
12) 박노자, 『나를 배반한 역사』, 인물과사상사, 2003, 271쪽.
13) 최기영, 『한국근대계몽사상연구』, 일조각, 2003, 297~300쪽.
14) 최기영, 『한국근대계몽사상연구』, 일조각, 2003, 297~315쪽.
15) 최기영, 『한국근대계몽사상연구』, 일조각, 2003, 320쪽.
16) 박노자, 『나를 배반한 역사』, 인물과사상사, 2003, 276쪽; 최기영, 『한국근대계몽사상연구』, 일조각, 2003, 297쪽.
17) 박노자, 『우리가 몰랐던 동아시아』, 한겨레출판, 2007, 65쪽.
18) 박노자, 『나를 배반한 역사』, 인물과사상사, 2003, 43~44쪽.
19) 박노자·허동현, 『열강의 소용돌이에서 살아남기』, 푸른역사, 2005, 39~40쪽.
20) 박노자·허동현, 『열강의 소용돌이에서 살아남기』, 푸른역사, 2005, 53~54쪽.
21) 박노자, 『우승열패의 신화』, 한겨레신문사, 2005, 478쪽.
22) 박지향, 『제국주의: 신화와 현실』, 서울대학교 출판부, 2000, 78쪽; 알랭 로랑, 김용민 옮김, 『개인주의의 역사』, 한길사, 2001, 76쪽.
23) 염운옥, 「영국의 식민사상과 사회진화론」, 강만길 외, 『일본과 서구의 식민통치 비교』, 선인, 2004, 53쪽.
24) 조경란, 「중국에서의 사회진화론 수용과 극복」, 『역사비평』, 계간32호(1996년 봄), 335쪽.
25) 박노자, 『나는 폭력의 세기를 고발한다: 박노자의 한국적 근대 만들기』, 인물과사상사, 2005, 71~79쪽.
26) 박노자, 『나를 배반한 역사』, 인물과사상사, 2003, 90~92쪽.
27) 박노자, 『나는 폭력의 세기를 고발한다: 박노자의 한국적 근대 만들기』, 인물과사상사, 2005, 74~75쪽.

28) 박노자, 『나는 폭력의 세기를 고발한다: 박노자의 한국적 근대 만들기』, 인물과사상사, 2005, 74~75쪽.
29) 박노자, 『나는 폭력의 세기를 고발한다: 박노자의 한국적 근대 만들기』, 인물과사상사, 2005, 79~81쪽.
30) 이재선, 『한국소설사 근·현대편 I』, 민음사, 2000, 204쪽.
31) 장석주, 『20세기 한국문학의 탐험 1 1900-1934』, 시공사, 2000, 101쪽.
32) 노영구, 「역사 속의 이순신 인식」, 『역사비평』, 통권69호(2004년 가을), 349쪽.
33) 박노자, 『나는 폭력의 세기를 고발한다: 박노자의 한국적 근대 만들기』, 인물과사상사, 2005, 83쪽; 권영민, 『한국현대문학사 1 1896-1945』, 민음사, 2002, 97쪽.
34) 권보드래, 『한국 근대소설의 기원』, 소명출판, 2000, 114쪽.
35) 이한수, 「"100년 전에 '한민족'은 없었다": 일제강점 후 '민족' 개념 확산·단군도 민족의 시조로 높아져」, 『조선일보』, 2007년 8월 25일자; 앙드레 슈미드, 정여울 옮김, 『제국 그 사이의 한국 1895~1919』, 휴머니스트, 2007, 47~48쪽.
36) 앙드레 슈미드, 정여울 옮김, 『제국 그 사이의 한국 1895~1919』, 휴머니스트, 2007, 175쪽.
37) 앙드레 슈미드, 정여울 옮김, 『제국 그 사이의 한국 1895~1919』, 휴머니스트, 2007, 178쪽.
38) 앙드레 슈미드, 정여울 옮김, 『제국 그 사이의 한국 1895~1919』, 휴머니스트, 2007, 176~177쪽.
39) 김태호, 「조선 지식인의 과학 기술 읽기」, 국사편찬위원회 편, 『근현대과학기술과 삶의 변화』, 두산동아, 2005, 80쪽.
40) 박노자, 『나를 배반한 역사』, 인물과사상사, 2003, 243쪽에서 재인용.
41) 박노자, 『나를 배반한 역사』, 인물과사상사, 2003, 250, 302쪽.
42) 권보드래, 『한국 근대소설의 기원』, 소명출판, 2000, 85쪽.
43) 박노자, 『나는 폭력의 세기를 고발한다: 박노자의 한국적 근대 만들기』, 인물과사상사, 2005, 143~148, 164쪽; 박노자, 『우승열패의 신화』, 한겨레신문사, 2005, 379쪽.
44) 권보드래, 『한국 근대소설의 기원』, 소명출판, 2000, 52쪽; 천정환, 『끝나지 않는 신드롬: 친일과 반일을 넘어선 식민지 시대 다시 읽기』, 푸른역사, 2005, 97~98쪽.
45) 손세일, 「연재: 손세일의 비교 전기/한국 민족주의의 두 유형: 이승만과 김구」, 『월간조선』, 2003년 1월.
46) 손세일, 「연재: 손세일의 비교 전기/한국 민족주의의 두 유형: 이승만과 김구」, 『월간조선』, 2003년 1월.
47) 이승원, 『학교의 탄생: 100년 전 학교의 풍경으로 본 근대의 일상』, 휴머니스트, 2005, 202~209쪽.
48) 천정환, 『끝나지 않는 신드롬: 친일과 반일을 넘어선 식민지 시대 다시 읽기』, 푸른역사, 2005, 99~100쪽.
49) 이승원, 『학교의 탄생: 100년 전 학교의 풍경으로 본 근대의 일상』, 휴머니스트, 2005, 193~194쪽.

50) 이승원, 『소리가 만들어낸 근대의 풍경』, 살림, 2005, 33쪽.
51) 이규태, 『한국인의 생활문화 2: 전통 생활문화의 재발견』, 신원문화사, 2000, 32쪽.
52) 이승원, 『학교의 탄생: 100년 전 학교의 풍경으로 본 근대의 일상』, 휴머니스트, 2005, 193
~194쪽.
53) 이기훈, 「민족해방운동과 독립운동」, 『역사비평』, 통권73호(2005년 겨울), 53쪽.

제5장

1) 박노자, 『나는 폭력의 세기를 고발한다: 박노자의 한국적 근대 만들기』, 인물과사상사, 2005, 185~186쪽에서 재인용.
2) 노주석, 「러 외교문서로 밝혀진 구한말 비사 (7) 불꽃 튀는 러, 일 첩보전」, 『대한매일』, 2002년 5월 30일, 23면.
3) 최인진, 『한국사진사 1631~1945』, 눈빛, 1999, 149~151쪽.
4) 김윤식, 『이광수와 그의 시대 1』, 솔, 1999, 268쪽.
5) 장석흥, 「다시보는 안중근의 사상」, 『주간조선』, 2003년 3월 13일, 34~35면.
6) 장석흥, 「다시보는 안중근의 사상」, 『주간조선』, 2003년 3월 13일, 34~35면.
7) 장석흥, 「다시보는 안중근의 사상」, 『주간조선』, 2003년 3월 13일, 34~35면.
8) 신용하, 「의열 독립투쟁 (5) 안중근 의사: 침략일제 심장에 꽂은 '독립의 총성'」, 『대한매일』, 1999년 9월 10일, 6면.
9) 조동성, 「1909년 오늘 하얼빈의 총성」, 『동아일보』, 2006년 10월 26일, A34면.
10) 신용하, 「의열 독립투쟁 (5) 안중근 의사: 침략일제 심장에 꽂은 '독립의 총성'」, 『대한매일』, 1999년 9월 10일, 6면; 윤병석, 『한국독립운동의 해외사적 탐방기』, 지식산업사, 1994, 89쪽.
11) 신용하, 「의열 독립투쟁 (5) 안중근 의사: 침략일제 심장에 꽂은 '독립의 총성'」, 『대한매일』, 1999년 9월 10일, 6면.
12) 손세일, 「연재: 손세일의 비교 전기/한국 민족주의의 두 유형: 이승만과 김구」, 『월간조선』, 2002년 5월호.
13) 김삼웅·정운현, 『친일파 II: 일본 신국가주의의 전개와 친일파의 부활』, 학민사, 1992, 18쪽.
14) 조동성, 「1909년 오늘 하얼빈의 총성」, 『동아일보』, 2006년 10월 26일, A34면.
15) 문갑식, 「"안중근, 세기적 재판 승리 월계관 쓰고 법정 떠났다": 오늘 순국 87주기 당시 영(英)기자의 참관르포 최초공개」, 『조선일보』, 1997년 3월 26일, 39면.
16) 지호일, 「안중근 만든 건 어머니 리더십」, 『국민일보』, 2007년 3월 17일, 7면.
17) 정성수, 「인터뷰/정병학 기념관장/"안중근 회관 건립 국민정신도량 삼아야"」, 『세계일보』, 1997년 10월 25일, 27면.
18) 이한우, 「안중근전기 5종 새로 발견: 러·중·미 등 당대 명문장가가 집필」, 『조선일보』, 1998년 3월 14일, 31면.
19) 편완식, 「미미한 국내연구 "부끄럽다": 내일은 대한국인 안중근의사 의거 88주년」, 『세계일

보』, 1997년 10월 25일, 27면.
20) 한승동, 「'한반도 분할' 일본 아이디어: 러·일전쟁 러에 제안/미, 일 전쟁비용 지원」, 『한겨레』, 2001년 4월 14일, 7면.
21) 권대열, 「일(日)경찰 손자, 안의사 유묵(遺墨) 기증: "안중근정신 널리 알리고 싶다"」, 『조선일보』, 2002년 10월 12일, A30면.
22) 조동성, 「1909년 오늘 하얼빈의 총성」, 『동아일보』, 2006년 10월 26일, A34면.
23) 남창룡, 「"안의사 동양평화위해 순국": 당시 거사 극찬 중(中)언론자료 본지서 독점입수」, 『세계일보』, 1997년 10월 25일, 27면.
24) 조동성, 「1909년 오늘 하얼빈의 총성」, 『동아일보』, 2006년 10월 26일, A34면.
25) 안의근, 「안중근 의사 유해 남북공동 발굴」, 『국민일보』, 2007년 4월 11일, 2면.
26) 배영대, 「안중근 의사가 근왕주의자?」, 『중앙일보』, 2007년 7월 31일자.
27) 박노자, 『우승열패의 신화』, 한겨레신문사, 2005, 222쪽.
28) 박노자, 『우승열패의 신화』, 한겨레신문사, 2005, 171쪽.
29) 박노자, 『나를 배반한 역사』, 인물과사상사, 2003, 276쪽.
30) 박노자, 『우승열패의 신화』, 한겨레신문사, 2005, 222~223쪽.
31) 박노자, 『나를 배반한 역사』, 인물과사상사, 2003, 70쪽.
32) 강창일, 『근대 일본의 조선침략과 대아시아주의: 우익 낭인의 행동과 사상을 중심으로』, 역사비평사, 2002, 202, 270쪽.
33) 이덕주, 『조선은 왜 일본의 식민지가 되었는가』, 에디터, 2004, 36~37쪽.
34) 강창일, 『근대 일본의 조선침략과 대아시아주의: 우익 낭인의 행동과 사상을 중심으로』, 역사비평사, 2002, 267쪽.
35) 이이화, 「영원히 씻을 수 없는 매국노의 오명: 이완용과 송병준」, 역사문제연구소 편, 『인물로 보는 친일파 역사』, 역사비평사, 1993, 78쪽.
36) 최준, 『한국신문사논고』, 일조각, 1995, 208쪽.
37) 이이화, 「이완용의 곡예: 친미·친로에서 친일로」, 『역사비평』, 계간17호(1992년 여름), 201쪽.
38) 유동준, 『유길준전』, 일조각, 1997, 293쪽에서 재인용.
39) 강창일, 『근대 일본의 조선침략과 대아시아주의: 우익 낭인의 행동과 사상을 중심으로』, 역사비평사, 2002, 274쪽.
40) 조동걸, 『한국 근현대사의 이상과 형상』, 푸른역사, 2001, 72쪽.
41) 강창일, 『근대 일본의 조선침략과 대아시아주의: 우익 낭인의 행동과 사상을 중심으로』, 역사비평사, 2002, 266쪽.
42) 조동걸, 『한국 근현대사의 이상과 형상』, 푸른역사, 2001, 72쪽.
43) 서영희, 『대한제국 정치사 연구』, 서울대학교 출판부, 2003, 383쪽.
44) 이현종, 「대한협회의 조직과 활동에 관한 성격」, 조항래 편저, 『1900년대의 애국계몽운동연구』, 아세아문화사, 1993, 196쪽.
45) 이현종, 「대한협회의 조직과 활동에 관한 성격」, 조항래 편저, 『1900년대의 애국계몽운동연

구』, 아세아문화사, 1993, 196쪽.
46) 최덕교 편저, 『한국잡지백년 1』, 현암사, 2004, 89~90쪽.
47) 임종국, 민족문제연구소 엮음, 『한국인의 생활과 풍속(상)』, 아세아문화사, 1995, 256쪽.
48) 임대식, 「이완용의 변신과정과 재산축적」, 『역사비평』, 계간22호(1993년 가을), 142쪽에서 재인용.
49) 정운현, 「의열 독립투쟁: 이재명 의사」, 『서울신문』, 1999년 8월 13일, 5면.
50) 정운현, 「의열 독립투쟁: 이재명 의사」, 『서울신문』, 1999년 8월 13일, 5면.
51) 정운현, 「의열 독립투쟁: 이재명 의사」, 『서울신문』, 1999년 8월 13일, 5면.
52) 손세일, 「[연재] 손세일의 비교 전기/한국 민족주의의 두 유형: 이승만과 김구」, 『월간조선』, 2003년 3월호; 최은희, 『여성을 넘어 아낙의 너울을 벗고: 한국 최초의 여기자 추계 최은희의 개화여성열전』, 문이재, 2003, 198쪽.
53) 손세일, 「연재: 손세일의 비교 전기/한국 민족주의의 두 유형: 이승만과 김구」, 『월간조선』, 2003년 3월호.
54) 손세일, 「연재: 손세일의 비교 전기/한국 민족주의의 두 유형: 이승만과 김구」, 『월간조선』, 2003년 3월호.
55) 손세일, 「연재: 손세일의 비교 전기/한국 민족주의의 두 유형: 이승만과 김구」, 『월간조선』, 2003년 3월호.
56) 박노자, 「'정당한 폭력'은 정당한가」, 『한겨레21』, 2007년 4월 17일, 96~97면.
57) 임대식, 「이완용의 변신과정과 재산축적」, 『역사비평』, 계간22호(1993년 가을), 139쪽.
58) 이이화, 「이완용의 곡예: 친미·친로에서 친일로」, 『역사비평』, 계간17호(1992년 여름), 200쪽.
59) 이이화, 「영원히 씻을 수 없는 매국노의 오명: 이완용과 송병준」, 역사문제연구소 편, 『인물로 보는 친일과 역사』, 역사비평사, 1993, 88쪽.

제6장
1) 조희문, 「한말 영화의 전래와 민중생활」, 『역사비평』, 계간22호(1993년 가을), 252~253쪽.
2) 정종화, 『자료로 본 한국영화사 1 1905~1954』, 열화당, 1997, 11쪽.
3) 조희문, 「영미연초회사와 한성전기회사의 영화상영에 대한 고찰」, 이중거 외 『한국영화의 이해: 〈아리랑〉에서 〈은마는 오지 않는다〉까지』, 예니, 1992, 206~207쪽; 김종욱, 「한국영화측면비사 정오표」, 안종화, 『한국영화측면비사』, 현대미학사, 1998, 299쪽.
4) 이효인, 『한국영화역사강의 1』, 이론과실천, 1992, 17~19쪽.
5) 조희문, 「한말 영화의 전래와 민중생활」, 『역사비평』, 계간22호(1993년 가을), 254~255쪽; 조희문, 「영화」, 역사문제연구소 엮음, 『사회사로 보는 우리 역사의 7가지 풍경』, 역사비평사, 1999, 279쪽.
6) 송우혜, 「새 연재소설 1/마지막 황태자」, 『신동아』, 1998년 3월, 548~568쪽.
7) 김소희, 「〈아리랑〉에서 〈파업전야〉까지」, 한국역사연구회, 『우리는 지난 100년 동안 어떻게

살았을까 1』, 역사비평사, 1998, 80쪽에서 재인용.
8) 김화, 『이야기 한국영화사』, 하서, 2001, 14쪽.
9) 이효인, 『한국영화역사강의 1』, 이론과실천, 1992, 17쪽에서 재인용.
10) 조희문, 「단성사 100년의 스크린 연가」, 『월간중앙』, 2001년 3월; 조희문, 「영화」, 역사문제 연구소 엮음, 『사회사로 보는 우리 역사의 7가지 풍경』, 역사비평사, 1999, 282~283쪽.
11) 「이효인의 한국 영화 70년-나운규에서 서편제까지」, 『전북문화저널』, 1995년 7월, 62쪽.
12) 조동일, 『한국문학통사 4: 중세에서 근대로의 이행기문학 제2기, 1860~1918년』, 지식산업사, 2005, 62쪽.
13) 임종국, 민족문제연구소 엮음, 『한국인의 생활과 풍속(상)』, 아세아문화사, 1995, 269~270쪽.
14) 조희문, 「한말 영화의 전래와 민중생활」, 『역사비평』, 계간22호(1993년 가을), 258쪽; 서연호·이상우, 『우리 연극 100년』, 현암사, 2000, 29~30, 40쪽.
15) 조희문, 「한말 영화의 전래와 민중생활」, 『역사비평』, 계간22호(1993년 가을), 261쪽.
16) 조희문, 「영화」, 역사문제연구소 엮음, 『사회사로 보는 우리 역사의 7가지 풍경』, 역사비평사, 1999, 284쪽.
17) 조희문, 「영화」, 역사문제연구소 엮음, 『사회사로 보는 우리 역사의 7가지 풍경』, 역사비평사, 1999, 284~286쪽.
18) 조희문, 「한말 영화의 전래와 민중생활」, 『역사비평』, 계간22호(1993년 가을), 266쪽.
19) 유현목, 『유현목의 한국영화발달사』, 책누리, 1997, 33쪽.
20) 조희문, 「한말 영화의 전래와 민중생활」, 『역사비평』, 계간22호(1993년 가을), 261~262쪽.
21) 이효인, 『한국영화역사강의 1』, 이론과실천, 1992, 22쪽.
22) 김경, 「근대성이 가져온 숨겨진 식민상황으로서의 한국 영화」, 『동국대학원신문』, 1999년 9월 13일, 12면에서 재인용.
23) 천정환, 『근대의 책읽기: 독자의 탄생과 한국 근대문학』, 푸른역사, 2003, 82쪽.
24) 서연호·이상우, 『우리 연극 100년』, 현암사, 2000, 28~32, 43쪽.
25) 유민영, 『한국 근대극장 변천사』, 태학사, 1998, 151~152쪽.
26) 서연호·이상우, 『우리 연극 100년』, 현암사, 2000, 28~32, 43쪽.
27) 이이화, 「영원히 씻을 수 없는 매국노의 오명: 이완용과 송병준」, 역사문제연구소 편, 『인물로 보는 친일파 역사』, 역사비평사, 1993, 79쪽.
28) 최원식, 『민족문학의 논리: 최원식 평론집』, 창작과비평사, 1982, 52쪽.
29) 조동일, 『한국문학통사 4: 중세에서 근대로의 이행기문학 제2기, 1860~1918년』, 지식산업사, 2005, 398~399쪽.
30) 유민영, 『한국 근대극장 변천사』, 태학사, 1998, 138~139쪽.
31) 서연호·이상우, 『우리 연극 100년』, 현암사, 2000, 39쪽.
32) 서연호·이상우, 『우리 연극 100년』, 현암사, 2000, 39쪽.
33) 서연호·이상우, 『우리 연극 100년』, 현암사, 2000, 39쪽.
34) 김복순, 「근대문학비평의 여명기」, 김윤식·김우종 외, 『한국현대문학사』, 현대문학, 2005,

68쪽.
35) 유민영, 『한국 근대극장 변천사』, 태학사, 1998, 139쪽.
36) 유민영, 『한국 근대극장 변천사』, 태학사, 1998, 140쪽.
37) 이승원, 『학교의 탄생: 100년 전 학교의 풍경으로 본 근대의 일상』, 휴머니스트, 2005, 159~160쪽.
38) 이승원, 『소리가 만들어낸 근대의 풍경』, 살림, 2005, 18~19쪽.
39) 김태수, 『꽃가치 피어 매혹케 하라: 신문광고로 본 근대의 풍경』, 황소자리, 2005, 17쪽.
40) 임종국, 민족문제연구소 엮음, 『한국인의 생활과 풍속(상)』, 아세아문화사, 1995, 222~223쪽.
41) 임종국, 『밤의 일제 침략사』, 한빛문화사, 2004, 27~28, 153쪽.
42) 이승원, 『소리가 만들어낸 근대의 풍경』, 살림, 2005, 18~19쪽.
43) 이규태, 『한국인의 주거문화 1: 우리 땅 우리 건축의 수수께끼』, 신원문화사, 2000, 46~47쪽.
44) 이상길, 「유성기의 활용과 사적 영역의 형성」, 『언론과 사회』, 제9권 4호(2001년 가을), 59~60쪽.
45) 이상길, 「유성기의 활용과 사적 영역의 형성」, 『언론과 사회』, 제9권 4호(2001년 가을), 60쪽.
46) 조정래, 『아리랑 2: 조정래 대하소설』, 해냄, 2001, 153쪽.
47) 정태헌, 『한국의 식민지적 근대 성찰: 근대주의 비판과 평화공존의 역사학 모색』, 선인, 2007, 50~51쪽.
48) 서연호·이상우, 『우리 연극 100년』, 현암사, 2000, 39~40쪽.
49) 박영정, 「신파극」, 『역사비평』, 계간20호(1993년 봄), 362쪽; 조동일, 『한국문학통사 4: 중세에서 근대로의 이행기문학 제2기, 1860~1918년』, 지식산업사, 2005, 404쪽.
50) 조동일, 『한국문학통사 4: 중세에서 근대로의 이행기문학 제2기, 1860~1918년』, 지식산업사, 2005, 400쪽.
51) 이만열, 『한국기독교와 민족의식: 한국기독교사연구논고』, 지식산업사, 1991, 384쪽.
52) 박용규, 「미국 선교사들, 조선을 가장 선호」, 『주간조선』, 2006년 5월 8일, 76~77면.
53) 조현범, 『문명과 야만: 타자의 시선으로 본 19세기 조선』, 책세상, 2002, 112쪽.
54) 박은봉, 『개정판 한국사 100장면』, 실천문학사, 1997, 292쪽; 김상태, 「평안도 기독교 세력과 친미엘리트의 형성」, 『역사비평』, 통권45호(1998년 겨울), 179쪽.
55) 이만열, 『한국기독교와 민족의식: 한국기독교사연구논고』, 지식산업사, 1991, 455~456쪽.
56) 류대영, 『초기 미국선교사 연구』, 한국기독교역사연구소, 2001, 93쪽.
57) 박용규, 「미국 선교사들, 조선을 가장 선호」, 『주간조선』, 2006년 5월 8일, 76~77면.
58) 이만열, 『한국기독교와 민족의식: 한국기독교사연구논고』, 지식산업사, 1991, 451~452쪽.
59) 박용규, 「미국 선교사들, 조선을 가장 선호」, 『주간조선』, 2006년 5월 8일, 76~77면.
60) 박용규, 「미국 선교사들, 조선을 가장 선호」, 『주간조선』, 2006년 5월 8일, 76~77면.
61) 김송달, 『바로 보는 한국근현대 100년사 1』, 거름, 1998, 189쪽.
62) 김송달, 『바로 보는 한국근현대 100년사 1』, 거름, 1998, 190쪽.
63) 이덕주, 『한국교회 처음 이야기』, 홍성사, 2006, 242쪽.

64) 박용규, 『평양 대부흥운동: 100주년기념 개정판』, 생명의말씀사, 2007, 608쪽.
65) 박용규, 『평양 대부흥운동: 100주년기념 개정판』, 생명의말씀사, 2007, 617쪽.
66) 한국기독교역사연구소, 『한국 기독교의 역사 I』, 기독교문사, 1989, 281쪽.
67) 이덕주, 『한국교회 처음 이야기』, 홍성사, 2006, 244~246쪽.
68) 한국기독교역사연구소, 『한국 기독교의 역사 I』, 기독교문사, 1989, 282쪽.
69) 이길상, 「제국주의 문화침략과 한국교육의 대미종속화」, 『역사비평』, 계간18호(1992년 가을), 112쪽.
70) 배병우, 「악보·사진 희귀자료 미 예일대서 대량발굴: 100년전 원산·평양대부흥, 백만인 구령운동 '생생'」, 『국민일보』, 2007년 1월 13일, 1면.
71) 리영희, 『스핑크스의 코: 리영희 에세이』, 까치, 1998, 31쪽.
72) 김상길, 「'50' 속의 '23'」, 『국민일보』, 1993년 2월 13일, 5면.
73) 남경욱, 「해외선교 개신교—동북아 불교—북미 집중」, 『한국일보』, 2004년 12월 31일, A26면.
74) 조우석, 「해외선교사 13000명 미국 이어 2위」, 『중앙일보』, 2005년 1월 8일, 27면.
75) 이태형, 「지구촌 한인교회 124개국 4449곳」, 『국민일보』, 2005년 1월 8일, 21면.
76) 김재명, 「말씀 좀 살살 전하소서: 불지옥 같던 시에라리온에도 한국인 선교사가… 공격적인 선교 방식 성찰해야 할 때」, 『한겨레21』, 2007년 8월 2일자.
77) 조연현, 「다른 종교 무시·외형 중시 '복합적 부산물': 국외선교 이대론 안된다」, 『한겨레』, 2007년 9월 4일, 5면.
78) 이선민, 「한국 개신교, 세상과 대화를」, 『조선일보』, 2007년 9월 18일, A35면.
79) 최봉영, 「유교문화와 한국사회의 근대화」, 한국사회사학회 편, 『사회와 역사 53』, 문학과지성사, 1998, 82~83쪽.
80) 김한수, 「"아버지는 절에 다니고 아들은 교회 가는 한국 외국인들은 신비롭게 봐": '서양인의 한국 종교 연구' 펴낸 김종서 교수」, 『조선일보』, 2006년 7월 20일, A23면.
81) 윤이흠, 『한국종교연구 1: 종교사관·역사적 연구·정책』, 집문당, 2000, 297쪽.
82) 이어령, 「인터뷰/문화석학 이어령의 한류 읽기: '개짱이'의 힘! 블루오션 한류 계속된다」, 『월간중앙』, 2006년 1월, 248~251쪽.
83) 임혁백, 「동아시아 지역통합의 조건과 제약」, 『아세아연구』, 통권 118호(2004년 12월), 123~165쪽.
84) 강준만, 「시간관념」, 『세계문화사전』, 인물과사상사, 2005, 104쪽.
85) 요시다 유타카, 최혜주 옮김, 『일본의 군대: 병사의 눈으로 본 근대일본』, 논형, 2005, 36쪽.
86) http://cafe.naver.com/wsuri.cafe?iframe_url=/ArticleRead.nhn%3Farticleid=31; 박천홍, 『매혹의 질주, 근대의 횡단: 철도로 돌아본 근대의 풍경』, 산처럼, 2003, 332쪽.
87) 김재희, 「조선초 경제도 기록한 이사벨라 비숍: 김재희의 여인열전」, 『한겨레21』, 2005년 10월 11일, 105면.
88) 박태호, 「『독립신문』에서 근대적 시간—시계의 작동양상」, 이화여대 한국문화연구원, 『근대계몽기 지식 개념의 수용과 그 변용』, 소명출판, 2004, 291쪽.

89) 박태호, 「『독립신문』에서 근대적 시간-시계의 작동양상」, 이화여대 한국문화연구원, 『근대 계몽기 지식 개념의 수용과 그 변용』, 소명출판, 2004, 290쪽.
90) 박태호, 「『독립신문』에서 근대적 시간-시계의 작동양상」, 이화여대 한국문화연구원, 『근대 계몽기 지식 개념의 수용과 그 변용』, 소명출판, 2004, 292~293쪽.
91) 박천홍, 『매혹의 질주, 근대의 횡단: 철도로 돌아본 근대의 풍경』, 산처럼, 2003, 326~327쪽.
92) 권보드래, 『한국 근대소설의 기원』, 소명출판, 2000, 300쪽.
93) 요시다 유타카, 최혜주 옮김, 『일본의 군대: 병사의 눈으로 본 근대일본』, 논형, 2005, 37쪽.
94) 노순동, 「추억 울리며 달려온 문명과 애환의 바퀴: 철도 개통 100주년/증기 기관차에서 고속 철까지」, 『시사저널』, 1999년 8월 26일, 63면.
95) 노형석, 『한국 근대사의 풍경』, 생각의나무, 2006, 27쪽.
96) 박진희, 「철도로 보는 근대의 풍경」, 국사편찬위원회 편, 『근현대과학기술과 삶의 변화』, 두산동아, 2005, 46~47쪽.
97) 조동일, 『한국문학통사 4: 중세에서 근대로의 이행기문학 제2기, 1860~1918년』(지식산업사, 2005), 84쪽.
98) 이효덕, 박성관 옮김, 『표상 공간의 근대』, 소명출판, 2002, 230~232쪽.
99) 권보드래, 『한국 근대소설의 기원』, 소명출판, 2000, 299쪽.
100) 박천홍, 『매혹의 질주, 근대의 횡단: 철도로 돌아본 근대의 풍경』, 산처럼, 2003, 330쪽.
101) 안영배, 「1899년 대한제국과 1999년 대한민국/ '어설픈 근대화론이 조선 망쳤고, 서툰 세계화가 국난 불렀다'」, 『신동아』, 1999년 3월, 528~545쪽.
102) http://cafe.naver.com/wsuri.cafe?iframe_url=/ArticleRead.nhn%3Farticleid=31.
103) http://cafe.naver.com/wsuri.cafe?iframe_url=/ArticleRead.nhn%3Farticleid=31.
104) 박천홍, 『매혹의 질주, 근대의 횡단: 철도로 돌아본 근대의 풍경』, 산처럼, 2003, 335쪽.
105) 이승원, 『소리가 만들어낸 근대의 풍경』, 살림, 2005, 35쪽.
106) 이성욱, 「20세기의 이미지: 금딱지 롤렉스」, 『국민일보』, 1999년 12월 7일, 18면.
107) 박종채, 박희병 옮김, 『나의 아버지 박지원』, 돌베개, 2005, 203~204쪽.
108) 여규병, 「책갈피속의오늘/1905년 대한제국 도량형법 공포: 국가표준」, 『동아일보』, 2006년 3월 21일, A31면.
109) 하원호, 「됫박과 잣대의 역사」, 한국역사연구회, 『우리는 지난 100년 동안 어떻게 살았을까 3』, 역사비평사, 1999, 172~173쪽.

제7장
1) 신용하, 『한국 항일독립운동사연구』, 경인문화사, 2006, 62~63쪽.
2) 존 차, 문형렬 옮김, 『버드나무 그늘 아래: 도산 안창호의 딸 안수산 이야기』, 문학세계사, 2003, 39~40쪽.
3) 박찬호, 안동림 옮김, 『한국가요사 1895~1945』, 현암사, 1992, 46쪽.

4) 최준, 『한국신문사』, 일조각, 1987, 181쪽.
5) 김윤식, 『이광수와 그의 시대 1』, 솔, 1999, 323~324쪽.
6) 김윤식, 『이광수와 그의 시대 1』, 솔, 1999, 323~324쪽.
7) 이진구, 「국치(國恥): 1910년 이완용, 한일 병합안 강제가결」, 『동아일보』, 2006년 8월 22일, A31면.
8) 김삼웅, 『친일정치 100년사』, 동풍, 1995, 68쪽.
9) 박성수, 『이야기 독립운동사: 121 가지 사건으로 보는 한국근대사』, 교문사, 1996, 118쪽.
10) 금장태, 『한국의 선비와 선비정신』, 서울대학교 출판부, 2000, 253쪽.
11) 조동일, 『한국문학통사 4: 중세에서 근대로의 이행기문학 제2기, 1860~1918년』, 지식산업사, 2005, 161쪽.
12) 김윤식·김현, 『한국문학사』, 민음사, 1996, 125쪽; 홍영기, 「한국의 역사가/황현」, 『한국사 시민강좌』, 제41집, 일조각, 2007, 171쪽.
13) 임종국, 『밤의 일제 침략사』, 한빛문화사, 2004, 164쪽.
14) 정운현, 『호외, 백년의 기억들: 강화도 조약에서 전두환 구속까지』, 삼인, 1997, 64쪽.
15) 전동현, 「청말 양계초의 대한제국기 한국 인식: 망국-자강 개념을 중심으로」, 이화여대 한국문화연구원, 『근대계몽기 지식의 발견과 사유 지평의 확대』, 소명출판, 2006, 315쪽.
16) 배경식, 「보릿고개를 넘어서」, 한국역사연구회, 『우리는 지난 100년 동안 어떻게 살았을까 3』, 한국역사연구회, 1999, 222~223쪽.
17) 이광수, 『도산 안창호』, 하서, 2004, 59쪽.
18) 윤병석, 『이상설전: 해아특사 이상설의 독립운동론』, 일조각, 1998, 145쪽.
19) 이덕주, 『조선은 왜 일본의 식민지가 되었는가』, 에디터, 2004, 18~19쪽.
20) 윤병석, 『이상설전: 해아특사 이상설의 독립운동론』, 일조각, 1998, 134쪽.
21) 김윤식, 『이광수와 그의 시대 1』, 솔, 1999, 328~329쪽.
22) 임지현·박노자, 「대담/외길이 아닌 여러 갈래의 민주주의: 국가주의와 민족주의를 넘어」, 당대비평 편집위원회 엮음, 『더 작은 민주주의를 상상한다』, 웅진지식하우스, 2007, 164쪽.
23) 배경식, 「보릿고개를 넘어서」, 한국역사연구회, 『우리는 지난 100년 동안 어떻게 살았을까 3』, 한국역사연구회, 1999, 222~223쪽.
24) 이태진, 「한국병합조약인가, 한일합방조약인가?: 역사용어 바로쓰기」, 『역사비평』, 통권75호(2006년 여름), 285쪽.
25) 운노 후쿠쥬, 「한국병합의 역사인식: 이태진교수의 구(舊)조약무효 식민지지배 불법론에 대하여」, 『전통과 현대』, 통권9호(1999년 가을), 143~144쪽.
26) 이태진, 「한국침략 관련 협정들만 격식을 어겼다: 사카모토 시게끼 교수의 '회답'에 답한다」, 『전통과 현대』, 통권9호(1999년 가을), 183쪽.
27) 김범수, 「"한반도 현상황 구한말 흡사 무효선언 이후 과제 점검을": 김삼웅 독립기념관장」, 『한국일보』, 2005년 11월 11일, A22면; 김재엽, 『122년간의 동거: 전환기에 읽는 한미관계 이야기』, 살림, 2004, 60쪽.

28) 이이화,「이완용의 곡예: 친미·친로에서 친일로」,『역사비평』, 계간17호(1992년 여름), 201쪽.
29) 임종국, 반민족연구소 엮음,『실록 친일파』, 돌베개, 1996, 89쪽; 김삼웅·정운현,『친일파 II: 일본 신국가주의의 전개와 친일파의 부활』, 학민사, 1992, 270~272쪽.
30) 김남일,「땅팔아 대부분 현금화… 환수재산 1% 안돼: 친일재산 국가귀속 결정」,『한겨레』, 2007년 5월 3일, 6면; 최덕교 편저,『한국잡지백년 1』, 현암사, 2004, 84쪽.
31) 김남일,「땅 팔아 대부분 현금화… 환수재산 1% 안돼: 친일재산 국가귀속 결정」,『한겨레』, 2007년 5월 3일, 6면.
32) 김남일,「땅 팔아 대부분 현금화… 환수재산 1% 안돼: 친일재산 국가귀속 결정」,『한겨레』, 2007년 5월 3일, 6면.
33) 김삼웅,『친일정치 100년사』, 동풍, 1995, 97쪽.
34) 박은경,『일제하 조선인 관료연구』, 학민사, 1999, 70쪽.
35) 박은경,『일제하 조선인 관료연구』, 학민사, 1999, 71쪽.
36) 임종국, 반민족연구소 엮음,『실록 친일파』, 돌베개, 1996, 78~79쪽.
37) 이이화,「이상옥(이용구)1868~1912(농민전쟁1백년/동학인물열전:15)」,『한겨레』, 1993년 12월 21일, 9면.
38) 강창일,『근대 일본의 조선침략과 대아시아주의: 우익 낭인의 행동과 사상을 중심으로』, 역사비평사, 2002, 282~283쪽.
39) 임종국, 반민족연구소 엮음,『실록 친일파』, 돌베개, 1996, 78~79쪽.
40) 조정래,『아리랑 2: 조정래 대하소설』, 해냄, 2001, 179쪽.
41) 강창일,『근대 일본의 조선침략과 대아시아주의: 우익 낭인의 행동과 사상을 중심으로』, 역사비평사, 2002, 284쪽.
42) 임종국, 반민족연구소 엮음,『실록 친일파』, 돌베개, 1996, 78~79쪽.
43) 이이화,「이상옥(이용구)1868~1912(농민전쟁1백년/동학인물열전:15)」,『한겨레』, 1993년 12월 21일, 9면.
44) 김윤식,『이광수와 그의 시대 1』, 솔, 1999, 158~159쪽.
45) 이이화,「영원히 씻을 수 없는 매국노의 오명: 이완용과 송병준」, 역사문제연구소 편,『인물로 보는 친일파 역사』, 역사비평사, 1993, 84쪽.
46) 정재권,「'변절자 이용구'의 아들 이석규/일본서 자라나 우익활동/'이용구의 생애' 책펴내 아버지 변호」,『한겨레』, 1993년 12월 21일, 9면.
47) 이이화,「영원히 씻을 수 없는 매국노의 오명: 이완용과 송병준」, 역사문제연구소 편,『인물로 보는 친일파 역사』, 역사비평사, 1993, 84쪽; 강창일,『근대 일본의 조선침략과 대아시아주의: 우익 낭인의 행동과 사상을 중심으로』, 역사비평사, 2002, 284쪽.
48) 이규태,『한국인의 민속문화 2: 우리 민속문화의 뿌리찾기』, 신원문화사, 2000, 294쪽.
49) 강창일,『근대 일본의 조선침략과 대아시아주의: 우익 낭인의 행동과 사상을 중심으로』, 역사비평사, 2002, 282~283쪽.
50) 강창일,「일본인 망언의 뿌리」, 한국역사연구회,『우리는 지난 100년 동안 어떻게 살았을까

3』, 역사비평사, 1999, 129쪽.
51) 강창일, 「일본인 망언의 뿌리」, 한국역사연구회, 『우리는 지난 100년 동안 어떻게 살았을까 3』, 역사비평사, 1999, 134~135쪽.
52) 최준, 『한국신문사』, 일조각, 1987, 189쪽.
53) 윤형숙, 「역자 해설」, 베네딕트 앤더슨, 윤형숙 옮김, 『상상의 공동체: 민족주의의 기원과 전파에 대한 성찰』, 나남, 2002, 264쪽.
54) 베네딕트 앤더슨, 윤형숙 옮김, 『상상의 공동체: 민족주의의 기원과 전파에 대한 성찰』, 나남, 2002, 63쪽.
55) 고부응, 『초민족 시대의 민족 정체성: 식민주의·탈식민 이론·민족』, 문학과지성사, 2002, 134쪽.
56) 이만열, 「한말, 일제 강점기의 지식인」, 강만길 외, 『한국의 지성 100년: 개화사상가에서 지식 게릴라까지』, 민음사, 2001, 52~53쪽.
57) 노태돈, 「한국민족의 형성시기에 대한 검토」, 『역사비평』, 계간19호(1992년 겨울), 23쪽.
58) 한홍구, 「단일민족의 신화를 넘어서」, 『황해문화』, 제35호(2002년 여름), 30~31쪽.
59) 앙드레 슈미드, 정여울 옮김, 『제국 그 사이의 한국 1895~1919』, 휴머니스트, 2007, 445쪽.
60) 권보드래, 「동포와 역사적 감각: 1900~1904년 '동포' 개념의 추이」, 이화여대 한국문화연구원, 『근대계몽기 지식의 발견과 사유 지평의 확대』, 소명출판, 2006, 52쪽.
61) 노태돈, 「본 토론: 한국 민족은 언제 형성되었나」, 『역사비평』, 계간19호(1992년 겨울), 96쪽.
62) 탁석산, 『탁석산의 한국의 민족주의를 말한다』, 웅진닷컴, 2004, 15쪽.
63) 권보드래, 「동포와 역사적 감각: 1900~1904년 '동포' 개념의 추이」, 이화여대 한국문화연구원, 『근대계몽기 지식의 발견과 사유 지평의 확대』, 소명출판, 2006, 69, 74쪽.
64) 박찬승, 「부르주아민족주의, 우파민족주의, 문화민족주의: 역사용어 바로쓰기」, 『역사비평』, 통권75호(2006년 여름), 286~287쪽.
65) 권보드래, 「동포와 역사적 감각: 1900~1904년 '동포' 개념의 추이」, 이화여대 한국문화연구원, 『근대계몽기 지식의 발견과 사유 지평의 확대』, 소명출판, 2006, 69, 74쪽.
66) 탁석산, 『탁석산의 한국의 민족주의를 말한다』, 웅진닷컴, 2004, 112쪽에서 재인용.
67) 권보드래, 「동포와 역사적 감각: 1900~1904년 '동포' 개념의 추이」, 이화여대 한국문화연구원, 『근대계몽기 지식의 발견과 사유 지평의 확대』, 소명출판, 2006, 176쪽.
68) 정선태, 「근대적 정치운동 또는 국민 발견의 시공간」, 이화여대 한국문화연구원, 『근대계몽기 지식의 발견과 사유 지평의 확대』, 소명출판, 2006, 90쪽.
69) 정용화, 『문명의 정치사상: 유길준과 근대 한국』, 문학과지성사, 2004, 359쪽.
70) 김숙자, 「대한매일신보의 항일민권의식 연구」, 한국근현대사연구회 편, 『한국근현대사연구』, 제6집, 1997, 47~48쪽.
71) 김창순 외, 「학술토론/한국근현대사 연구의 현황과 방향」, 한국근현대사연구회 편, 『한국근현대사연구』, 제1집, 한울, 1995, 194쪽.
72) 박지향, 『일그러진 근대: 100년전 영국이 평가한 한국과 일본의 근대성』, 푸른역사, 2003,

195쪽.
73) 권재현,「'네이션'이 한국선 왜 '민족'을 의미할까」,『동아일보』, 2007년 8월 15일자.
74) 김진송,『현대성의 형성: 서울에 딴스홀을 허(許)하라』, 현실문화연구, 1999, 11쪽.
75) 박경일,「'황성신문 광고' 사적·문구류 으뜸: 전체 23% 차지… 분실물·약품순」,『문화일보』, 1997년 9월 30일, 21면.
76) 김재영,「다시 태어난 '대한매일' (15) 국문판」,『서울신문』, 1998년 11월 3일, 5면.
77) 이중한 외,『우리 출판 100년』, 현암사, 2001, 34쪽.
78) 신인섭·서범석,『한국광고사』, 나남, 1998, 46쪽.
79) 신인섭·서범석,『한국광고사』, 나남, 1998, 45~46쪽.
80) 김현수,「구독료 주로 의존…광고는 전체수입 10% 차지: 독립신문 창간 100돌」,『한겨레신문』, 1996년 4월 7일, 14면.
81) 강효상,「통계로 본 구한말/갑오경장 백주년 통계청 공개」,『조선일보』, 1994년 7월 29일, 10면.
82) 이태진,『고종시대의 재조명』, 태학사, 2000.
83) 이태진,『고종시대의 재조명』, 태학사, 2000, 96쪽; 강근주,「학술: "고종의 근대화 노력 복권돼야": 「고종시대의 재조명」펴낸 이태진 교수」,『뉴스메이커』, 2000년 8월 31일, 44~45면.
84) 정재왈,「"고종은 개화 추진한 개혁파"(『고종시대의 재조명』서평)」,『중앙일보』, 2000년 8월 9일, 15면.
85) 강근주,「학술: "고종의 근대화 노력 복권돼야": 「고종시대의 재조명」펴낸 이태진 교수」,『뉴스메이커』, 2000년 8월 31일, 44~45면.
86) 박노자,『나를 배반한 역사』, 인물과사상사, 2003, 179쪽.
87) 이태진·김재호 외,『고종황제 역사청문회』, 푸른역사, 2005.
88) 안수찬,「고종에 관한 진실을 민중들도 논하시오」,『한겨레』, 2005년 5월 13일, 13면.
89) 안수찬,「고종에 관한 진실을 민중들도 논하시오」,『한겨레』, 2005년 5월 13일, 13면.
90) 허동현,「고종 폐하, 이제 입을 여소서」,『중앙일보』, 2005년 5월 14일, 22면.
91) 허동현,「역사비평 기획시리즈:조선 개화파 논의 〈1〉: 김옥균, 그는 선구자인가 반역자인가」,『교수신문』, 2007년 5월 28일자.
92) 강성학,『시베리아 횡단열차와 사무라이: 러일전쟁의 외교와 군사전략』, 고려대학교 출판부, 1999, 632~633쪽.
93) 강성학,『시베리아 횡단열차와 사무라이: 러일전쟁의 외교와 군사전략』, 고려대학교 출판부, 1999, 633쪽.
94) 김동택,「식민지 체제의 기원에 관한 연구」,『정치비평』, 창간호, 1996, 285~287쪽.
95) 김동택,「식민지 체제의 기원에 관한 연구」,『정치비평』, 창간호, 1996, 288~298쪽.
96) 한영우,「대한제국을 어떻게 볼 것인가」, 한영우 외,『대한제국은 근대국가인가』, 푸른역사, 2006, 54쪽.
97) 서영희,「국가론적 측면에서 본 대한제국의 성격」, 한영우 외,『대한제국은 근대국가인가』,

푸른역사, 2006, 63쪽.
98) 신복룡, 『한국사 새로 보기: 아무도 의심하지 않았던 역사의 진실』, 풀빛, 2001, 213~214쪽.
99) 권재현, 「리더십 부재로 국론 사분오열 망국 치달아: 제2강 '구한말 국망의 원인 다시보기'」, 『동아일보』, 2004년 10월 12일, A15면.

맺는말

1) 신복룡, 『한국사 새로 보기: 아무도 의심하지 않았던 역사의 진실』, 풀빛, 2001, 7쪽.
2) 남경희, 『주체, 외세, 이념: 한국 현대국가 건설기의 사상적 인식』, 이화여자대학교출판부, 1995, 250쪽.
3) 이덕주, 『조선은 왜 일본의 식민지가 되었는가』, 에디터, 2004, 54쪽.
4) 백성현·이한우, 『파란 눈에 비친 하얀 조선』, 새날, 1999, 202쪽.
5) 박성수, 『조선의 부정부패 그 멸망에 이른 역사』, 규장각, 1999, 206쪽.
6) KBS 〈TV조선왕조실록〉 제작팀, 『전하! 뜻을 거두어주소서』, 가람기획, 1999, 156쪽.
7) KBS 〈TV조선왕조실록〉 제작팀, 『전하! 뜻을 거두어주소서』, 가람기획, 1999, 113~136쪽.
8) 이덕일, 『송시열과 그들의 나라』, 김영사, 2000, 22~23쪽.
9) 배항섭, 「개항기(1876~1894) 민중들의 일본에 대한 인식과 대응」, 『역사비평』, 계간27호 (1994년 겨울), 219쪽.
10) 이덕일, 『송시열과 그들의 나라』, 김영사, 2000, 23쪽.
11) 이덕일, 『송시열과 그들의 나라』, 김영사, 2000, 23쪽.
12) 이덕일, 『송시열과 그들의 나라』, 김영사, 2000, 23~24쪽.
13) 이덕일, 『송시열과 그들의 나라』, 김영사, 2000, 24쪽.
14) 이덕일, 『송시열과 그들의 나라』, 김영사, 2000, 24쪽.
15) 이덕일, 『송시열과 그들의 나라』, 김영사, 2000, 24쪽.
16) 이덕일, 『송시열과 그들의 나라』, 김영사, 2000, 24쪽.
17) 이덕일, 『송시열과 그들의 나라』, 김영사, 2000, 24~25쪽.
18) 최문정, 『임진록연구: 한일역사군담소설연구 1』, 박이정, 2001, 19쪽.
19) 한홍구, 『대한민국사: 단군에서 김두한까지』, 한겨레신문사, 2003, 202~204쪽.
20) 한홍구, 『대한민국사: 단군에서 김두한까지』, 한겨레신문사, 2003, 202~204쪽.
21) 한홍구, 『대한민국사: 단군에서 김두한까지』, 한겨레신문사, 2003, 202~204쪽.
22) 한홍구, 『대한민국사: 단군에서 김두한까지』, 한겨레신문사, 2003, 205~206쪽.
23) 이덕일, 『송시열과 그들의 나라』, 김영사, 2000, 43쪽.
24) KBS 〈TV조선왕조실록〉 제작팀, 『전하! 뜻을 거두어주소서』, 가람기획, 1999, 218~220쪽.
25) KBS 〈TV조선왕조실록〉 제작팀, 『전하! 뜻을 거두어주소서』, 가람기획, 1999, 220~221쪽.
26) 오수창, 「최명길과 김상헌」, 『역사비평』, 통권42호(1998년 봄), 396~397쪽.
27) 오수창, 「최명길과 김상헌」, 『역사비평』, 통권42호(1998년 봄), 396쪽.

28) 김훈, 『남한산성: 김훈 장편소설』, 학고재, 2007, 355쪽.
29) KBS 〈TV조선왕조실록〉 제작팀, 『전하! 뜻을 거두어주소서』, 가람기획, 1999, 221~233쪽.
30) 오수창, 「최명길과 김상헌」, 『역사비평』, 통권42호(1998년 봄), 393쪽.
31) 오수창, 「최명길과 김상헌」, 『역사비평』, 통권42호(1998년 봄), 402~403쪽.
32) 황현, 김종익 옮김, 『번역 오하기문: 황현이 쓴 동학농민전쟁의 역사』, 역사비평사, 1995, 52~53쪽.
33) 김용삼, 「인터뷰/조선시대 문과 급제자 1만4600명 분석한 송준호교수: "전쟁이 없었기 때문에 지배 엘리트는 공리공론에서 헤어나지 못했다"」, 『월간조선』, 2000년 12월, 512~513쪽.
34) 조운찬, 「미 한국학대부 눈으로 조선 양반사회를 보다」, 『경향신문』, 2007년 4월 14일, K2면; 이한수, 「"당쟁은 조선왕조 지속에 기여"」, 『조선일보』, 2007년 4월 14일, D7면.
35) 조운찬, 「미 한국학대부 눈으로 조선 양반사회를 보다」, 『경향신문』, 2007년 4월 14일, K2면; 김용삼, 「인터뷰/조선시대 문과 급제자 1만4600명 분석한 송준호교수: "전쟁이 없었기 때문에 지배 엘리트는 공리공론에서 헤어나지 못했다"」, 『월간조선』, 2000년 12월, 506~517쪽.
36) 김용삼, 「인터뷰/조선시대 문과 급제자 1만4600명 분석한 송준호교수: "전쟁이 없었기 때문에 지배 엘리트는 공리공론에서 헤어나지 못했다"」, 『월간조선』, 2000년 12월, 506~517쪽.
37) 송도영, 「내 아이만큼은 무슨 일이 있더라도!: 교육과 강남 부동산 문제」, 『황해문화』, 제42호(2004년 봄), 61쪽.
38) 최재건, 「'벽안의 한국학자', 본질주의에 빠진 한국학 검증」, 『교수신문』, 2007년 5월 6일자; 임종업, 「"사화·당장 조선왕조 존속에 기여"」, 『한겨레』, 2007년 4월 13일, 25면.
39) 김용삼, 「인터뷰/조선시대 문과 급제자 1만4600명 분석한 송준호교수: "전쟁이 없었기 때문에 지배 엘리트는 공리공론에서 헤어나지 못했다"」, 『월간조선』, 2000년 12월, 506~517쪽.
40) 임종업, 「"사화·당장 조선왕조 존속에 기여"」, 『한겨레』, 2007년 4월 13일, 25면; 이한수, 「"당쟁은 조선왕조 지속에 기여"」, 『조선일보』, 2007년 4월 14일, D7면.
41) 임종업, 「"사화·당장 조선왕조 존속에 기여"」, 『한겨레』, 2007년 4월 13일, 25면; 이한수, 「"당쟁은 조선왕조 지속에 기여"」, 『조선일보』, 2007년 4월 14일, D7면.
42) 에드워드 와그너, 이훈상·손숙경 옮김, 『조선왕조 사회의 성취와 귀속』, 일조각, 2007, 401쪽.
43) 김형국, 「한국사학을 읽는 방외자의 넋두리」, 『한국사 시민강좌』, 제41집, 일조각, 2007, 218쪽.
44) 김용삼, 「인터뷰/조선시대 문과 급제자 1만4600명 분석한 송준호교수: "전쟁이 없었기 때문에 지배 엘리트는 공리공론에서 헤어나지 못했다"」, 『월간조선』, 2000년 12월, 506~517쪽.
45) 이은직, 정홍준 옮김, 『인물로 보는 한국사』, 일빛, 2003, 17~18쪽.
46) 이덕주, 『조선은 왜 일본의 식민지가 되었는가』, 에디터, 2004, 50쪽.
47) 이덕주, 『조선은 왜 일본의 식민지가 되었는가』, 에디터, 2004, 50쪽.
48) 조동일, 『한국문학통사 4: 중세에서 근대로의 이행기문학 제2기, 1860~1918년』, 지식산업

사, 2005, 54쪽.
49) 안길정, 『관아를 통해서 본 조선시대 생활사 상(上)』, 사계절, 2000, 222~223쪽.
50) 김용삼, 「인터뷰/조선시대 문과 급제자 1만4600명 분석한 송준호교수: "전쟁이 없었기 때문에 지배 엘리트는 공리공론에서 헤어나지 못했다"」, 『월간조선』, 2000년 12월, 510쪽.
51) 김용삼, 「인터뷰/조선시대 문과 급제자 1만4600명 분석한 송준호교수: "전쟁이 없었기 때문에 지배 엘리트는 공리공론에서 헤어나지 못했다"」, 『월간조선』, 2000년 12월, 510~511쪽.
52) 김용삼, 「인터뷰/조선시대 문과 급제자 1만4600명 분석한 송준호교수: "전쟁이 없었기 때문에 지배 엘리트는 공리공론에서 헤어나지 못했다"」, 『월간조선』, 2000년 12월, 513쪽.
53) 김용삼, 「인터뷰/조선시대 문과 급제자 1만4600명 분석한 송준호교수: "전쟁이 없었기 때문에 지배 엘리트는 공리공론에서 헤어나지 못했다"」, 『월간조선』, 2000년 12월, 516~517쪽.
54) 윤택림, 『한국의 모성』, 지식마당, 2001, 40~41쪽.
55) 윤택림, 『한국의 모성』, 지식마당, 2001, 38~39쪽.
56) 윤택림, 『한국의 모성』, 지식마당, 2001, 39~40쪽.
57) 조혜정, 『한국의 여성과 남성』, 문학과지성사, 1988, 74쪽.
58) 조혜정, 『한국의 여성과 남성』, 문학과지성사, 1988, 77쪽.
59) 유영렬, 『개화기의 윤치호연구』, 한길사, 1985, 177쪽.
60) 오욱환, 『한국사회의 교육열: 기원과 심화』, 교육과학사, 2000, 59쪽.
61) 조혜정, 『한국의 여성과 남성』, 문학과지성사, 1988, 62쪽.
62) 조혜정, 『한국의 여성과 남성』, 문학과지성사, 1988, 79쪽.
63) 조혜정, 『한국의 여성과 남성』, 문학과지성사, 1988, 79~80쪽.
64) 김용운, 『무너지는 한국, 추락하는 한국인: 원형사관으로 본 한국의 좌절과 희망』, 고려원, 1995, 61쪽.
65) 박성수, 『조선의 부정부패 그 멸망에 이른 역사』, 규장각, 1999, 201쪽.
66) 이규태, 『한국인의 버릇: ①버리고 싶은 버릇』, 신원문화사, 1991, 288~289쪽.
67) 이규태, 『한국인의 버릇: ①버리고 싶은 버릇』, 신원문화사, 1991, 288~289쪽.
68) 이정규, 『한국사회의 학력·학벌주의: 근원과 발달』, 집문당, 2003, 78~79쪽에서 재인용.
69) 이정규, 『한국사회의 학력·학벌주의: 근원과 발달』, 집문당, 2003, 79~83쪽.
70) 김재영, 『한국사상 오디세이』, 인물과사상사, 2004, 312~313쪽.
71) 도정일·최재천, 『대담: 인문학과 자연과학이 만나다』, 휴머니스트, 2005, 107쪽.
72) 최봉영, 『한국문화의 성격』, 사계절, 1997, 209~210쪽.
73) 신봉승, 『조선의 정쟁 1: 대윤과 소윤』, 동방미디어, 2001, 5~6쪽.
74) 박영규, 『특별한 한국인: 박영규의 속 시원한 우리역사, 우리문화이야기』, 웅진닷컴, 2000, 67~69쪽.
75) 이덕일, 『당쟁으로 보는 조선역사』, 석필, 1997, 455쪽.
76) 신복룡, 「당쟁과 정당정치」, 『전통과 현대』, 1997년 가을, 75쪽.
77) 신복룡, 「당쟁과 정당정치」, 『전통과 현대』, 1997년 가을, 89~91쪽.

78) 신복룡, 『한국정치사』, 박영사, 1991, 139~141쪽.
79) 황현, 김종익 옮김, 『번역 오하기문: 황현이 쓴 동학농민전쟁의 역사』, 역사비평사, 1995, 18, 47쪽.
80) 최상천, 『알몸 박정희』, 인물과사상사, 2007, 349쪽.
81) 최상천, 『알몸 박정희』, 인물과사상사, 2007, 80쪽.
82) 조사연·김호윤, 『조선역사와 오늘의 대화: 광복 60주년, 제2의 광복을 꿈꾸며』, 햇터, 2006, 144~152쪽; 김대중, 『김대중 옥중서신: 민족의 한을 안고』, 청사, 1984, 94, 141~143쪽.
83) 이규태, 『한국인의 버릇: ①버리고 싶은 버릇』, 신원문화사, 1991, 208~209쪽.
84) 이규태, 『한국인의 버릇: ①버리고 싶은 버릇』, 신원문화사, 1991, 210~211쪽.
85) 권대익, 「[우리 시대의 명저 50] 〈36〉이기백의 '한국사신론'」, 『한국일보』, 2007년 9월 13일자; 이기백, 「반도적 성격론 비판」, 『한국사 시민강좌』, 제1집, 일조각, 1987, 1~19쪽.
86) 신복룡, 『한국정치사』, 박영사, 1991, 127쪽.
87) 이민웅, 「역사소설에 그려진 이순신」, 『한국사 시민강좌』, 제41집, 일조각, 2007, 68쪽.
88) 앙드레 슈미드, 정여울 옮김, 『제국 그 사이의 한국 1895~1919』, 휴머니스트, 2007, 598쪽.
89) 신복룡, 『한국정치사』, 박영사, 1991, 281쪽.
90) 신복룡, 『한국사 새로 보기: 아무도 의심하지 않았던 역사의 진실』, 풀빛, 2001, 215쪽.
91) 신복룡, 『한국사 새로 보기: 아무도 의심하지 않았던 역사의 진실』, 풀빛, 2001, 216~217쪽.
92) 신복룡, 『이방인이 본 조선 다시읽기』, 풀빛, 2002, 224쪽.
93) 한홍구, 『대한민국사: 단군에서 김두한까지』, 한겨레신문사, 2003, 299쪽.
94) 한홍구, 『대한민국사: 단군에서 김두한까지』, 한겨레신문사, 2003, 19쪽.
95) 이태진, 「재판에 부쳐」, 이태진 편, 『조선시대 정치사의 재조명』, 태학사, 2003, 5쪽.
96) 에드워드 와그너, 이훈상·손숙경 옮김, 『조선왕조 사회의 성취와 귀속』, 일조각, 2007, 400쪽.
97) 한홍구, 『대한민국사: 단군에서 김두한까지』, 한겨레신문사, 2003, 23~24쪽.
98) 김진경, 「삼십년에 삼백년을 산 사람은 어떻게 자기 자신일 수 있을까」, 당대, 1996, 82~83쪽; 정영태, 「개발연대 지식인의 역할과 반성」, 장회익·임현진 외, 『한국의 지성 100년』, 민음사, 2001, 175~176쪽에서 재인용.
99) 윤학준, 『양반 동네 소동기』, 효리, 2000, 73쪽.
100) 이문열, 『여우사냥』, 살림, 1995, 12쪽.
101) 서지문, 「역사의 사실과 문학의 진실」, 『한국사 시민강좌』, 제41집, 일조각, 2007, 251쪽.
102) 윤학준, 『양반 동네 소동기』, 효리, 2000, 74쪽.
103) 조성윤, 「정치와 종교: 조선시대의 유교 의례」, 한국사회사학회 편, 『사회와 역사 53』, 문학과지성사, 1998, 32~33쪽.
104) 신복룡, 『전봉준 평전』, 지식산업사, 1996, 91쪽.
105) G. W. 길모어, 신복룡 역주, 『서울풍물지: 한말 외국인 기록 17』, 집문당, 1999, 88쪽.

106) 신복룡, 『한국사 새로 보기: 아무도 의심하지 않았던 역사의 진실』, 풀빛, 2001, 7쪽.
107) 김용삼, 「인터뷰/조선시대 문과 급제자 1만4600명 분석한 송준호교수: "전쟁이 없었기 때문에 지배 엘리트는 공리공론에서 헤어나지 못했다"」, 『월간조선』, 2000년 12월, 506~517쪽.
108) 김용삼, 「인터뷰/조선시대 문과 급제자 1만4600명 분석한 송준호교수: "전쟁이 없었기 때문에 지배 엘리트는 공리공론에서 헤어나지 못했다"」, 『월간조선』, 2000년 12월, 517쪽.
109) 윤학준, 『양반 동네 소동기』, 효리, 2000, 112쪽.
110) 손세일, 「연재: 손세일의 비교 전기/ 한국 민족주의의 두 유형: 이승만과 김구」, 『월간조선』, 2001년 8월.
111) 오관철, 「소득·학력 높을수록 '연줄 중시'」, 『경향신문』, 2006년 12월 27일, 3면.
112) 김효섭, 「종친회라 속여 족자 사기판매」, 『서울신문』, 2005년 7월 11일, 7면; 이용원, 「종친회」, 『서울신문』, 2005년 7월 12일, 31면.
113) F. H. 해링튼, 이광린 역, 『개화기의 한미관계: 알렌박사의 활동을 중심으로』, 일조각, 1973, 61~62쪽.
114) 신복룡, 『한국사 새로 보기: 아무도 의심하지 않았던 역사의 진실』, 풀빛, 2001, 262쪽.
115) 김성남, 「19세기 말 중국인들의 조선 기행 저술 연구」, 진재교·임경석·이규수 외, 『근대 전환기 동아시아 속의 한국』, 성균관대학교 출판부, 2004, 102쪽.
116) 이덕주, 『조선은 왜 일본의 식민지가 되었는가』, 에디터, 2004, 134쪽.
117) 어빙 코피·칼 코헨, 박만준·박준건·류시열 옮김, 『논리학 입문』, 경문사, 2000, 171쪽.
118) 고영복, 『한국인의 성격: 그 변혁을 위한 과제』, 사회문화연구소, 2001, 64쪽.

| 참고문헌 |

가시모토 미오 · 미야지마 히로시, 김현영 · 문순실 옮김, 『조선과 중국 근세 오백년을 가다: 일국사를 넘어선 동아시아 읽기』, 역사비평사, 2003.
가토 요코, 박영준 옮김, 『근대 일본의 전쟁 논리: 정한론에서 태평양전쟁까지』, 태학사, 2003.
강광식, 『신유학사상과 조선조 유교정치문화』, 집문당, 2000.
강돈구, 『한국 근대종교와 민족주의』, 집문당, 1992.
강돈구, 「한국 기독교는 민족주의적이었나: 한국 초기 기독교와 민족주의」, 『역사비평』, 계간27호(1994년 겨울), 317~327쪽.
강동진, 반민족연구소 엮음, 『한국을 장악하라: 통감부의 조선침략사』, 아세아문화사, 1995.
강만길, 『분단시대의 역사인식: 강만길 사론집』, 창작과비평사, 1978.
강만길, 『고쳐쓴 한국근대사』, 창작과비평사, 1994.
강만길, 『역사를 위하여: 강만길 역사에세이』, 한길사, 1996.
강만길 엮음, 『한국 자본주의의 역사: 빼앗긴 들에 서다』, 역사비평사, 2000.
강만길 외, 『한국의 지성 100년: 개화사상가에서 지식 게릴라까지』, 민음사, 2001.
강만길 외, 『일본과 서구의 식민통치 비교』, 선인, 2004.
강만길 외, 『한국노동운동사 1: 근대 노동자계급의 형성과 노동운동 조선후기~1919』, 지식마당, 2004.
강범석, 『잃어버린 혁명 갑신정변 연구』, 솔, 2006.
강상규, 「고종의 대외인식과 외교정책」, 『한국사 시민강좌』, 제19집, 일조각, 1996, 203~229쪽.
강성학, 『시베리아 횡단열차와 사무라이: 러일전쟁의 외교와 군사전략』, 고려대학교 출판부, 1999.
강성학 편저, 『용과 사무라이의 결투: 중(청)일전쟁의 국제정치와 군사전략』, 리북, 2006.
강영환, 『새로쓴 한국 주거문화의 역사』, 기문당, 2002.
강재언, 『한국의 근대사상』, 한길사, 1987.

강재언, 정창렬 역, 『한국의 개화사상』, 비봉출판사, 1989.
강재언, 『한국근대사』, 한울, 1990.
강재언, 『신편 한국근대사 연구』, 한울, 1995.
강재언, 이규수 옮김, 『서양과 조선: 그 이문화 격투의 역사』, 학고재, 1998.
강재언, 하우봉 옮김, 『선비의 나라 한국유학 2천년』, 한길사, 2003.
강준만, 「처세술의 역사: 한국인들의 처절한 삶의 투쟁에 관한 보고서」, 월간 『인물과사상』, 2004년 3월, 116~162쪽.
강준만, 「공직자의 역사: 한국의 공직자는 무엇으로 살아왔는가?」, 월간 『인물과사상』, 2004년 4월, 37~84쪽.
강준만, 「한국 '대학입시 전쟁'의 역사: '정글의 법칙'은 한국인의 숙명인가?」, 월간 『인물과사상』, 2004년 6월, 149~202쪽.
강준만, 「한국 '어머니'의 역사: '자궁 가족'의 패권주의를 넘어서」, 월간 『인물과사상』, 2004년 7월, 166~200쪽.
강준만, 「한국 '개인주의'의 역사: "억울하면 출세하라" 이데올로기와의 결탁」, 월간 『인물과사상』, 2004년 8월, 153~200쪽.
강준만, 『세계문화사전』, 인물과사상사, 2005.
강준만, 『한국인 코드』, 인물과사상사, 2006.
강준만, 「자동차는 꿈을 싣고 달린다: 한국 자동차의 역사, 1903~2006」, 월간 『인물과사상』, 2006년 6월, 132~164쪽.
강준만, 『축구는 한국이다: 한국축구 124년사, 1882~2006』, 인물과사상사, 2006.
강준만, 「'특권'에서 '오락'을 거쳐 '종교'로: 한국 전화 110년사, 1896~2006」, 월간 『인물과사상』, 2006년 7월, 81~136쪽.
강준만, 「한국 바캉스의 역사: '전쟁'과 '지옥'으로 가는 탈출?」, 월간 『인물과사상』, 2006년 8월, 115~167쪽.
강준만, 「한국 백화점의 역사, 1932~1996: 백화점의 '문화공학' 발달사」, 월간 『인물과사상』, 2006년 9월, 99~155쪽.
강준만, 「한국 화장실의 역사: "똥은 계급의 첨예한 반영"인가?」, 월간 『인물과사상』, 2006년 10월, 86~139쪽.
강준만, 「한국 도박의 역사: 사회적 불안정성과의 투쟁인가?」, 월간 『인물과사상』, 2006년 11월, 124~177쪽.
강준만, 『강남, 낯선 대한민국의 자화상: 말죽거리에서 타워팰리스까지』, 인물과사상사, 2006.
강준만, 「한국 관광의 역사: 관광은 인정투쟁 의식(儀式)인가?」, 월간 『인물과사상』, 2006년 12월, 128~178쪽.
강준만, 『한국생활문화사전』, 인물과사상사, 2006.
강준만, 「한국 크리스마스의 역사: '통금 해제의 감격'에서 '한국형 다원주의'로」, 월간 『인물과사상』, 2007년 1월, 154~205쪽.

강준만, 「한국 선물의 역사: '가면 쓴 뇌물'과 '붕어빵 인정투쟁'을 넘어서」, 월간 『인물과사상』, 2007년 2월, 136~180쪽.
강준만, 「한국 결혼의 역사: 왜 결혼은 허례허식의 대명사가 되었나?」, 월간 『인물과사상』, 2007년 3월, 120~166쪽.
강준만, 『한국대중매체사』, 인물과사상사, 2007.
강준만, 『역사는 커뮤니케이션이다』, 인물과사상사, 2007.
강준만, 「한국 장례의 역사: '산 자'를 위한 인정투쟁인가?」, 월간 『인물과사상』, 2007년 5월, 135~186쪽.
강준만, 「한국 신용카드의 역사: "외상이면 소도 잡아먹는다"」, 월간 『인물과사상』, 2007년 6월, 151~193쪽.
강준만, 「한국 미용·성형의 역사: '억울하면 출세하라'에서 '억울하면 고쳐라'로」, 월간 『인물과사상』, 2007년 7월, 143~192쪽.
강준만, 「한국 보험의 역사: '연고 복지'와 '각개약진 복지'가 만든 세계 6위」, 월간 『인물과사상』, 2007년 8월, 146~196쪽.
강준만, 「한국 머리카락 논란의 역사: 단발령에서 노컷운동까지, 1895~2007」, 월간 『인물과사상』, 2007년 9월, 165~207쪽.
강준만, 「한국 춤바람의 역사: '댄스 금지령'에서 '부킹 열풍'까지」, 월간 『인물과사상』, 2007년 10월, 148~193쪽.
강준만, 「한국 미신의 역사: '호모 루덴스'의 시련·불안·불확실성에 대한 투쟁」, 월간 『인물과사상』, 2007년 11월, 152~196쪽.
강준만, 「한국 목욕의 역사: '혜제원 목욕'에서 '찜질방 열풍'까지」, 월간 『인물과사상』, 2007년 12월.
강준만·오두진, 『고종 스타벅스에 가다: 커피와 다방의 사회사』, 인물과사상사, 2005.
강창석, 『조선 통감부 연구』, 국학자료원, 1994.
강창일, 「일본 대륙낭인의 한반도 침략: 일본우익의 대아시아주의에 대한 이해를 위하여」, 『역사비평』, 계간28호(1995년 봄), 189~221쪽.
강창일, 「일진회의 '합방' 운동과 흑룡회」, 『역사비평』, 통권52호(2000년 가을), 220~249쪽.
강창일, 『근대 일본의 조선침략과 대아시아주의: 우익 낭인의 행동과 사상을 중심으로』, 역사비평사, 2002.
경향신문 특별취재팀, 『우리도 몰랐던 한국의 힘』, 한스미디어, 2006.
고동환, 「근대화논쟁」, 『한국사 시민강좌』, 제20집, 일조각, 1997, 197~222쪽.
고명수, 『나의 꽃밭에 님의 꽃이 피었습니다: 민족의 청년 한용운』, 한길사, 2000.
고미숙, 『한국의 근대성, 그 기원을 찾아서: 민족·섹슈얼리티·병리학』, 책세상, 2001.
고미숙, 『열하일기, 웃음과 역설의 유쾌한 시공간』, 그린비, 2003.
고부응, 『초민족 시대의 민족 정체성: 식민주의·탈식민 이론·민족』, 문학과지성사, 2002.
고성훈 외, 『민란의 시대: 조선시대의 민란과 변란들』, 가람기획, 2000.

고영복, 『한국인의 성격: 그 변혁을 위한 과제』, 사회문화연구소, 2001.
고은, 『한용운 평전』, 향연, 2004.
고정휴, 「독립운동기 이승만의 외교 노선과 제국주의」, 『역사비평』, 계간31호(1995년 겨울), 129
~187쪽.
고종석, 『코드 훔치기: 한 저널리스트의 21세기 산책』, 마음산책, 2000.
공용배, 「논설분석을 통해서 본 『독립신문』의 역할과 성격」, 『언론과 사회』, 제14호(1996년 겨
울), 86~110쪽.
구대열, 『제국주의와 언론: 배설·대한매일신보 및 한·영·일 관계』, 이화여자대학교출판부,
1986.
구대열, 『한국 국제관계사 연구 1: 일제시기 한반도의 국제관계』, 역사비평사, 1995.
구선희, 『한국근대 대청정책사 연구』, 혜안, 1999.
국사편찬위원회 편, 『거상, 전국 상권을 장악하다』, 두산동아, 2005.
국사편찬위원회 편, 『근현대 과학 기술과 삶의 변화』, 두산동아, 2005.
국사편찬위원회 편, 『상장례, 삶과 죽음의 방정식』, 두산동아, 2005.
국사편찬위원회 편, 『혼인과 연애의 풍속도』, 두산동아, 2005.
권보드래, 『한국 근대소설의 기원』, 소명출판, 2000.
권영민, 『한국현대문학사 1 1896~1945』, 민음사, 2002.
권오신, 『미국의 제국주의: 필리핀인들의 시련과 저항』, 문학과지성사, 2000.
권오영, 『조선 후기 유림의 사상과 활동』, 돌베개, 2003.
권태억 외, 『자료모음 근현대 한국탐사』, 역사비평사, 1994.
권태억 외, 『한국 근대사회와 문화 I: 19세기 말에서 20세기 초를 중심으로』, 서울대학교 출판부,
2003.
권희영, 『한국사의 근대성 연구』, 백산서당, 2001.
금장태, 『한국의 선비와 선비정신』, 서울대학교 출판부, 2000.
김경수, 『'언론'이 조선왕조 500년을 일구었다』, 가람기획, 2000.
김경일, 『공자가 죽어야 나라가 산다』, 바다출판사, 1999.
김경일·윤휘탁·이동진·임성모, 『동아시아의 민족이산과 도시: 20세기 전반 만주의 조선인』,
역사비평사, 2004.
김경태, 『한국근대경제사연구: 개항기의 미곡무역·방곡·상권문제』, 창작과비평사, 1994.
김경택, 「한말 중인층의 개화활동과 친일개화론: 오세창의 활동을 중심으로」, 『역사비평』, 계간
21호(1993년 여름), 250~263쪽.
김광수, 「독립신문의 광고 분석」, 『언론과 사회』, 제15호(1997년 봄), 62~84쪽.
김광수, 『역사에 남고 싶은 열망: 한국의 통치권자』, 현암사, 2003.
김구, 도진순 주해, 『백범일지』, 돌베개, 2002.
김근배, 『한국 근대 과학기술인력의 출현』, 문학과지성사, 2005.
김근수, 『한국잡지사연구』, 한국학연구소, 1999.

김기정, 『미국의 동아시아 개입의 역사적 원형과 20세기 초 한미관계 연구』, 문학과지성사, 2003.
김기진, 『청년 김옥균: 김기진 장편소설』, 문학사상사, 1993.
김대준, 『고종시대의 국가재정연구: 근대적 예산제도 수립과 변천』, 태학사, 2004.
김대중, 『김대중 옥중서신: 민족의 한을 안고』, 청사, 1984.
김덕록, 『화장과 화장품: 향장의 이론과 실제』, 답게, 1997.
김도형, 『대한제국기의 정치사상연구』, 지식산업사, 1994.
김도형, 「한국근대사에서 자주·독립의 의미」, 『역사비평』, 계간29호(1995년 여름), 179~191쪽.
김도형, 「일본의 조선침략과 낭인세력의 성격이 밝혀지다」, 『역사비평』, 통권60호(2002년 가을), 351~364쪽.
김동노, 「민란과 노동운동, 그리고 국가」, 『전통과 현대』, 1997년 가을, 112~134쪽.
김동택, 「식민지 체제의 기원에 관한 연구」, 『정치비평』, 창간호(1996), 283~300쪽.
김려실, 『투사하는 제국 투영하는 식민지: 1901~1945년의 한국영화사를 되짚다』, 삼인, 2006.
김명배, 문은경 엮음, 『개화기의 영어 이야기』, 국제영어대학원대학교 출판부, 2006.
김명섭, 「제1차 갑오농민전쟁기 정부의 개혁추진과정」, 한국근현대사연구회 편, 『한국근현대사연구』, 제3집, 한울, 1995, 5~34쪽.
김명호, 『초기 한미관계의 재조명: 셔먼호 사건에서 신미양요까지』, 역사비평사, 2005.
김민규, 「조규? 조약!: 역사용어 바로쓰기」, 『역사비평』, 통권75호(2006년 여름), 273~279쪽.
김민남 외, 『새로 쓰는 한국언론사』, 아침, 1993.
김민환, 『개화기 민족지의 사회사상』, 나남, 1988.
김민환, 『한국언론사』, 사회비평사, 1996.
김방, 「이동휘의 국권회복운동(1906~1913)」, 한국근현대사연구회 편, 『한국근현대사연구』, 제6집(1997), 5~39쪽.
김병곤, 「사회진화론의 발생과 전개」, 『역사비평』, 계간32호(1996년 봄).
김복수, 「『독립신문』의 경영」, 『언론과 사회』, 제14호(1996년 겨울), 58~85쪽.
김복수, 「유길준의 개화운동과 근대신문 창간에 미친 영향」, 『한국언론학보』, 제44-4호(2000년 가을).
김복순, 「신소설 – 근대성과 애국사상」, 『역사비평』, 계간14호(1991년 가을), 356~365쪽.
김삼웅 편저, 『친일파 100인 100문: 친일의 궤변, 매국의 논리』, 돌베개, 1995.
김삼웅, 『친일정치 100년사』, 동풍, 1995.
김삼웅, 『일제는 조선을 얼마나 망쳤을까』, 사람과사람, 1998.
김삼웅, 『왜곡과 진실의 역사』, 동방미디어, 1999.
김삼웅, 『서대문형무소 근현대사: 일제시대편』, 나남출판, 2000.
김삼웅, 『한국사를 뒤흔든 위서』, 인물과사상사, 2004.
김삼웅, 『단재 신채호 평전』, 시대의창, 2005.
김삼웅, 『심산 김창숙 평전』, 시대의창, 2006.
김삼웅, 『녹두 전봉준 평전』, 시대의창, 2007.

김삼웅·정운현, 『친일파 II: 일본 신국가주의의 전개와 친일파의 부활』, 학민사, 1992.
김상봉, 「교육과 권력」, 『역사비평』, 통권77호(2006년 겨울), 150~178쪽.
김상태, 「평안도 기독교 세력과 친미엘리트의 형성」, 『역사비평』, 통권45호(1998년 겨울), 171~207쪽.
김상태 편역, 『윤치호 일기 1916~1943: 한 지식인의 내면세계를 통해 본 식민지시기』, 역사비평사, 2001.
김성곤 외, 『21세기 문화 키워드 100』, 한국출판마케팅연구소, 2003.
김성원, 『한국 축구 발전사』, 살림, 2006.
김세철, 「남명 조식의 경(敬)·의(義) 사상과 언론활동에 관한 연구」, 『언론과학연구』, 제7권1호(2007), 4~46쪽.
김세철·김영재, 『조선시대의 언론문화』, 커뮤니케이션북스, 2000.
김송달, 『바로 보는 한국근현대 100년사 1』, 거름, 1998.
김숙자, 「대한매일신보의 항일민권의식 연구」, 한국근현대사연구회 편, 『한국근현대사연구』, 제6집(1997), 40~70쪽.
김숙자, 『대한제국기의 구국민권의식』, 국학자료원, 1998.
김승태, 「한국 개신교와 근대 사학」, 『역사비평』, 통권70호(2005년 봄), 123~144쪽.
김양식, 『근대한국의 사회변동과 농민전쟁』, 신서원, 1996.
김양식, 『새야 새야 파랑새야: 근대의 여명을 밝힌 '동학농민전쟁'』, 서해문집, 2005.
김영수, 「러시아: 러일전쟁 패배는 보는 두 시각」, 『역사비평』, 통권69호(2004년 가을), 309~324쪽.
김영자 편저, 『조선왕국 이야기: 100년전 유럽인이 유럽에 전한』, 서문당, 1997.
김영재, 『한국교회사』, 개혁주의신행협회, 1992.
김영주, 「조선조 민간인쇄조보의 몇가지 쟁점」, 『언론학연구』, 부경언론학회, 제3집(1999년 12월).
김영주, 「조선왕조 초기 공론과 공론형성과정 연구: 간쟁·공론·공론수렴제도의 개념과 종류, 특성」, 『언론과학연구』, 제2권3호(2002년 12월), 70~110쪽.
김영희, 「생성기 한국 근대언론사상의 형성」, 『언론학보』, 한양대 언론문화연구소, 제14집(1994), 89~127쪽.
김영희, 「『독립신문』 발행주체의 언론사상」, 『언론과 사회』, 제14호(1996년 겨울), 34~57쪽.
김옥균, 조일문 역주, 『갑신일록』, 건국대학교 출판부, 1977.
김용구, 『세계관 충돌과 한말 외교사, 1866~1882』, 문학과지성사, 2001.
김용구, 『세계외교사』, 서울대학교 출판부, 2006.
김용삼, 「인터뷰/조선시대 문과 급제자 1만4600명 분석한 송준호교수: "전쟁이 없었기 때문에 지배 엘리트는 공리공론에서 헤어나지 못했다"」, 『월간조선』, 2000년 12월, 506~517쪽.
김용옥, 『독기학설: 최한기의 삶과 생각』, 통나무, 1990.
김용운, 『무너지는 한국, 추락하는 한국인: 원형사관으로 본 한국의 좌절과 희망』, 고려원, 1995.

김용직, 『한국 근·현대정치론』, 풀빛, 1999.
김용휘, 『우리 학문으로서의 동학』, 책세상, 2007.
김원모, 『근대 한미관계사: 한미전쟁편』, 철학과현실사, 1992.
김원모, 『한미수교사: 조선보빙사의 미국사행편(1883)』, 철학과현실사, 1999.
김유원, 『100년뒤에 다시읽는 독립신문』, 경인문화사, 1999.
김육훈, 『살아있는 한국 근현대사 교과서』, 휴머니스트, 2007.
김윤식, 『이광수와 그의 시대 1』, 솔, 1999.
김윤식·김우종 외, 『한국현대문학사』, 현대문학, 2005.
김윤식·김현, 『한국문학사』, 민음사, 1996.
김윤식·김재홍·정호웅·서경석, 『우리 문학 100년』, 현암사, 2001.
김윤식·정호웅, 『한국소설사』, 문학동네, 2000.
김윤희·이욱·홍준화, 『조선의 최후』, 다른세상, 2004.
김은신, 『한국최초 101장면』, 가람기획, 2003.
김은정·문경민·김원용, 『동학농민혁명 100년: 혁명의 들불, 그 황톳길의 역사찾기』, 나남출판, 1995.
김을한, 『한국신문사화』, 탐구당, 1975.
김일란, 「기생, 혹은 근대여성의 중식주체」, 『문화과학』, 제31호(2002년 가을), 261~275쪽.
김재엽, 『122년간의 동거: 전환기에 읽는 한미관계 이야기』, 살림, 2004.
김재엽, 『100년전 한국사: 개항에서 한일합방까지』, 살림, 2006.
김재영, 『한국사상 오디세이』, 인물과사상사, 2004.
김재영 외, 『한국역사인물 뒤집어 읽기』, 인물과사상사, 2001.
김정기, 「청의 조선 종주권문제와 내정간섭」, 『역사비평』, 계간3호(1988년 겨울), 105~119쪽.
김정기, 「자본주의 열강의 이권침탈 연구: 19세기말 20세기초 미·일·러·청의 이권침략 총정리」, 『역사비평』, 계간11호(1990년 겨울), 72~103쪽.
김정기, 「1882년 조미수호통상조약과 이권침탈」, 『역사비평』, 계간17호(1992년 여름), 18~32쪽.
김정기, 「청의 원세개 파견과 조선군사정책」, 『역사비평』, 통권54호(2001년 봄), 389~403쪽.
김정기, 「임오년에 다시 보는 120년 전의 '임오군란'」, 『역사비평』, 통권60호(2002년 가을), 310~327쪽.
김정기, 「대원군 카리스마의 후광과 전봉준의 반응」, 『역사비평』, 통권66호(2004년 봄), 192~215쪽.
김정기, 「전봉준의 새 정치체제 구상」, 『역사비평』, 통권73호(2005년 겨울), 210~240쪽.
김정동, 『남아있는 역사, 사라지는 건축물』, 대원사, 2000.
김정인, 「동학의 천하관」, 『역사비평』, 통권53호(2000년 겨울), 306~316쪽.
김정환, 『역사의 희망과 희망의 역사: 근·현대편』, 푸른숲, 1998.
김종혁, 「조선후기의 대로」, 『역사비평』, 통권69호(2004년 가을), 359~383쪽.
김중규, 『군산이야기: 고지도와 옛사진으로 풀어본 군산역사』, 나인, 2001.

김지하, 『동학이야기』, 솔, 1994.
김진송, 『현대성의 형성: 서울에 딴스홀을 허(許)하라』, 현실문화연구, 1999.
김창순 외, 「학술토론/한국근현대사 연구의 현황과 방향」, 한국근현대사연구회 편, 『한국근현대사연구』, 제1집, 한울, 1995, 169~230쪽.
김철, 「이광수는 민족주의자인가」, 『역사비평』, 계간14호(1991년 가을), 343~349쪽.
김태수, 『꽃가치 피어 매혹케 하라: 신문광고로 본 근대의 풍경』, 황소자리, 2005.
김태웅, 『뿌리깊은 한국사 샘이깊은 이야기 6: 근대』, 솔, 2003.
김태웅, 『우리 학생들이 나아가누나: 소학교 풍경, 조선 후기에서 3·1운동까지』, 서해문집, 2006.
김필동, 『한국사회조직사연구: 계조직의 구조적 특성과 역사적 변동』, 일조각, 1992.
김학수, 『스크린밖의 한국영화사 I』, 인물과사상사, 2002.
김학준, 『러시아혁명사』, 문학과지성사, 1979.
김학준, 『한말의 서양정치학 수용 연구: 유길준·안국선·이승만을 중심으로』, 서울대학교 출판부, 2000.
김학준, 『가인 김병로 평전: 민족주의적 법률가, 정치가의 생애』, 민음사, 2001.
김형국, 「한국사학을 읽는 방외자의 넋두리」, 『한국사 시민강좌』, 제41집, 일조각, 2007, 216~230쪽.
김형국 편, 『땅과 한국인의 삶』, 나남출판, 1999.
김형인 외, 『미국학』, 살림, 2003.
김혜승, 『한국 민족주의: 발생양식과 전개과정』, 비봉출판사, 1997.
김호일 편저, 『한국근현대이행기 사회연구』, 신서원, 2000.
김호일, 『다시 쓴 한국 개항 전후사』, 중앙대학교 출판부, 2004.
김홍일, 『한국근대민족주의운동연구』, 금문당, 1987.
김화, 『이야기 한국영화사』, 하서, 2001.
김환표, 『쌀밥전쟁: 아주 낯선 쌀의 역사』, 인물과사상사, 2006.
김훈, 『남한산성: 김훈 장편소설』, 학고재, 2007.
나카무라 기쿠오, 강창일 옮김, 『이등박문』, 중심, 2000.
나카츠카 아키라, 박맹수 옮김, 『1894년, 경복궁을 점령하라!』, 푸른역사, 2002.
남경희, 『주체, 외세, 이념: 한국 현대국가 건설기의 사상적 인식』, 이화여자대학교 출판부, 1995.
노대환, 「조선후기 실학자들의 서학서 읽기」, 『한국사 시민강좌』, 제37집, 일조각, 2005, 119~139쪽.
노동은, 「애국가 가사는 언제, 누가 만들었나」, 『역사비평』, 계간25호(1994년 여름), 16~45쪽.
노영구, 「역사 속의 이순신 인식」, 『역사비평』, 통권69호(2004년 가을), 339~358쪽.
노영택, 『한말 국민국가건설운동과 국민교육』, 신서원, 2000.
노치준, 「한말의 근대화와 기독교」, 『역사비평』, 계간27호(1994년 겨울), 303~316쪽.

노태돈, 「한국민족의 형성시기에 대한 검토」, 『역사비평』, 계간19호(1992년 겨울).
노태돈, 「본 토론: 한국 민족은 언제 형성되었나」, 『역사비평』, 계간19호(1992년 겨울).
노형석, 『모던의 유혹 모던의 눈물: 근대 한국을 거닐다』, 생각의나무, 2004.
노형석, 『한국 근대사의 풍경』, 생각의나무, 2006.
노회찬, 『노회찬과 함께 읽는 조선왕조실록』, 일빛, 2004.
니시카와 나가오, 윤대석 옮김, 『국민이라는 괴물』, 소명출판, 2002.
단재신채호선생기념사업회, 『단재 신채호 전집(2권)』, 형설출판사, 1995.
당대비평 편집위원회 엮음, 『더 작은 민주주의를 상상한다』, 웅진지식하우스, 2007.
대구·경북역사연구회, 『역사속의 대구, 대구사람들』, 중심, 2001.
대한매일 특별취재반, 『저기에 용감한 조선 군인들이 있었소!: 해외 항일 전적지를 찾아서』, 동방미디어, 2001.
대한축구협회 엮음, 『한국축구의 영웅들: 축구 명예의전당 헌액 7인 열전』, 랜덤하우스중앙, 2005.
도정일·최재천, 『대담: 인문학과 자연과학이 만나다』, 휴머니스트, 2005.
도진순, 「세기의 망각을 넘어서: 러일전쟁 100주년 기념행사를 중심으로」, 『역사비평』, 통권77호(2006년 겨울), 279~318쪽.
동서식품, 『동서식품 20년사』, 동서식품주식회사, 1990.
동아일보사, 『민족과 더불어 80년: 동아일보 1920~2000』, 동아일보사, 2000.
려중동, 『고종시대 독립신문』, 형설출판사, 1992.
류대영, 『초기 미국선교사 연구』, 한국기독교역사연구소, 2001.
류대영, 『개화기 조선과 미국 선교사: 제국주의 침략, 개화자강, 그리고 미국 선교사』, 한국기독교역사연구소, 2004.
류준필, 「19세기 말 '독립'의 개념과 정치적 동원의 용법: 『독립신문』을 중심으로」, 역사문제연구소, 『역사문제연구 10』, 역사비평사, 2003, 45~82쪽.
리영희, 『스핑크스의 코: 리영희 에세이』, 까치, 1998.
리용필, 『조선신문 100년사』, 나남, 1993.
마루야마 마사오·가토 슈이치, 임성모 옮김, 『번역과 일본의 근대』, 이산, 2000.
마정미, 『광고로 읽는 한국 사회문화사』, 개마고원, 2004.
무라세 신야, 「헤이그의 굴욕 경험한 이위종, 적군(赤軍)에 가담하다: 일본인 학자가 본 1907년 헤이그 밀사 사건」, 『월간조선』, 2007년 7월, 192~203쪽.
문일평, 정해렴 편역, 『호남사론사화선집』, 현대실학사, 1996.
문현아, 「19세기 전반 조선의 통치구조에 관한 연구: 왕과 관료집단의 관계 변화를 중심으로」, 한국사회사학회, 『사회와 역사 55』, 문학과지성사, 1999, 41~72쪽.
민경배, 『알렌의 선교와 근대한미외교』, 연세대학교 출판부, 1991.
민영환, 조재곤 편역, 『해천추범: 1896년 민영환의 세계일주』, 책과함께, 2007.
민족문학사연구소 편역, 『근대계몽기의 학술·문예사상』, 소명출판, 2000.
박노자, 『나를 배반한 역사』, 인물과사상사, 2003.

박노자, 「하원호 교수의 박노자 비판에 대한 단상」, 월간 『인물과사상』, 2003년 10월, 177~191쪽.
박노자, 「내가 동학을 사랑하는 방법: '하원호의 비판'에 대한 또 하나의 답」, 『당대비평』, 제25호(2004년 봄), 68~83쪽.
박노자, 『나는 폭력의 세기를 고발한다: 박노자의 한국적 근대 만들기』, 인물과사상사, 2005.
박노자, 『우승열패의 신화』, 한겨레신문사, 2005.
박노자, 『우리가 몰랐던 동아시아』, 한겨레출판, 2007.
박노자·허동현, 『열강의 소용돌이에서 살아남기』, 푸른역사, 2005.
박명규, 「한국과 일본의 근대국가형성과정에 관한 비교사적 연구: 19세기 후반 정치변혁과정을 중심으로」 서울대학교 대학원 사회학과 박사학위 논문, 1991년 8월.
박명규, 『한국 근대국가 형성과 농민』, 문학과지성사, 1997.
박명규, 「역사적 경험의 재해석과 상징화: 동학농민전쟁의 기념물」, 한국사회사학회, 『사회와 역사』, 통권 제51집(1997년 봄), 41~74쪽.
박명규, 「한말 '사회' 개념의 수용과 그 의미 체계」, 한국사회사학회 편, 『사회와 역사 59』, 문학과지성사, 2001, 51~82쪽.
박민영, 『대한제국기 의병연구』, 한울아카데미, 1998.
박석분·박은봉, 『인물여성사』, 새날, 1994.
박성수, 『이야기 독립운동사: 121가지 사건으로 보는 한국근대사』, 교문사, 1996.
박성수, 「격동의 대한제국 이면사 비록 남가몽」, 『서울신문』, 1998년 2월 25일~1998년 12월 16일, 29회 연재.
박성수, 『조선의 부정부패 그 멸망에 이른 역사』, 규장각, 1999.
박성진, 『한말~일제하 사회진화론과 식민지사회사상』, 선인, 2003.
박영규, 『한권으로 읽는 조선왕조실록』, 들녘, 1996.
박영규, 『특별한 한국인: 박영규의 속 시원한 우리역사, 우리문화이야기』, 웅진닷컴, 2000.
박영정, 「신파극」, 『역사비평』, 계간20호(1993년 봄), 361~368쪽.
박영학, 『동학운동의 공시구조』, 나남, 1990.
박영학, 「『독립신문』의 독자참여 연구: 시가를 중심으로」, 『언론과 사회』, 제14호(1996년 겨울), 142~166쪽.
박용규, 「중국과 일본의 근대신문 형성과정에 관한 비교연구」, 『한국사회와 언론 1: '포스트' 시대의 비판언론학』, 한울, 1992, 247~283쪽.
박용규, 「구한말 일본의 침략적 언론활동: 『한성신보』(1895~1906)를 중심으로」, 『한국언론학보』, 제43-1호(1998년 가을).
박용규, 『평양 대부흥운동: 100주년기념 개정판』, 생명의말씀사, 2007.
박은경, 『일제하 조선인 관료연구』, 학민사, 1999.
박은봉, 『개정판 한국사 100장면』, 실천문학사, 1997.
박은숙, 『갑신정변연구: 조선의 근대적 개혁구상과 민중의 인식』, 역사비평사, 2005.
박은식, 김도형 역주, 『한국통사』, 계명대학교 출판부, 1997.

박정규 외, 『한국근대사회의 변화와 언론』, 한국정신문화연구원, 1995.
박정신, 『한국 기독교사 인식』, 혜안, 2004.
박종성, 『한국의 매춘: 매춘의 정치사회학』, 인간사랑, 1994.
박종수, 『러시아와 한국: 잃어버린 백년의 기억을 찾아서』, 백의, 2001.
박종채, 박희병 옮김, 『나의 아버지 박지원』, 돌베개, 2005.
박지향, 『제국주의: 신화와 현실』, 서울대학교 출판부, 2000.
박지향, 『일그러진 근대: 100년전 영국이 평가한 한국과 일본의 근대성』, 푸른역사, 2003.
박찬승, 「'애국계몽운동' 잘못 알고 있다」, 『역사비평』, 계간8호(1990년 봄), 282~288쪽.
박찬승, 「근대적 지식인의 출현과 민족사적 과제」, 『역사비평』, 계간18호(1992년 가을), 248~261쪽.
박찬승, 『한국근대 정치사상사연구: 민족주의 우파의 실력양성운동론』, 역사비평사, 1992.
박찬승, 「한말·일제시기 사회진화론의 성격과 영향」, 『역사비평』, 계간32호(1996년 봄).
박찬승, 「부르주아민족주의, 우파민족주의, 문화민족주의: 역사용어 바로쓰기」, 『역사비평』, 통권75호(2006년 여름), 286~290쪽.
박찬식, 「'이재수의 난': 사실성과 상징성 사이의 표류」, 『역사비평』, 통권48호(1999년 가을), 373~385쪽.
박찬호, 안동림 옮김, 『한국가요사 1895~1945』, 현암사, 1992.
박천홍, 『매혹의 질주, 근대의 횡단: 철도로 돌아본 근대의 풍경』, 산처럼, 2003.
박태순, 「역사를 위한 변명과 해명: 최남선의 반민족사학」, 『역사비평』, 계간10호(1990년 가을), 182~193쪽.
박태호, 『장례의 역사: 고인돌부터 납골당까지, 숭배와 기피의 역사』, 서해문집, 2006.
박홍갑, 『사관 위에는 하늘이 있소이다』, 가람기획, 1999.
박환, 『20세기 한국근현대사 연구와 쟁점』, 국학자료원, 2001.
박희병, 『운화와 근대: 최한기 사상에 대한 음미』, 돌베개, 2003.
반병률, 「한국인의 러시아 이주사: 연해주로의 유랑과 중앙아시아로의 강제이주」, 『한국사 시민강좌』, 제28집, 일조각, 2001, 65~89쪽.
방선주, 「한국인의 미국 이주: 그 애환의 역사와 전망」, 『한국사 시민강좌』, 제28집, 일조각, 2001, 90~108쪽.
배성준, 「간도·간도출병」, 『역사비평』, 통권73호(2005년 겨울), 38~42쪽.
배항섭, 「활빈당—의적에서 의병으로」, 『역사비평』, 계간17호(1992년 여름), 343~347쪽.
배항섭, 「'동학농민전쟁', 어떤 사회를 만들려고 했나」, 『역사비평』, 계간19호(1992년 겨울), 324~337쪽.
배항섭, 「개항기(1876~1894) 민중들의 일본에 대한 인식과 대응」, 『역사비평』, 계간27호(1994년 겨울), 217~236쪽.
배항섭, 「전봉준과 대원군의 '밀약설' 고찰」, 『역사비평』, 계간39호(1997년 겨울), 139~172쪽.
배항섭, 『조선후기 민중운동과 동학농민전쟁의 발발』, 경인문화사, 2002.

백낙준, 『한국개신교사 1832~1910』, 연세대학교 출판부, 1973.
백대웅, 『전통음악의 랑그와 빠롤』, 통나무, 2003.
백성현·이한우, 『파란 눈에 비친 하얀 조선』, 새날, 1999.
백승종, 『한국의 예언문화사』, 푸른역사, 2006.
변태섭, 『한국사통론』, 삼영사, 1998.
복거일, 『죽은 자들을 위한 변호: 21세기의 친일문제』, 들린아침, 2003.
불교신문사 편, 『한국 불교사의 재조명』, 불교시대사, 1994.
사카이야 다이치, 김순호 옮김, 『조직의 성쇠: 무엇이 기업의 운명을 결정하는가?』, 위즈덤하우스, 2002.
사회과학원 역사연구소, 『근대조선역사: 북한학술서』, 일송정, 1988.
서사봉, 「개혁풍운아 김옥균(15회 연재)」, 『한국일보』, 1993년 11월 23일자~1994년 3월 2일자.
서암 조항래교수화갑기념논총간행위원회, 『한국사학논총』, 아세아문화사, 1992.
서연호·이상우, 『우리 연극 100년』, 현암사, 2000.
서영희, 「대한제국의 보호국화와 일제 통감부」, 『역사비평』, 통권52호(2000년 가을), 199~219쪽.
서영희, 「명성황후 연구」, 『역사비평』, 통권57호(2001년 겨울), 101~128쪽.
서영희, 「명성황후 재평가」, 『역사비평』, 통권60호(2002년 가을), 328~350쪽.
서영희, 『대한제국 정치사 연구』, 서울대학교 출판부, 2003.
서영희, 「대한제국의 빛과 그림자: 일제의 침략에 맞선 황제전제체제의 평가 문제」, 『한국사 시민강좌』, 제40집, 일조각, 2007, 213~231쪽.
서울대 정치학과 독립신문강독회, 『독립신문, 다시읽기: 백년 전 거울로 오늘을 본다』, 푸른역사, 2004.
서울사회과학연구소, 『근대성의 경계를 찾아서』, 새길, 1997.
서정민, 『한국교회의 역사』, 살림, 2003.
서정민, 『제중원과 초기 한국기독교』, 연세대학교 출판부, 2003.
서정민, 『언더우드가 이야기: 한국과 가장 깊은 인연을 맺은 서양인 가문』, 살림, 2005.
서정주, 『우남 이승만전』, 화산문화기획, 1995.
서지문, 「역사의 사실과 문학의 진실」, 『한국사 시민강좌』, 제41집, 일조각, 2007, 231~258쪽.
서진교, 「1899년 고종의 '대한국국제' 반포와 전제황제권의 추구」, 한국근현대사연구회 편, 『한국근현대사연구』, 제5집, 한울, 1996, 42~67쪽.
석화정, 「G. 렌슨. 『책략의 균형: 한반도와 만주에서의 국제쟁패, 1884~1899』」, 연세대학교 현대한국학연구소 편, 『해외한국학평론』, 창간호(2000년 봄), 189~218쪽.
설석규, 『조선시대 유생 상소의 공론정치』, 선인, 2002.
손동우·양권모, 『자유의 종을 난타하라』, 들녘, 2007.
손문호, 「언론(言論)과 언관(言官)」, 『전통과 현대』, 1997년 가을, 92~111쪽.
손석춘, 『신문읽기의 혁명』, 개마고원, 1997.
손세일, 「[연재] 손세일의 비교 전기/한국 민족주의의 두 유형: 이승만과 김구」, 『월간조선』,

2001년 8월~2003년 5월호.
손승철, 『조선통신사, 일본과 통하다』, 동아시아, 2006.
손정목, 『한국지방제도・자치사연구 (상): 갑오경장~일제강점기』, 일지사, 1992.
손형부, 『박규수의 개화사상연구』, 일조각, 1997.
송건호, 『서재필과 이승만』, 정우사, 1980.
송건호, 『송건호전집 1: 민족통일을 위하여・1』, 한길사, 2002.
송건호, 『송건호전집 2: 민족통일을 위하여・2』, 한길사, 2002.
송남헌 외, 우사연구회 엮음, 『몸으로 쓴 통일독립운동사: 우사 김규식 생애와 사상 ③』, 한울, 2000.
송도영, 「내 아이만큼은 무슨 일이 있더라도!: 교육과 강남 부동산 문제」, 『황해문화』, 제42호 (2004년 봄).
송두율, 『민족은 사라지지 않는다』, 한겨레신문사, 2000.
송병기, 『한국, 미국과의 첫만남: 대미개국사론』, 고즈윈, 2005.
송우혜, 「마지막 황태자(연재소설)」, 『신동아』, 1998년 3월호~1999년 2월호.
송정환, 『러시아의 조선침략사』, 범우사, 1990.
송찬섭, 『농민이 난(亂)을 생각하다: 1890년 한말 함창 고을의 농민항쟁을 찾아서』, 서해문집, 2004.
쓰키아시다쓰히코, 「개화파의 세계 인식: 유길준을 중심으로」, 『역사비평』, 통권53호(2000년 겨울), 296~305쪽.
신국주, 『근대조선정치사연구』, 박영사, 2004.
신규호, 『한국역사인물사전』, 석필, 1998.
신기현, 「조선조의 평등에 관한 연구」, 전북대학교 대학원 정치학과 박사학위 논문, 1990년 8월.
신동원, 「미국과 일본 보건의료의 조선 진출: 제중원과 우두법」, 『역사비평』, 통권56호(2001년 가을), 334~350쪽.
신동원, 「세균설과 식민지 근대성 비판」, 『역사비평』, 통권58호(2002년 봄), 341~362쪽.
신동원, 「양력과 음력」, 『역사비평』, 통권73호(2005년 겨울), 123~126쪽.
신동준, 「한국사 인물탐험/자주적 개화론자 김옥균: '아시아의 프랑스'를 꿈꾼 풍운아 일본의 조선 침탈 야욕에 농락당하다!」, 『월간조선』, 2007년 5월, 490~507쪽.
신동준, 「한국사 인물탐험/갑신정변의 주역에서 일본의 귀족된 박영효: '양반 타파'를 외친 철종의 사위 고종 제거-대통령을 꿈꾸다!」, 『월간조선』, 2007년 7월, 492~511쪽.
신명호, 『조선의 왕: 조선시대 왕과 왕실문화』, 가람기획, 1998.
신복룡, 『동학사상과 갑오농민혁명』, 평민사, 1985.
신복룡, 『동학사상과 한국민족주의』, 평민서당, 1985.
신복룡, 『한말개화사상연구』, 평민서당, 1987.
신복룡, 『한국정치사』, 박영사, 1991.
신복룡, 『전봉준 평전』, 지식산업사, 1996.

신복룡, 『한국정치사상사』, 나남출판, 1997.
신복룡, 「당쟁과 정당정치」, 『전통과 현대』, 1997년 가을, 74~91쪽.
신복룡, 『한국의 정치사상가: 전기정치학을 위한 시론』, 집문당, 1999.
신복룡, 『한국사 새로 보기: 아무도 의심하지 않았던 역사의 진실』, 풀빛, 2001.
신복룡, 『이방인이 본 조선 다시읽기』, 풀빛, 2002.
신봉승, 『역사 그리고 도전』, 답게, 1998.
신봉승, 『조선의 정쟁 1~5』, 동방미디어, 2001.
신용하, 『한국근대사와 사회변동』, 문학과지성사, 1980.
신용하, 『동학과 갑오농민전쟁연구』, 일조각, 1993.
신용하, 『세계체제변동과 현대한국』, 집문당, 1994.
신용하, 『독립협회연구: 독립신문·독립협회·만민공동회의 사상과 운동』, 일조각, 1996.
신용하, 『초기 개화사상과 갑신정변연구』, 지식산업사, 2000.
신용하, 『갑오개혁과 독립협회운동의 사회사』, 서울대학교 출판부, 2001.
신용하, 『일제 식민지정책과 식민지근대화론 비판』, 문학과지성사, 2006.
신용하, 『한국 항일독립운동사연구』, 경인문화사, 2006.
신용하·박명규·김필동 엮음, 『한국 사회사의 이해』, 문학과지성사, 1995.
신용하 외, 『일제경제침략과 국채보상운동』, 아세아문화사, 1994.
신인섭, 『한국광고발달사』, 일조각, 1992.
신인섭·서범석, 『한국광고사』, 나남, 1998.
신정일, 『한국사, 그 변혁을 꿈꾼 사람들』, 이학사, 2002.
신주백, 「'병합' 전 일본군의 조선주둔」, 『역사비평』, 통권54호(2001년 봄), 404~419쪽.
신주백, 「박람회―과시·선전·계몽·소비의 체험공간」, 『역사비평』, 통권67호(2004년 여름), 357~394쪽.
신형식, 『한국전통문화와 역사의식』, 삼지원, 2001.
신희석, 『일본의 외교정책』, 을유문화사, 1991.
아야베 쓰네오, 이종원 옮김, 『문화를 보는 열다섯 이론』, 인간사랑, 1987.
안귀덕 외, 『한국 근현대 교육사』, 한국정신문화연구원, 1995.
안길정, 『관아를 통해서 본 조선시대 생활사 전2권』, 사계절, 2000.
안영배, 「1899년 대한제국과 1999년 대한민국/ '어설픈 근대화론이 조선 망쳤고, 서툰 세계화가 국난 불렀다'」, 『신동아』, 1999년 3월, 528~545쪽.
안종묵, 「황성신문의 애국계몽운동에 관한 연구」, 한국외국어대학교 박사학위 논문, 1997년 8월.
안종묵, 「한국 근대신문·잡지의 발달 시기에 선교사들의 언론활동에 관한 연구」, 『한국언론학보』, 제48권 2호(2004년 4월), 5~27쪽.
안종화, 『한국영화측면비사』, 현대미학사, 1998.
안주섭·이부오·이영화, 『영토한국사』, 소나무, 2006.
안천, 『황실은 살아있다(상)』, 인간사랑, 1994.

야마베 겐타로, 안병무 역, 『한일합병사』, 범우사, 1991.
야마시다 영애, 「식민지 지배와 공창 제도의 전개」, 한국사회사학회, 『사회와 역사』, 통권 제51집(1997년 봄), 143~181쪽.
양문규, 「최남선 계몽주의의 역사적 한계」, 『역사비평』, 계간10호(1990년 가을), 194~204쪽.
양현혜, 『윤치호와 김교신: 근대조선에 있어서 민족적 아이덴티티와 기독교』, 한울, 1994.
여성사연구모임 길밖세상, 『20세기 여성사건사: 근대 여성교육의 시작에서 사이버 페미니즘까지』, 여성신문사, 2001.
역사문제연구소 편, 『바로 잡아야 할 우리 역사 37 장면 1』, 역사비평사, 1993.
역사문제연구소 편, 『인물로 보는 친일파 역사』, 역사비평사, 1993.
역사문제연구소 엮음, 『사회사로 보는 우리 역사의 7가지 풍경』, 역사비평사, 1999.
역사문제연구소 엮음, 『전통과 서구의 충돌: '한국적 근대성'은 어떻게 형성되었는가』, 역사비평사, 2001.
역사문제연구소 민중생활사연구모임, 「황토현에서 우금치까지」, 『역사비평』, 계간6호(1989년 가을), 338~348쪽.
『역사비평』 편집위원회, 『논쟁으로 본 한국사회 100년』, 역사비평사, 2000.
역사학연구소, 『강좌 한국근현대사』, 풀빛, 1995.
역사학연구소 1894년 농민전쟁연구분과 엮음, 『농민전쟁 100년의 인식과 쟁점』, 거름, 1994.
역사학회 편, 『한국 근·현대사 교과서의 '독립운동사' 서술과 쟁점』, 경인문화사, 2006.
연갑수, 「대원군과 서양: 대원군은 쇄국론자였는가」, 『역사비평』, 통권50호(2000년 봄), 105~149쪽.
연갑수, 『대원군집권기 부국강병정책 연구』, 서울대학교 출판부, 2001.
연국희, 「소련-중앙아시아 강제이주의 수난사」, 『역사비평』, 계간14호(1991년 가을), 219~230쪽.
오동석, 「한국 근현대사에 나타난 언론통제법의 본질과 실상」, 『역사비평』, 계간3호(1988년 겨울), 290~310쪽.
오성호, 「김동인 소설의 반역사성에 대하여」, 『역사비평』, 계간7호(1989년 겨울), 193~201쪽.
오세웅, 『서재필의 개혁운동과 오늘의 과제』, 고려원, 1993.
오수창, 「세도정치를 다시 본다」, 『역사비평』, 계간12호(1991년 봄), 136~150쪽.
오수창, 「최명길과 김상헌」, 『역사비평』, 통권42호(1998년 봄), 393~403쪽.
오수창, 「청과의 외교 실상과 병자호란」, 『한국사 시민강좌』, 제36집, 일조각, 2005, 100~123쪽.
오에 시노부, 양현혜·이규태 옮김, 『야스쿠니신사』, 소화, 2001.
오영섭, 『화서학파의 사상과 민족운동』, 국학자료원, 1999.
오영섭, 「최남선: 한국의 역사가」, 『한국사 시민강좌』, 제37집, 일조각, 2005, 205~224쪽.
오영섭, 『고종황제와 한말의병』, 선인, 2007.
오욱환, 『한국사회의 교육열: 기원과 심화』, 교육과학사, 2000.
왕현종, 『한국 근대국가의 형성과 갑오개혁』, 역사비평사, 2003.
왕현종, 「광무개혁 논쟁」, 『역사비평』, 통권73호(2005년 겨울), 28~32쪽.

요시다 유타카, 최혜주 옮김, 『일본의 군대: 병사의 눈으로 본 근대일본』, 논형, 2005.
요시미 순야, 이태문 옮김, 『박람회: 근대의 시선』, 논형, 2004.
요시미 순야, 이종욱 옮김, 『만국박람회의 환상: 전후 정치의 주술과 시민의식』, 논형, 2007.
요시미 순야 외, 이태문 옮김, 『운동회: 근대의 신체』, 논형, 2007.
우윤, 『전봉준과 갑오농민전쟁』, 창작과비평사, 1993.
운노 후쿠쥬, 「한국병합의 역사인식: 이태진교수의 구(舊)조약무효 식민지지배 불법론에 대하여」, 『전통과 현대』, 통권9호(1999년 가을), 140~165쪽.
원준상, 『한국의 세계화와 미국 이민사』, 삶과꿈, 1997.
위암장지연선생기념사업회, 『한국근대언론과 민족운동』, 커뮤니케이션북스, 2001.
위암장지연선생기념사업회, 『한국근대언론의 재조명』, 커뮤니케이션북스, 2001.
유길준, 허경진 옮김, 『서유견문』, 서해문집, 2004.
유동준, 『유길준전』, 일조각, 1997.
유모토 고이치, 연구공간 수유+너머 동아시아근대세미나팀 옮김, 『일본 근대의 풍경: 만화와 삽화로 생생하게 살아나는 메이지 시대 정치·경제·사회·문화의 기원』그린비, 2004.
유민영, 『한국 근대극장 변천사』, 태학사, 1998.
유봉학, 『정조대왕의 꿈: 개혁과 갈등의 시대』, 신구문화사, 2001.
유선영, 「극장구경과 활동사진 보기: 충격의 근대 그리고 즐거움의 훈육」, 『역사비평』, 통권64호(2003년 가을), 362~376쪽.
유승훈, 『다산과 연암, 노름에 빠지다』, 살림, 2006.
유영렬, 『개화기의 윤치호연구』, 한길사, 1985.
유영렬, 『대한제국기의 민족운동』, 일조각, 1997.
유영익, 『이승만의 삶과 꿈』, 중앙일보사, 1996.
유영익, 『갑오경장연구』, 일조각, 1997.
유영익, 『동학농민봉기와 갑오경장』, 일조각, 1998.
유영익, 『젊은 날의 이승만: 한성감옥생활(1899~1904)과 옥중잡기 연구』, 연세대학교 출판부, 2002.
유영익, 「김홍집: 개혁을 서둘다가 임금과 백성에게 배척당한 친일 정치가」, 『한국사 시민강좌』, 제31집, 일조각, 2002, 103~133쪽.
유영익, 「동학농민운동의 기본 성격」, 『한국사 시민강좌』, 제40집, 일조각, 2007, 197~212쪽.
유의영, 「아메리카-풍요를 좇아 산 고난의 90년: 해외동포 이민애사, 그 유랑의 세월」, 『역사비평』, 계간14호(1991년 가을), 231~243쪽.
유재천, 『한국언론과 이데올로기』, 문학과지성사, 1990.
유재천, 「『독립신문』의 국문판과 영문판 논설 비교분석」, 『언론과 사회』, 제14호(1996년 겨울), 111~141쪽.
유초하, 『한국사상사의 인식』, 한길사, 1994.
유한철, 「중기의병사(1904~1907) 연구의 성과와 과제」, 한국근현대사연구회 편, 『한국근현대사연구』, 제1집, 한울, 1995, 231~266쪽.
유현목, 『유현목의 한국영화발달사』, 책누리, 1997.
윤건차, 「일본의 사회진화론과 그 영향」, 『역사비평』, 계간32호(1996년 봄).
윤건차, 하종문·이애숙 옮김, 『일본 그 국가·민족·국민』, 일월서각, 1997.
윤경헌·최창신, 『국기(國技) 축구 그 찬란한 아침: 이야기 한국체육사 3』, 국민체육진흥공단, 1997.
윤덕한, 『이완용 평전: 애국과 매국의 두 얼굴』, 중심, 1999.
윤병석, 『한국독립운동의 해외사적 탐방기』, 지식산업사, 1994.
윤병석, 『이상설전: 해아특사 이상설의 독립운동론』, 일조각, 1998.
윤병석, 「조선인의 간도 개척과 조선인 사회」, 『한국사 시민강좌』, 제28집, 일조각, 2001, 43~64쪽.
윤병철, 「조선조 말 개화세력의 형성과 커뮤니케이션 혁신」, 『한국언론학보』, 제46-1호(2001년 겨울).
윤병희, 「일본망명시절 유길준의 쿠데타음모사건」, 한국근현대사연구회 편, 『한국근현대사연구』, 제3집, 한울, 1995, 35~59쪽.
윤사순, 「양반의 정신세계」, 『한국사시민강좌 제29집』, 일조각, 2001, 46~67쪽.
윤사순·이광래, 『우리 사상 100년』, 현암사, 2001.
윤선자, 「1910년대 일제의 종교규제법령과 조선천주교회의 대응」, 한국근현대사연구회 편, 『한국근현대사연구』, 제6집(1997), 71~110쪽.
윤성렬, 『도포입고 ABC 갓쓰고 맨손체조: 신문화의 발상지 배재학당 이야기』, 학민사, 2004.
윤승용, 「한국 근대 종교의 성립과 전개」, 한국사회사학회, 『사회와 역사 52』, 문학과지성사, 1997, 11~47쪽.
윤이흠, 『한국종교연구 1: 종교사관·역사적 연구·정책』, 집문당, 2000.
윤지관 편, 『영어, 내 마음의 식민주의』, 당대, 2007.
윤택림, 『한국의 모성』, 지식마당, 2001.
윤학준, 『양반 동네 소동기』, 효리, 2000.
이강숙·김춘미·민경찬, 『우리 양악 100년』, 현암사, 2001.
이경재, 『청계천은 살아있다: 조선시대 청계천과 그 주변 이야기』, 가람기획, 2002.
이경재, 『한양이야기』, 가람기획, 2003.
이경훈, 『오빠의 탄생: 한국 근대문학의 풍속사』, 문학과지성사, 2003.
이계형, 『고종황제의 마지막 특사: 이준의 구국운동』, 역사공간, 2007.
이광린, 『개화기의 인물』, 연세대학교 출판부, 1993.
이광린, 『한국개화사상연구』, 일조각, 1995.
이광린, 『한국사강좌 5:근대편』, 일조각, 1997.
이광린, 『개화당연구』, 일조각, 1997.
이광린·유재천·김학동, 『대한매일신보연구: 인문연구논총 제16집』, 서강대학교 인문과학연구소, 1986.
이광수, 『도산 안창호』, 하서, 2004.
이규태, 『한국인의 의식구조 1: 한국인은 누구인가?』, 신원문화사, 1983.
이규태, 『한국인의 의식구조 2: 한국인의 동질성이란?』, 신원문화사, 1983.
이규태, 『한국인의 의식구조 3: 이 땅의 토박이』, 신원문화사, 1983.
이규태, 『한국인의 버릇: ①버리고 싶은 버릇』, 신원문화사, 1991.
이규태, 『무엇이 우리를 한국인이게 만드는가』, 이목, 1992.
이규태, 『한국인의 정서구조 1: 해학과 눈물의 한국인』, 신원문화사, 1994.
이규태, 『한국학 에세이 1: 전통과 생활의 접목』, 신원문화사, 1995.
이규태, 『한국학 에세이 2: 한국의 재발견』, 신원문화사, 1995.
이규태, 『한국인, 이래서 못산다』, 신원문화사, 1999.
이규태, 『한국인, 이래서 잘산다』, 신원문화사, 1999.
이규태, 『암탉이 울어야 집안이 잘된다 1: 여성이여, 이제는 깨어나라』, 신원문화사, 2000.
이규태, 『죽어도 나는 양반, 너는 상놈: 이규태의 개화백경 1』, 조선일보사, 2000.
이규태, 『호판댁 나귀는 약과도 싫다하네: 이규태의 개화백경 2』, 조선일보사, 2000.
이규태, 『한국인의 민속문화 2: 우리 민속문화의 뿌리찾기』, 신원문화사, 2000.
이규태, 『한국인의 민속문화 3: 우리 민속문화의 정체성』, 신원문화사, 2000.
이규태, 『한국인의 밥상문화 2: 음식 속 숨은 문화 읽기』, 신원문화사, 2000.
이규태, 『한국인의 생활문화 1: 멋과 풍류의 생활철학』, 신원문화사, 2000.
이규태, 『한국인의 생활문화 2: 전통 생활문화의 재발견』, 신원문화사, 2000.
이규태, 『한국인의 주거문화 1: 우리 땅 우리 건축의 수수께끼』, 신원문화사, 2000.
이규태, 『한국인의 주거문화 2: 풍수지리로 보는 우리 문화』, 신원문화사, 2000.
이기백, 「반도적 성격론 비판」, 『한국사 시민강좌』, 제1집, 일조각, 1987, 1~19쪽.
이기백, 『한국사신론』, 일조각, 1997.
이기훈, 「친일과 협력」, 『역사비평』, 통권73호(2005년 겨울), 48~51쪽.
이기훈, 「민족해방운동과 독립운동」, 『역사비평』, 통권73호(2005년 겨울), 52~54쪽.
이길상, 「제국주의 문화침략과 한국교육의 대미종속화」, 『역사비평』, 계간18호(1992년 가을), 108~122쪽.
이노우에가쿠고로, 한상일 역·해설, 『서울에 남겨둔 꿈: 19세기말 일본인이 본 조선』, 건국대학교 출판부, 1995.
이능화, 이재곤 옮김, 『조선해어화사』, 동문선, 1992.
이달순, 『이승만 정치 연구』, 수원대학교 출판부, 2000.
이덕일, 『당쟁으로 보는 조선역사』, 석필, 1997.
이덕일, 『송시열과 그들의 나라』, 김영사, 2000.
이덕일, 『역사에게 길을 묻다』, 이학사, 2002.
이덕주, 『초기한국기독교사연구』, 한국기독교역사연구소, 1995.

이덕주, 『조선은 왜 일본의 식민지가 되었는가』, 에디터, 2004.
이덕주, 『한국교회 처음 이야기』, 홍성사, 2006.
이만규, 『조선교육사 II』, 거름, 1991.
이만열 편, 『아펜젤러: 한국에 온 첫 선교사』, 연세대학교 출판부, 1985.
이만열, 『한국기독교와 민족의식: 한국기독교사연구논고』, 지식산업사, 1991.
이만열, 「아펜젤러: 한국에 온 첫 선교사」, 『한국사 시민강좌』, 제34집, 일조각, 2004, 1~15쪽.
이명화, 『도산 안창호의 독립운동과 통일노선』, 경인문화사, 2002.
이명화, 『근대화의 선각자 최광옥의 삶과 위대한 유산』, 역사공간, 2006.
이문열, 『여우사냥』, 살림, 1995.
이민식, 『최근사에 비친 한국의 실체』, 국학자료원, 1996.
이민웅, 「역사소설에 그려진 이순신」, 『한국사 시민강좌』, 제41집, 일조각, 2007, 64~84쪽.
이민원, 「고종의 환궁에 관한 연구: 러시아의 군사교관 파한의도와 관련하여」, 한국근현대사연구회 편, 『한국근현대사연구』, 제1집, 한울, 1995, 7~27쪽.
이민원, 『한국의 황제』, 대원사, 2001.
이민희, 「1900년 전후 개화기 신문에 나타난 약소국가 인식 태도 연구」, 방일영문화재단, 『한국언론학술논총 2004』, 커뮤니케이션북스, 2004.
이배용, 「열강의 이권침탈과 조선의 대응」, 『한국사 시민강좌』, 제7집, 일조각, 1990, 97~126쪽.
이배용 외, 『우리나라 여성들은 어떻게 살았을까 1: 고대부터 조선시기까지』, 청년사, 1999.
이배용 외, 『우리나라 여성들은 어떻게 살았을까 2: 개화기부터 해방기까지』, 청년사, 1999.
이범직, 『이상과 열정, 조선역사』, 쿠북, 2007.
이상근, 「노령지역에서의 한인 이주실태」, 한국근현대사연구회 편, 『한국근현대사연구』, 제2집, 한울, 1995, 102~146쪽.
이상길, 「유성기의 활용과 사적 영역의 형성」, 『언론과 사회』, 제9권 4호(2001년 가을), 49~95쪽.
이상록·이유재 엮음, 『일상사로 보는 한국근현대사』, 책과함께, 2006.
이상익, 『서구의 충격과 근대 한국사상』, 한울아카데미, 1997.
이상찬, 「한말 지방자치 실시 논의와 그 성격」, 『역사비평』, 계간13호(1991년 여름), 18~27쪽.
이상찬, 「을사조약과 병합조약은 성립하지 않았다」, 『역사비평』, 계간31호(1995년 겨울), 223~248쪽.
이상찬, 「국채보상운동과 IMF '금모으기운동'의 허구성」, 『역사비평』, 통권43호(1998년 여름), 15~23쪽.
이상찬, 「1896년 의병운동 통설에 대한 비판적 검토」, 『역사비평』, 통권45호(1998년 겨울), 151~170쪽.
이상찬, 「파리 소재 외규장각 도서 반환, 무엇이 문제인가」, 『당대비평』, 제13호(2000년 겨울), 424~440쪽.
이상찬, 「을사조약이 아니라 한일 외교권 위탁 조약안이다」, 『역사비평』, 통권73호(2005년 겨울), 33~37쪽.

이상희, 『조선조 사회의 커뮤니케이션 현상연구』, 나남, 1993.
이서구 외, 『커피와 행복』, 합동통신사, 1973.
이성무, 『조선의 부정부패 어떻게 막았을까』, 청아출판사, 2000.
이소영, 「서양음악의 충격과 음악문화의 왜곡」, 『역사비평』, 통권45호(1998년 겨울), 123~139쪽.
이승렬, 『제국과 상인: 서울·개성·인천 지역 자본가들과 한국 부르주아의 기원, 1896~1945』, 역사비평사, 2007.
이승렬, 「한말 자본가계급의 형성과 동아시아 국제관계: 근대이행의 한국적 경로에 대한 일고」, 『역사비평』, 통권76호(2006년 가을), 329~358쪽.
이승원, 『소리가 만들어낸 근대의 풍경』, 살림, 2005.
이승원, 『학교의 탄생: 100년전 학교의 풍경으로 본 근대의 일상』, 휴머니스트, 2005.
이연복·이경복, 『한국인의 미용풍속』, 월간에세이, 2000.
이영학, 「담배의 사회사: 조선후기에서 일제시기까지」, 『역사비평』, 계간12호(1991년 봄), 121~135쪽.
이영호, 「역사의식 없는 역사기념물: 러시아의 인천해전 추모비 건립을 중심으로」, 『황해문화』, 제43호(2004년 여름), 265~274쪽.
이영화, 『조선시대 사람들: 신분으로 읽는 조선사람 이야기』, 가람기획, 1998.
이영훈 편, 『수량경제사로 다시 본 조선후기』, 서울대학교 출판부, 2004.
이완재, 『초기개화사상연구』, 민족문화사, 1989.
이원순·정재정 편저, 『일본 역사교과서, 무엇이 문제인가: 올바른 역사 인식을 위한 비판과 제언』, 동방미디어, 2002.
이윤상, 「대한제국을 좌지우지한 외국인 고문들」, 『역사비평』, 통권43호(1998년 여름), 141~158쪽.
이윤상, 「한말, 개항기, 개화기, 애국계몽기: 역사용어 바로쓰기」, 『역사비평』, 통권74호(2006년 봄), 300~304쪽.
이은직, 정홍준 옮김, 『인물로 보는 한국사』, 일빛, 2003.
이은호, 『축구의 문화사』, 살림, 2004.
이이화, 「전봉준과 동학농민전쟁 (1) 봉기-전주성 점령」, 『역사비평』, 계간7호(1989년 겨울), 203~252쪽.
이이화, 「전봉준과 동학농민전쟁 (2) 투쟁-반봉건 변혁운동과 집강소」, 『역사비평』, 계간8호(1990년 봄), 316~363쪽.
이이화, 「전봉준과 동학농민전쟁 (4) 농민군의 전면 항쟁과 그 최후」, 『역사비평』, 계간10호(1990년 가을), 316~356쪽.
이이화, 「한말-성냥과 석유를 처음 쓰던 시절」, 『역사비평』, 계간13호(1991년 여름), 86~94쪽.
이이화, 「역사를 왜곡한 김용옥의 시나리오 '개벽'」, 『역사비평』, 계간15호(1991년 겨울), 393~396쪽.
이이화, 「이완용의 곡예: 친미·친로에서 친일로」, 『역사비평』, 계간17호(1992년 여름), 193~

202쪽.
이이화, 「농민전쟁 1백년 동학인물열전(총32회 연재)」, 『한겨레』, 1993년 9월 14일~1994년 4월 26일자.
이이화, 「동학농민전쟁 백주년을 되돌아보며」, 『역사비평』, 계간28호(1995년 봄), 353~360쪽.
이이화, 『이이화의 역사 풍속 기행』, 역사비평사, 1999.
이이화, 『이이화의 못 다한 한국사 이야기』, 푸른역사, 2000.
이이화, 『한국사 이야기 16: 문벌정치가 나라를 흔들다』, 한길사, 2003.
이이화, 『한국사 이야기 17: 조선의 문을 두드리는 세계 열강』, 한길사, 2003.
이이화, 『한국사 이야기 18: 민중의 함성 동학농민전쟁』, 한길사, 2003.
이이화, 『한국사 이야기 19: 오백년 왕국의 종말』, 한길사, 2003.
이이화, 「신사유람단은 1881년 일본시찰단으로」, 『역사비평』, 통권73호(2005년 겨울), 18~22쪽.
이이효재, 『조선조사회와 가족: 신분상승과 가부장제문화』, 한울아카데미, 2003.
이인하, 양현혜 엮어옮김, 『기류민의 신학: 일본인들이 말하는 "재일 조선인"의 사회와 역사적 맥락에서』, 대한기독교서회, 1998.
이임자, 『한국 출판과 베스트셀러 1883~1996』, 경인문화사, 1998.
이임하, 『계집은 어떻게 여성이 되었나: 한국 근현대사 속의 여성 이야기』, 서해문집, 2004.
이재선, 『한국소설사 근·현대편 I』, 민음사, 2000.
이정규, 『한국사회의 학력·학벌주의: 근원과 발달』, 집문당, 2003.
이정식, 권기붕 옮김, 『초대 대통령 이승만의 청년시절』, 동아일보사, 2002.
이정식, 『구한말의 개혁·독립투사 서재필』, 서울대학교 출판부, 2003.
이정식, 『대한민국의 기원』, 일조각, 2006.
이종호, 『김옥균: 신이 사랑한 혁명가』, 일지사, 2002.
이중거 외 『한국영화의 이해: 〈아리랑〉에서 〈은마는 오지 않는다〉까지』, 예니, 1992.
이중한 외, 『우리 출판 100년』, 현암사, 2001.
이지은, 『왜곡된 한국 외로운 한국: 300년 동안 유럽이 본 한국』, 책세상, 2006.
이진희·강재언, 김익한·김동명 옮김, 『한일교류사: 새로운 이웃나라 관계를 구축하기 위하여』, 학고재, 1998.
이태원, 『현산어보를 찾아서: 200년 전의 박물학자 정약전』, 청어람미디어, 2003.
이태진, 「당파성론 비판」, 『한국사 시민강좌』, 제1집, 일조각, 1987, 53~69쪽.
이태진, 「한국침략 관련 협정들만 격식을 어겼다: 사카모토 시게끼 교수의 '회답'에 답한다」, 『전통과 현대』, 통권9호(1999년 가을).
이태진, 「약식조약으로 어떻게 국권을 이양하는가?: 운노 후쿠쥬 교수의 비판에 답한다」, 『전통과 현대』, 통권10호(1999년 겨울).
이태진, 『고종시대의 재조명』, 태학사, 2000.
이태진, 『의술과 인구 그리고 농업기술: 조선 유교국가의 경제발전 모델』, 태학사, 2002.
이태진, 「양반문화, 왜 매도되었나」, 『한국사 시민강좌』, 제29집, 일조각, 2001, 115~141쪽.

이태진, 「한국 근대의 수구·개화 구분과 일본 침략주의」, 『한국사 시민강좌』, 제33집, 일조각, 2003, 53~76쪽.
이태진, 『서울대 이태진 교수의 동경대생들에게 들려준 한국사: 메이지 일본의 한국침략사』, 태학사, 2005.
이태진, 「1876년 강화도조약의 명암」, 『한국사 시민강좌』, 제36집, 일조각, 2005, 124~139쪽.
이태진, 「한국병합조약인가, 한일합방조약인가?: 역사용어 바로쓰기」, 『역사비평』, 통권75호 (2006년 여름), 280~285쪽.
이태진, 역사 소설 속의 명성황후 이미지: 정비석의 역사소설 『민비』의 경우」, 『한국사 시민강좌』, 제41집, 일조각, 2007, 103~140쪽.
이태진 외, 「대한제국 100주년 좌담/고종과 대한제국을 둘러싼 최근 논쟁: 보수회귀인가 역사적 전진인가」, 『역사비평』, 계간37호(1997년 여름), 224~270쪽.
이태진 외, 『서울상업사』, 태학사, 2000.
이태진 외, 『한국병합의 불법성 연구』, 서울대학교 출판부, 2003.
이태진 편, 『조선시대 정치사의 재조명』, 태학사, 2003.
이태진 편저, 『한국병합, 성립하지 않았다』, 태학사, 2001.
이태진·김재호 외, 『고종황제 역사청문회』, 푸른역사, 2005.
이한우, 『거대한 생애 이승만 90년 (상)』, 조선일보사, 1995.
이한우, 「보부상의 현대적 의미」, 『전통과 현대』, 1997년 겨울, 74~103쪽.
이해명, 『개화기 교육개혁 연구』, 을유문화사, 1991.
이해창, 『한국신문사연구: 자료 중심』, 성문각, 1983.
이현희, 『한국개화백년사』, 한국학술정보, 2004.
이혜경, 『량치차오: 문명과 유학에 얽힌 애증의 서사』, 태학사, 2007.
이화100년사편찬위원회 편, 『이화 100년사』, 이화여자대학교 출판부, 1994.
이화여대 한국문화연구원, 『근대계몽기 지식 개념의 수용과 그 변용』, 소명출판, 2004.
이화여대 한국문화연구원, 『근대계몽기 지식의 발견과 사유 지평의 확대』, 소명출판, 2006.
이화여대 한국문화연구원, 『근대계몽기 지식의 굴절과 현실적 심화』, 소명출판, 2007.
이화형 편저, 『한국문화의 이해: 고전문헌을 중심으로』, 집문당, 1998.
이황직, 『독립협회, 토론공화국을 꿈꾸다: 민주주의 실험 천 일의 기록』, 프로네시스, 2007.
이효덕, 박성관 옮김, 『표상 공간의 근대』, 소명출판, 2002.
이효인, 『한국영화역사강의 1』, 이론과실천, 1992.
이훈옥, 「장지연의 사회개혁론: 신분제를 중심으로」, 한국근현대사연구회 편, 『한국근현대사연구』, 제3집, 한울, 1995, 60~94쪽.
이희근, 「1894년 농민전쟁기 농민의 동학에 대한 인식」, 한국근현대사연구회 편, 『한국근현대사연구』, 제5집, 한울, 1996, 5~41쪽.
임계순, 『우리에게 다가온 조선족은 누구인가』, 현암사, 2003.
임근수, 『언론과 역사: 희관 임근수 박사 논총』, 정음사, 1984.

임대식, 「이완용의 변신과정과 재산축적」, 『역사비평』, 계간22호(1993년 가을), 138~185쪽.
임종국, 반민족문제연구소 엮음, 『친일, 그 과거와 현재』, 아세아문화사, 1994.
임종국, 민족문제연구소 엮음, 『한국인의 생활과 풍속(2권)』, 아세아문화사, 1995.
임종국, 반민족연구소 엮음, 『실록 친일파』, 돌베개, 1996.
임종국, 『밤의 일제 침략사』, 한빛문화사, 2004.
임중빈, 『단재 신채호 일대기』, 범우사, 2003.
임혁백, 「동아시아 지역통합의 조건과 제약」, 『아세아연구』, 통권 118호(2004년 12월), 123~165쪽.
임혜봉, 「불교계의 친일인맥」, 『역사비평』, 계간22호(1993년 가을), 79~116쪽.
임혜봉, 『한권으로 보는 불교사 100장면』, 가람기획, 1994.
장규식, 『서울, 공간으로 본 역사』, 혜안, 2004.
장규식, 『민중과 함께 한 조선의 간디: 조만식의 민족운동』, 역사공간, 2007.
장남호 외, 『화혼양재와 한국근대』, 어문학사, 2006.
장덕순, 『이야기 국문학사』, 새문사, 2001.
장석만, 「'근대문명'이라는 이름의 개신교」, 『역사비평』, 통권46호(1999년 봄), 255~268쪽.
장석만, 「수염 깎기와 남성성의 혼동: 한국적 근대는 어떻게 만들어졌나」, 『역사비평』, 통권59호(2002년 여름), 388~404쪽.
장석만 외, 『한국 근대성 연구의 길을 묻다』, 돌베개, 2006.
장석주, 『20세기 한국문학의 탐험 1 1900~1934』, 시공사, 2000.
장인성, 『장소의 국제정치사상: 동아시아 질서변동기의 요코이 쇼난과 김윤식』, 서울대학교 출판부, 2002.
장회익·임현진 외, 『한국의 지성 100년』, 민음사, 2001.
전경옥·변신원·박진석·김은정, 『한국여성문화사: 한국여성근현대사 1 개화기~1945년』, 숙명여자대학교 아시아여성연구소, 2004.
전경옥·유숙란·이명실·신희선, 『한국여성정치사회사: 한국여성근현대사 1 개화기~1945년』, 숙명여자대학교 아시아여성연구소, 2004.
전복희, 『사회진화론과 국가사상: 구한말을 중심으로』, 한울아카데미, 1996.
전봉관, 『럭키경성: 근대조선을 들썩인 투기 열풍과 노블레스 오블리주』, 살림, 2007.
전영우, 『한국근대토론의 사적연구』, 일지사, 1991.
전완길 외, 『한국생활문화 100년 1894~1994』, 장원, 1995.
전택부, 『한국 기독교청년회 운동사』, 범우사, 1994.
전택부, 『월남 이상재의 생애와 사상』, 연세대학교 출판부, 2001.
전택부, 『양화진 선교사 열전』, 홍성사, 2005.
정긍식, 「서구법 수용의 왜곡」, 『역사비평』, 통권46호(1999년 봄), 285~298쪽.
정두희, 「천주교 신앙과 유배의 삶, 다산의 형 정약전」, 『역사비평』, 계간11호(1990년 겨울), 302~317쪽.

정두희, 「양반사회의 명과 암」, 『한국사 시민강좌』, 제29집, 일조각, 2001, 93~114쪽.
정두희, 『유교·전통·변용: 미국의 역사학자들이 보는 한국사의 흐름』, 국학자료원, 2005.
정병준, 『우남 이승만연구: 한국 근대국가의 형성과 우파의 길』, 역사비평사, 2005.
정선태, 『개화기 신문 논설의 서사 수용 양상』, 소명출판, 1999.
정성화, 「W. 그리피스, 『은자의 나라 한국』: 그리피스의 한국관을 중심으로」, 연세대학교 현대한국학연구소 편, 『해외한국학평론』, 창간호(2000년 봄), 11~42쪽.
정성희, 『한권으로 보는 한국사 101장면』, 가람기획, 1997.
정성희, 『조선의 성풍속: 여성과 성문화로 본 조선사회』, 가람기획, 1998.
정수일, 『한국속의 세계: 우리는 어떻게 세계와 소통해왔는가(2권)』, 창비, 2005.
정영희, 『개화기 종교계의 교육운동 연구』, 혜안, 1999.
정옥자, 『역사 에세이』, 문이당, 1996.
정옥자, 『역사에서 희망읽기』, 문이당, 1998.
정옥자, 『우리가 정말 알아야 할 우리 선비』, 현암사, 2002.
정용화, 『문명의 정치사상: 유길준과 근대 한국』, 문학과지성사, 2004.
정운현, 『서울시내 일제유산답사기』, 한울, 1995.
정운현, 『호외, 백년의 기억들: 강화도 조약에서 전두환 구속까지』, 삼인, 1997.
정일성, 『후쿠자와 유키치: 탈아론을 어떻게 펼쳤는가』, 지식산업사, 2001.
정일성, 『이토 히로부미: 알려지지 않은 이야기들』, 지식산업사, 2002.
정재정, 『일제침략과 한국철도(1892~1945)』, 서울대학교 출판부, 1999.
정재정, 「근대로 열린 길, 철도」, 『역사비평』, 통권70호(2005년 봄), 221~242쪽.
정종화, 『자료로 본 한국영화사 1 1905~1954』, 열화당, 1997.
정진석, 『한국현대언론사론』, 전예원, 1985.
정진석, 『대한매일신보와 배설: 한국문제에 대한 영일외교』, 나남, 1987.
정진석, 『한국언론사』, 나남, 1990.
정진석, 『인물 한국언론사: 한국언론을 움직인 사람들』, 나남, 1995.
정진석, 『한국언론사연구』, 일조각, 1995.
정진석 편저, 『독립신문·서재필 문헌해제』, 나남, 1996.
정진석, 「『대한매일신보와 배설』: 한국문제에 관한 영-일외교」, 『한국사 시민강좌』, 제19집, 일조각, 1996, 191~202쪽.
정진석, 『언론유사』, 커뮤니케이션북스, 1999.
정진석, 『언론과 한국현대사』, 커뮤니케이션북스, 2001.
정진석, 『역사와 언론인』, 커뮤니케이션북스, 2001.
정진석·이정식·이만열·김봉진·V.찬드라, 『한국근대언론의 재조명』, 민음사, 1996.
정출헌, 「신재효의 판소리를 재론한다」, 『역사비평』, 계간25호(1994년 여름), 321~337쪽.
정태헌, 『한국의 식민지적 근대 성찰: 근대주의 비판과 평화공존의 역사학 모색』, 선인, 2007.
정해승, 『엔터테인먼트 경제학』, 휴먼비즈니스, 2006.

정혜경, 「1910~1920년대 동경 한인 노동단체」, 한국근현대사연구회 편, 『한국근현대사연구』, 제1집, 한울, 1995, 63~102쪽.
조경란, 「중국에서의 사회진화론 수용과 극복」, 『역사비평』, 계간32호(1996년 봄), 325~338쪽.
조광, 「조선후기 서학의 수용층과 수용논리」, 『역사비평』, 계간25호(1994년 여름), 282~293쪽.
조동걸, 『한국근대사의 서가』, 나남출판, 1997.
조동걸, 『현대 한국사학사』, 나남출판, 1998.
조동걸, 『한국 근현대사의 이상과 형상』, 푸른역사, 2001.
조동걸·한영우·박찬승 엮음, 『한국의 역사가와 역사학 하』, 창작과비평사, 1994.
조동일, 『한국문학통사 4: 중세에서 근대로의 이행기문학 제2기, 1860~1918년』, 지식산업사, 2005.
조명기 외, 『한국사상의 심층』, 우석, 1986.
조사연·김호윤, 『조선역사와 오늘의 대화: 광복 60주년, 제2의 광복을 꿈꾸며』, 햇터, 2006.
조성윤, 「정치와 종교: 조선시대의 유교 의례」, 한국사회사학회 편, 『사회와 역사 53』, 문학과지성사, 1998, 11~37쪽.
조유식, 『정도전을 위한 변명』, 푸른역사, 1997.
조은, 「모성·성·신분제: 『조선왕조실록』'재가 금지' 담론의 재조명」, 한국사회사학회, 『사회와 역사』, 통권 제51집(1997년 봄), 109~141쪽.
조은 「모성의 사회적·역사적 구성: 조선 전기 가부장적 지배구조의 형성과 '아들의 어머니'」, 『사회와 역사 55』, 문학과지성사, 1999, 73~101쪽.
조재곤, 「홍종우 재조명: 왜 김옥균을 살해하였는가」, 『역사비평』, 계간17호(1992년 여름), 270~278쪽.
조재곤, 『한국 근대사회와 보부상』, 혜안, 2001.
조재곤, 『그래서 나는 김옥균을 쏘았다』, 푸른역사, 2005.
조정래, 『아리랑 1~2: 조정래 대하소설』, 해냄, 2001.
조항래 편저, 『1900년대의 애국계몽운동연구』, 아세아문화사, 1993.
조항래 편저, 『일제의 대한침략정책사연구: 일제침략요인을 중심으로』, 현음사, 1996.
조항래, 『한국사의 이해』, 아세아문화사, 2000.
조현범, 『문명과 야만: 타자의 시선으로 본 19세기 조선』, 책세상, 2002.
조혜정, 『한국의 여성과 남성』, 문학과지성사, 1988.
조흥윤, 『한국문화론』, 동문선, 2001.
조희문, 「한말 영화의 전래와 민중생활」, 『역사비평』, 계간22호(1993년 가을), 251~268쪽.
조희문, 『한국영화의 쟁점 1』, 집문당, 2002.
주강현, 『레드 신드롬과 히딩크 신화』, 중앙M&B, 2002.
주섭일, 『프랑스혁명과 한말변혁운동 ㄴ』, 일월서각, 1987.
주진오, 「미국제국주의의 조선침략과 친미파」, 『역사비평』, 계간3호(1988년 겨울), 64~86쪽.
주진오, 「교과서의 독립협회 서술은 잘못되었다」, 『역사비평』, 계간7호(1989년 겨울), 154~161쪽.

주진오, 「서재필자서전: 유명인사 회고록 왜곡 심하다」, 『역사비평』, 계간14호(1991년 가을), 297~307쪽.
주진오, 「갑오개혁의 새로운 이해」, 『역사비평』, 계간26호(1994년 가을), 18~56쪽.
주진오, 「청년기 이승만의 언론·정치활동 해외활동」, 『역사비평』, 계간33호(1996년 여름), 157~203쪽.
주진오, 「기존 개화파 용어에 대한 비판과 대안」, 『역사비평』, 통권73호(2005년 겨울), 23~27쪽.
주형일, 「사진매체의 수용을 통해 본 19세기 말 한국사회의 시각문화에 대한 연구」, 『한국언론학보』, 제47권 6호(2003년 12월).
지승종 외, 『사회사연구의 이론과 실제』, 한국정신문화연구원, 1998.
진덕규, 『한국정치의 역사적 기원』, 지식산업사, 2002.
진용옥, 『봉화에서 텔레파시통신까지: 정보와 통신의 원형을 찾아서』, 지성사, 1996.
진재교·임경석·이규수 외, 『근대전환기 동아시아 속의 한국』, 성균관대학교 출판부, 2004.
쩐원쉐, 『한국인이여 '상놈'이 돼라』, 우석, 1999.
차배근, 「한국 근대신문의 생성과정과 『독립신문』: 이식설에 관한 몇가지 의문점을 중심으로」, 『언론과 사회』, 제14호(1996년 겨울), 5~33쪽.
차배근 외, 『우리 신문 100년』, 현암사, 2001.
차병직, 「한국 법조 직역의 형성과정, 성격, 그리고 과제」, 『역사비평』, 통권77호(2006년 겨울), 46~66쪽.
차종순, 「린턴: 4대에 걸친 한국사람」, 『한국사 시민강좌』, 제34집, 일조각, 2004, 93~105쪽.
채백, 「조선신보에 관한 일연구」, 『신문학보』, 한국언론학회, 제26호(1991년), 345~374쪽.
채백, 「『독립신문』의 성격에 관한 일연구: 한국 최초의 민간지라는 평가에 대한 재검토를 중심으로」, 『한국사회와 언론 1: '포스트' 시대의 비판언론학』, 한울, 1992, 284~309쪽.
채백, 「언론촌지의 역사적 유래: 독립신문 관련 기사의 분석을 중심으로」, 『한국사회와 언론』, 제4호(1994년 여름), 233~252쪽.
채백, 「독립신문의 언론사상」, 『언론과 정보』, 부산대 언론정보연구소, 제2호(1996년), 81~107쪽.
채백, 「주요 국가에 대한 『독립신문』의 정치적 입장: 논설의 보도태도를 중심으로」, 『한국언론학보』, 제43-1호(1998년 가을), 254~276쪽.
채백, 「『독립신문』의 의병 관련 보도」, 『언론과 정보』, 부산대학교 언론정보연구소, 제6호(2000년 2월).
채백, 「개화기의 언론수용자운동」, 『한국언론정보학회보』, 통권 18호(2002년 봄).
채백, 『독립신문 연구』, 한나래, 2006.
천관우 외, 『위암 장지연의 사상과 활동: 장지연 연구논총』, 민음사, 1993.
천정환, 『근대의 책읽기: 독자의 탄생과 한국 근대문학』, 푸른역사, 2003.
천정환, 『끝나지 않는 신드롬: 친일과 반일을 넘어선 식민지 시대 다시 읽기』, 푸른역사, 2005.
최기영, 『『뎨국신문』 연구』, 서강대언론문화연구소, 1989.

최기영, 「한말 국민교육회의 설립에 관한 검토」, 한국근현대사연구회 편, 『한국근현대사연구』, 제1집, 한울, 1995, 29~62쪽.
최기영, 『대한제국시기 신문연구』, 일조각, 1996.
최기영, 『한국근대계몽사상연구』, 일조각, 2003.
최덕교 편저, 『한국잡지백년 1』, 현암사, 2004.
최덕수, 「청일전쟁과 동아시아의 세력변동」, 『역사비평』, 계간26호(1994년 가을), 57~68쪽.
최덕수, 「후쿠자와 유키치」, 『역사비평』, 계간39호(1997년 겨울), 353~362쪽.
최문정, 『임진록연구: 한일역사군담소설연구 1』, 박이정, 2001.
최문형, 『한국을 둘러싼 제국주의 열강의 각축』, 지식산업사, 2001.
최문형, 『국제관계로 본 러일전쟁과 일본의 한국병합』, 지식산업사, 2004.
최문형, 『명성황후 시해의 진실을 밝힌다』, 지식산업사, 2006.
최범서, 『야사로 보는 조선의 역사 2』, 가람기획, 2003.
최병옥, 『개화기의 군사정책연구』, 경인문화사, 2000.
최봉영, 『조선시대 유교문화』, 사계절, 1997.
최봉영, 『한국문화의 성격』, 사계절, 1997.
최봉영, 「유교문화와 한국사회의 근대화」, 한국사회사학회 편, 『사회와 역사 53』, 문학과지성사, 1998, 61~92쪽.
최상천, 『알몸 박정희』, 인물과사상사, 2007.
최영, 『근대 한국의 지식인과 그 사상』, 문학과지성사, 1997.
최원식, 『민족문학의 논리: 최원식 평론집』, 창작과비평사, 1982.
최은희, 「여성을 넘어 아낙의 너울을 벗고: 한국 최초의 여기자 추계 최은희의 개화여성열전」, 문이재, 2003.
최인진, 『한국신문사진사』, 열화당, 1992.
최인진, 『한국사진사 1631~1945』, 눈빛, 1999.
최제우, 김용옥 역주, 『도올심득 동경대전 1』, 통나무, 2004.
최준, 『한국신문사』, 일조각, 1987.
최준, 『한국신문사논고』, 일조각, 1995.
최창규, 『한국의 사상』, 서문당, 1996.
최형묵·백찬홍·김진호, 『무례한 자들의 크리스마스: 미국 복음주의를 모방한 한국 기독교 보수주의, 그 역사와 정치적 욕망』, 평사리, 2007.
최혜실, 『신여성들은 무엇을 꿈꾸었는가』, 생각의나무, 2000.
KBS 〈TV조선왕조실록〉 제작팀, 『사치하는 자는 장 100대에 처하라』, 가람기획, 1997.
KBS 〈TV조선왕조실록〉 제작팀, 『전하! 뜻을 거두어주소서』, 가람기획, 1999.
탁석산, 『탁석산의 한국의 민족주의를 말한다』, 웅진닷컴, 2004.
표영삼, 『동학 1: 수운의 삶과 생각』, 통나무, 2004.
표영삼, 『동학 2: 해월의 고난 역정』, 통나무, 2004.

하쓰다 토오루, 이태문 옮김, 『백화점: 도시문화의 근대』, 논형, 2003.
하야시 히로시게, 김성호 옮김, 『미나카이백화점』, 논형, 2007.
하영선, 「한말 외교사의 현대적 교훈」, 『한국사 시민강좌』, 제36집, 일조각, 2005, 240~264쪽.
하우봉, 『조선후기 실학자의 일본관연구』, 일지사, 1989.
하원호, 「갑오개혁-자주성과 친일성」, 『역사비평』, 계간14호(1991년 가을), 374~382쪽.
하원호, 『한국근대경제사연구』, 신서원, 1997.
하원호, 「역사는 배반하지 않는다: 박노자의 '한국근대 인식' 비판」, 『역사비평』, 통권64호 (2003년 가을), 377~388쪽.
하일식, 『연표와 사진으로 보는 한국사』, 일빛, 1998.
한국고문서학회, 『조선시대 생활사 2』, 역사비평사, 2000.
한국교회사학연구원 편, 『한국기독교사상』, 연세대학교 출판부, 1998.
한국근현대사회연구회, 『한국근대 개화사상과 개화운동』, 신서원, 1998.
한국기독교역사연구소, 『한국 기독교의 역사 I』, 기독교문사, 1989.
한국민중사연구회 편, 『한국민중사 II: 근현대편』, 풀빛, 1986.
한국사사전편찬회 편, 『한국근현대사사전 1860 1990』, 가람기획, 1990.
한국사연구회 편, 『근대 국민국가와 민족문제』, 지식산업사, 1995.
한국사회사연구회, 『한말 일제하의 사회사상과 사회운동』, 문학과지성사, 1994.
한국사회사학회 엮음, 『지식변동의 사회사』, 문학과지성사, 2003.
한국언론사연구회 엮음, 『대한매일신보 연구』, 커뮤니케이션북스, 2004.
한국여성연구소 여성사연구실, 『우리 여성의 역사』, 청년사, 1999.
한국역사연구회, 『1894년 농민전쟁연구 1: 농민전쟁의 사회경제적 배경』, 역사비평사, 1991.
한국역사연구회, 『1894년 농민전쟁연구 2: 18·19세기의 농민항쟁』, 역사비평사, 1991.
한국역사연구회, 『1894년 농민전쟁연구 3: 농민전쟁의 정치사상적 배경』, 역사비평사, 1991.
한국역사연구회, 『1894년 농민전쟁연구 4: 농민전쟁의 전개과정』, 역사비평사, 1991.
한국역사연구회, 『1894년 농민전쟁연구 5: 농민전쟁의 역사적 성격』, 역사비평사, 1991.
한국역사연구회, 『조선시대 사람들은 어떻게 살았을까 1: 사회·경제생활 이야기』, 청년사, 1996.
한국역사연구회, 『우리는 지난 100년 동안 어떻게 살았을까 1』, 역사비평사, 1998.
한국역사연구회, 『우리는 지난 100년 동안 어떻게 살았을까 2』, 역사비평사, 1998.
한국역사연구회, 『우리는 지난 100년 동안 어떻게 살았을까 3』, 역사비평사, 1999.
한국역사연구회, 『조선시대 사람들은 어떻게 살았을까 2: 정치·문화생활 이야기』, 청년사, 2005.
한국역사연구회 조선시기 사회사 연구반, 『조선은 지방을 어떻게 지배했는가』, 아카넷, 2000.
한국정치외교사학회 편, 『한국 근대정치사의 쟁점』, 집문당, 1995.
한국철학사상연구회, 『논쟁으로 보는 한국철학』, 예문서원, 1995.
한국학연구소 편, 『18세기 조선지식인의 문화의식』, 한양대학교 출판부, 2001.
한상권, 「조선후기 세도가문의 축재와 농민항쟁」, 『한국사 시민강좌』, 제22집, 일조각, 1998, 83~101쪽.

한상일, 『일본 지식인과 한국: 한국관의 원형과 변형』, 오름, 2000.
한상일, 『아시아 연대와 일본제국주의: 대륙낭인과 대륙팽창』, 오름, 2002.
한영우, 『한국민족주의역사학』, 일조각, 1994.
한영우, 『명성황후와 대한제국』, 효형출판, 2001.
한영우, 『역사학의 역사』, 지식산업사, 2002.
한영우, 『다시 찾는 우리역사 (3) 근대 · 현대』, 경세원, 2004.
한영우, 『명성황후, 제국을 일으키다』, 효형출판, 2006.
한영우 외, 『대한제국은 근대국가인가』, 푸른역사, 2006.
한원영, 『한국현대 신문연재소설연구 上』, 국학자료원, 1999.
한원영, 『한국신문 한세기: 개화기편』, 푸른사상, 2002.
한철호, 『친미개화파연구』, 국학자료원, 1998.
한철호, 「한국: 우리에게 러일전쟁은 무엇인가」, 『역사비평』, 통권69호(2004년 가을), 292~308쪽.
한홍구, 「단일민족의 신화를 넘어서」, 『황해문화』, 제35호(2002년 여름).
한홍구, 『대한민국사: 단군에서 김두한까지』, 한겨레신문사, 2003.
한홍구, 『대한민국사 02』, 한겨레신문사, 2003.
한홍구, 『대한민국사 04』, 한겨레신문사, 2006.
함재봉, 『탈근대와 유교: 한국정치담론의 모색』, 나남출판, 1998.
허동현 · 박노자, 『우리 역사 최전선: 박노자 · 허동현 교수의 한국 근대 100년 논쟁』, 푸른역사, 2003.
허영란, 「일제시기 상업의 근대성과 식민지성」, 『역사비평』, 계간25호(1994년 여름), 208~221쪽.
허우이제, 장지용 옮김, 『원세개』, 지호, 2003.
허원, 「아편전쟁을 다시 본다」, 『역사비평』, 계간39호(1997년 겨울), 255~269쪽.
현광호, 『대한제국의 대외정책』, 신서원, 2002.
현광호, 「유길준과 안중근의 동아시아인식 비교: 중국과 일본에 대한 상이한 시선」, 『역사비평』, 통권76호(2006년 가을), 25~57쪽.
혜안 기획실 편, 『제국 흥망의 연출자들: 인물로 보는 일본 1』, 혜안, 1994.
호현찬, 『한국영화 100년』, 문학사상사, 2000.
홍성철, 『유곽의 역사』, 페이퍼로드, 2007.
홍순권, 『한말 호남지역 의병운동사 연구』, 서울대학교 출판부, 1994.
홍순권, 「을미의병운동을 재평가한다」, 『역사비평』, 계간29호(1995년 여름), 165~178쪽.
홍순권, 「의병학살의 참상과 '남한대토벌'」, 『역사비평』, 통권45호(1998년 겨울), 30~38쪽.
홍순민, 「다시 "광화문이여 광화문이여": 조선 황실의 운명과 일제의 궁궐 파괴」, 『역사비평』, 계간36호(1997년 봄), 261~293쪽.
홍순민, 『우리 궁궐 이야기』, 청년사, 1999.
홍순일 · 정진석 · 박창석, 『한국영어신문사』, 커뮤니케이션북스, 2003.

홍영기, 「1907~8년 일제의 자위단 조직과 한국인의 대응」, 한국근현대사연구회 편, 『한국근현대사연구』, 제3집, 한울, 1995, 95~138쪽.
홍영기, 『대한제국기 호남의병 연구』, 일조각, 2004.
홍영기, 「한국의 역사가/황현」, 『한국사 시민강좌』, 제41집, 일조각, 2007, 170~188쪽.
홍원식, 『소설 백범 김구 (상)』, 구사, 2000.
황문수, 『김옥균 전기』, 문원, 1994.
황상익, 「한말 서양의학의 도입과 민중의 반응」, 『역사비평』, 통권44호(1998년 가을), 271~285쪽.
황상익, 「한국 근대의학 변천사」, 『전통과 현대』, 통권17호(2001년 겨울), 46~62쪽.
황선희, 『한국근대사상과 민족운동 I: 동학·천도교편』, 혜안, 1996.
황현, 김준 옮김, 『완역 매천야록』, 교문사, 1994.
황현, 김종익 옮김, 『번역 오하기문: 황현이 쓴 동학농민전쟁의 역사』, 역사비평사, 1995.
후쿠자와 유키치, 양문송 옮김, 『학문의 향기』, 일송미디어, 2000.
후쿠자와 유키치, 허호 옮김, 『후쿠자와 유키치 자서전』, 이산, 2006.
H. N. 앨런, 김원모 완역, 『알렌의 일기: 구한말 격동기 비사』, 단국대학교 출판부, 1991.
H. N. 앨런, 신복룡 역주, 『조선견문기: 한말 외국인 기록 4』, 집문당, 1999.
베네딕트 앤더슨, 윤형숙 옮김, 『상상의 공동체: 민족주의의 기원과 전파에 대한 성찰』, 나남, 2002.
이사벨라 버드 비숍, 이인화 옮김, 『한국과 그 이웃 나라들』, 살림, 1994.
프레데릭 블레스텍스, 이향·김정연 옮김, 『착한 미개인 동양의 현자』, 청년사, 2001.
리하르트 분쉬, 김종대 옮김, 『고종의 독일인 의사 분쉬』, 학고재, 1999.
존 차, 문형렬 옮김, 『버드나무 그늘 아래: 도산 안창호의 딸 안수산 이야기』, 문학세계사, 2003.
W. R. 칼스, 신복룡 역주, 『조선풍물지: 한말 외국인 기록 16』, 집문당, 1999.
E. H. 카, 김택현 옮김, 『역사란 무엇인가』, 까치, 1997.
O. N. 데니, 신복룡·최수근 역주, 『청한론 (외): 한말 외국인 기록 8』, 집문당, 1999.
마르티나 도이힐러, 이훈상 옮김, 『한국사회의 유교적 변환』, 아카넷, 2003.
조루주 뒤크로, 최미경 옮김, 『가련하고 정다운 나라 조선』, 눈빛, 2006.
J. K. 갤브레이스, 지길홍 옮김, 『불확실성의 시대』, 홍신문화사, 1995.
J. S. 게일, 신복룡 역주, 『전환기의 조선: 한말 외국인 기록 5』, 집문당, 1999.
지그프리트 겐테, 권영경 옮김, 『독일인 겐테가 본 신선한 나라 조선, 1901』, 책과함께, 2007.
G. W. 길모어, 신복룡 역주, 『서울풍물지: 한말 외국인 기록 17』, 집문당, 1999.
스테판 지만스키·앤드루 짐벌리스트, 김광우 옮김, 『왜? 세계는 축구에 열광하고 미국은 야구에 열광하나』, 에디터, 2006.
아손 그렙스트, 김상열 옮김, 『스웨덴 기자 아손, 100년전 한국을 걷다: 을사조약 전야 대한제국 여행기』, 책과함께, 2005.
W. E. 그리피스, 신복룡 역주, 『은자의 나라 한국: 한말 외국인 기록 3』, 집문당, 1999.
B. 홀, 신복룡 역주, 『조선 서해 탐사기: 한말 외국인 기록 12』, 집문당, 1999.

F. H. 해링튼, 이광린 역, 『개화기의 한미관계: 알렌박사의 활동을 중심으로』, 일조각, 1973.
H. B. 헐버트, 신복룡 역주, 『대한제국멸망사: 한말 외국인 기록 1』, 집문당, 1999.
E. G. 켐프, 신복룡 역주, 『조선의 모습: 한말 외국인 기록 13』, 집문당, 1999.
리처드 클라인, 허창수 옮김, 『담배는 숭고하다』, 문학세계사, 1995.
어빙 코피 · 칼 코헨, 박만준 · 박준건 · 류시열 옮김, 『논리학 입문』, 경문사, 2000.
알랭 로랑, 김용민 옮김, 『개인주의의 역사』, 한길사, 2001.
가스통 르루, 이주영 옮김, 『러일전쟁, 제물포의 영웅들』, 작가들, 2006.
잭 런던, 윤미기 옮김, 『잭 런던의 조선사람 엿보기: 1904년 러일전쟁 종군기』, 한울, 1995.
퍼시벌 로웰, 조경철 옮김, 『내 기억 속의 조선, 조선사람들』, 예담, 2001.
F. A. 매켄지, 신복룡 역주, 『대한제국의 비극: 한말 외국인 기록 2』, 집문당, 1999.
묄렌도르프, 신복룡 · 김운경 역주, 『묄렌도르프 자전 (외): 한말 외국인 기록 9』, 집문당, 1999.
존 나이스비트, 안진환 · 박슬라 옮김, 『마인드 세트』, 비즈니스북스, 2006.
리처드 니스벳, 최인철 옮김, 『생각의 지도』, 김영사, 2004.
돈 오버도퍼, 이종길 옮김, 『두 개의 한국』, 길산, 2002.
로버트 올리버, 황정일 옮김, 『이승만: 신화에 가린 인물』, 건국대학교 출판부, 2002.
제임스 버나드 팔레, 이훈상 역, 『전통한국의 정치와 정책』, 신원문화사, 1993.
까를로 로제티, 서울학연구소 역, 『꼬레아 꼬레아니』, 숲과나무, 1996.
W. F. 샌즈, 신복룡 역주, 『조선비망록: 한말 외국인 기록 18』, 집문당, 1999.
A. H. 새비지-랜도어, 신복룡 · 장우영 역주, 『고요한 아침의 나라 조선: 한말 외국인 기록 19』, 집문당, 1999.
앙드레 슈미드, 정여울 옮김, 『제국 그 사이의 한국 1895~1919』, 휴머니스트, 2007.
바츨라프 세로셰프스키, 김진영 외 옮김, 『코레야 1903년 가을: 러시아 학자 세로셰프스키의 대한제국 견문록』, 개마고원, 2006.
로저 트리그, 최용철 옮김, 『인간본성에 관한 10가지 철학적 성찰』, 자작나무, 1996.
L. H. 언더우드, 신복룡 · 최수근 역주, 『상투의 나라: 한말 외국인 기록 15』, 집문당, 1999.
샤를 바라 · 샤이에 롱, 성귀수 옮김, 『조선기행: 백여년 전에 조선을 다녀간 두 외국인의 여행기』, 눈빛, 2006.
에드워드 와그너, 이훈상 · 손숙경 옮김, 『조선왕조 사회의 성취와 귀속』, 일조각, 2007.

찾아보기

ㄱ

『가곡원류』 1권 175
가쓰라 다로 3권 319, 4권 130~132, 142, 5권 217, 218
가쓰라-태프트 밀약 4권 127, 131~133, 135, 5권 174
가와노 다쓰미 2권 309
가와쿠보 2권 135
가이 군지 2권 14
가이 쿤지 2권 137, 138
가토 3권 240
가토 기요마사 5권 252
가톨릭 1권 26, 111, 2권 34, 38, 119
간(諫), 간쟁(諫爭) 1권 306
간도 3권 36, 38, 4권 22~26, 5권 74~81, 85
간도에 관한 청일협약 4권 167, 5권 74, 77, 81
간도협약 → 간도에 관한 청일협약
갈리, 앙리 2권 344
감리교 2권 32, 3권 88, 118, 124, 344, 372, 373, 4권 34, 125, 5권 17, 172~174, 178
감리교출판사 2권 74

갑신5역 1권 337
『갑신일록』 1권 335, 339~342
갑신정변 1권 7, 162, 184, 218, 265, 279, 283, 302, 324, 330, 331, 334, 337~353, 356, 358, 360
  2권 9~18, 30, 35, 43~45, 51, 53, 59, 61, 62, 77, 92, 100, 109, 132, 133, 135, 136, 138, 139, 141, 144, 146~148, 150, 151, 199, 206, 208, 234, 249, 250, 319, 320, 324, 326, 343, 353
  3권 25, 26, 103, 112, 129, 171, 172, 205, 245
  4권 81, 282, 342
  5권 129, 237
「갑신정변 견문기」 1권 337
『갑신정변 연구』 1권 349
갑오개혁 1권 7, 146, 162, 339, 351, 2권 92, 138, 139, 143, 175, 198, 199, 201, 202, 204, 209, 210, 219, 241, 270, 271, 285, 292, 321, 332
  3권 25, 29, 48, 83, 181, 214, 219, 277, 299
  4권 82, 85, 205, 282, 5권 71, 146, 195,

찾아보기 369

225, 226
갑오경장 → 갑오개혁
갑오농민전쟁 → 동학농민전쟁
「갑오농민전쟁에 대한 국사교과서에서의 서술과 문제점」 2권 267
갑자유신 1권 77
갑진개화운동 4권 73, 76, 78
강돈구 2권 247, 3권 118, 279
강동진 4권 158, 159, 222, 225, 5권 37, 68
강만길 1권 31, 204, 293, 348, 2권 51, 54, 3권 113, 245, 4권 356, 5권 34
강범석 1권 141, 142, 341
『강북일기』 4권 24
강상규 1권 14, 145
강성학 2권 18, 4권 41, 114, 142, 183, 5권 241
강순일 3권 264, 265, 266
강완숙 1권 37, 38, 40
강우백 3권 332, 334, 335
강위 1권 233
강재언 1권 45, 51, 111, 158, 198, 229, 242, 2권 212, 3권 294, 318, 4권 230, 5권 11, 13
강진희 2권 82
강창일 1권 357, 2권 182, 292, 3권 338
강학회 1권 27
강화도령 → 덕완군
강화도조약(병자수호조약) 1권 155~161, 171, 181, 238, 241, 242, 327, 2권 20, 51, 208, 3권 277
개국 1권 111, 261
〈개벽〉 2권 267
개신교 1권 26, 48, 49, 264, 327, 328
2권 9, 26, 31,~33, 67, 74, 76, 119, 247, 248, 250, 252
3권 117, 118, 120, 122, 123, 279, 341~

344, 347
4권 34, 231, 232, 263, 267, 268, 271
5권 17, 108, 166, 172, 174, 178, 180, 182, 303
개인주의 5권 105, 111, 210
「개항기 신문광고에 나타난 특성 및 시대상」 5권 230
개혁파 1권 142, 344, 3권 211, 242
개화 1권 14, 185, 322, 3권 25, 54, 55, 272
개화기 1권 7~10, 13, 14, 16, 18, 25, 30, 73, 114, 115, 123, 142, 234, 278, 346
2권 19, 100, 149, 157, 187, 197, 235, 248, 254, 257, 304, 322, 342, 355
『개화기 일본 유학생들의 언론출판 활동 연구 (1)』 3권 77
개화당 1권 194, 195, 197, 203, 212, 279, 323, 330~335, 344, 345, 349, 350
2권 11, 53, 92, 147, 210, 211, 250, 342
3권 25, 26, 84
개화론 1권 14, 2권 17
개화사상 1권 62, 87, 130, 181~183, 188, 191, 192, 194, 195, 203, 209, 230, 294, 346, 2권 17, 49
개화윤음 1권 259, 260
개화파 1권 182, 188, 195~199, 203, 205, 211, 212, 214, 217, 218, 224, 229, 258, 293, 294, 317, 318, 321, 324, 331~333, 336, 349, 353~355
2권 11, 35, 44, 52, 56, 63, 110, 132~135, 138, 142, 144, 146, 196, 199, 200, 207, 219, 254, 321, 332, 340, 341
3권 14, 49, 75, 101, 107, 189, 258
4권 282, 363, 5권 41, 129
「거국가」 5권 199, 200
거문도 사건 2권 41, 48, 49, 51
거중조정 1권 106, 239, 4권 152, 163, 178,

179
건양협회 3권 49
게이오의숙 1권 213, 214, 231, 232, 294
게일(James S. Gale) 2권 106, 107, 296,
　3권 327, 328, 4권 29, 58, 88, 89, 91, 92
겐테, 지그프리드 2권 25, 3권 366, 4권 96
『경남일보』 5권 94, 97~99
경무청령 제2호 가로관리규칙(도로교통법)
　4권 358, 359, 360
경무청령 제3호 인력거영업단속규칙(여객자
동차운수사업법) 4권 359
경무청령 제4호 우차 및 하마차 관리규칙(자
동차관리법) 4권 359
경복궁 중건 1권 80, 137, 174
경부선 2권 208, 355, 3권 186, 4권 20, 101,
　103, 104, 107, 108
경부철도 → 경부선
경성감옥 5권 71, 149
경성고등연예관 5권 160
경성박람회 4권 346, 349
『경성신문』 3권 163, 193
『경성신보』 5권 21
『경성일보』 2권 258, 4권 66, 257, 5권 100
경성학당 3권 153
『경세유표』 1권 43
경술 7적 5권 204
경술국치 → 한일병합
경신학교 2권 67, 72
경원선 3권 134
경의선 2권 208, 3권 131, 133, 134, 165,
　4권 104, 105, 109
경의철도 → 경의선
경인선 2권 208, 350, 3권 131, 133, 168,
　280~282, 4권 104, 5권 192
경인철도 → 경인선
「경쟁론」 1권 303

『경향신문』 4권 110, 257~259, 260,
　5권 108, 109
『경향잡지』 4권 259, 260
계(契) 4권 231
계몽주의 1권 32
계봉우 5권 134
계성 5권 228
계유상소 1권 138
고능선 3권 40
고동환 1권 60
고려국기 1권 271
『고려도경』 3권 34
고명수 2권 247
고무라 주타로 2권 299, 3권 12, 18, 42
고문정치(顧問政治) 4권 56
고미숙 1권 35, 5권 52
고부 봉기 2권 125~129, 159, 160~162
고부응 5권 224
고승호 2권 189
고영근 2권 305, 3권 184, 225, 250, 263
고영복 5권 309
고영철 1권 280
고영필 2권 68
고영희 4권 39, 299, 5권 37, 203
고은 1권 72
고정주 5권 9
고종 1권 44, 46, 73~77, 81, 93, 100, 135,
　142~145, 157, 164, 183~185, 211, 212,
　220~222, 224, 231, 233, 238, 239, 248,
　250, 256~259, 261, 264, 270~273,
　277, 280, 294, 300, 301, 319, 325, 328,
　330~333, 335, 339, 341, 344, 358
　2권 10, 14, 35~37, 45, 47, 56, 62, 68,
　70, 75, 77, 81, 85, 88, 101, 102, 109,
　120, 135, 145, 153, 154, 166, 168, 170, 172,
　184, 194, 208, 227, 236, 237, 241, 244~

찾아보기 371

247, 250, 253, 256, 263, 291, 293, 295~
299, 307, 309, 313~316, 318, 321~333,
335, 339, 343, 345~347, 349, 350
3권 9~11, 14, 16~18, 20, 21, 23, 53, 78,
80, 81, 97~100, 102, 104~106, 108~
113, 117, 118, 123~127, 129, 130, 135~
137, 145, 146, 148, 149, 156~158, 159,
160, 171, 172, 176, 181, 184~186, 191,
192, 196, 199, 201~203, 206, 207, 209~
212, 217, 218, 219, 223, 224, 226~231,
233, 236, 237, 238, 240, 242, 244, 245,
247, 250, 252, 269~277, 289, 290, 305,
315, 323, 324, 327, 331, 347, 356, 363,
371
4권 13, 15, 17~19, 38, 39, 52, 53, 68,
76, 80, 88, 91, 101, 106, 113, 118, 151~
154, 158, 159, 163, 164, 167~171, 183~
185, 187, 188, 221, 222, 236, 245, 274,
276, 282, 285, 295, 299, 300, 303, 305,
306, 311~317, 320, 321, 325, 337, 338,
347, 352, 353, 365
5권 44~46, 82, 89, 90, 92, 128, 130,
131, 148, 156, 158, 159, 177, 213, 236~
239, 242~244, 287
고종 독살음모 사건 3권 201
고종 밀서 사건 4권 221~223
『고종시대의 재조명』 3권 135, 245, 236
『고종실록』 2권 247, 3권 316
「고종황제의 암약설 비판」 5권 236
고토수복론 4권 24
『고환당집』 2권 12
곤잘로프 1권 60
공론 1권 307, 309, 311, 313, 359
『공립신보』 4권 125, 126
공립협회 4권 124, 125, 5권 10, 24, 147
공명첩 1권 46, 47

『공법편람』 1권 195
『공법회통』 1권 195, 196
『공상당선언』 1권 54
공성학교 4권 197
공중화장실(공중변소) 4권 82, 83
공진회 4권 57~59
공창 2권 195, 196
공창화 정책 4권 208~210
공홍식 3권 202
과거제도 2권 209, 210, 211, 3권 29, 83,
 5권 260, 268, 274~276, 300
『과농소초(課農小抄)』 1권 34
곽기락 1권 224
곽낙원 5권 56
관동학회 5권 9
관민공동회 3권 210~214, 224, 245
관소 1권 308
광개토대왕 5권 116~118
광개토대왕릉비 5권 116, 117
광고 2권 63, 101, 3권 56, 57, 4권 65, 174,
 349~351, 5권 169, 230~232
광동학교 5권 16
광무개혁 1권 264, 3권 112~115, 245, 307,
 309, 4권 204, 5권 236
광무대 5권 162, 163, 167
광무신문지법 → 신문지법
광무협회 3권 189
광산 3권 131, 5권 31
광서제 2권 192
광성학교 3권 93
광을호 2권 188
광인사 2권 12, 13, 74
광학서포 4권 251
광해군 2권 21
광혜원(제중원) 2권 30, 35~39, 67,
 4권 291, 294, 295

괘서(掛書) 1권 48, 118, 311, 2권 118
『교남교육회 잡지』 5권 104
교남학회(교남교육회) 5권 9
교민조약 3권 331
『교수신문』 5권 238
교육구국론 4권 369
교육구국운동 4권 230
교육기본관리회 5권 50
교조신원운동 2권 119, 120, 122, 123, 280
교통경찰 4권 358
교황 그리고리우스 16세 1권 50
교황 비오 12세 1권 26
교황 클레멘스 11세 1권 26
『교회』 2권 73, 3권 122
교회공동체 2권 106, 108
구니토모 시게아키 2권 309
구대열 5권 78
구로다 기요타카 1권 155, 156, 160
9·30 사건 4권 183
구선희 1권 303
구식군대 1권 252, 253
구완회 5권 92
구완희 4권 50
국가 4권 256
국민 5권 226~228
국민교육회 4권 58
국민동지찬성회 5권 142
『국민신보』 4권 246, 248, 254, 260, 325
국민회 4권 125
국민회 5권 32
『국사대요』 4권 230
국외독립군기지창설운동 4권 230
국채보상금 5권 38~42, 47~50
국채보상운동 4권 230, 231, 250, 259, 270, 281~288, 316, 364, 5권 37~41, 47, 51~53, 57, 71, 190

국학운동 4권 230
군국기무처 2권 199, 200, 203, 204, 206, 207, 218, 234
군대 해산 4권 325, 327, 328, 330, 366
군사경찰훈령 4권 55
군정 1권 67, 68
군포(軍布) 1권 47, 68, 69, 82, 141
굴총 1권 122, 251
권동수 2권 135
권동진 4권 191, 194, 249, 5권 94, 95
권보드래 2권 23, 3권 69, 4권 83, 205, 242, 243, 5권 69, 190, 192
권상연 1권 32, 33
권영민 2권 257, 5권 116
권율 5권 254
권의회 4권 330
권일신 1권 27
권재수 2권 135
권재형 3권 73
권중현 4권 154, 157, 158, 300, 5권 214
권철신 1권 27
권형진 2권 299~301, 3권 250
권희영 1권 108, 110, 4권 208
『귀의 성』 4권 253
귀츨라프(Karl F. A. Gutzlaff) 1권 48~50, 94
균역법 1권 68
그라몽(Jean Joseph de Granmmont) 1권 27
『그래픽』 1권 210, 2권 49, 4권 353, 5권 132
그랜트(Ulysses Grant) 1권 125
그레이트하우스(Clarence R. Greathous) 3권 191
그레타호 1권 120
그렙스트, 아손 4권 97, 101, 103
그로데코프 3권 145
『그리스도신문』 3권 122~124, 5권 177

그리피스(William E. Griffis) 1권 121, 131, 240, 241, 2권 30, 3권 34
『극동전쟁』 2권 344
「근대계몽기 대한매일신보에서 근대적 역사 개념의 탄생」 5권 229
근대문학 3권 51
근대잡지 3권 77
근대화 1권 14, 45, 111, 161, 190, 191, 198, 203, 204, 217, 218, 241, 242, 293, 299, 340, 346, 349, 351, 352, 2권 17, 34, 65, 148, 150, 199, 247, 274, 275, 352, 5권 41
『근세역사』 5권 134
금 모으기 운동 5권 53~57
금광 2권 345, 350, 3권 271, 317
금구 집회 2권 122
『금단의 나라 조선』 1권 122
금병동 1권 355, 2권 142
금장태 1권 188
급진개화파(변법개화파) 1권 192, 196, 197, 260, 262, 263, 297, 303, 319, 321, 337, 338, 345~347, 357
2권 16, 17, 206, 235, 236
기독교 1권 26, 27, 196, 203, 223
2권 9, 30, 38, 40, 73, 93, 96, 107, 108, 249, 251, 252, 323, 340, 341, 353,
3권 67~69, 120, 121, 125, 274, 275, 303, 315, 327, 346
4권 29~31, 58, 176, 193, 270, 278, 279, 366
5권 11, 12, 16, 17, 23, 27, 119, 174, 183, 184
기독교대한감리교회 1권 272, 273
기독교인 도륙비지 사건 3권 274
『기독신보』 3권 124
기르스 1권 319
기번, 에드워드 5권 248
기부금품모집취체규칙 5권 22

기생 3권 300, 4권 209, 210, 349, 5권 86, 122, 167, 168
기생단속령 4권 209
기전 5권 228
기정진 1권 108
『기측체의』 1권 188
기쿠치 겐조 3권 149
기해박해(기해사옥) 1권 37, 51, 52, 59, 96
기호흥학회 5권 9
『기호흥학회월보』 5권 104
기회주의 2권 19, 5권 278, 284
길모어(George W. Gilmore) 1권 151, 2권 66, 4권 96, 5권 299
길선주 4권 263, 264, 267, 274, 5권 178
길영수 1권 115, 3권 184, 194, 219, 227, 228, 236, 288, 4권 58
김가진 2권 172, 204, 207, 216, 294, 3권 73
김개남(김기범) 2권 152, 154, 162, 174~176, 213, 214, 215, 223, 228~230, 259, 276, 281, 3권 265
김경수 1권 313
김경천 2권 228
김광수 3권 57
김구 1권 172, 2권 340, 341, 342 3권 32, 40~44, 130, 4권 176 5권 56, 129, 149, 150, 302
김권정 5권 136
김규식 2권 73, 3권 88, 5권 22, 28
김규진 5권 97
김근배 3권 308
김기수 1권 163~165, 172, 3권 281
김기영 3권 305
김기정 4권 187
김대건 1권 51
김대중 1권 199, 2권 156, 5권 283

김덕구 3권 229, 232, 233
김덕구 장례식 사건 3권 229,
김덕명 2권 261, 281
김도태 4권 214
김도현 2권 329
김동택 3권 63, 182, 5권 242
김두승 3권 305
김두헌 3권 298
김려실 5권 70
김만식 1권 296
김면호 1권 93, 96
김명수 3권 257, 5권 146
김명호 1권 102, 103, 105, 129, 130
김문식 1권 307, 308
김문현 2권 126, 129, 130, 168, 170
김민환 1권 297, 2권 99, 100, 3권 177, 189
김범우 1권 28
김병곤 1권 289
김병기 1권 183
김병섭 4권 214
김병시 3권 299
김병연 3권 24
김병태 1권 183, 2권 138
김병학 1권 94
김보현 1권 228, 255, 256
김복순 5권 166
김삼웅 1권 165, 4권 50, 167, 5권 84, 213, 215
김상기 5권 92
김상만 4권 211
김상범 5권 49
김상태 3권 121
김상헌 2권 171, 5권 256~259
김상훈 4권 38
김서태 3권 202
김성규 2권 213

김성균 3권 194
김성수 2권 175
김성우 1권 261
김소사 3권 202
김수장 1권 175
김수진 2권 29
김수항 2권 171
김수환 5권 54
김순영 3권 44
김양식 1권 251, 2권 219, 225, 226
김양한 1권 231
김연갑 4권 212, 213
김연국 2권 221, 3권 260, 262
김영민 1권 11
김영선 3권 326, 327
김영주 1권 311
김영준 3권 236, 274
김영진 2권 138
김영호 3권 113
김영환 1권 201, 202, 271
김옥균 1권 182~185, 194, 195, 197, 203,
　　　211, 213, 217, 229, 233, 260, 262, 277,
　　　279, 293, 294, 296, 301, 303, 317, 319,
　　　321~323, 328, 330~341, 345~349,
　　　351, 353~360
　　　2권 14, 17, 45, 52, 53, 55, 56, 92, 130~
　　　150, 168, 190, 249, 250, 319, 340
　　　3권 25, 205, 227, 284
　　　4권 81
『김옥균』 2권 147
김용구 1권 101, 121, 149, 164, 195
　　　2권 147, 190
김용섭 3권 113, 114, 308
김용옥 1권 55, 87, 88, 90, 2권 124, 231,
　　　267, 279, 4권 193, 5권 248, 250
김용운 5권 273

김용원 2권 14
김용헌 1권 190
김용휘 3권 266, 4권 192
김원모 1권 103, 104, 127, 128, 131, 132,
　　　239, 271, 341, 2권 322, 3권 203, 4권 184
김원영 3권 332, 340
김원용 2권 130
김원우 2권 306
김유신 1권 246, 247
김유원 3권 51
김윤식 1권 183, 230, 238, 258, 262, 295,
　　　303
　　　2권 17, 44, 45, 55, 61, 62, 204, 217, 236,
　　　263, 291, 299, 335
　　　3권 12, 24, 49, 126
　　　4권 255, 338
　　　5권 15, 62, 107, 206
김윤정 4권 136, 138, 164
김윤희 4권 244
김은정 2권 130
김을한 1권 348, 4권 312
김응우 1권 104, 105
김인숙 1권 193, 332, 333, 335, 2권 44, 78,
　　　109, 111, 181, 184, 186, 193, 205, 352
김인승 1권 160, 161
김인식 1권 280, 4권 212
김일성 1권 103~105, 351, 2권 147
김재명 5권 181
김재엽 4권 161
김재영 5권 276
김재풍 3권 185
김재호 4권 282, 5권 238
김정기 1권 159, 239, 255, 256, 2권 109,
　　　110, 260, 350, 4권 278, 3권 148, 271
김정인 4권 192
김정일 4권 308

김정호 1권 190
김정환 4권 331
김종서 4권 292
김종욱 2권 310
김종한 2권 299, 3권 73, 225, 237, 5권 40
김종화 3권 202
김중호 1권 112
김지하 2권 174
김진기 1권 327
김진명 2권 304
김진송 4권 174, 5권 230
김진호 4권 50, 279
김창숙 4권 319, 5권 49, 142
김창순 1권 162
김창식 2권 95, 3권 121
김천택 1권 175
김춘영 2권 44
김춘추 1권 246, 247
김충식 2권 140
김태수 1권 186
김태웅 2권 146
김택근 4권 329
김택영 5권 134
김학우 2권 61, 204, 207, 263
김학준 2권 246
김학진 2권 168, 170, 171, 213, 215, 216
김한종 3권 202
김현 3권 24, 5권 206
김현철 2권 196, 208
김형남 3권 344
김호일 1권 78
김홍도 1권 60
김홍륙 3권 201, 202, 210
김홍륙 독차사건 3권 199
김홍집 1권 209, 220~222, 228~230,
　　　233, 269, 2권 13, 17, 52, 61, 91, 139,

200, 203~205, 207, 217, 234, 236, 246, 253, 263, 288, 289, 291, 293, 298, 299, 301~321, 324, 328, 3권 11~13, 25, 47, 49, 104
김훈 5권 257
김희선 5권 200
『꼬레아 꼬레아니』 3권 35, 4권 86

ㄴ

나가모리 5권 46
나니와호 2권 188
『나의 조국: 우박사의 운명의 씨앗』 2권 304
나이스비트, 존(John Naisbitt) 1권 7
나철 4권 231
『나태한 나라 한국』 4권 136
나폴레옹 3세 1권 94, 110
『난중잡록』 5권 252
난징조약 1권 53, 54
난학(蘭學) 1권 111
『남가몽』 1권 75, 250, 252, 253, 4권 15
남경희 5권 248, 290
남공철 1권 60
남궁억 1권 279, 3권 187, 194~196, 198, 235, 5권 9, 94
남로전선 2권 61, 261, 351
남연군 이구 1권 73, 119, 121, 145
남연군묘 1권 120, 122, 123
남연군묘 도굴 사건 1권 119~122
남인 1권 34, 39, 138, 141, 142, 309
남인 벽파 1권 44
남인 시파 1권 39, 44
남접 2권 121, 123, 124, 128, 174, 219, 221~223
남정철 2권 102
남종삼 1권 94, 96

남학 3권 330
남한대토벌작전 5권 86, 87
『남한산성』 5권 257
『내일을 여는 역사』 5권 238
내장원 3권 322, 323
네비우스(J. L. Nevius) 5권 176
노다지 2권 348, 349
『노동야학독본』 4권 339
노동은 4권 215
노동이민 3권 353, 356, 4권 15, 123, 125, 5권 147
노론 1권 34, 44, 78, 79, 141, 142, 2권 133
노무현 1권 267
노백린 5권 149, 150
노불선언 4권 37, 38
노블, 마티 1권 273
노블, 아서(W. A. Noble) 1권 273, 3권 85
노주석 3권 111, 159, 4권 303, 320
노춘경 2권 33
노태돈 5권 226
노한은행 3권 154, 155
노형석 3권 271
놀켄 남작 5권 32
농구 4권 32
농민항쟁 2권 117
농사진흥회 4권 319
『농정신편』 2권 12
『누가복음』 1권 327
누사하라 히로시 5권 20
뉴런즈(Francis G. Newlands) 4권 152
『뉴욕 월드』 2권 220
『뉴욕타임스』 1권 284, 4권 138
『뉴욕헤럴드』 1권 130, 4권 347
뉴턴 1권 189
니시 3권 158
니시-로젠 협약 → 로젠-니시 협정

니콜라이 2세 1권 320, 2권 191, 3권 22, 97~99, 110~112, 157, 158, 4권 40, 302, 303

ㄷ

다나카 아키라 5권 301
다블뤼(Marie A. N. Daveluy) 1권 51, 94, 96, 98, 99, 3권 34, 4권 95
『다산과 연암, 노름에 빠지다』 4권 85
다윈, 찰스 1권 287, 288, 5권 111
다이(General Dye) 2권 299
다이(William Dye) 1권 325
다카이시 신고로 4권 305
다케다 5권 219, 220
다케조에 신이치로 1권 331, 333, 334, 336, 337, 339, 341, 343, 347, 353, 354
다하라 소이치로 5권 134
단군 5권 116
단발(령) 2권 100, 328, 331, 333~335, 338~342, 344, 3권 9, 14, 15, 21, 4권 76, 318, 319
단성사 5권 162, 163, 167
단연운동(금연운동) 4권 283, 286
달레, 샤를(Charles C. Dallet) 1권 176, 177 2권 202
담배 2권 21~26, 49, 4권 283
담배의 성행 2권 21~26
담뱃대 1권 82, 2권 24~26
당백전(當百錢) 1권 81
당빌 지도 4권 24
당오전(當五錢) 1권 193, 194
당쟁 1권 32, 39, 78, 302, 310 5권 262, 263, 268, 279~282
당쟁 망국론 5권 279, 280, 282, 283, 285, 288, 290
당파싸움 1권 25, 26, 37, 5권 245, 265, 279

~284, 288, 289, 292~295
대간제도 1권 313
대구성당 1권 33
『대도』 4권 135
『대동공보』 4권 125, 5권 31, 130
대동교(大同敎) 5권 100
대동교육회 4권 124
대동법 1권 69
『대동보』 4권 285
대동보국회 4권 124, 125
대동서시 3권 123
『대동신문』 4권 257
『대동신보』 4권 65, 66, 68, 5권 46
대동아공영권 2권 145
대동여지도 1권 190
『대동위인 안중근전』 5권 134
『대동일보』 5권 100
『대동지지』 1권 190
대동학회 5권 100
대륙식민회사 4권 121
대부흥회운동 4권 278
대성학교 4권 91, 213, 5권 16, 69, 120, 121
대원군 → 흥선대원군
『대전회통』 1권 78
대종교 4권 231, 5권 79
『대죠선독립협회회보』 2권 74, 3권 77, 78
대중목욕탕 4권 80
『대한강역고』 4권 21, 22, 26, 5권 76
『대한계년사』 2권 291, 317
대한국 국제 3권 276~278
『대한매일신보』 2권 323
  3권 109, 124
  4권 55, 61, 63~65, 83, 84, 87, 105, 125, 126, 138, 167, 173, 181, 205, 222~224, 241, 245, 248, 259, 283~286, 307, 314, 326, 328, 348, 351, 353, 362~367

5권 15~17, 33, 38, 40, 42, 44, 45, 47, 62, 73, 98, 100, 113~116, 119, 123, 128, 151, 160, 162, 164, 171, 191, 200, 201, 223, 225~228, 230~233
대한매일신보사 4권 230, 285, 5권 10, 15, 40, 48, 142
「대한민보」 5권 94~96, 200, 201
대한상무조합 5권 142
대한성서공회 2권 33
「대한신문」 4권 254, 257, 260
「대한신보」 3권 189
대한유학생회 5권 21
「대한유학생회학보」 5권 22
대한의군부 5권 78
대한의원 4권 289, 292~294, 296, 297 5권 148
대한인국민회 4권 125
「대한일보」 4권 65, 66, 173, 5권 230
「대한일일신문」 5권 100
대한자강회 1권 12, 3권 255 5권 9, 94, 95, 228
「대한자강회월보」 4권 220, 5권 104, 106, 228, 229
대한제국 1권 31, 123, 3권 106~115, 236, 237, 242, 243
「대한제국과 통감부의 의학체계 구성과 전개」 4권 295
「대한제국의 국제법적 지위」 4권 165
대한천일은행 3권 109, 305, 306
대한체육구락부 4권 197
「대한크리스도인회보」 3권 123, 142
대한학회 5권 22
「대한학회월보」 5권 22, 120
대한협회 4권 194, 5권 94, 95, 142, 144, 200
「대한협회회보」 5권 104, 120
「대한황성신문」 3권 194, 195

덕완군(강화도령) 1권 52
덕혜옹주 4권 315
데니(Owen M. Denny) 1권 272 2권 81, 87, 88
데라우치 마사타케 5권 201, 202, 208, 213
데실러, 데이빗(David W. Deshler) 3권 356, 357
「데일리 크로니클」 4권 61, 63
뎨국신문 → 「제국신문」
도고 헤이하치로 4권 40, 128, 129
도량형법 5권 195
도로 4권 354~357
도모지 1권 40, 41
도요토미 히데요시 1권 149, 150
도정일 5권 277
「도쿄매일신문」 1권 358
「도쿄신문」 5권 141
도쿠가와 이에야스 1권 111
도쿠토미 이치로 2권 288
독립공원 3권 72, 75
독립관 3권 72, 75, 211, 223
독립문 3권 72, 73, 75, 79
「독립신문」 1권 30, 31 2권 21, 25, 100, 188, 255, 256, 286, 327, 329, 330, 340, 354 3권 23, 38, 42, 43, 47~80, 88, 90, 92, 100~102, 107, 108, 112, 122, 125, 134, 135, 141, 143, 153, 155, 156, 161~164, 166, 167, 169~171, 173, 176~178, 181, 182, 184, 186~188, 190, 194, 195, 202, 215, 225, 228, 232, 242~244, 279, 282, 286, 288~293, 295, 296, 299~301 4권 63~67, 81, 82, 181, 289 5권 122, 169, 188, 189, 225~227, 230, 234
「독립정신」 2권 311, 3권 325, 326, 328
독립협회 1권 7

2권 74, 143, 144, 223, 254
3권 53, 63, 72, 75~78, 92, 100, 108, 113, 114, 152~158, 167, 168, 177, 181~187, 191, 194, 195, 203, 209~213, 220, 223~226, 229~237, 240, 242, 244, 245, 247, 250, 252, 253, 255~257, 286, 287, 288, 320
4권 29, 31, 55, 57, 90, 193, 246, 247, 282
『독사신론』 4권 65
〈돌아오지 않는 밀사〉 4권 308
『동경대전』 1권 85, 2권 118
『동국여지승람』 1권 190
동대문활동사진소 5권 159, 162
동도서기론 1권 130, 202, 203, 205, 262, 290, 291, 349, 2권 17, 4권 293
동도서기사상 1권 196, 197, 205, 261
동맹국론 4권 78
동문학교 1권 278, 279, 292
동북공정 5권 79
『동아일보』 2권 281, 3권 177, 302
4권 156, 308, 5권 224
동양광업개발주식회사 2권 348
동양척식주식회사 2권 301, 5권 38
동양척식회사법 5권 38
「동양평화론」 5권 138
동의회 5권 32
동인 1권 141
동학 1권 30, 84~90, 124
2권 117~126, 139, 152~156, 161~164, 166, 167, 173, 176, 177, 181, 183, 196, 202, 213, 214, 217, 221~226, 230, 231, 233, 259, 261~263, 265, 266, 282, 333
3권 40, 260, 261, 263
4권 57, 73~75, 77, 78, 191, 192, 195, 247, 248
5권 62

동학농민전쟁 1권 47, 266, 348
2권 60, 121~123, 128, 129, 157, 158, 160, 181, 190, 191, 217, 221, 222, 261, 352
3권 122, 260, 263, 264, 290
4권 73, 77, 204, 247
5권 86, 225, 246
동학농민혁명 2권 117, 118, 122, 125, 155~157, 159~162, 164, 165, 172, 174, 226, 229, 232, 266~282, 3권 175, 265
4권 244
동학농민혁명 논쟁 2권 266~282
동학농민혁명 참여자 명예회복에 관한 특별법 2권 268~270
『동학사』 2권 123, 273, 275, 277
동흥이발소 2권 342
두스, 피터(Peter Duus) 4권 340
드 라네지에르 2권 343
딘스모어, 휴(Hugh A. Dinsmore) 3권 132
4권 134

ㄹ

라디오 5권 190
라수연 3권 198
라이라호 1권 57
라피에르 1권 96
랴오둥수복론 4권 24
량치차오 5권 11, 103~107, 110, 113, 115, 120, 207, 210, 288, 289
러셀, 버트런드 1권 150
러시아 군사교관단 3권 98~101, 153, 154, 157~160, 175
러시아 재정고문 3권 98, 153, 154, 157, 158
러시아 정교(희랍교) 3권 347, 348, 4권 47
러시아공사관 3권 9~13, 16~19, 21, 97, 99~102, 113, 143

러일전쟁 1권 7, 244, 266
　　2권 56, 132, 190, 191, 196, 287
　　3권 38, 134, 175, 204, 245, 253, 305,
　　308, 323, 328, 363
　　4권 10, 11, 17, 18, 28, 37, 40~45, 47~51,
　　61, 63, 65, 74, 76, 77, 93, 97, 101, 105,
　　108, 112, 113, 115, 117, 119, 127~131,
　　139, 141, 142, 145~148, 151, 153, 193, 195,
　　207, 220, 246, 248, 279, 281, 305, 309,
　　315, 318, 347, 356
　　5권 12, 31, 86, 129, 130, 137, 174, 190, 303
『런던 뉴스 화보』 4권 353
『런던 데일리 메일』 4권 93, 5권 39
런던(Jack London) 4권 93, 94, 356
레오폴드 2세 5권 147
레이, 아서 5권 45
레이, 프랑시스(Francis Rey) 4권 165
렌슨, G 2권 48
려증동 3권 171, 172
로드 애머스트호 1권 49, 50, 57
『로마제국의 쇠망사』 5권 248
로바노프 3권 10, 98, 99
로바노프-야마가타 의정서 3권 99, 159
로스(J. Ross) 1권 327
로우(Frederich F. Low) 1권 125, 131
로웰, 퍼시벌 1권 280, 281, 284, 4권 355
로이터통신 4권 221
로저스(John Rogers II) 1권 125, 126, 131
로젠 3권 158
로젠-니시 협정 3권 158, 159, 186
로즈(Reirre G. Roze) 1권 106, 107
『로코모티브』 4권 305
롱, 샤이에 2권 264
루쉰 5권 112
루스벨트, 시어도어(Theodore Roosevelt)
　　3권 204, 341, 4권 117, 118, 127, 130, 134~
　　136, 138~140, 143, 163, 183, 184, 186
루스벨트, 앨리스(Alice Roosevelt) 3권 204
　　4권 151, 152, 187
루씨여학교 5권 228
루트 4권 163, 164
뤼미에르 형제 5권 155
류대영 1권 325, 5권 172
르 각(Le Gac) 3권 344
『르 쁘티 주르날』 4권 347
『르 투르 뒤 몽드(세계일주)』 1권 112, 2권 103
르루, 가스통 4권 46
리(G. Lee) 3권 343
리노니아(Linonia) 3권 89
리델(Felix C. Ridel) 1권 106, 168
리용필 3권 290
리치, 마테오(Matteo Ricci) 1권 37, 87

ㅁ

마건상 1권 260, 296
마건충 1권 269, 270
마루야마 마사오 1권 53, 291
마르크스, 칼 1권 54, 288
마르텔 4권 197
『마인드 세트』 1권 7
마틴, 윌리엄(William Martin) 1권 195
마펫(Samuel A. Moffet) 1권 174, 3권 343
『만고의사 안중근전』 5권 134
만국공법 1권 195, 201, 260, 2권 63
『만국공법』 1권 195
『만국평화회의보』 4권 304, 306, 309
만동묘 1권 78, 79, 136, 138, 143
만민공동회 2권 143, 144
　　3권 53, 77, 107, 114, 115, 129, 152~155,
　　158, 167, 168, 177, 188, 199, 209, 213~
　　216, 220, 225~231, 234, 236, 237, 239,

240~242, 244~247, 286, 287, 320
4권 29, 55, 58, 289
5권 227
『만세보』 4권 193, 246, 248~251, 253,
  260, 351, 5권 158, 159, 162
만인소(萬人疏) 1권 222~224, 309, 310
만함, 알프레드(Alfred W. Marnham)
  4권 353, 5권 45
매관매직 1권 13, 46, 47, 48, 70, 2권 299
『매일신문』 3권 69, 161~166, 188, 190, 194,
  225, 242, 286, 287, 289, 5권 227, 278
『매일신보』 3권 255, 5권 50, 138, 223
『매천야록』 1권 110, 165, 255, 2권 142, 195
  3권 12, 19, 102, 150
  4권 26, 32, 66, 67, 85, 235, 246, 285
  5권 40, 99, 127, 128, 206, 214
매춘문화 4권 205, 207
매쿤(George S. McCune) 4권 266
매킨타이어(J. McIntyre) 1권 327
맥도널드 4권 314
맥켄지, F. A.(Frederick A. McKenzie)
  4권 64, 93, 5권 39, 91
맥클레이(Rober S. MacLay) 1권 328
『메가트렌드』 1권 7
메이지마루 1권 270
메이지유신 1권 148, 151, 164
메인호 2권 188
메카다 타네타로 4권 56, 57
멕시코 이민 4권 121~123
〈명당축원〉 1권 174
명도회 1권 38
명동성당 1권 28, 33, 2권 94, 3권 147, 148,
  197, 4권 32, 5권 147
명성황후(민비) 1권 76, 135, 137, 143~145,
  185, 250, 255~257, 263~266, 295, 296,
  300, 323, 345, 348, 357

2권 47, 102, 140, 184, 186, 187, 196, 199,
  205, 207, 208, 235, 236, 237, 288, 290~
  299, 303~311, 323, 324
3권 11, 19, 20, 32, 106, 137, 149~151,
  270, 308, 131
4권 181, 245, 315, 5권 238
명성황후(민비) 시해 사건 → 을미사변
『명성황후와 대원군』 3권 150
명신 3권 93
명종 2권 246
모건, 에드윈(Edwin V. Morgan) 4권 160, 163
모건, 제이피 4권 130
모노카시호 1권 280
『모란봉』 4권 256
모리머, 찰스 5권 132
모리야마 시게루 1권 150
모방(Pierre P. Maubant) 1권 50, 51
모스, 에드워드(Edward S. Morse) 1권 284
  ~287, 289, 2권 303
모스, 제임스(James R. Morse) 2권 346
모자문화 2권 343, 344
목극등 4권 24
『목민심서』 1권 43
뫼르셀, F. H. 1권 337
밀레 1권 120
묄렌도르프(Paul G. von Moellendorff)
  1권 260, 261, 296, 319, 337, 357,
  2권 42, 43, 55, 64, 87, 88, 4권 95, 341
무관학교 5권 32
무디(Dwight L. Moody) 1권 326, 328
무라비요프 3권 110
무쓰 무네미쓰 2권 292
무어, 새무얼(Samuel F. Moore) 3권 216~218
『무예도보통지』 1권 247
무장 기포 2권 152, 160~163, 165
문경민 2권 130

문명개화론 1권 202, 203, 262, 291, 349
3권 258, 259
『문명론의 개략』 1권 212, 215, 216, 289
문약망국론 5권 119, 120
문종 2권 246
문체반정 1권 34
뮈텔(Gustav Charles Müel) 3권 147, 197, 5권 129
뮤지컬 〈명성황후〉 2권 305, 308, 309
『미국독립사』 3권 195
「미국의 영향을 받은 중립론」 5권 28
미노마루호 1권 358
미쓰이물산 4권 12, 13
미쓰코시 백화점 4권 344, 345
미야오카 1권 280
미우라 고로 2권 292, 293, 295, 296, 299, 313, 318, 3권 41
미일수호통상조약 1권 56
미일통상조약 1권 158
미일화친조약 1권 56
미즈노 렌타로 2권 318
미테랑, 프랑수아 1권 112, 113
민겸호 1권 228, 254~257, 4권 181
민경배 2권 9, 95, 349
민규호 1권 143, 145, 185, 2권 133
민궁호 4권 330
민란 1권 67, 71, 73, 79, 110, 124, 165, 348
민란상사 1권 72
민병석 3권 121
민병한 3권 228
민보군 2권 218, 225
민비 → 명성황후
『민비』 3권 150
『민비암살』 2권 304
민상호 2권 312, 3권 73
민승호 1권 137, 142, 143, 185, 2권 310

민영규 5권 141
민영기 3권 191, 202, 209, 236, 238 4권 300, 5권 73, 158
민영달 5권 213
민영목 1권 296, 318, 333, 357
민영선 5권 73
민영소 2권 133
민영익 1권 184, 185, 211, 228, 229, 262, 280~285, 296, 322~324, 330, 331, 332, 357, 2권 9, 10, 34~36, 52, 53, 88, 150 5권 71~73
민영준 2권 102, 166, 168, 172, 294 3권 237
민영찬 4권 163, 164
민영환 2권 132, 3권 97~99, 101, 230, 237 4권 89, 90, 91, 134, 152, 164, 176~178, 180, 181, 212, 240~245
민용호 3권 15
『민우보』 5권 135
민족 4권 126, 239, 256, 5권 225~230, 234
민족사관 5권 245
민족종교운동 4권 230
민족주의 1권 12, 3권 173, 244 4권 22, 65, 126, 365 5권 10, 105, 111, 221, 224~226, 228, 229
민종렬 2권 216
민종묵 3권 226
민종식 4권 234
민중주의 1권 12, 13, 2권 270, 271
민중주의사관 5권 89
민치록 1권 76, 145
민태호 1권 185, 263, 333, 357, 2권 133

ㅂ

바라, 샤를 2권 103, 264

바리캉 4권 74, 76
박경훈 2권 247
박광수 3권 336, 337
박규수 1권 63, 102, 103, 105, 129, 130, 143, 181~184, 192, 194, 238
박기성 3권 61
박기수 2권 262, 269
박노자 1권 30, 301, 351, 2권 273~275, 322 3권 68, 69, 70, 4권 145, 229, 245, 363 5권 94, 106, 109, 110, 120, 150, 238
박람회 1권 282, 4권 346~349
박명규 2권 157
박문국 1권 298, 2권 11~14, 62, 74, 97, 99
박문사 4권 249
박민영 1권 137
박병웅 3권 237, 238
박석분 4권 200
박선 2권 301
박선수 1권 129
박선영 4권 22, 5권 74, 75, 80
박성수 2권 320, 3권 129, 136, 295 4권 17, 18, 89, 5권 72, 73, 204, 250
박성진 3권 291
박성춘 3권 215, 217, 219
박승빈 5권 21
박승선 3권 248, 327
박에스더(김점동) 2권 71, 4권 297, 298
박영교 1권 183, 333, 336, 337, 2권 91
박영규 1권 74, 5권 280
박영선 1권 172
박영일 3권 339, 340
박영학 2권 119
박영효 1권 182~185, 194, 195, 203, 212, 260, 262, 263, 270, 286, 294, 295, 317, 319, 321, 330, 332~338, 340, 348, 349, 354, 355, 357, 358

2권 45, 91, 131, 132, 135, 136, 138, 140, 202, 206, 207, 234~237, 241, 243, 247, 253, 256, 263, 288, 289, 291~293, 319, 320, 322, 324, 332, 340
3권 25, 234, 235~239, 247, 250, 251, 263, 4권 82, 204, 228, 316
박용규 1권 326, 5권 172, 175, 178
박용만 4권 135
박용옥 5권 51, 52, 133
박원명 2권 127, 128
박원문 5권 147, 150, 151
박원순 5권 57
박원양 1권 184
박윤재 4권 295
박은경 5권 215, 216
박은봉 4권 200
박은숙 1권 194, 335, 349~351, 2권 45
박은식 1권 17, 110, 2권 103, 230, 266 3권 12, 196, 4권 63, 64, 224, 228, 362 5권 9, 22, 44, 100, 133, 307
박인식 2권 255
박정규 3권 288
박정빈 4권 330
박정신 2권 107, 108, 3권 76
박정애 5권 52
박정양 1권 229, 273, 2권 81~86, 207, 236, 289, 291, 293, 299, 320, 3권 12, 47~50, 174, 185, 210~212, 214, 223, 230, 237
박정희 1권 96, 351, 2권 155, 231, 232, 266, 322, 5권 282, 283
박제가 1권 29, 44, 192
박제순 2권 216, 222, 4권 154, 157, 158, 171, 299, 316, 5권 109, 141, 213
박중양 5권 98, 215
박중언 4권 146
박지원 1권 34, 45, 182, 184, 3권 24, 5권 195

박지향 4권 37, 5권 228
박찬승 2권 122, 4권 229, 230
박찬식 3권 338, 339
박천홍 1권 117, 4권 111
박춘권 1권 102
박치록 5권 178
박평종 2권 15
박헌영 2권 275
박현모 3권 27
박홍규 1권 217
박환 5권 32, 136
박효관 1권 175
박흥식 4권 346
박희병 1권 190
방곡령 2권 20, 207, 3권 321, 4권 51
방기창 4권 267
방성칠의 난 3권 330~332
방인관 4권 330
방정배 1권 311
배경식 3권 30, 31, 5권 211
배국태 3권 206
배영대 1권 244
배재학당 1권 293, 2권 32, 66~70, 73, 74,
　94, 327, 341, 3권 53, 58, 75, 77, 78, 81,
　83~93, 117, 141, 142, 153, 154, 162, 225,
　228, 4권 104, 135, 196
배정자 3권 205, 206
배지홍 3권 205
배항섭 1권 255, 2권 221, 277, 278, 280, 281
　3권 318
백낙준 1권 327, 5권 17
백대웅 1권 175
백동화 3권 306
백두산정계비 4권 22~24
백만인 구령운동 5권 172, 178~180
「백만인을 예수에게로」 5권 178, 180

『백범일지』 1권 172, 2권 341
백산 봉기 2권 154, 156, 159, 164
백성현 4권 353
백승종 1권 86
105인 사건 3권 253, 255, 4권 270, 5권 16
백운동서원 1권 78
『백운화상초록불조직지심체요절』 1권 112
백찬홍 4권 279
백홍준 1권 327
백화점 4권 344~346, 349
범죄즉결령 5권 71
벙커(Dalziel A. Bunker) 2권 66, 3권 88, 327
　4권 91
베델(Ernest T. Bethell) 4권 61, 63, 362, 364
　5권 38, 39, 40, 42~48
베르뇌(Simén F. Berneux) 1권 40, 52, 94,
　96, 97
베아토, 펠리체 1권 130
베어드(W. N. Baird) 2권 67, 3권 93, 120
　4권 264
베이징조약 1권 62, 63, 71, 93
벤손, 스텔라 2권 344
벧엘예배당 3권 118, 120
벨, 알렉산더 그레이엄(Alexander Graham
　Bell) 3권 126
벨, 유진(Eugene Bell) 3권 31, 32
벽돌신문(복판신문, 흑판신문) 4권 50, 363
벽서 1권 118
벽파 1권 38, 39
『변방에 우짖는 새』 3권 336
변법개화파 → 급진개화파
변법사상 1권 198
변복령 2권 328, 331, 332, 4권 204
변수 1권 233, 280, 283, 337, 2권 320
변신원 2권 64
변주헌 1권 40

별기군 1권 252, 253, 2권 34, 296
병오박해 1권 51, 52
병인박해 1권 93, 95, 96, 106, 107, 109, 110, 119
병인양요 1권 93, 106, 107, 110, 112, 114, 119, 128, 129, 174, 198, 233, 238, 241 4권 45, 5권 274
병자수호조약 → 강화도조약
병자호란 4권 22, 5권 250, 255, 256, 259~262, 273
병참기지 4권 49
보구여관 4권 297
보문관 4권 193, 249
보부상 1권 114~118, 264, 265, 3권 184, 226~231, 234, 236, 238, 240, 286, 287, 305, 2권 126, 155, 222, 223, 4권 57~60, 339
보빙사 1권 277, 280~282, 284, 285, 289, 296, 322~325, 330, 2권 77, 320
보성관 4권 225
보성사 4권 225
보성소학교 4권 197
보성전문학교 4권 225
보성중학교 4권 225
보성학교 4권 225, 227, 5권 18, 122
보스, 휴버트 2권 101
보스트위크(H. R. Bostwick) 3권 269, 363, 4권 360
보안법 5권 95
보안회 4권 54, 55, 57~89
보울비 3권 372
보은 집회 2권 121, 122
보창학교 4권 367, 5권 16
보헤르(J. Boher) 3권 204
보형의병 2권 335, 337
보호조약 → 을사조약
봉록제 1권 177

부관연락선 4권 105
부들러(H. Budler) 2권 54, 55
부래상 3권 207, 208
부솔호 1권 56
부인용품 상점 4권 199, 200
북로전선 2권 61, 351, 352
북인 1권 138, 141
북접 2권 123, 124, 128, 219, 221~223
북학파 1권 201
북한 사회과학원 역사연구소 1권 104
분쉬, 리하르트 3권 371, 4권 80, 106
불입천교 사건 3권 343
불평등조약 1권 54, 154, 156, 159, 160, 319
브라운, 아더(A. J. Brown) 1권 329
 2권 40, 76, 5권 174, 175, 180
브뤼기에르(B. Bruguiere) 1권 50
블랑(M. J. G. Blanc) 3권 147, 197
블룬츨리(Johannes C. Bluntschli) 1권 196
비변사 1권 77
『비사맥전』(비스마르크전) 5권 115
비숍, 이사벨라(Isabella Bishop) 1권 211 2권 310, 354, 3권 30, 38, 55, 285, 299, 300, 355, 5권 187, 306
비숍, 찰스 3권 355, 356
비쓰비시호 2권 29
비판 찬드라 3권 173, 244
빈, 수잔 1권 185
빈톤(C. C. Vinton) 4권 289
빈튼(C. C. Vinton) 3권 343
빌렘(Nicolas Joseph Marie Wilhelm) 5권 129
빌헬름 3권 345
빙햄(John A. Bingham) 1권 153, 328

ㅅ

사노 젠레이 2권 246, 247
사대주의 1권 199, 302, 303, 2권 119
    5권 245, 264
사도세자 1권 38, 39, 309
사림파 5권 262
사립학교 4권 225, 227, 230, 231
    5권 16~20, 22~24, 49
사립학교령 5권 16, 20, 22
사마네현 고시 제40호 4권 119
사마랑호 1권 58
사발통문 2권 126, 127, 161
사범학교 2권 212
사사키 히데오 2권 291
사색당쟁 1권 141
사인여천(事人如天) 4권 192
사진(관) 1권 163, 2권 13~15, 92, 93, 96, 97,
    100, 101, 4권 349, 350, 351
사진결혼 4권 123
사진의 수용과 부작용 2권 13~15, 92, 93,
    96, 97, 100
사창제 1권 82
사치 1권 81, 82, 169
사치 금지령 1권 81
사카모토 시게끼 5권 212
사카이 2권 305
사카이야 다이치 1권 149
사화 5권 262, 263
사회주의 2권 270, 276, 5권 111
사회주의자 1권 13
사회진화론 1권 215, 242, 284, 287~291,
    301~303, 2권 63, 220, 3권 70, 291
    4권 65, 5권 103, 106, 109~113, 119, 305
삼국 간섭 2권 108, 199, 285, 287, 288, 294
    4권 42, 129
『삼국사기』 1권 246, 247

『삼국유사』 1권 246, 247, 5권 225
삼국제휴론 4권 11
삼례 재봉기 2권 217
삼문출판사 2권 69, 73, 74, 3권 58
3일 천하 2권 147, 148, 151, 319
3·1운동 2권 266, 4권 104, 194, 5권 229
삼전도비 5권 258
『삼전론』 4권 74
삼정 1권 67, 68, 69
삼정문란 1권 67
38도선 분할론 4권 39
『삼한습유』 1권 35
삼화주의(三和主義) 1권 233, 2권 131, 146
삼흥학교 5권 16
상계군 이담 1권 38
상동교회 4권 90, 91, 176, 310, 5권 10
상동청년학원 4권 90, 91, 230, 310
    5권 10, 121
상무사 3권 229, 333, 4권 58
상무정신 5권 120, 121
『상무총보』 3권 286, 287, 288
상무회사 3권 287, 288
상상의 공동체 5권 224
상소 1권 308, 309, 313, 358
    2권 106, 118, 120, 202, 300, 335
상소문화 1권 307
상소투쟁 4권 181
상수도 3권 271, 4권 360, 361
상업제일주의 1권 303, 304
『상투의 나라』 2권 339, 343
상평통보 1권 81
『상하이신보』 2권 11
상해사변 2권 308
상황연보 1권 166
새비지-랜도어, 헨리(Arnold H. Savage-
    Landor) 2권 101, 3권 35, 36, 126

샌즈(William F. Sands) 3권 334, 335
『샌프란시스코 모닝 콜』 1권 280
『샌프란시스코 이그제미나』 4권 93
『샌프란시스코 이브닝 블레틴』 1권 281
생물진화론 5권 111
『생물학 원리』 1권 287, 288
생생의원 1권 171
생존투쟁 5권 111
샤스탕(Jacques H. Chastan) 1권 50
샤프(C. E. Sharp) 3권 121
서경수 2권 246
서경조 4권 267
서광범 1권 183, 185, 195, 233, 260, 262,
 279, 280, 281, 283, 319, 324, 333, 334,
 336~338, 341, 348, 349, 356~358
 2권 206, 234, 236, 263, 291, 299, 312,
 313, 322~324, 340, 3권 170
서교 1권 45
서기원 2권 308
서대문형무소 → 경성감옥
서로전선 2권 59~61, 351, 352
서병학 2권 119, 121, 122
서북학회 5권 9, 10, 142, 143
『서북학회월보』 5권 10, 165
서사봉 2권 143
서상돈 4권 283
서상륜 1권 327
서상우 1권 357
서상익 1권 185
서상집 4권 338
서상철 2권 194
서세동점(西勢東漸) 1권 63, 130, 162
『서양사정』 1권 212, 214, 3권 24
「서양의학의 수용과 제중원-세브란스」
 4권 293
서연호 5권 170

서영희 1권 145, 211, 258, 323, 2권 298
 3권 182, 183, 323, 4권 118, 300
 5권 38, 243
『서우』 5권 104, 116
서우학회 4권 228, 5권 9, 116
『The Seoul Press』 4권 64, 223
서울대병원 4권 293~296
서울신문』 5권 44
서울외국인선교사묘지공원 1권 110
서울진공작전 4권 331, 332
『서울풍물지』 1권 151, 4권 96, 5권 299
서울프레스하지회사 2권 74
서원 철폐 1권 77, 78, 138
『서유견문』 1권 30, 287, 2권 52, 53
 3권 23~29, 200, 4권 342
서인 1권 141, 142
서재순 3권 191
서재필 1권 210, 262, 296, 319, 321, 333~
 338, 348, 349, 352, 356~359
 2권 146, 319~327
 3권 47~51, 54~56, 59, 65, 71~73, 75,
 88, 89, 91, 102, 103, 107, 113, 118, 141,
 153, 154, 162, 167~178, 216, 237, 255
 5권 28
서정민 3권 274, 4권 34
서정주 4권 92
서프라이즈호 1권 100
서학(西學) 1권 27, 32~34, 45, 84, 85, 87~
 90, 142, 172, 223
서형만 3권 227
선교 3권 347
선교 에큐메니즘 4권 33
선교사 2권 26, 39, 3권 121, 201, 275, 279,
 315, 327, 338, 341, 342, 346, 348, 371,
 373, 4권 27~29, 50, 89~92, 231, 232,
 274, 276, 278~280, 293, 295, 296

5권 16, 23, 172~175, 178, 180, 181, 303
선조 1권 69, 77, 80, 312, 5권 251~254
『선조실록』 5권 252, 253
설석규 1권 313
설성경 2권 257, 258
섬너, 윌리엄(William Sumner) 1권 288, 289
섭사성 2권 192
성강호 3권 137
성공회출판사 2권 74
성기운 2권 168, 4권 300
성두한 2권 261
성명학원 5권 49
〈성조가〉 1권 174
성종 1권 77, 190, 307
성탄 → 크리스마스
『성호사설』 2권 22
『세기와 더불어』 2권 147
세도정치 1권 39, 46, 67, 74~78, 138, 142, 145, 183, 187, 313, 2권 307
세레디나-사바틴(V. Seredina-Sabatin) 2권 299
세브란스, 루이스(L. H. Severance) 4권 290
세브란스병원 2권 35, 36, 340 4권 289, 290, 293, 294
세실 함장 1권 59, 96
세이케이마루호 2권 134, 135
『세일럼 이브닝 뉴스』 1권 284
세종 1권 77, 5권 275, 276
『세종실록』 5권 276
세창양행 2권 64
셔먼, 존 3권 132
셰난도어호 1권 125, 130
셰로셰프스키, 바츨라프 3권 257
소네 아라스케 4권 340, 5권 127, 139, 201
『소년』 5권 58~64
『소년한반도』 5권 58

소론 1권 141
소설 5권 160, 161, 164
『소설 명성황후』 3권 150
소용돌이 문화 5권 275
소학교 2권 212
소학교령 2권 212
손돌목 포격 사건 1권 125
손병희 2권 222, 223, 266, 3권 260, 262 4권 73, 74, 191~194, 249
손석춘 3권 177
손세일 1권 196, 2권 209, 341 3권 120, 156, 162, 203, 237, 248, 325 4권 151, 163, 178, 180
손자(孫子) 1권 45
손정도 4권 276
손진태 4권 230
손천민 2권 221, 3권 260, 262
손탁(Antoinette Sontag) 2권 46, 47 3권 201, 203, 204
손탁호텔 3권 203, 204, 205, 206
손화중 2권 152, 154, 162, 174, 175, 223, 225, 259, 261, 276, 281, 3권 260, 265
송건호 2권 119
송경원 2권 215
송병선 4권 181
송병준 2권 132, 3권 302, 4권 57, 58, 66, 78, 153, 193, 227, 247, 248, 299, 300, 313~315, 5권 37, 38, 68, 140, 141, 203, 204, 213, 214, 220
송시열 1권 78, 137, 138
송우혜 2권 242~244, 286, 330, 335, 338, 339, 348, 3권 16, 18, 19, 21, 105, 158 4권 45, 114, 117, 143, 153, 172
송월주 5권 54, 55
송유진의 난 5권 252
송인서 4권 267

송재선 5권 144
송준호 1권 199, 5권 260, 261, 264, 267, 268, 300
송헌동 2권 202
송호근 1권 243
송화강 4권 24, 25
송희수 3권 333
쇄국 1권 54, 111, 141, 151, 198, 205, 241, 244, 261
쇼, 캐롤 4권 130, 152
수구당 3권 26
수구론 1권 14
수구파 3권 101, 103, 114, 167, 181, 184, 209, 211, 227, 231, 233, 236, 241, 242, 244, 289
수신사 1권 163, 164, 220, 233, 262, 263, 294, 317, 2권 91
『수신영약』 3권 339, 340
숙명여학교 4권 227
숙빈 임씨 1권 38
숙종 1권 39, 76, 77, 171
순성여학교 3권 295
순원황후 1권 51
순조 1권 38, 48, 49, 51, 67, 73, 76, 77, 173
순종 2권 245, 3권 81, 112, 201
　4권 313~315, 317, 318, 338
　5권 67~70, 148, 193, 201, 202, 211
「숨은 개화사상가 유대치」 1권 194
숭덕학교 3권 93
숭실학교 2권 67, 3권 92, 93, 5권 23
숭의 5권 228
쉰들러 2권 101
슈미드, 앙드레(Andre Schumid) 4권 21, 26, 241, 5권 10, 285
슈펠트(Robert W. Shufeldt) 1권 125, 130, 237, 238, 281
슐레이 1권 126

스기무라 후카시 2권 186, 189, 193
스왈른(W. L. Swallen) 3권 118
스즈키 덴간 2권 182
스콧(J. Scott) 3권 328
스크랜턴, 메리 2권 70, 71
스크랜턴, 윌리엄(William B. Scranton) 2권 31, 32, 37, 67, 3권 119, 4권 90, 92, 232
스토리, 더글러스(Douglas Story) 4권 221
스티드, 윌리엄 4권 304, 305, 306
스티븐스(Durham W. Stevens) 4권 56, 57, 118, 5권 24, 26, 84
스티븐슨, 조지(George Stephenson) 3권 280
스페이예르, 알렉세이(Alexei de Speyer) 3권 9, 11, 102, 110, 154, 156, 157
스펜서, 허버트 1권 287~289, 5권 111
스피어, 로버트 3권 120
승려의 도성출입금 해제 2권 246, 247
『승정원일기』 1권 309
『시경』 2권 13
시계 1권 59, 5권 186~190, 193
시네마토그라프 5권 155
시모노세키조약 2권 285, 287
시무개화파 → 온건개화파
시무론 2권 17
시사만화 5권 96
『시사신보(지지신보)』 1권 213, 232, 356 2권 43, 62, 106, 139, 192, 261 3권 146, 4권 107
『시사총보』 3권 286, 287
시우자와 에이치 3권 282
10월유신 2권 231, 232
「시일야방성대곡」 1권 344, 4권 170~174 5권 137, 230
시장규칙 4권 59, 60
시전상인 1권 255~257

시찰단 1권 228, 229, 231, 232
시천교 4권 194, 195, 5권 219, 221
시천주(侍天主) 1권 85, 4권 192
시파 1권 39
식민사관 1권 15~17, 243, 301, 2권 187, 298, 4권 226, 5권 245, 280, 282~286
식산흥업(殖産興業) 4권 346
식산흥업운동 3권 304
신경숙 4권 206
신국주 1권 165
신긍우 3권 84, 85
신기선 1권 197, 2권 107, 339, 340 3권 14, 203, 209, 250, 4권 38, 64
『신기천험』 2권 77
신기현 2권 141
신돌석 4권 234, 5권 89
신동원 2권 36, 92, 329, 4권 291
신동준 3권 115
신면휴 3권 84, 326
신명 5권 228
신문고 1권 311
『신문읽기의 혁명』 3권 177
신문지 조례 3권 242~244
신문지법 3권 242, 244, 4권 326, 327, 362~364, 5권 33
신문화운동 4권 75, 76, 230
신미양요 1권 105, 124, 126~128, 130~132, 189, 202, 233, 238, 241
신민설 5권 11
『신민설』 5권 103~105
신민회 3권 255, 4권 124, 213, 231, 270 5권 10~13, 15, 16, 61, 199
신복룡 1권 26, 30, 47, 70, 122, 131, 177, 262, 2권 119, 148, 149, 160, 167, 183, 225, 281, 310, 3권 148, 303, 5권 244, 247, 281, 284, 288, 289, 299, 303

신봉승 4권 58, 5권 280
신사유람단 1권 231, 264, 279, 2권 340
신사참배 2권 331
신상옥 4권 308
신석우 1권 62
신소설 2권 257, 258, 4권 251~254
신식군대 1권 252, 325, 2권 34
『신약마가복음서언해』 2권 33
『신약전서 마가복음서 언해』 2권 33
『신여성』 2권 334
신용하 1권 86, 162, 182, 192, 293, 344, 345, 2권 22, 159, 160, 200, 304, 3권 49, 53, 76, 102, 113, 114, 152, 171, 174, 176, 244, 245, 309, 4권 65, 230, 293, 332, 333, 5권 10, 228
신유교난 → 신유박해
신유박해(신유교난) 1권 37, 39, 40, 44, 45, 51, 52, 242
신유사옥 1권 142
신윤복 2권 22
신응희 1권 337, 2권 234, 5권 215
신작로 4권 356, 357, 358
신재효 1권 174, 175
신정일 2권 229, 3권 265
『신죠신문』 4권 125
신채호 1권 184, 3권 196, 4권 63~65, 5권 44, 79, 112, 114~116, 118, 120, 164, 200, 226, 265, 285
신태휴 4권 204, 206
『신학월보』 3권 325, 329, 4권 28
『신한민보』 4권 125, 213, 5권 33, 34
신해박해 1권 32, 43
신해혁명 3권 315
신헌 1권 156
신효철 1권 121
신흥 5권 228

찾아보기 391

신흥우 3권 85, 326, 5권 28
실(John M. B. Sill) 3권 132
실력양성론 4권 173, 250, 5권 11
실업구국운동 4권 230
『실의』 1권 88
실학 1권 191, 192
실학파 1권 85, 188
심노승 2권 23
심상훈 1권 345, 2권 291, 299
　3권 11, 191, 209
심순택 1권 353, 354, 355, 2권 88
　3권 104, 209
심이택 1권 354
『심청전』 2권 133
십계명가 1권 27
써드, 에쏜 2권 26, 4권 224
쓰노다 후사코 2권 304
쓰시마 해전 4권 127
쓰지 1권 355

ㅇ
아관 → 러시아공사관
아관파천 2권 142, 253, 256, 317, 323, 324
　3권 9, 10, 14, 16~18, 20, 21, 23, 47~49,
　53, 63, 100, 101, 131, 153, 156, 159, 162,
　176, 201, 203, 245, 4권 309, 337
　5권 31, 32, 146, 237
아다치 겐조 2권 293
아라빅호 1권 280, 281
『아리랑』 2권 355, 4권 238, 330, 357, 361,
　5권 169, 218
『아무르의 한인들』 5권 30
『아방강역고』 4권 21
아사노 도진 1권 212
아서(Chester A. Arthur) 1권 280, 282

아세아회 1권 233
아시아주의 1권 232~234, 357, 3권 291,
　293, 4권 52, 5권 137, 138
『아웃룩 매거진(Outlook Magazine)』
　4권 135
아펜젤러 부인 2권 29
아펜젤러(Henry G. Appenzeller) 2권 29~
　33, 67~70, 73, 95, 341
　3권 88, 117~119, 123, 141, 143, 154, 197,
　224, 225, 236, 288, 327, 371~373
아편전쟁 1권 53, 63, 103, 2권 42, 150,
　3권 313
안경수 2권 172, 207, 236, 299, 312, 318,
　3권 72, 182, 185, 205, 235, 238, 250,
　263, 4권 337
안규홍 5권 89
안기영 1권 225
안길정 1권 68, 5권 265
안남미 3권 320, 321, 322
안동 김씨 1권 51, 52, 67, 74~78, 142,
　2권 170, 313
안민영 1권 175
안병찬 2권 337
안세화(드망주, Florian Demange) 4권 258
안순환 5권 163
안영배 1권 156
안영수 3권 225
안응칠 → 안중근
『안응칠역사』 5권 133
안익태 3권 79
안익태 4권 212
안재홍 4권 90
안정복 1권 28
안종묵 3권 194
안중근 2권 309, 3권 109, 122, 4권 243,
　339, 366, 5권 16, 27, 31, 32, 72, 127~

138, 147, 148, 150, 199
「안중근 의사 어머니 조마리아의 항일구국적 생애」 5권 133
『안중근』 5권 133
『안중근전』 5권 134
안창호 2권 73, 3권 79, 216
    4권 124, 212~215, 274, 338
    5권 9~11, 13, 16, 61, 119, 120, 199, 200
안천 1권 123
안태훈 3권 122, 5권 128
안티 식민사관 1권 15, 16, 17
앨런(Young Allen) 3권 325
앨런, 앨리스 2권 32
앨런, 호레이스(Horace N. Allen) 1권 326, 328, 329
    2권 9, 10, 30, 32, 33, 35~39, 67, 75, 82 ~85, 109, 112, 113, 235, 314, 346~350
    3권 132, 167, 231, 236, 270, 271, 274, 283, 315, 342,~345, 355, 356,
    4권 39, 79, 92, 136, 160, 183~188, 291, 292, 294, 295, 347
    5권 168, 172
알리망 1권 121
암스트롱 3권 103, 169
암스트롱, 뮤리엘(Muriel J. Armstrong) 2권 320
애국가 3권 78, 79, 4권 211~215
애국계몽운동 1권 12, 3권 255, 4권 90, 224, 225, 228, 230, 5권 9, 12, 31, 199
애국계몽주의 4권 255, 256
『애국부인전』 5권 115
애로우호 1권 62
애로우호 전쟁 1권 62
애비슨(Oliver R. Avison) 2권 340, 341
    3권 217, 274, 342, 4권 290
애스턴 1권 270

앤더슨, 베네딕트 5권 224
앵베르(Laurent M. Imbert) 1권 50, 96, 110
야구 4권 32, 196, 198, 199
야마가타 아리토모 2권 292, 3권 99, 4권 340
야마구치 2권 184, 185
야마모도 바이가이 2권 101
야마베 겐타로 1권 152, 340, 341, 2권 304
양규의숙 4권 249
양기탁 4권 61, 63, 90, 367
    5권 10, 15, 39, 40, 44, 45
양대인(洋大人) 4권 280
양력과세선양회 2권 330
양무(자강)사상 1권 198
양무운동 1권 203
양무호 사기 사건 4권 12, 13
『양반 동네 소동기』 5권 296
양반 망국론 5권 264, 299
양전 3권 307, 308, 309
양전백 4권 267
양정의숙 4권 227
양한묵 4권 191, 192
양헌수 1권 107
양현혜 1권 219, 2권 253
양홍묵 3권 89, 228
양화속습회 2권 101
어윤중 1권 231, 258, 262, 2권 17, 61, 121, 204, 217, 236, 263, 291, 3권 11, 49
어재연 1권 126, 132
어재연 장군기 1권 132
언더우드(Horace G. Underwood) 2권 29~ 31, 33, 37, 39, 67, 72, 94, 96, 316, 340, 353, 3권 124, 274, 327, 328, 343
    4권 29, 33, 91, 291, 5권 177, 249
언더우드, L. H.(언더우드 부인) 2권 290, 313, 315, 339, 343
언더우드학당 2권 72, 73

언론 1권 306, 308, 312, 313
언론계몽운동 4권 230
엄복(옌푸) 5권 103
엄비 → 엄상궁
엄상궁 3권 18, 19, 20, 137, 202, 206, 327 4권 158, 201
엄인섭 5권 32
에디슨 전기회사 2권 77, 79
에디슨, 토머스 2권 80, 5권 155, 168
에케르트, 프란츠 2권 34
엔 빠세낀 5권 30
엘러즈(Annie J. Ellers) 2권 73
엠벌리(H. Emberley) 3권 288
엡워스 청년회 4권 90, 91
엥가운드호 1권 248
여규병 3권 277
『여왕 민비』 3권 150
『여우사냥』 5권 297
여우회 3권 295, 301
여운형 5권 16
여인석 4권 294
여자교육회 4권 249
여항 1권 60
여항문화 1권 53, 60, 62
여흥 민씨 1권 76, 142, 145, 2권 294
『역사비평』 5권 238
「역사소설 속의 명성황후 이미지」 3권 149
〈역사스페셜〉 3권 149
연갑수 1권 96, 110
연극 5권 162~167
연동교회 4권 58, 88
연동여학교 2권 73
연산군 1권 190, 2권 202
연세대학교 4권 291, 293~295
연합소 1권 308
연해주 3권 36, 37

연흥사 5권 163, 166
연희 5권 160~162, 170
『열하일기』 1권 34
염운옥 5권 111
엽지초 2권 192, 195
『엿장사』 2권 257, 258
영미연초회사 5권 156, 159
영보당 이씨 1권 135
영선사 1권 228, 230, 2권 102
영아 소동 2권 76, 93, 94
영웅숭배주의 5권 113, 114
『영원한 제국』 5권 296, 297
영은문 3권 72, 73, 105
영일동맹 4권 18, 37~39, 132, 5권 47
영조 1권 27, 39, 77, 78, 171, 309 5권 281, 282
영친왕 이은 3권 20, 137, 307, 4권 315
영학당 3권 262, 263
『영한자전』 3권 124
영혜옹주 1권 185
영화 4권 351, 5권 155~162
예금통장 사건 4권 226, 227
예수교 5권 140, 141, 147
『예수교신보』 3권 124
『예수교회보』 3권 124
『예수성교누가복음젼셔』 1권 327
오가작통법 1권 39, 40, 44
오가키 다케오 4권 229, 5권 94, 95
오경석 1권 182, 192~194, 349
오대현 3권 333, 334
오례당 1권 280
『오마이뉴스』 2권 304
오마하호 2권 81
오문환 1권 102
오봉엽 2권 94
오비 1권 273

오산학교 5권 13, 63
오성호 4권 110, 255
오세응 3권 167, 186
오세창 1권 193, 4권 191, 194, 249
  5권 94~96
오수창 1권 76, 5권 258
오시마 2권 142, 189, 192
오야부 마사코 2권 137, 138
오영근 5권 40
오영섭 1권 136, 4권 236, 5권 89~91, 136
오오지마 2권 196
오인성 5권 149
5 · 16쿠데타 2권 155, 231, 232
오장경 1권 257
5조 7협 4권 367
오종록 2권 22
오지영 2권 123, 273, 275~277
오카모토 2권 186
오토리 게이스케 2권 184, 186, 189, 208
오페르트(Ernst J. Oppert) 1권 119~122, 123
『오하기문』 1권 354, 2권 129, 228, 259,
  5권 73, 259
『옥루몽』 1권 35
옥시덴탈리즘 3권 67
온건개화파(시무개화파) 1권 192, 196~198,
  230, 258, 262, 297, 300, 303
  2권 16, 17, 61, 62, 236
올링거(F. Ohlinger) 2권 69, 73, 95, 5권 58
와그너, 에드워드(Edward Wagner)
  5권 260~263, 293, 300
YMCA 야구단 4권 198
YMCA → 황성기독교청년회
와추세트호 1권 130
『완월회맹전』 1권 35
완화군 이선 1권 135
왕샤조약 1권 54

왕현종 2권 199, 227, 3권 24, 4권 147
왕후 민씨 → 명성황후
『왜곡된 한국 외로운 한국』 1권 176
『왜세의 의한 조선 독립의 파괴』 4권 130
『외교시보』 5권 42
외국인 용병 사건 3권 191
외규장각 1권 107, 111, 112
요네다 2권 318
요시다 1권 357
『요한복음』 1권 327
『용담유사』 1권 85, 2권 118
용산기지 1권 266, 267, 268
용암포 개항 사건 4권 9, 10, 11
우금치 전투 2권 159, 216, 221, 223, 224,
  227, 231
우두 2권 91, 92
우두국 2권 91
우두법 2권 91, 93
『우두신설』 2권 91
『우리말속담큰사전』 5권 144
우범선 2권 234, 296, 301, 304, 305
우범식 1권 252
우윤 2권 267
우윤중 1권 292
우장춘 2권 304, 305
우정국 1권 305, 321, 331, 2권 11
우정총국 1권 305, 331, 341
우질사건 3권 346
우체통 1권 305
우치다 사다쓰지 2권 260, 3권 318
  4권 153, 299, 5권 219, 220
우편 1권 282, 305, 2권 351~355
  3권 161, 365, 4권 112, 113
운노 후쿠쥬 5권 211
운동 5권 124
운동회 3권 80, 81, 82, 5권 119, 121~124

운산금광 2권 345~350
운양호 1권 151~154
운양호(운요호) 사건 1권 148, 151~155, 181, 198
울시(Theodor D. Woolsey) 1권 195
울프, M. 5권 271, 272
『워싱턴 포스트』 5권 42
원각사 5권 163, 167, 171
원구단(환구단) 3권 104~106, 116
원납전(願納錢) 1권 80, 136
원산부흥운동 3권 373, 4권 27, 28
원산학사 1권 292, 293, 2권 67, 68
원준상 3권 358
원흥사 2권 247
『월남망국사』 5권 107~109, 113
월미도 매각사건 4권 17
웨베르, 칼(Karl I. Weaber) 1권 320
　2권 46~48, 88, 291, 314
　3권 10, 11, 16, 102, 156, 4권 19
웨슬리, 존(John Wesley) 4권 90
웨일스부흥운동 4권 266
위생청결법 4권 83
위생회사(청결회사) 4권 83, 84
위안스카이 1권 257~259, 335, 343,
　354, 2권 10, 44~46, 54, 81, 82, 87, 88,
　95, 98, 109, 110~114, 168, 170, 172
　5권 71, 135, 245
위원(웨이위안) 1권 103
위유런(우우임) 5권 135
위정척사 1권 13, 136, 142, 167, 204, 205,
　339, 2권 122, 144, 266
위정척사론 1권 204, 223, 224
위정척사사상 1권 203
위정척사파 1권 192, 196, 198~205, 224,
　228, 229, 261
위튼, 헨리(Henry Wheaton) 1권 195

윌슨, 우드로(Woodrow Wilson) 5권 27
유교 5권 265, 268, 269, 270
유교 망국론 5권 264, 265
유근 3권 194, 195, 4권 172, 5권 9
유기환 3권 223, 224, 226
유길준 1권 30, 182, 183, 231, 232, 278, 280,
　282~287, 289~291, 295,~297, 324
　2권 51~55, 79, 172, 203, 204, 206, 207,
　291, 293, 299, 301~303, 313, 320, 321,
　324~326, 333, 335, 340, 345
　3권 11, 12, 23~28, 47, 49, 200
　4권 337~343
　5권 28, 49, 110, 118, 142, 213
『유길준전』 2권 302
『유년필독』 5권 116
유대치 → 유홍기
유도론(誘導論) 1권 218
유동설 5권 9
유동열 5권 199, 200
유동준 2권 302
유민영 5권 165
유병선 1권 126
유병탁 5권 79
유석재 4권 303, 306, 343
유성기 5권 168, 169
유성룡 5권 251
유성준 5권 9
유소 1권 308
유승주 1권 261
유승훈 4권 85, 86, 87
유신회 4권 57
유양호 2권 342
유영렬 2권 164, 250, 3권 252, 253, 258
유영석 3권 190
유영익 2권 52, 186, 200, 207, 235, 236,
　270~272, 274, 279, 280, 282, 291, 292

3권 12, 28
유원식 1권 223
유인석 1권 136, 2권 332, 3권 15, 107
유일상 1권 302
유자후 1권 115
유재현 1권 333, 2권 136
유정수 1권 231
유주희 3권 331
유초하 1권 139, 140
유학생 5권 20~22, 28, 59
유학주 4권 57
유혁로 1권 332, 337, 2권 234
유현묵 5권 159
유홍규 1권 194
유홍기(유대치) 1권 182, 193~195, 339, 349
유홍준 1권 132
유흥문화 1권 60
육영공원 2권 66, 67, 339, 3권 83, 5권 146
6·25전쟁 2권 305
『육전조례』 1권 78
윤갑병 4권 153
윤덕한 2권 235, 297, 3권 256
　4권 158, 167, 248
윤병구 4권 134, 135
윤병석 3권 38, 5권 134, 207
윤병철 1권 299
윤사순 1권 34
윤석우 2권 296, 301
윤선자 1권 12
윤선학 1권 197
윤승용 2권 76
윤시병 4권 58
윤용구 3권 237
윤용선 3권 209, 211
윤웅렬 1권 278, 2권 250, 3권 252, 5권 40, 50
윤지충 1권 32, 33, 43

윤철규 3권 335
윤치호 1권 12, 30, 231, 278, 279, 289, 3212,
　2권 132, 146, 200, 249~254, 289, 301,
　302, 325, 3권 48, 49, 103, 107, 118, 125,
　135, 136, 152, 153, 169, 170, 173, 181, 183,
　184, 186, 187, 193, 194, 212, 215, 223~
　225, 229, 234~237, 252~254, 258, 282
　~284, 288, 291, 295, 353, 4권 55, 81,
　182, 201, 211~215, 347, 5권 10, 16, 22,
　28, 47~49, 61, 119, 270, 271
『윤치호일기』 3권 49
윤태준 1권 331, 333, 357
윤택림 5권 269
윤학준 5권 296, 297, 301
윤호진 2권 307, 309
윤효정 4권 59, 228
윤효종 1권 21, 5권 94, 95
『은세계』 2권 145, 4권 253, 254
은신군 1권 73
은언군 이인 1권 38, 40, 52
『을묘천서』 1권 87, 88
을미개혁 2권 328, 3권 112
을미사변 1권 76, 196, 2권 143, 253, 255,
　256, 269, 293, 294, 296~298, 300~305,
　307, 309, 312, 313, 315, 316, 318, 319,
　323, 328, 335, 339, 354, 3권 15, 19, 30,
　48, 49, 159, 184, 250, 4권 181, 337
을미사적 3권 11
을미의병 2권 298, 301, 3권 14, 15, 318
　4권 239, 5권 91
을사5적 2권 86, 222, 4권 154, 156, 158,
　159, 160, 167, 286, 310
을사5조약 → 을사조약
을사7적 2권 86, 4권 156, 158
을사늑약 → 을사조약
을사보호조약 → 을사조약

을사의병 2권 301
을사조약(을사보호조약, 을사5조약, 을사늑약,
한일협상조약, 2차한일협약) 1권 244, 344
　2권 86, 216, 301, 348
　3권 206, 255,
　4권 17, 45, 91, 118~120, 151, 153~161,
　　163~170, 173, 174, 176, 180, 181, 183, 191,
　　215, 219, 220, 222, 224, 226, 227, 230,
　　231, 234, 248, 278, 300, 304, 308, 310,
　　334, 367
　5권 12, 18, 24, 31, 72, 81, 82, 112, 117,
　　127, 131, 137, 177, 208, 214, 288
을지문덕 5권 116, 118, 166
의병 1권 79, 2권 216, 217, 262, 263, 269,
　272, 329, 339, 4권 250
의병운동 2권 301, 4권 50, 89, 279, 334,
　335, 340, 5권 88~93, 95, 99
의병전쟁, 의병항쟁, 의병활동 → 의병투쟁
의병투쟁 2권 194, 353, 4권 234~236,
　259, 278, 329~333, 336
　5권 13, 26, 37, 82, 84, 88, 89
의주전선합동 2권 60
의친왕 이강 4권 315, 338
의화군 3권 247
의화단 3권 313~315, 318
이가환 1권 27, 40, 45
이갑 5권 10, 200
이강년 4권 330
이건승 5권 134
이건창 2권 300
이겸라 2권 68
이경방 2권 134
이경선 2권 210, 211, 3권 84, 228
이경숙 2권 73
이경직 2권 119, 296, 307
이경하 1권 254, 3권 11

이계형 3권 299, 4권 59
이광린 1권 182, 194, 341, 2권 48, 52, 131,
　324, 3권 20, 24, 48, 49, 54, 113, 242,
　277, 288, 4권 64, 331, 341, 342
이광수 1권 213, 4권 66, 74, 5권 61~64,
　207~209
이광표 1권 189, 4권 236
이규백 2권 338
이규완 1권 337, 2권 234, 5권 215
이규태 1권 40, 47, 97, 247, 2권 49, 71,
　143, 296, 343, 3권 36, 129, 257, 292, 321,
　364, 5권 221, 275, 284
이근용 3권 228
이근택 3권 320, 4권 154, 158, 159
이근호 3권 73
이기동 3권 184, 223, 226, 4권 58
이기백 1권 219, 5권 284
이기양 1권 27
이기조 1권 126
이기풍 4권 267
이노우에 가쓰오 2권 230, 231
이노우에 가오루 2권 16, 55, 206~208,
　217, 235, 236, 241, 244, 292, 293, 318
이노우에 가쿠고로 1권 294, 295, 300, 341,
　355, 357, 358, 2권 11, 12, 62
이노우에 료우케이 1권 153, 154
이대현 3권 336
이덕일 1권 38, 4권 312, 5권 251, 253
이덕주 2권 185, 3권 119, 326, 4권 141, 276
이도영 5권 96
이도재 2권 216, 228, 229
이도철 2권 317
이동욱 1권 27
이동인 1권 195, 209, 210~212, 229, 230, 233
이동휘 4권 90, 228, 5권 9, 10, 78, 199
이동희 5권 16

이두황 2권 301, 5권 215
이마무라 모토 4권 86
이만규 5권 18, 19
이만손 1권 223
이만열 1권 293, 2권 33, 3권 348
　　4권 276, 277, 5권 174, 224
이명재 4권 181
이명화 1권 291, 4권 213
이몽학의 난 5권 252
이문열 2권 305, 306, 309, 5권 296, 297
이민웅 5권 285
이민원 2권 304, 3권 100, 108, 147, 278
이발소 2권 342, 4권 318, 319
이배용 2권 307
이범윤 4권 26, 5권 32, 74, 76, 78, 79
이범진 2권 47, 293, 294, 299, 312,
　　3권 9~11, 19, 102, 4권 301, 5권 31, 32
이벽 1권 27, 28, 29
이병무 4권 299, 5권 37, 203
이병준 4권 354
이병천 5권 239
이병휘 3권 330
이부만 1권 29
이산해 5권 251
이상규 4권 267, 268
이상만 4권 213
이상설 4권 89, 106, 180, 300, 301, 5권 136
이상우 5권 170
이상익 1권 200, 201, 203, 5권 107
이상재 2권 81, 82, 3권 73, 223, 224
　　4권 31, 32, 90, 5권 9, 22
이상찬 1권 113, 4권 56, 165, 5권 41
이상철 4권 181
이서구 3권 207
이석규 5권 220
이선근 2권 231, 319, 3권 12

이성계 5권 201
이성렬 2권 216
이성무 1권 310, 313, 2권 338
이성욱 5권 194
이성하 1권 327
이소영 2권 34
이소응 2권 332
이수광 2권 22, 5권 253, 270, 285
이수정 1권 264, 2권 31, 33
이순신 2권 338, 4권 129, 5권 116, 254, 294
이승만 1권 172, 2권 86, 209~211, 274,
　　311, 317, 326, 327, 339, 340~342
　　3권 83~90, 92, 93, 143, 153~155, 162,
　　165, 187, 190~192, 225, 227, 228, 236~
　　238, 247~250, 287, 325~329, 354, 372,
　　4권 88, 89, 90~92, 134~136, 138, 311,
　　5권 27, 28
이승만(동양화가) 1권 168, 5권 144
이승원 3권 225, 226, 4권 76, 205, 319,
　　368, 5권 166, 167
이승훈 1권 27, 28, 40, 43
이승훈(남강 이승훈) 5권 10, 13
이시즈카 2권 301, 302, 304
이양선 1권 53, 56, 67, 121, 137
이양재 4권 307
이어령 5권 183
『이언』 2권 13
이에이리 가키쓰 2권 309
이여송 5권 254, 255
이영춘 3권 317
이영호 2권 176, 3권 260, 263, 4권 47, 48
이영훈 1권 258, 259, 4권 244, 5권 238
이와다 슈사쿠(김옥균) 1권 355
이완용 1권 217, 2권 81, 82, 85~87, 207,
　　289, 290, 291, 293, 298, 299, 312
　　3권 12, 18, 42, 48, 50, 72, 75, 152, 153,

174, 242, 252, 255~257, 258
　4권 32, 154, 157, 158, 164, 228, 255,
　260, 294, 299, 300, 313, 315~317, 326,
　5권 24, 37, 38, 94~96, 139, 140~142,
　146~151, 163, 201~203, 213, 214
이완재 1권 345, 346, 2권 17
이용구 4권 74, 78, 153, 193~195, 246, 247
　5권 37, 139, 141, 217~220
『이용구의 생애』 5권 220
이용익 1권 264, 3권 184, 250, 273, 307
　4권 225, 226, 227
이용태 2권 126, 128~130, 167
이우영 5권 94
이원긍 3권 154
이위종 4권 300~303, 304~306, 5권 32
이유원 1권 143
이유인 3권 250
이윤고 2권 138, 139
이윤상 3권 363
이윤용 2권 236, 293, 299, 3권 302
이응찬 1권 327
이의익 2권 13
이이화 1권 79, 124, 137, 163, 231, 2권 121,
　129, 159, 160, 162, 165, 170, 174, 175, 205,
　213, 216, 220, 222, 228, 229, 267~269,
　333, 3권 15, 109, 266, 295, 4권 108, 237,
　300, 5권 140, 141, 151, 163, 220, 221
이익 1권 177, 2권 22, 3권 36, 4권 24,
　5권 264
이인영 4권 330~333
이인우 3권 209
이인직 2권 145, 257, 4권 246, 249, 251~
　256, 260, 5권 141, 163
이인화 5권 296, 297
이일식 2권 133~135, 143
이일정 4권 200, 201

이장훈 5권 45
이재곤 4권 299, 5권 37, 203
이재극 4권 158
이재면 1권 143, 2권 263, 299, 314
이재명 5권 146~150
이재선 1권 225, 5권 115
이재수 3권 330, 331, 334, 335, 337
이재수의 난 3권 330, 331, 336, 337, 340,
　348
이재순 2권 317, 3권 209
이재완 1권 333
이재원 1권 333
이재준 2권 226
이재찬 3권 127
이재호 3권 334
이정식 1권 323, 2권 324, 326
　3권 137, 172, 175, 230, 231, 233, 327
이조연 1권 229, 331, 333, 357
이종일 3권 190, 192
이종호 4권 227, 5권 16, 199, 200
이주영 1권 12, 2권 67, 4권 169
이주호 2권 168
이주회 2권 301
이주희 2권 234
이준 3권 299, 4권 59, 89, 91, 200, 228,
　300, 301, 306~310, 314
이준용 2권 88, 136, 206, 207, 263, 300
이중하 3권 237
이즈볼스키, 알렉산드르 4권 302
이지용 4권 50, 154, 157, 158, 286, 300
이지은 1권 176
이진경 5권 228, 229
이진호 2권 316, 4권 260, 5권 215
이창훈 2권 297
이채연 2권 81, 82, 289, 312, 3권 73, 118
이최응 1권 143, 221, 222, 224~256

이충구 2권 317, 3권 185
이탁(순종의 본명) 2권 296
『이태리 전국 삼걸전』 5권 115
이태진 1권 15~17, 46, 138, 151, 153, 154, 157, 241, 242, 243, 258, 259, 270, 300, 339, 340~342, 2권 98, 145, 146, 170, 305, 318, 3권 20, 75, 105, 135, 149, 150, 152, 156, 182, 245, 246, 271, 278, 306, 322, 4권 167, 281, 282, 296, 5권 211, 212, 236, 237, 238, 265
이토 히로부미 1권 217, 2권 208, 285, 292, 308, 3권 21, 76, 148, 186, 187, 203, 205, 206, 319, 4권 32, 52, 53, 140, 153~155, 157~159, 163, 167, 168, 219, 277, 292, 294, 297, 299~301, 313~316, 326, 339, 340, 345, 363, 364, 366, 5권 24, 27, 32, 37, 38, 67, 68, 69, 72, 94, 95, 121, 127, 128, 130~132, 134, 135, 138, 141, 147, 148, 214
이필제 1권 124, 125
이하영 2권 81, 82, 85~87, 289, 291, 312, 4권 158, 300
이하응 → 홍선대원군
이하현 4권 234
이학균 2권 312
이한우 4권 353, 5권 28
이한응 4권 118
이항로 1권 108, 136,~140, 160, 167, 224, 3권 40
이항복 5권 251
이현종 5권 143
이현희 1권 229
이혜석 4권 231, 232, 278
이혼 3권 302
이홍민 1권 94
이홍장 1권 159, 237, 238, 239, 257, 261, 2권 12, 18, 43, 48, 56, 82, 98, 134~136, 171, 196, 285, 3권 123, 148, 315
이화삼 3권 262
이화학당 2권 66, 67, 70~73, 94, 3권 81, 118, 119, 204, 299, 4권 33, 297
이황 1권 223
이회영 4권 91
이효덕 5권 192
익명서 조작사건 3권 223
익문사 5권 237
『인간 영친왕』 4권 312
『인간의 계보』 1권 288
인구론 5권 111
인내천(人乃天) 4권 191
인력거 3권 284, 285, 4권 359
「인정의 의술의 근대화-그 주체를 중심으로」 4권 296
인조 1권 70, 73, 77, 2권 246, 5권 257
인조반정 1권 142
인종 전시 4권 348
인종주의 3권 291, 292
인평대군 1권 73
『일당기사』 3권 257, 5권 146
『일동기유』 1권 163, 3권 281
일러스트리어스호 1권 57
『일류스트라시용』 4권 53
일본공동출병론 4권 78
일본관의원 1권 171
「일본군에 의한 동학농민군 대학살」 2권 230
일본영사관부속병원 1권 171
『일본의 전쟁』 5권 134
『일상록』 1권 309
『일성록』 1권 157
일신 3권 93
『일일신문』 3권 190

「일제강점기 김옥균 추앙과 위인교육」
  2권 146
일진회 3권 266, 4권 57, 58, 64, 68, 77~
  79, 108, 152, 153, 193, 194, 219, 246~
  249, 299, 300, 316, 319, 325, 334~336,
  341, 367, 5권 37, 38, 49, 94, 95, 139, 141
  ~145, 169, 217, 218, 221
『임경업전』 2권 23
임근수 1권 299
임꺽정 1권 72
임대식 3권 257
임병찬 2권 228, 4권 234
임선준 4권 299, 5권 37, 204
임시발 1권 45
임오군란 1권 231, 250, 252~259, 261, 264
  ~267, 270, 317, 346, 2권 16, 44, 91, 92,
  205, 293, 3권 11, 21, 4권 181, 5권 245
임오유월일기(임오일기) 1권 265, 266
임종국 1권 161, 300, 2권 195, 342, 3권 13,
  219, 283, 4권 76, 103, 104, 201, 5권 61,
  145, 168, 218
임지현 5권 210
임진왜란 1권 77, 4권 85, 5권 86, 250~
  255, 259~261, 262, 273, 282, 289
『임진왜란과 한중관계』 5권 254
임최수 2권 317
임헌영 4권 253, 254, 5권 46, 61
임현백 5권 184
임형택 1권 191
임혜봉 1권 230, 2권 247
『입신문답』 2권 182

ㅈ
자동의사회 3권 227
자동차 4권 352, 353, 354, 357

『자산어보』(『현산어보』) 1권 44
자위단 4권 334~336
자유방임주의 5권 111
자유주의 1권 289, 290, 328, 329, 5권 111
자장면 1권 265
자전거 3권 282~284
장규식 1권 75
장난교 1권 337
장대현교회 4권 263, 267, 269, 272
장도빈 3권 150, 4권 367
장례 3권 368, 369
장례문화 1권 25, 26
장로교 3권 92, 120, 122, 124, 345, 366,
  4권 34, 5권 17, 172~174, 178
장박 3권 11, 12
장봉환 3권 191
장붕 3권 154
장석만 1권 328
장석주 4권 256, 5권 59, 116
장안사 5권 163
장용남 3권 225
장원경제 1권 177
장윤선 3권 334
장은규(장갑복) 1권 358, 359
장인성 1권 63, 277
장인환 5권 24, 26, 27
장재두 2권 281
장지동 3권 123
장지연 1권 344, 3권 107, 194~197, 213,
  242, 287, 4권 21, 26, 67~69, 87, 170~
  174, 220, 228, 229, 5권 31, 42~44, 76,
  94, 97, 99, 100, 106, 115, 137, 138
장춘식 4권 213
장충식 5권 44
장효근 4권 249, 5권 94
『재팬 위클리 메일(Japan Weekly Mail)』

2권 206
『재한고심록』 2권 193
저우라이언 5권 135
적자생존 5권 111
전군가도 4권 357, 358
전기 2권 77, 79, 80, 345, 3권 270, 271, 361, 362, 364, 4권 360
전덕기 4권 91, 5권 10
전동성당 1권 33
전두환 2권 157
전등 3권 269, 275, 361
전명운 5권 24, 26, 27
전보 3권 365
전보장정 2권 61
전복희 1권 290
전봉관 4권 227
전봉준 1권 125, 2권 124~126, 128, 152, 154, 156, 157, 161, 162, 170, 173~175, 183, 213~216, 219, 221, 223, 225~230, 259, 260~262, 267, 271, 272, 274~282, 3권 265, 4권 244, 245
전봉학 4권 182
전석담 2권 275
전시 작전통제권 단독행사 1권 267, 268
전신(통신) 1권 163, 282, 305, 2권 59~61, 184, 208, 351~354, 4권 112, 113, 333, 334, 5권 190
전용필 2권 156, 157
전우용 3권 115, 4권 294
전우총국 2권 352
전인권 3권 181, 241, 242
전정 1권 67, 68
전주화약 2권 171, 172
전차 3권 269~273, 275, 282, 284, 362, 364, 4권 360, 5권 157
전차 소각 사건 3권 273

전창혁 2권 128
전택부 1권 95, 2권 33
전화 3권 44, 126~130, 269, 361, 364, 365
「절명시」 5권 204, 205
『정감록』 1권 86, 124, 2권 119
정곤수 5권 254
정관응 2권 13
정교 2권 291, 317, 3권 107, 155, 187, 223, 5권 9
정길당 사건 3권 347~349
정덕기 1권 124
정도전 5권 248, 250
정동구락부 2권 289, 3권 203
정동여학당 2권 73
정동장로교회 2권 33
정동제일교회 2권 31, 32, 95, 4권 90
『정동제일교회 구십년사』 3권 118
정동주 3권 215, 217, 218
정동파 2권 256, 288~291, 293, 318, 3권 47~50, 174
정두원 1권 59
정두희 1권 18
정란교 2권 234
정명 5권 228
정명환 1권 216
정묘호 1권 151
정묘호란 5권 255
정미7조약 1권 340, 2권 301, 4권 166, 325~368, 5권 131, 213, 244
정미의병 2권 301, 5권 289
정민시 1권 32
정변 미수사건 3권 185
정병준 3권 85, 327
정병하 1권 233, 2권 299, 313, 333, 3권 11
정병학 5권 133
정봉준 4권 330

정비석 3권 150
정선태 3권 109, 232, 5권 63, 227
정순대비 1권 39
정순철 2권 337
정숭교 4권 309, 310
정신대 2권 196
정신여학교 2권 73
정약용 1권 27, 40, 42~44, 70, 171, 191,
　4권 21, 26, 5권 261
정약전 1권 27, 40, 43, 44
정약종 1권 38, 40, 41, 43
정약현 1권 42
정엘리자베스 1권 41
정여창 2권 337
정영도 5권 200
정옥자 1권 138, 203, 4권 237, 5권 72, 73
정용기 4권 234
정용화 1권 290, 291, 3권 27, 52, 259,
　4권 340, 5권 11, 245
정운복 4권 363, 5권 94
정운붕 2권 186
정운찬 5권 277
정운현 1권 161, 2권 304, 5권 26, 207
정원 5권 134
정원용 2권 300
정유재란 5권 255
정의여학교 3권 93
정익로 4권 263
정인보 3권 12, 4권 307
정일성 1권 218, 356, 4권 140
정재정 4권 147
정재홍 4권 228
정조 1권 29, 34, 35, 38, 39, 45, 55, 73, 77,
　169, 247, 2권 22
정진석 1권 297, 3권 177, 189, 190, 242,
　244, 287, 4권 66, 254, 260, 5권 42, 45,
　46
정진학교 3권 93
정창렬 2권 122, 219
정태헌 5권 169, 170
정한론(征韓論) 1권 148, 149, 151
정항모 3권 168
정해은 1권 41
정현백 5권 52
정현석 1권 292
정호웅 4권 255
정화당 김씨 2권 313, 317
정환덕 1권 250, 3권 33, 4권 15
제1차 한일협약 → 한일협정서
제2차 한일신협약 → 을사조약
제2차 한일협약 → 을사조약
제5공화국 2권 157
『제국신문』 3권 188, 190~194, 242, 289,
　293, 301, 304, 325, 328, 329, 348, 354,
　361, 4권 53, 66, 68, 69, 80, 89, 173, 174,
　362, 5권 46, 47, 227
제국주의 1권 55, 4권 365, 5권 106, 107,
　109~112, 130, 170, 175, 226, 229
제너럴셔먼호 1권 100~105, 125, 130, 162
제너럴셔먼호 사건 1권 100~103, 5권 124
제물포 해전 4권 42~44, 47, 48
제물포조약 1권 259, 2권 170, 184, 4권 187
제생의원 1권 171, 172
제원호 2권 188
제일은행(다이이치은행) 3권 305, 4권 57,
　227, 281, 5권 131
제일은행권 4권 281, 282
제임스 1권 270
제중원 2권 31, 35, 36, 40, 93, 95, 96, 112,
　340, 3권 86, 4권 289, 293~296, 298
젠킨스(F. B. Jenkins) 1권 120
젬부시(Zembush) 2권 55

조갑제 5권 283
조경남 5권 252
조경달 2권 122
조광조 1권 67
조광환 2권 160, 161, 162
조대비(신정왕후) 1권 74~76, 183, 184, 333
조독수호통상조약 1권 317
조동걸 1권 162, 2권 330, 331, 5권 88, 143
조동일 3권 265, 5권 163, 164, 171, 205
조두순 1권 94
조러밀약 2권 41, 42, 45
조러수호통상조약 1권 317, 319, 320
조령하 1권 143
조마리아 5권 130, 132, 133
조맹기 3권 62
조미수호조약(조미수호통상조약) 1권 212, 237~244, 269, 277, 281, 317, 318, 321, 2권 32, 74, 4권 152, 161
조병갑 1권 47, 48, 2권 125~130, 167, 5권 299
조병세 4권 176, 181
조병식 2권 94, 95, 3권 112, 185, 186, 211, 223, 224, 226, 228, 236, 241, 250, 305, 4권 39
조보 1권 312
조불수호조약 2권 75, 76, 3권 331
조불조약 1권 94
조상숭배 1권 25, 26, 52
『조선경성기담』 1권 273
『조선과 만주』 5권 208
『조선교육사』 4권 90
조선귀족령 5권 213
조선기독교대학 4권 291
『조선독립운동지혈사』 2권 230, 266
조선물산공진회 5권 170

『조선보부상고』 1권 115
『조선사 입문을 위한 노트』 1권 98, 3권 34, 4권 95
『조선사상통신』 2권 92
조선사편수회 5권 214
조선상업은행 3권 307
『조선신보』 1권 312, 2권 188
『조선역사』 2권 267
조선은행 3권 304, 305
『조선일보』 4권 65, 66
『조선일보』 1권 267, 3권 177, 4권 133, 5권 224
『조선잡술』 3권 122, 5권 304
조선전보총국 2권 61, 352
『조선정감』 1권 103
『조선책략』 1권 220, 221~223, 225~228, 238, 2권 13
조선총독부 1권 17, 4권 227, 257, 294, 261, 5권 170, 215
조선최근외교사 대원군전 3권 149
『조선풍속집』 4권 86
『조선학회지』 3권 283
조선회사령 4권 59
조성윤 5권 297
조성하 1권 183
조소앙 1권 351
조약 4권 165
조영수호통상조약 1권 240, 241, 317
조영신조약 1권 260, 317~319
조영하 1권 183, 228, 333, 357
조이제 4권 146
조일수호조규 → 강화도조약
『조일신문』 2권 261
조일통상장정 2권 20
조일통어장정 2권 105
조재곤 1권 115, 2권 144, 145

조정래 2권 355, 4권 238, 330, 357, 361, 5권 169, 218
조준영 1권 229
조중응 4권 299, 300, 5권 37, 203, 214
조청상민수륙무역장정 1권 259, 260
조충희 1권 263
조칙 5조 3권 219, 237, 242
조한우 3권 154
조항래 5권 40
조현범 3권 342
조혜정 5권 271, 272
조혼 3권 296, 298
조혼금지령 3권 296
조홍윤 1권 199
조희문 5권 156, 215
조희연 2권 204, 288, 289, 299, 300, 301, 313, 3권 11, 12, 18
존스 3권 356, 4권 92, 232
존스턴(Howard A. Johnston) 4권 266
존슨, 사무엘 5권 309
종두법 1권 171, 172, 358, 2권 91, 92
『종의 기원』 1권 287
종현성당 → 명동성당
『죠션크리스도인회보』 3권 122~124
주강현 3권 369
주문모 1권 37, 38, 40, 42
주상호 → 주시경
주석면 3권 191
주세붕 1권 78
주시경 3권 51, 53, 90, 5권 107, 115
『주역』 1권 14
『주자가례』 1권 26, 3권 369
주진오 1권 196, 202, 203, 262, 348, 2권 172, 218, 346, 3권 76, 174, 175, 215, 238, 247, 4권 89, 138, 276, 293, 295~297, 5권 28, 239

주한한국공관 2권 81
주희 1권 26
『중국혼』 5권 106
『중동전기』 3권 325
중동학교 4권 227
중립론 2권 51, 54~56, 134, 135
중서서원 2권 250, 251
중앙병 5권 275
『중앙신보』 4권 248
『중앙일보』 2권 149
중종 1권 77, 78
중체서용(中體西用) 1권 197, 203
중추원 3권 49, 92, 167, 181~183, 185, 202, 203, 209, 212, 214, 215, 219, 220, 230, 231, 235, 237, 243, 247
중층다원성 5권 182, 183
중화사상 1권 183, 184, 199, 202
중화주의 1권 199~202
증산교 3권 264, 266
지계 3권 307, 308, 309
『지구전요』 1권 186
「지동설의 효력」 1권 184
지방비법 5권 22
『지봉유설』 2권 22, 5권 253
지석영 1권 172, 358, 2권 91~93, 3권 155, 4권 289, 292, 293, 5권 9
지운영 1권 358, 359, 2권 14, 92
『직지심경』 1권 112
진고개 사건 3권 197, 343
진남포 2권 163
진단학회 2권 319
진덕규 1권 67
진명여학교 4권 227
진보회 4권 57, 58, 74~78, 247, 248
진산 사건 1권 32~43
진용옥 2권 351, 352, 3권 128

진주민란(임술민란) 1권 71, 73
진채선 1권 174
질레트(P. L. Gillett) 4권 29, 30, 91, 198
집강소 2권 172~175, 214, 215, 217~219, 261, 278

ㅊ

차길질 3권 370
차배근 1권 299, 3권 77, 78
차이나호 1권 120
『찬미가』 4권 211~214
찬양회 3권 294, 295
창가 3권 78
창경궁 동물원, 식물원 5권 169
창기단속령 4권 209
창씨개명 2권 331
채구석 3권 333, 336
채백 3권 58, 59, 196
채수삼 5권 44
채용신 5권 96
채응언 5권 88, 89
채이경 3권 325
채제공 1권 32
척구 4권 196
척사론(자) 1권 129, 160
척화비 1권 128, 238
천도교 1권 88, 2권 281, 4권 191~194, 249, 250
천연당사진관 4권 350, 351
천연두 1권 171~173, 2권 37
천우협 2권 183, 3권 318, 5권 37
천정환 5권 160
천주공경가 1권 27
천주교 1권 25~29, 32, 33, 35, 37, 38, 40, 41, 43~45, 49~52, 63, 67, 84, 93~96, 107~111, 119, 121, 122, 129, 139, 142, 156, 182, 187, 223, 242, 328, 2권 74~76, 94, 3권 34, 84, 86, 118, 122, 147, 197, 331~335, 338, 340, 341, 343~347, 4권 95, 257, 259, 5권 17, 108, 109, 183, 184, 303
천주교문화 1권 25, 26
『천주실의』 1권 37, 87
천주학 1권 27, 33, 97, 2권 120
「1798~1945년 사이의 미국의 군사력 사용실태」 3권 176
『천태만상』 2권 343
「1898년 전후 대한제국」 3권 16, 156
「1884년 갑신정변의 사상적 배경」 1권 349
철도 3권 131, 280~282, 284, 317, 4권 104, 105, 109~112, 5권 70, 131, 167, 186, 190, 191
철시동맹파업 2권 109, 110
철종 1권 52, 71, 76, 100, 185
청교도주의 2권 39
『청구영언』 1권 175
『청국문답』 1권 269
청년운동 4권 230
청년학우회 5권 61, 120
청불전쟁 1권 301, 331, 336
청산리대첩 5권 79
청일수호조규 1권 148, 159
청일전쟁 1권 142, 198, 217, 218, 244, 2권 59, 114, 135, 142, 188~193, 195, 196, 197, 199, 207, 211, 215, 220, 244, 256, 270, 271, 280, 285, 294, 297, 352, 353, 3권 20, 72, 82, 121, 278, 284, 305, 313, 323, 4권 38, 42, 47, 139, 141, 207, 253, 255, 278, 5권 86, 103, 174, 303
청전(淸錢) 1권 81
『청한론』 2권 87, 88

초야권(初夜權) 1권 70
총포 화약류 단속법 4권 329
최경석 1권 280
최경선 2권 223, 261
최광옥 3권 93
최기영 4권 191, 193, 250, 259, 5권 97, 98, 109
최남선 1권 194, 4권 65, 66, 110, 5권 22, 58~64
최덕교 3권 78, 4권 229
최린 5권 21, 207
최명길 5권 256, 257, 258, 259
최문형 1권 317, 318, 319, 2권 42, 46~48, 191, 297, 304, 4권 145
최방제 1권 51
최병헌 4권 212~215
최복술 1권 84
최봉영 5권 278
최상천 5권 282
최서면 2권 138
최서영 3권 191
『최선생문집도원기서』 2권 118
최시형 1권 85, 124, 2권 118, 120~124, 128, 202, 221, 3권 260~262, 4권 192, 195
최양업 1권 51
최영 1권 87, 347, 2권 134, 5권 116
최옥 1권 84
최원식 5권 163
최익서 3권 262
최익현 1권 135~138, 143, 160, 196, 2권 216, 332, 333, 335~337, 3권 12, 107, 213, 237, 4권 234, 235~238, 307, 5권 90, 136
최인진 1권 130
최재천 5권 277

최재학 5권 9
최재형 5권 32
최정덕 3권 224, 237
최정식 3권 168, 249
최제우 1권 84~90, 115, 124, 2권 119, 123, 124, 202, 4권 192, 195
최종고 3권 26, 4권 342
최종범 4권 24
최종신 3권 344
최준 3권 189, 286~289
최진환 4권 245
최창식 2권 353
최한기 1권 186~191, 2권 77
최현식 2권 156
최형묵 4권 279, 280
축구 1권 246~249, 3권 81, 4권 196, 197, 199
축국 1권 246, 247
축첩 3권 299~303, 4권 205, 206
춘생문 사건 2권 253, 312, 313, 316~318, 3권 18, 19, 4권 278
『춘향전』 2권 133
출판문화 2권 73
충의계 1권 195, 331
『충효경집주합벽』 2권 12
치도세마루호 1권 337, 353
『치도약론』 4권 81
『치악산』 4권 253
치하포 사건 3권 40
『친목회회보』 3권 77
칭제건원 3권 104, 107, 109~111

ㅋ

카, E. H.(E. H. Carr) 1권 10
카네기, 앤드루 4권 130

카를로 로제티 3권 35, 369, 4권 86
칸트 1권 186, 190
칼라일, 토머스 5권 113
캉유웨이 1권 190
커피 3권 199~201, 206, 207
컨스 1권 326
케난, 조지(George Kennan) 4권 135, 136
케넌, 조지 3권 341
케니토스코프 5권 155
『The Korea Daily News』(『대한매일신보』의 영문판 제호) 4권 63, 64, 114, 5권 42, 45
『코리아 리뷰』 2권 74, 3권 344
『코리아 타임즈』 4권 63
『Korea Mission Field』 5권 174, 178
『코리언 리포지터리』 1권 337, 2권 73, 74, 3권 141, 143, 5권 58
코스트(E. Coste) 3권 147
코코프체프, 블라디미르 5권 127
코페르니쿠스 1권 189
콕번, 헨리(Henry Cockburn) 4권 364, 5권 45
콜레라 1권 172~174, 2권 93, 264, 265
『콜로라도 스프링즈 텔레그라프』 4권 184
콜로라도호 1권 125, 131, 240
콜브란(H. Collbran) 3권 269, 363, 4권 360
크리스마스 3권 124, 125, 327, 328, 5권 17
크리인 2권 335
클락, 찰스 A 1권 326
클리블랜드(S. G. Cleveland) 2권 84
키드(Benjamin Kidd) 5권 111

ㅌ

타운센트(W. Townsent) 2권 21, 3권 343
『타임스』 2권 220
탈아론(脫亞論) 1권 355~357, 2권 53
탈아입구(脫亞入歐) 1권 159, 356, 4권 38, 348
탕평책 1권 34
태극기 1권 269~272, 5권 237
『태극학보』 5권 21
태극학회 5권 21, 22
태양력 2권 328~331
태억석 3권 225
태평천국의 난 1권 53, 55
태프트, 윌리엄 4권 130~132, 143, 151
톈진조약 1권 62, 2권 16, 18, 59, 168, 170
톈진회담 1권 238
토르, 파트릭 1권 288
토머스(Robert J. Thomas) 1권 101~103
토문강 4권 23, 24, 25
토지조사사업 5권 211
톨스토이, 레프(Lev Nikolaevich Tolstoi) 4권 53, 5권 62, 63
『톰 소여의 모험』 3권 204
통감부 4권 64, 66, 110, 120, 153, 208, 210, 220,~222, 255, 257, 276, 292, 294~296, 300, 317, 335, 358, 361, 5권 20, 24, 33, 37, 38, 40, 42, 45, 69, 70, 77, 85, 109, 123, 143, 148, 163, 174, 202, 218, 244
통상개화론 1권 181
『통상약장유찬』 1권 271
통상장정성안휘편 제2권 1권 271
통신사 1권 163
투부라더스호 1권 100
트라이앵글 매소드 4권 34
『트리뷴』 4권 221, 222, 5권 44
트웨인, 마크(Mark Twain) 3권 204

ㅍ

파블로프 3권 320, 4권 112, 113, 320
파성관 2권 294
파셋(J. Sloat Fasett) 2권 346
파시즘 1권 150
파커(William H. Parker) 1권 325, 3권 132
파크스(Harry Parkes) 1권 317, 318
파테 영화사 5권 155, 160
판보이차우 5권 107
팔라다호 1권 60
팔레, 제임스 버나드 1권 83, 143, 146
페레올(Jean J. Ferreol) 1권 51, 52
페롱(Stanisas Feron) 1권 119, 120
페리(Mattheu C. Perry) 1권 56, 155
『페리일본원정기』 1권 153
페리함대 1권 155
페비저 1권 130
평양대부흥운동 4권 28, 263, 266~268, 270, 271, 274, 279, 280, 5권 178
평양사경회 4권 263
폐정개혁 2권 173, 177, 214, 218, 273, 277, 352
『포츠머스 헤럴드』 4권 143, 144
포츠머스 회담 4권 140, 141, 143
포츠머스조약 4권 139, 142, 143, 145, 153
포함외교(Gunboat Diplomacy) 1권 56, 110, 155
폴크(George. C. Foulk) 1권 325, 331, 2권 30, 68, 109
표영삼 1권 89, 147
표준시 5권 192, 193
푸트(Lucius H. Foote) 1권 277~280, 296, 325, 2권 104, 250, 3권 132
『풍류세시기』 1권 168, 5권 144
풍문탄핵 1권 309, 310
풍양 조씨 1권 51, 52, 67, 75, 142

프랑스혁명 1권 29, 30, 31
프랜스(F. Franson) 4권 28
프레이저 2권 80
『프렌즈 오브 코리아』 3권 172
프로비던스호 1권 57
프로테스탄트 1권 94, 112
프와넬(Poisnel) 3권 147
플라잉피시호 1권 248
플랑시(C. V. Plancy) 3권 345
『피가로』 2권 133
피어슨(Karl Pearson) 5권 111
피의 일요일 사건 4권 127, 128
필립 제이슨(Philip Jaisohn) → 이승만

ㅎ

하나부사 요시모토 1권 209, 250, 252, 254, 259
하디(R. A. Hardie) 3권 373, 4권 27
하멜 1권 21, 22
『하멜표류기』 1권 21
하상기 4권 17
하세가와 요시미치 4권 153, 157, 286, 314
하야시 곤스케 3권 206, 4권 58, 88, 118, 153~157, 160, 167, 314, 315, 337
하여장 1권 212, 220, 221
하영선 1권 8, 2권 149
하와이 이민 3권 354~360, 4권 123, 5권 147
하우스, 아스트 5권 155
하원호 1권 158, 239, 2권 199, 273~275, 4권 51
하지(J. W. Hodge) 2권 74
『하퍼스 위클리』 1권 130
학니스, 로버트(Robert Harkness) 5권 178
『학문의 권장』 1권 215, 216

410 한국 근대사 산책 5

『학문의 진보』 1권 212
『한겨레』 5권 238
한국 근대의학사 화보집』 4권 295
한국, 그 은둔의 나라』 1권 240, 241, 3권 34
한국과 그 이웃나라』 2권 354, 3권 55
한국기독교역사연구소 1권 33, 44
한국기독교총연합회 4권 269
한국독립당 1권 351
한국병합 → 한일병합
『한국사 새로 보기』 5권 247
『한국사』 2권 319
한국수도회사 4권 360, 361
한국은행(조선은행) 4권 281
「한국인의 근상」 5권 105
『한국일보』 2권 148
한국주차헌병대 5권 85
『한국천주교회사』 1권 176, 2권 202
『한국통사』 1권 110, 2권 103, 266, 5권 307
한규설 2권 53, 3권 212, 237, 4권 38, 88, 91, 134, 156~159, 341, 5권 213
한규직 1권 331, 333, 357
한러수호통상조약 3권 37, 4권 119
한명기 5권 254
한미 자유무역협정(FTA) 1권 226, 243, 244, 3권 27
한미수호통상조약 → 조미수호통상조약
한미전기회사 5권 159
한북흥학회 4권 228, 5권 9
『한불자전』 3권 124
한상권 1권 169, 5권 136
한상일 2권 287
한석진 2권 353, 3권 121, 4권 267
한설규 3권 23
한성고등여학교 5권 19, 20
한성광고사 5권 233
한성부민회 4권 338, 339, 5권 142

한성상무회의소 2권 326
『한성순보』 1권 196, 233, 286, 292, 294, 296~304, 306, 312, 2권 9~11, 13, 14, 62, 63, 3권 57, 61, 62, 70, 5권 103
『한성신문』 3권 189
『한성신보』 2권 255~258, 293, 295, 301, 309, 319, 322, 325, 3권 163, 164, 174, 190, 191, 4권 66, 5권 100
한성외국어학교 2권 345
한성은행 3권 304
한성임 1권 97
한성전기회사 3권 269, 270, 275, 361~363, 5권 157, 158
한성전보총국 2권 60, 61
한성조약 2권 16, 55, 208
『한성주보』 1권 300, 2권 13, 59~65, 98, 99, 255, 3권 57, 62, 70
한성회 5권 22
한승동 1권 205, 215, 4권 132
한신 2권 204
한영서원 5권 228
한영신조약 → 조영신조약
한영우 2권 298, 307, 3권 323, 324, 5권 243
한영익 1권 37
한용경 2권 33
한용운 5권 77
한원영 2권 257, 3권 286
한윤정 3권 358
한은경 5권 230
『한인연합회보』 4권 125
한일병합(조약) 1권 216, 2권 143, 145, 4권 145, 153, 169, 183, 195, 254~256, 259, 317, 320, 321, 340, 341, 359, 5권 33, 44, 45, 50, 57, 72, 78, 95, 99, 100, 109, 134, 139, 141~143, 160, 170,

179, 200~215, 217~222, 237
한일신협약 → 정미7조약
한일의정서 4권 49, 50, 52, 54~57, 225,
　5권 88
한일합방(조약) → 한일병합(조약)
한일협상조약 → 을사조약
한일협정서(제1차 한일협약) 4권 54~57,
　326
한철호 1권 352, 3권 48, 49, 174, 4권 314
한청변계선후장정 5권 76
한치순 3권 344
한홍구 1권 68, 141, 5권 290, 291
함병춘 5권 283
함태경 2권 30
함태영 2권 246
항일운동 4권 231
항일의병운동 2권 256, 272, 4권 237, 331
『해국도지』 1권 103, 105, 238
『해동가요』 1권 175
해리스 4권 232
해링튼, F. H. 2권 10, 37, 39, 112, 113, 236,
　293, 349, 3권 272, 343, 345, 4권 186
「해에게서 소년에게」 5권 60, 61, 62
『해죠신문』 5권 30~33, 99
허균 3권 316
허동현 2권 149, 150, 203, 276, 277,
　3권 70, 83, 5권 109, 110, 239, 240
허드(Augustine Heard) 3권 132
허오 3권 122, 5권 304
허원호 5권 196
허위 4권 90, 330
헌의 6조 3권 214, 215, 219, 223~225,
　231, 237, 242
헌정연구회 4권 228
헌종 1권 51, 52, 61, 67, 73, 76, 110, 173
헌트(Leigh J. Hunt) 2권 346

헐버트, 호머(Homer B. Hulbert) 2권 66,
　67, 73, 74, 3권 69, 124, 226, 345,
　4권 31, 107, 152, 161, 163, 164, 222, 300,
　301, 306, 311, 312, 355
헤론(J. W. Heron) 1권 110, 2권 31, 37, 39,
　40, 4권 289
헤쎄 바르텍 3권 35
헤이, 존 4권 184, 187
헤이그 만국평화회의(제2차 만국평화회의)
　4권 106, 222, 300, 302, 303, 307, 308,
　309, 311
헤이그 밀사 3권 299, 4권 91, 299~305,
　307, 308, 309, 314, 5권 31, 244
헤이그 밀사 사건 3권 112, 4권 138, 312,
　313, 320, 340, 5권 72, 130, 236
헨더슨 5권 275
혁명일심회 4권 338
현공렴 3권 154
현광호 3권 264
현기영 3권 336
현덕호 3권 153
현모양처 4권 249
현순 4권 276
현양사 2권 183
현채 5권 107
현홍택 2권 291, 312, 3권 73
현흥택 1권 280
『혈의 누』 2권 257, 258, 4권 251, 252, 254
　~256
혈죽 신드롬 4권 240~244
혈통주의 5권 249, 266~268, 295
협동회 4권 89, 90
협률사 5권 158, 162, 163, 167
협성협회 4권 125
협성회 3권 75, 88~91, 141, 142, 163, 190
『협성회회보』 3권 141~144, 161, 162, 194

협약 4권 165
협정 4권 165
혜상공국 1권 264, 265
「호기심 어린 타자: 20세기 초 한국에서의 매춘부 검진」 4권 208
호남선 4권 109
호남의병 5권 86~88, 225
『호남학보』 5권 104
호남학회 5권 9
호서학회 5권 9
호소이 하지메 3권 150, 5권 281, 284
호수돈 5권 228
호시노호 2권 188
『호치신문』 2권 342, 5권 21
호튼(Lillias Horton) 2권 96
호포(戶布) 1권 81, 82, 141
홀, 배질(Basil Hall) 1권 57
홀, 셔우드 4권 297
홈스, 버튼(E. Burton Holmes) 5권 156
홉스봄, 에릭(Eric Hobsbawm) 3권 280
홍경래 1권 73, 125
홍경래의 난 1권 46, 48, 67, 71
홍계훈 1권 263, 2권 166, 167, 170, 295, 307
홍국영 1권 38
홍금섭 4권 57
『홍길동전』 3권 316
홍낙관 2권 174
홍낙안 1권 32
홍만식 1권 339, 4권 182
홍명원 2권 133
홍범 14조 2권 241~244, 249, 3권 25, 106, 277
홍범도 4권 329, 5권 89
홍범식 5권 204
홍병용 3권 344

홍봉주 1권 93, 96
홍삼전매권 5권 72
홍성욱 1권 205
홍성철 4권 206
홍수전 1권 55
홍순권 3권 14
홍순목 1권 185, 250, 339
홍승현 2권 300
홍시중 1권 224
홍언 5권 134
홍영기 5권 86
홍영식 1권 183, 185, 195, 229, 260, 280, 281, 283, 305, 319, 321, 324, 332~334, 336, 337, 339, 347~349, 356, 2권 11, 35, 132, 340, 4권 182
홍재기 2권 246
홍재학 1권 224
홍정우 3권 153, 154
홍종우 2권 133~135, 140~145, 3권 184, 227, 230, 236, 249, 250
홍종응 1권 73
홍태호 3권 219
홍필주 5권 94
화서학파 1권 136, 137, 139, 2권 332
『화성돈전』(워싱턴전) 5권 115
화신백화점 4권 346
화양동서원 1권 78, 79
화이트(M. C. White) 4권 27, 28
화이팅, 조지아나(Georgiana E. Whiting) 3권 86
화장(火葬) 3권 368
화적(火賊) 1권 250, 251
화투 4권 85, 86, 87
화폐정리사업 4권 281
화혼양재(和魂洋才) 1권 197
환곡 1권 68, 69, 70, 72

환곡제 1권 82
환구단 → 원구단
환정 1권 67, 68
환향녀 5권 273
활빈당 3권 109, 313, 315~318, 320
황국협회 2권 143, 3권 184, 185, 210, 211, 229, 231, 286, 287, 320, 4권 58, 339
황룡촌 전투 2권 167
황무지개척권(개간권) 4권 54, 55
황사영 1권 42, 43
황사영 백서 사건 1권 42~44, 182
황선희 1권 85, 4권 194
황성기독교청년회(YMCA) 3권 88, 207, 4권 27, 29~32, 135, 196, 197, 5권 142
『황성신문』 2권 203, 3권 23, 71, 188, 189, 192~197, 225, 242, 243, 287, 291~293, 295, 345, 362, 4권 11, 12, 26, 29, 38, 50, 52~54, 65, 66, 87, 122, 138, 170, 172, ~175, 240, 241, 307, 316, 362, 365, 366, 5권 24, 40, 46, 47, 60, 61, 97, 98, 106, 107, 109, 115~117, 120, 137, 156~158, 160, 165, 169, 189, 201, 225~227, 230, 233
황재현 1권 224
황준헌 1권 220~223, 226
황중현 1권 305
황철 5권 98
황토현 전투 2권 154, 155, 159
황푸조약 1권 54
황현 1권 72, 110, 165, 255, 354, 2권 129, 142, 174, 195, 215, 216, 228, 259, 3권 12, 19, 102, 150, 4권 26, 32, 66, 67, 85, 235, 237, 246, 285, 5권 40, 73, 78, 97, 99, 127, 128, 204, 205, 214, 259, 282
효의왕후 김씨 1권 38
후쿠자와 유키치 1권 190, 203, 212~219,

231~233, 262, 279, 286, 289, 294, 298 ~300, 355, 356, 2권 43, 44, 52, 53, 106, 136~138, 192, 328, 3권 23, 24, 146, 284
훈구파 5권 262
훈련원 3권 80, 279, 4권 196, 197, 327
휘문의숙 4권 227
흑룡회 3권 318, 4권 153, 299, 334, 5권 221, 222
『흠흠신서』 1권 43
흥사단 4권 338, 339, 5권 49
흥선대원군 1권 67, 73, 74, 77~83, 93~95, 103, 105, 108, 110, 114, 119, 120~122, 128, 129, 135, 137, 138, 141~145, 160, 169, 174, 175, 181, 183, 192, 202, 217, 225, 238, 241, 254~257, 261, 300, 333, 339, 346,
2권 23, 44, 45, 136, 166, 167, 176, 186, 187, 189, 194, 196, 198, 200, 204~208, 229, 234, 235, 236, 243, 263, 272, 276, 277, 279~281, 293, 294, 297, 298, 300, 303, 307, 310, 313, 314, 332, 343,
3권 11, 110, 145~149,
5권 206, 237
흥아론(興亞論) 1권 356, 357
흥아회 1권 232~234
흰옷금지령 4권 203, 204
히데사토마루호 1권 358